# MOISÉS

Reginaldo de Abreu Araujo da Silva

# MOISÉS:
## uma análise teológica e psicológica

ALTA BOOKS
GRUPO EDITORIAL

# Moisés



ISBN: 978-65-5319-033-7

Impresso no Brasil — 1ª Edição, 2025 — Edição revisada conforme o Acordo Ortográfico da Língua Portuguesa de 2009.

Dados Internacionais de Catalogação na Publicação (CIP)

D111M

da Silva, Reginaldo de Abreu Araujo. Moisés: uma análise teológica e psicológica. Reginaldo de Abreu Araujo da Silva. São Paulo: Editora Contra o Vento, 2025.

358 p.; 16 x 23 cm

ISBN 978-65-5319-033-7

1. Interpretação 2. Êxodo

CDD200



**Produção Editorial:** Grupo Editorial Alta Books
**Diretor Editorial:** Anderson Vieira
**Editor da Obra:** Eduardo de Proença
**Vendas Governamentais:** Cristiane Mutüs
**Gerência Comercial:** Claudio Lima

**Gerência Marketing:** Andréa Guatiello
**Revisão:** Carolina Dias
**Diagramação:** Letícia Suxo
**Capa:** Victoria Cristina Eduardo

ALTA BOOKS
GRUPO EDITORIAL

Rua Viúva Cláudio, 291 — Bairro Industrial do Jacaré
CEP: 20.970-031 — Rio de Janeiro (RJ)
Tels.: (21) 3278-8069 / 3278-8419
**www.altabooks.com.br** — altabooks@altabooks.com.br
**Ouvidoria:** ouvidoria@altabooks.com.br

Editora
**afiliada à:**

ASSOCIADO

A todas as pessoas que, como Moisés, escutam
a voz do interior da alma e deixam suas vidas serem
conduzidas por esse chamado profundo, vital, **divino!**

# SUMÁRIO

# AGRADECIMENTO

Agradeço, primeiramente, a Deus, Senhor da vida, Iahweh, "Eu sou aquele que é". (Ex 3,14).

E agradeço à minha mãe, Cleusa de Abreu da Silva, e ao meu pai, Benedito Araujo da Silva (*in memoriam*), por serem instrumentos de Deus para que eu existisse, e pela atenção da minha mãe a todas as conversas sobre esta pesquisa.

À minha família, por todo o apoio.

Aos meus amigos, pelo incentivo.

À Província Agostiniana do Brasil, por todo o suporte para que eu pudesse concretizar esta pesquisa.

Aos colegas do NUMINA – Núcleo de estudos psicológicos da religião – da PUC-SP, pelo compartilhamento do conhecimento de Psicologia e Religião.

À amiga Emerenciana Raia que, generosamente, ajudou, fazendo a revisão gramatical do texto.

Ao Programa de Estudos Pós-Graduados em Ciência da Religião da Pontifícia Universidade Católica de São Paulo – PUC-SP, que me proporcionou um curso de doutorado de excelência. Ao Programa de Estudos Pós-Graduados em Psicologia Clínica, também da PUC-SP, pelas aulas excepcionais de psicologia analítica.

À Profa. Dra. Denise Gimenez Ramos, à Profa. Dra. Liliana Liviano Wahba, ao Prof. Dr. João Décio Passos, ao Prof. Dr. Matthias Grenzer, ao Prof. Dr. Everton de Oliveira Maraldi, ao Prof. Dr. Valmor da Silva, ao Prof. Dr. Victor Roberto da Cruz Palomo, que me ensinaram muito e contribuíram de forma significativa para que o objetivo do texto deste livro fosse alcançado, e, de forma muito especial, ao Prof. Dr. Wagner Lopes Sanchez, por sua valiosíssima orientação, por sua competência, paciência e sabedoria.

À Fonte Editorial, que, com generosidade, abriu suas portas para o meu texto e para mim e abraçou o sonho de publicar este livro.

"Iahweh, então, falava com Moisés face a face, como um homem fala com seu amigo." (Ex 33,11). "Moisés disse a Iahweh: 'Tu disseste: (...) Conheço-te pelo nome, e encontraste graça aos meus olhos.'" (Ex 33,12).

# PREFÁCIO

Tive o prazer e a honra de acompanhar Reginaldo de Abreu Araujo da Silva ao longo de seu percurso acadêmico na Pós-graduação em Ciência da Religião da Pontifícia Universidade Católica de São Paulo. Aluno exemplar, atento e estudioso, o Reginaldo, com energia entusiástica, animava as aulas com perguntas curiosas e instigantes, indo além do texto e da leitura histórica e religiosa.

Desde o início, mostrava a necessidade de atualizar a compreensão das sagas bíblicas e referendá-las com conceitos da psicologia moderna, dentro de uma visão interdisciplinar. Concretizou esse interesse numa brilhante tese de doutorado, que agora sai do mundo acadêmico, para proveito de todos nós.

Sua escolha temática não poderia ser mais oportuna. Estamos numa era onde líderes políticos desapontam e certamente não exercem a função a que foram designados. Vivendo num vazio, numa era sem heróis, num mundo fragmentado e materialista, o resgate de Moisés vem preencher a necessidade de modelos de herói, de personagens que lutaram com fé e ética pela libertação do aprisionamento político, físico e anímico.

Por isso, este estudo de Moisés, como ícone histórico, religioso e modelo de individuação, é extremamaente relevante. Sua figura atravessa milênios como símbolo de fé, liderança e transformação. Como o autor revela, sua coragem, desfiando os poderosos, reverbera ainda hoje na luta contra a opressão e o abuso.

Este livro explora, de modo rico e bem sedimentado, todas as dimensões que este personagem exerce. Mostra que Moisés não é somente uma figura histórica ou teológica, mas é símbolo do processo de individuação à luz da psicologia analítica de Carl Gustav Jung. Conceitos fundamentais, tais como arquétipo, processo de individuação e Si-mesmo são aqui descritos numa linguagem acessível aos não especialistas, facilitando a compreensão dos dinamismos psicológicos presentes na formação e na jornada do herói. Individuar-se, como aqui é observado, é um caminho para fora, para a coletividade e ao mesmo tempo um caminho para dentro, em busca da totalidade do ser. São caminhos complementares e indissociados, unidos na integridade e no objetivo de Moisés: um modelo para todos na jornada heroica da humanidade.

Desse modo, esta obra interdisciplinar, entre psicologia, história e teologia, é destinada a todos interessados na complexidade da vida humana, na formação da liderança ética, nos caminhos do autoconhecimento e no encontro com o centro maior e mais profundo da personalidade.

Agradeço, assim, ao autor por sua coragem, pesquisa e integridade ao disponibilizar este precioso texto. Podemos agora usufruir com maior empatia e compreensão o modelo libertador de Moisés; um modelo de integridade e luta pelos complexos caminhos históricos, sociais e profundos do vir a ser.

*Profa. Dra. Denise Gimenez Ramos*[1]

NOTA

1 Titular do Programa de Pós Graduação em Psicologia Clínica da Pontifícia Universidade Católica de São Paulo. Membro Analista da Sociedade Brasileira de Psicologia Analítica de São Paulo.

# ABREVIATURAS E SIGLAS

| | |
|---|---|
| a.C. | Antes da era cristã |
| Ag | Livro de Ageu |
| AT | Antigo Testamento |
| At | Livro dos Atos dos Apóstolos |
| CEBS | Comunidades Eclesiais de Base |
| D | Deuteronômio (fonte deuteronomista da teoria das fontes do Pentateuco) |
| Dt | Livro do Deuteronômio |
| E | Eloísta (fonte eloísta da teoria das fontes do Pentateuco) |
| Ex | Livro do Êxodo |
| Gn | Livro do Gênesis |
| Is | Livro de Isaías |
| J | Javista (fonte javista da teoria das fontes do Pentateuco) |
| JE | Jeovista (fonte jeovista da teoria das fontes do Pentateuco) |
| Jo | Evangelho de João |
| Js | Livro de Josué |
| KD | Composição de tipo deuteronômica das fontes do Pentateuco |
| KP | Composição de tipo sacerdotal das fontes do Pentateuco |
| Lv | Livro do Levítico |
| LXX | Septuaginta (Bíblia Hebraica traduzida para o grego) |
| Mt | Evangelho de Mateus |
| Nm | Livro dos Números |
| O.C. | Obra Completa ou Obras Completas |
| P | Sacerdotal (fonte sacerdotal da teoria das fontes do Pentateuco)' |
| Pv | Livro dos Provérbios |
| 2Rs | Segundo Livro dos Reis |

| | |
|---|---|
| Sl | Livro dos Salmos |
| YHWH | Iahweh, ou Yahweh, ou Javé (nome do Deus bíblico do Êxodo) |

# INTRODUÇÃO

Na minha dissertação de mestrado em Ciência da Religião, na Pontifícia Universidade Católica de São Paulo, fiz uma leitura de um livro da Bíblia Hebraica, o Cântico dos Cânticos, sob a ótica da psicologia analítica. Para o estudo científico do fenômeno religioso o que, pessoalmente, me desperta grande interesse é a possibilidade de adentrar um texto religioso e fazer uma interpretação dos seus personagens e símbolos, a partir da perspectiva da psicologia analítica de Carl Gustav Jung, a qual se tornou um cabedal de conhecimento da psique humana.

Nesta pesquisa de doutorado, eu mantive a linha de pesquisa que segui no mestrado, e propus-me a escrever uma tese na qual eu pudesse promover uma leitura de Moisés, o personagem principal de outro livro bíblico, o Êxodo, a partir da psicologia analítica.

O que me motivou a empreender tal pesquisa foi o fato de que o texto do Êxodo, que é considerado livro sagrado de três grandes religiões atuais, quais sejam, o judaísmo, o islamismo e o cristianismo, pode ser objeto de estudo a partir do olhar científico da psicologia e, com isso, pode-se produzir um conhecimento do ser humano a partir do desenvolvimento psicológico do personagem bíblico. A produção de tal conhecimento pode tornar-se uma contribuição para as pesquisas na área do diálogo entre Psicologia e Religião. E, uma vez selecionado o personagem Moisés do livro do Êxodo, vislumbram-se grandes possibilidades de conhecimento da psique humana a partir de uma riqueza de detalhes desse personagem, líder do Êxodo, reconhecido pela história da Bíblia Hebraica como um dos protagonistas mais importantes na formação da religião do povo de Israel.

Essa perspectiva me inspira a pensar que a pesquisa psicológica tem muito a ganhar com o estudo do personagem Moisés, uma vez que a narrativa do livro bíblico o retrata como um ser humano que tem uma complexa história do seu desenvolvimento psicológico pessoal, e, ao mesmo tempo, um ser humano cuja vida está em sintonia com as necessidades dos demais seres humanos ao seu redor. Além disso, Moisés é um personagem em cuja história perpassa o relacionamento com o divino, caracterizando, assim, sua sintonia com a religiosidade. Moisés é, portanto, um personagem antigo e atual, pois as características desse personagem bíblico podem ser percebidas nas ações humanas em todos os tempos e em todas as sociedades.

Eu vislumbro que, a partir da psicologia analítica, o estudo do papel de Moisés na liderança de um povo, liderança permeada pelas expressões de fé no seu Deus, possibilitará ampliar os horizontes do conhecimento psicológico das relações dos seres humanos entre si e da crença em Deus.[1] Em termos de psicologia analítica, a tese poderá contribuir, a partir de Moisés e seu relacionamento íntimo com o divino, para o estudo da relação do ego, ou seja, a pequena parte da psique que organiza a mente consciente[2] (representado por Moisés), com o Si-mesmo, o centro organizador da psique, o principal arquétipo do inconsciente coletivo[3]. O Si-mesmo, como diz Jung, é "um conceito psicológico, uma construção que serve para exprimir o incognoscível que, obviamente, ultrapassa os limites da nossa capacidade de compreender. O si-mesmo também pode ser chamado 'o Deus em nós'".[4] Esta pesquisa pode contribuir para o conhecimento acadêmico por meio da leitura dialogante entre a psicologia analítica e a tradição religiosa representada na Bíblia.

O objeto desta pesquisa é, portanto, Moisés, como líder de um povo, na narrativa do Êxodo, a partir da psicologia analítica.

A partir da compreensão do livro do Êxodo, Moisés é o protagonista humano e Iahweh é o protagonista divino no acontecimento denominado êxodo. O Êxodo é o segundo livro da Bíblia Hebraica e apresenta um conjunto de narrativas sobre como o protagonista Moisés, atendendo ao chamado do Deus Iahweh, liderou um grupo de israelitas para sair da terra do Egito, onde eram escravizados, rumo a uma terra de liberdade, caminhando pelo deserto durante quarenta anos.

Sendo Moisés o objeto desta pesquisa, foi estudada a sua história, segundo as narrativas do Êxodo, abrangendo-o individualmente e, ao mesmo tempo, em sua relação com o ser transcendente, o Deus Iahweh, e em sua relação com os israelitas, pois ele exerce um papel de líder.

A perspectiva, sob a qual se realizou a pesquisa do objeto, foi a psicologia analítica, cujo fundador é o psiquiatra suíço do século XX, Carl Gustav Jung, que, com seu cabedal científico, contribui para a compreensão da psique do herói e a compreensão do processo psíquico de individuação. A partir desta perspectiva psicológica a pesquisa pretendeu chegar ao conhecimento da trajetória do herói na personalidade do protagonista Moisés como líder de um grupo humano que caminha em busca de um objetivo, assim como chegar ao conhecimento do desenvolvimento psíquico desse personagem como indivíduo. E um conceito fundamental da psicologia analítica é o do Si-mesmo, isto é, o centro da psique que, por sua característica de incognoscibilidade, é sempre visualizado por meio de imagens ou símbolos arquetípicos e "é descrito de forma mais simples como a divindade empírica interna e equivale à *imago Dei*"[5]. Este estudo analisou o relacionamento entre o ego e o Si-Mesmo, a partir do personagem principal do Êxodo, levando em conta o relacionamento do homem com o divino nas narrativas desse livro que compõe o cânon sagrado da Bíblia Hebraica.

O primeiro problema central levantado para esta pesquisa foi o de que Moisés, que é considerado um exemplo de herói popular por teólogos que fazem a análise literária dos textos bíblicos, como Andiñach e Vogels, poderia ser também considerado um herói, segundo a perspectiva da psicologia analítica, especificamente, segundo a formulação do estudioso do mito, Joseph Campbell, de que o percurso da aventura mitológica do herói tem três rituais de passagens: a separação, a iniciação e o retorno?

Segundo Andiñach, o gênero literário da redação do livro do Êxodo, que narra o nascimento e a juventude de Moisés, é a lenda, na qual é enfatizado o motivo do herói, sendo Moisés colocado como o centro da narrativa e os demais personagens circulando em torno dele como personagens secundários.[6] Vogels, citando a estrutura das narrativas de heróis, afirma que diversos elementos de tais narrativas se encontram nos textos que contam a história de Moisés, especialmente sobre a história do seu nascimento e da sua morte e que, por isso, é possível afirmar que Moisés tem a saga de um herói popular.[7]

Jung escreve em vários de seus livros sobre as características psicológicas do herói, a partir da mitologia e das religiões. Ele afirma, por exemplo, que o herói é o mais nobre dos símbolos da libido.[8] Tratando, por exemplo, do arquétipo da criança, Jung fala da criança-deus e da criança-herói e afirma que ambas têm o nascimento miraculoso e passam pelo abandono e sofrem perseguição. Ele explica que a criança-herói, que expressa o tipo humano, é elevada ao limite do sobrenatural, considerada semidivina, e representa, por isso, uma síntese do inconsciente (que se caracteriza como aquilo ainda não humanizado, ou seja, como divino) e da consciência humana. Jung ainda diz que essa característica da criança-herói significa psicologicamente uma antecipação da individuação, porque indica uma aproximação da totalidade.[9]

Segundo Campbell:

> um herói vindo do mundo cotidiano se aventura numa região de prodígios sobrenaturais; ali encontra fabulosas forças e obtém uma vitória decisiva; o herói retorna de sua misteriosa aventura com o poder de trazer benefícios aos seus semelhantes.[10]

Estava apontado, dessa maneira, o primeiro problema a que se dedicou esta pesquisa: investigar se as características do herói, na perspectiva da psicologia analítica, poderiam ser percebidas em Moisés.

O segundo problema levantado foi a seguinte interrogação: a partir da psicologia analítica, quais elementos psicológicos poderiam ser percebidos em Moisés, enquanto indivíduo humano e enquanto líder de um grupo em um processo de libertação da escravidão?

A liderança de Moisés, segundo o Êxodo, é marcada por sua fé no Deus Iahweh, com o qual ele teve uma primeira experiência diante do Horeb, local chamado de montanha de Deus (Ex 3,1-15). A partir dessa experiência do encontro com Iahweh, Moisés age sempre obedecendo à palavra do seu Deus. A narrativa do Êxodo mostra Moisés liderando um grupo social, os filhos de Israel, num processo de saída da escravidão no Egito e caminhando durante quarenta anos pelo deserto, rumo à terra da liberdade. Nesse processo, sua liderança é marcada pela sua obediência a Iahweh, numa atitude de abertura ao seu Deus, tornando-se, durante toda a narrativa do Êxodo, o líder que caminha com seu povo e o orienta a respeito das determinações de Iahweh.

Levantado o segundo problema, este estudo se encarregou de pesquisar e apresentar os elementos da trajetória de vida de Moisés no livro do Êxodo, como indivíduo, como homem religioso e como líder de um povo que o segue. Esses elementos puderam ser lidos a partir do conceito do processo de individuação, segundo a perspectiva da psicologia analítica.

O livro do Êxodo desperta, continuamente, interesse de estudo na academia, principalmente pelos pesquisadores das várias linhas de pesquisa bíblica, por exemplo, exegética, hermenêutica, histórica, literária e mística.

O Moisés do Êxodo também foi objeto de estudo de Freud, que, em suas obras completas, dedicou-lhe atenção especial no volume XXIII, produzindo três ensaios, tratando da relação entre Moisés e a religião monoteísta.[11] E a obra de Delouya[12] oferece uma leitura da perspectiva da obra de Freud a respeito do monoteísmo judaico e da relação entre a obra de Freud e a religião judaica, propondo que a terceira parte do volume XXIII traz à reflexão o que de judaico tem a psicanálise.

O tema do Êxodo e a história de Moisés, seu líder e protagonista, e a constituição de uma compreensão de povo de Israel, são objetos de interesse para a psicanálise assim como para a psicologia analítica. Têm sido realizadas algumas pesquisas sobre o livro do Êxodo por estudiosos da psicologia analítica; entre eles, Edinger, produziu a obra intitulada *Bíblia e psique: simbolismo da individuação no Antigo Testamento*, na qual, dos quinze capítulos, dedica dois ao Êxodo e a Moisés, analisando muitos elementos a partir da perspectiva analítica. Sanford, na obra *O homem que lutou com Deus: luz a partir do Antigo Testamento sobre a psicologia da individuação*, de quatro partes dedicadas aos personagens bíblicos, reserva a terceira parte a Moisés. E Lima Netto produziu a obra *Os segredos da Bíblia: a mensagem psicológica do Velho Testamento*, na qual dedica um capítulo ao estudo de Moisés, levantando alguns elementos da personalidade do herói da Terra Prometida sob a perspectiva junguiana.

Pode-se ver que o Êxodo e seu protagonista Moisés têm despertado interesse nos estudiosos, e isso é um estímulo a enveredar-se pelas análises da psicologia analítica e aprofundar o conhecimento da psique a partir desse personagem, considerado pela tradição bíblica como um dos mais importantes personagens da história de Israel.

Diante dessa relevância do personagem Moisés e, partindo dos problemas levantados, foram formuladas duas hipóteses para serem verificadas.

A primeira hipótese foi a de que Moisés é sim um herói, conforme a psicologia analítica, inclusive porque Jung, ao analisar o símbolo da totalidade, faz menção a Moisés e as outros três personagens do Êxodo (sua irmã Miriam, sua esposa Séfora e seu sogro Jetro) como símbolos da quaternidade, devido à relação psíquica entre os quatro, e chega a afirmar que Moisés corresponde ao herói cultural e legislador.[13] Mas Jung não faz uma exposição das características do herói que ele vislumbrou em Moisés. Assim, a primeira hipótese levantada foi a de que Moisés é um herói que tem uma trajetória de vida que corresponde às fases da jornada do herói levantadas pelo estudioso da psique do herói, o mitólogo Joseph Campbell, que escreveu sua obra *O herói de mil faces*, apoiando-se na psicologia de Freud e de Jung.

A segunda hipótese levantada foi a de que na personalidade de Moisés do Êxodo são detectáveis os elementos do processo psicológico que, sob a perspectiva da psicologia analítica, é chamado processo de individuação. Assim, esta pesquisa se debruçou sobre essa leitura de Moisés, na ótica do processo de individuação da psicologia de Jung, para quem o desenvolvimento da individualidade é o princípio da singularidade. A singularidade é capaz de resistir ao domínio de exclusividade da psique coletiva, em que o indivíduo é capaz de viver dentro da coletividade e ser, ao mesmo tempo, singular; e, uma vez tendo esse desenvolvimento, o indivíduo se torna necessário no contexto social.[14]

O objetivo geral, que norteou esta pesquisa, foi estudar os elementos da personalidade de Moisés nas narrativas do Êxodo, promovendo um diálogo entre as contribuições da teologia bíblica e as da psicologia analítica de Carl Gustav Jung, contribuindo assim para a interface entre Psicologia e Religião.

Os objetivos específicos desta pesquisa foram três. O primeiro foi estudar a importância do protagonista Moisés e a sua contribuição para a formação do povo de Israel, nas narrativas do livro do Êxodo, seguindo o método de análise literária da interpretação dos textos bíblicos, método de tipo narrativo. O segundo objetivo específico foi examinar o processo psíquico de Moisés desde o nascimento até a vida adulta, buscando os elementos característicos do mito do herói e do processo de individuação na perspectiva da psicologia analítica de Carl Gustav Jung. E, completando a tríade de objetivos específicos, o terceiro foi mostrar que o desenvolvimento psicológico do líder Moisés contribuiu para o desenvolvimento psicológico, em linguagem junguiana, da coletividade dos israelitas no longo processo de libertação da escravidão e de busca da vida em liberdade numa sociedade nova, conforme se lê nas narrativas do Êxodo.

Para levar a cabo a leitura de um texto bíblico sob o ponto de vista da psicologia, a pesquisa adotou três categorias de análise como referenciais teóricos. A primeira categoria adotada foi a abordagem sincrônica. Com essa categoria analítica foi lido o texto bíblico do Êxodo que contém as narrativas sobre Moisés e seu relacionamento com Iahweh e o seu relacionamento com os outros personagens, assim como sobre a sua liderança perante o grupo dos israelitas. Trata-se de uma categoria de análise do texto bíblico a partir do texto final, valorizando as narrativas e os seus personagens, distinguindo-se da teoria das fontes que usava o texto bíblico como documento, através do qual se poderia reconstruir o passado.[15] Nesta pesquisa, o método literário de abordagem sincrônica adotado foi o de tipo narrativo, que se aplica exclusivamente às narrações dos textos bíblicos e as lê como peças literárias e não como documentos históricos.[16] Foram tomados como base para abordagem de tipo narrativo os autores: W. Vogels, com a obra *Moisés e suas múltiplas facetas*, F. Garcia López, com a obra *O Pentateuco* e P. R. Andiñach, com a obra *O Livro do Êxodo: um comentário exegético-teológico*, entre outros que dão relevantes contribuições para a análise do Êxodo.

Uma segunda categoria analítica foi o herói, a partir da obra de Joseph Campbell, *O herói de mil faces*. Nessa obra, o herói é analisado a partir das mitologias e das religiões, e a jornada do herói é apresentada como uma aventura mitológica composta por três estágios significativos, que são a separação ou partida do herói; a iniciação, que é o estágio em que o herói passa por provas e vitórias; o retorno e reintegração do herói à sociedade, estágio este indispensável para que a energia espiritual tenha uma contínua circulação no mundo.[17]

E a terceira categoria de análise foi o processo de individuação, na perspectiva da psicologia analítica. O processo de individuação é o processo psíquico em que a pessoa se torna um ser único e adquire a individualidade que é uma singularidade mais íntima da pessoa, última, incomparável, e ela se torna o Si-mesmo.[18] Para Jung, a meta do processo psicológico é a individuação. Em diversos volumes das obras completas de C. G. Jung encontram-se as explicações do processo de individuação, assim como em autores junguianos, como E. C. Whitmont, R. A. Johnson, E. F. Edinger e M. Stein, entre outros, cujas análises foram contribuições importantes para esta pesquisa.

Fica claro, assim, que o procedimento metodológico adotado foi a pesquisa bibliográfica, a partir de autores dos estudos bíblicos[19] e autores da psicologia analítica.

Esta pesquisa foi desenvolvida em quatro capítulos. No primeiro capítulo apresenta-se um panorama geral do livro do Êxodo, que faz parte do conjunto do Pentateuco – que são os cinco primeiros livros da Bíblia Hebraica –, e é o segundo livro do conjunto. Apresentam-se também suas características principais, tais como a pertença a esse conjunto de cinco livros chamado, pela tradição judaica, de Torá; a coesão entre os cinco livros distintos, que compõem um grande conjunto literário; a presença de Moisés, o personagem mais importante do Pentateuco, cuja história perpassa os quatro últimos livros do conjunto da Torá; a liderança de Moisés no processo libertador do Êxodo; a autoria, a datação e a redação do Êxodo; a relevância do Êxodo como paradigma para a tradição bíblica; a mensagem que se pode perceber na narrativa do Êxodo; por fim, um histórico das teorias de interpretação do Pentateuco e a opção pelo método narrativo com que esta pesquisa adentra o texto do Êxodo.

No segundo capítulo, partindo-se da opção pelo método narrativo de interpretação do texto bíblico, faz-se a apresentação do protagonista do Êxodo, Moisés, seus aspectos e suas características. Entre os aspectos de Moisés, ressalta-se a sua relevância para a tradição bíblica, que causa o interesse de estudiosos em continuar a pesquisá-lo na atualidade; a historicidade ou não de Moisés é um aspecto que se leva em conta neste capítulo; a relevância do Êxodo e de Moisés para distintos estudiosos, como Santo Agostinho e São Gregório de Nissa, representantes da Patrística, ou como Freud, o fundador da Psicanálise; as características de Moisés como herói popular na perspectiva teológica, como por exemplo, para Vogels, que apresenta o nascimento do herói como sinal da libertação que deverá ocorrer no Êxodo; Moisés como o homem religioso cuja vida está marcada pela sintonia com o Deus Iahweh; por último, o capítulo mostra a característica de Moisés como líder do processo de libertação de um grupo de hebreus escravizados no Egito.

No terceiro capítulo esta tese apresenta uma leitura de Moisés como herói do ponto de vista da jornada do herói, segundo Campbell. Para tal tarefa, faz-se uma apresentação da possibilidade de se adentrar o texto bíblico a partir de uma hermenêutica do ponto de vista psicológico; elencam-se alguns testemunhos de leitura psicológica da Bíblia de autores junguianos, como Lima Netto, Rollins, Stein, Jaffe, Edinger, que defendem que os conteúdos humanos na Bíblia retratam a psique humana e que a psicologia pode dar uma palavra sobre a imagem de Deus que está na mente humana e é retratada nos textos bíblicos; apresenta-se também um pouco da leitura analítica de Jung dos textos bíblicos. Em seguida, apresentam-se as categorias do mito do herói segundo Campbell e faz-se a interpretação de Moisés como herói, de acordo com tais categorias.

No quarto capítulo é feita uma leitura do processo psicológico do personagem Moisés do livro do Êxodo. Com base em Jung e em diversos autores da psicologia analítica, faz-se primeiramente a leitura da psicologia analítica como uma resposta à carência de valorização do espírito humano na sociedade racional; em seguida, adentra-se o tema das figuras interiores da psique, ou seja, os arquétipos ou figuras arquetípicas; são analisados os conceitos de consciente, inconsciente pessoal e coletivo, e as figuras arquetípicas, como o ego, a persona, a sombra, a anima, o Si-mesmo, e o conceito do processo de individuação, apresentado como a meta da personalidade de todos os seres humanos. São apresentados os recortes da trajetória psicológica de Moisés que se referem a tais figuras arquetípicas. E o capítulo finaliza mostrando o processo de individuação do personagem Moisés e a sua contribuição para a individuação coletiva do grupo de israelitas por ele liderado.

NOTAS

1 Do início desta introdução até a esta altura do texto, conjuguei os verbos na primeira pessoa do singular devido a facilitar as minhas expressões pessoais, subjetivas, quanto ao tema desta pesquisa. A partir daqui, utilizo, ao longo de todo o texto, os verbos na terceira pessoa do singular, expressando impessoalidade com o intuito de favorecer a objetividade na redação do texto. Ver Perez, L. C. A. Impessoalização da linguagem. *In*: portugues.com.br. Somente em alguns casos em notas de rodapé haverá verbos na primeira pessoa do plural ou os pronomes possessivos "nosso" ou "nossa", como em "tradução nossa".

2 Hall, C. S.; Nordby, V. J. Introdução à psicologia junguiana: síntese sobre a vida e a obra de Carl G. Jung, p. 44.

3 Hall, C. S.; Nordby, V. J. Introdução à psicologia junguiana, p. 71.

4 Jung, C. G., Jung, C.G. O eu e o inconsciente. O.C. Vol. 7/2, par. 399 (p. 129).

5 Edinger, E. F. Ego e arquétipo: uma síntese fascinante dos conceitos psicológicos fundamentais de Jung, p. 19.

6 Andiñach, P. R. O livro do Êxodo: um comentário exegético-teológico, p. 33-34.

7 Vogels, Walter. Moisés e suas múltiplas facetas: Do Êxodo ao Deuteronômio, p. 18.

8 Jung, C. G. Símbolos da transformação. O.C. Vol. 5, par. 251 (p. 205).

9 Jung, C. G. Os arquétipos e o inconsciente coletivo. O.C. Vol. 9/1, par. 281 (p. 167-168).

10 Campbell, J. O herói de mil faces, p. 36.

11 Freud, S. Obras psicológicas completas de Sigmund Freud: edição *standard* brasileira. Volume XXIII. Moisés e o monoteísmo. Esboço de psicanálise e outros trabalhos.

12 Delouya, D. Entre Moisés e Freud: tratados de origens e de desilusão do destino.

13 Jung, C.G. Aion: estudos sobre o simbolismo do si-mesmo. O.C. Vol. IX/2, p. 217-218 (par. 359-360).

14 Jung, C.G. O eu e o inconsciente. O.C. Vol. 7/2, Apêndice, p. 169-173.

15 García López, F. O Pentateuco: Introdução à leitura dos cinco primeiros livros da Bíblia, p. 46.

16 García López, F. O Pentateuco, p. 49.

17 Campbell, J. O herói de mil faces, p. 40-41.

18 Jung, C.G. O eu e o inconsciente. O.C. Vol. 7/2, p. 63. (par. 266).

19 Entre os autores dos estudos bíblicos, esta pesquisa destaca a produção teológica na América Latina, dialogando com autores como M. Alomía, P. Andiñach, E. Balancin, I. Storniolo, I. Bohn Gass, F. Orofino, J. S. Croatto, T. Frigerio, V. Silva, entre outros.

# 1. UM PANORAMA ACERCA DO LIVRO DO ÊXODO

O Êxodo é o segundo livro dentro da Bíblia Hebraica[1] e faz parte do conjunto chamado Pentateuco, composto pelos cinco primeiros livros da Bíblia: Gênesis, Êxodo, Levítico, Números e Deuteronômio.

## 1.1 O livro do Êxodo no conjunto do Pentateuco

Pentateuco é o nome dado pela tradição bíblica cristã, enquanto a tradição judaica chama esse conjunto com o nome Torá, palavra hebraica que pode ser traduzida como lei ou instrução.[2] Os cinco livros são chamados de Torá de Moisés, e Schimdt afirma que a tradução melhor da palavra Torá seria "orientação", em vez de "lei".[3] A palavra Pentateuco vem do grego *pentateuchos*, e *penta* significa "cinco" e *teuchos* significa "instrumento", "estojo".[4] O estojo era uma espécie de caixa em que era guardado o rolo, formato dos livros na Antiguidade.[5] Assim, Pentateuco, que significa cinco estojos de rolos, passou a designar os cinco primeiros livros da Bíblia.

Os nomes dos cinco livros em hebraico são distintos dos nomes em grego. O Pentateuco foi traduzido para o grego, nas comunidades judaicas de Alexandria, no Egito[6], em meados do século III a.C., momento histórico em que os judeus estavam na diáspora e já não utilizavam a língua hebraica. Daí a tradução dos cinco livros para o grego para que os judeus pudessem ler nas sinagogas de todo o Mediterrâneo a sua Escritura sagrada na língua que falavam na época. Nos séculos II e I a.C. foram traduzidos todos os demais livros que compunham a Escritura judaica. Essa tradução ficou conhecida como Septuaginta, abreviada como LXX, referência aos 72 sábios de Israel que teriam realizado tal empreitada. Mas, os judeus sempre entenderam que se tratava de uma tradução e que o texto original hebraico nunca deveria ser substituído, mantendo-se como a Escritura básica da sua fé.[7]

Enquanto no hebraico os livros da Torá recebem o título de acordo com a primeira palavra importante de cada livro, sendo *Beresit* (*no princípio*), *Semot* (*nomes*), *Wayyiqra* (*e chamou*), *Bemidbar* (*no deserto*) e *Debarim* (*palavras*), na tradução grega, o título se refere ao conteúdo descrito em cada livro, sendo *Genesis* (*origem*), cujo conteúdo se refere à origem do mundo, da humanidade e dos israelitas; *Exodos* (*saída*), refere-se à saída dos israelitas da terra do Egito; *Leuitikon* (*levítico*), cujo tema central são as leis e ritos levítico-sacerdotais; *Aritmoi* (*números*), referência aos recenseamentos; *Deuteronomion* (*deuteros-nómos = segunda lei*), refere-se a uma nova lei dada ao povo. Daí as traduções latinas do grego: *Genesis, Exodus, Leviticus, Numeri, Deuteronomium.*[8]

Esses cinco livros narram a história da origem dos israelitas apresentando desde os mitos que tratam da origem do mundo e do espaço sideral, no livro do Gênesis, até chegar à morte de um dos seus líderes mais importantes dessa história fundacional, que é Moisés. A narrativa da morte de Moisés, no livro do Deuteronômio, é o último relato que encerra o conjunto dos cinco livros. Mas o caráter dessas narrativas da história dos israelitas é compreendido na tradição judaica como direção para a vida, como instrução, como ensinamento, palavras estas que correspondem ao significado do termo hebraico Torá, o qual é utilizado para esses cinco livros, isto é, para o Pentateuco, como foi dito acima. A Torá "faz alusão à sua condição de manual de vida e guia geral para o povo de Israel". Esse é o sentido dos cinco livros para a tradição judaica. Como diz Andiñach, o nome grego Pentateuco não reproduz a riqueza que o nome hebraico comporta.[9]

Pentateuco, que é o nome grego para a Torá, é a tradução da expressão hebraica *hamisa humse hattora*,[10] que significa "os cinco quintos da Torá" ou "os cinco quintos da lei".[11] Ou, "a totalidade da Lei".[12]

Com base na análise de Ska,[13] esses cinco quintos da lei teriam alguns critérios para sua divisão em cinco livros.

O primeiro livro, o Gênesis, narra a criação do mundo e vai até a morte dos dois patriarcas, Jacó e o seu filho José. Assim, o final do livro do Gênesis encerra a era patriarcal da história de Israel. Isso sinaliza para a compreensão de que Israel deixa de ser uma família e se torna um povo. Uma das últimas falas de José foi o anúncio de que Deus faria o povo subir do país do Egito para a terra que ele prometera aos patriarcas (Gn 50,24).[14]

Aquele anúncio de José faz uma ligação com o segundo livro, o Êxodo, o qual se inicia com os nomes dos israelitas que entraram na terra do Egito e fala de José que naquele país tinha morrido (Ex 1,1-6). Esse início do Êxodo faz a ligação do Êxodo com a história dos patriarcas. Mas o Êxodo começa narrando um novo período da história de Israel após a morte de José e se encerra contando que o Deus de Israel, que falava com Moisés no alto da montanha, passou a habitar no meio do povo por meio de sua glória que encheu a Tenda da Reunião (Ex 40,34-35).

O terceiro livro, o Levítico, começa dizendo que Deus chamou Moisés da Tenda para lhe falar (Lv 1,1). Dá-se início a um novo jeito de Deus se comunicar com Moisés, agora, portanto, a partir da Tenda. Nesse terceiro livro há uma conclusão no capítulo 26; e o capítulo 27, que é o último, é, na verdade, um apêndice considerado um acréscimo.[15] E o Levítico tem sua conclusão em Lv 26,46, versículo que sintetiza em uma frase os conteúdos do livro todo: "São estes os estatutos, as normas e as leis que Iahweh estabeleceu entre si e os israelitas, no monte Sinai, por intermédio de Moisés." Esse versículo enfatiza que a lei foi estabelecida para o povo de Israel por meio de Moisés no monte Sinai. São as leis dadas por Moisés que orientam o povo.

O quarto livro, o dos Números, começa tal qual o Levítico dizendo que Deus falou a Moisés no deserto na Tenda da Reunião. Esse primeiro versículo dos Números, tal qual o primeiro do Levítico, faz conexão com o encerramento do Êxodo que afirmava que Deus foi habitar na Tenda da Reunião. Assim como o Levítico finalizou com um versículo conclusivo, o livro dos Números também termina sintetizando o conteúdo: "Esses são os mandamentos e as normas que Iahweh ordenou aos israelitas, por intermédio de Moisés, nas estepes de Moab, junto do Jordão, a caminho de Jericó." (Nm 36,13). O povo já caminhara do Sinai para as estepes de Moab e o versículo enfatiza que as leis têm o mesmo caráter do que foi dado no Sinai, pois foram dadas por Deus por meio de Moisés.

O quinto livro, o Deuteronômio começa também dizendo que alguém fala, mas agora não é Iahweh, e sim Moisés.[16] Ele fala a todo o povo no outro lado do rio Jordão e comunica o que Iahweh lhe tinha ordenado a respeito do povo. É na terra de Moab, do outro lado do Jordão, que ele fala. E o livro termina contando no capítulo 34 sobre a morte de Moisés. Moisés subiu das estepes de Moab para o monte Nebo, sobre o qual Deus mostrou-lhe toda a terra, confirmou que a daria à descendência dele, mas que ele não entraria nela, e Moisés morreu na terra de Moab. O livro conclui afirmando que em Israel nunca mais surgiu um profeta como Moisés.

O conjunto de cinco livros encerra um sentido importante para o povo de Israel, ou seja, o de uma história fundacional e de um alicerçamento[17] jurídico que compõem a compreensão da história do povo de Israel, que tem na figura de Moisés o verdadeiro líder que entrega ao povo a Torá.[18] Essa importância legislativa do Pentateuco é apresentada por Giuntoli em uma conjectura de que a divisão em cinco livros tem uma motivação teológica ao colocar em destaque o livro do Levítico no centro do conjunto. Ou seja, as leis, que o Levítico apresenta, "constituem Israel como uma comunidade santa, em tudo e por tudo distinta das outras nações e, exatamente por isso, exclusiva propriedade de YHWH".[19]

A Torá é chamada muitas vezes de livro da lei de Moisés, como em Js 8,31 e 23,6 e 2Rs 14,6. A conclusão do livro do Deuteronômio é a conclusão do Pentateuco. Os três últimos versículos do capítulo final de Deuteronômio dizem:

> E em Israel nunca mais surgiu um profeta como Moisés – a quem Iahweh conhecia face a face, – seja por todos os sinais e prodígios que Iahweh o mandou realizar na terra do Egito, contra Faraó, contra todos os seus servidores e toda a sua terra, seja pela mão forte e por todos os feitos grandiosos e terríveis que Moisés realizou aos olhos de todo Israel! (Dt 34,10-12).

A coesão do conjunto de cinco livros fica perceptível quando esses versículos finais explicitam o encerramento de um conjunto narrativo, encerramento esse caracterizado pelo tom de que se narrou a história de Israel a partir de Moisés, que marca a história de Israel apresentado como o maior de todos os profetas.

As narrativas enfatizam que Moisés recebeu de Iahweh a lei e entregou-a ao povo de Israel. Essa lei de Moisés é a maior expressão da revelação divina. Ela é insuperável e seu valor é para sempre. Significa que o Moisés, que é apresentado no Pentateuco, é portador de uma revelação que supera todas as outras possibilidades de revelação dos outros textos bíblicos do Antigo Testamento, como nos profetas, por exemplo. A conclusão do Deuteronômio mostrando a supremacia de Moisés imprime ao Pentateuco uma autoridade que é garantida pela autoridade de Moisés. Essa superioridade de Moisés está explicada nesses versículos do Deuteronômio quando diz que ele era conhecido por Iahweh face a face, o que também é explicitado em Ex 33,11 que diz que "Iahweh, então, falava com Moisés face a face, como um homem fala com seu amigo". O relacionamento entre Moisés e Iahweh era de uma comunicação sem obstáculos. E a história narrada no Pentateuco, contando o êxodo, mostra que a fundação de Israel remonta a Moisés. Os reis que virão posteriormente na história de Israel não serão os fundadores, Moisés sim.[20]

Pode-se compreender, portanto, que dentro do Pentateuco há uma característica marcante: enquanto o livro do Gênesis narra as origens do povo de Israel,[21] os outros quatro livros contam a história de Israel do ponto de vista da organização do povo com suas estruturas jurídicas e seu relacionamento com seu Deus, sempre sob a liderança de Moisés. O conjunto dos cinco quintos da lei finaliza quando Moisés morre. Ska diz que os quatro últimos livros do Pentateuco "constituem, por assim dizer, a 'vida de Moisés' a serviço de YHWH e de Israel".[22]

Os cinco livros têm dois gêneros literários predominantes: o gênero narrativo e o gênero da série de leis ou dos códigos de leis.[23] O gênero narrativo predomina em todo o livro do Gênesis e nos dezenove primeiros capítulos do Êxodo, enquanto nos demais capítulos do Êxodo (20-40), no Levítico, nos Números e no Deuteronômio as leis se alternam com as narrativas. Assim, a Torá é uma unidade de narrativas e leis inseridas no meio das narrativas.

O gênero narrativo no Pentateuco é caracterizado por três princípios: historiográfico, ideológico ou estético.

O princípio historiográfico pode ser elucidado a partir da definição de van Seters[24], segundo o qual a ciência histórica chamada historiografia engloba todos os textos históricos e é "uma categoria mais abrangente do que o gênero específico da escrita da história", e, no caso do povo de Israel, que era um povo letrado e "desenvolveu sua própria tradição escritural",[25] a historiografia se caracterizou pelas narrações que seguem uma ordem cronológica estabelecida no texto, mas que não sugerem que os fatos ocorreram realmente. Trata-se de narrativas de relatos como se fossem crônicas; elas têm um objetivo e um substrato histórico, mas são relatos que relembram fatos passados mais com intenção de ensinar algo para a vida presente e a vida futura do que situá-los rigorosamente na história passada.[26]

García López considera que os documentos que compõem o Pentateuco, por serem tardios, ficam muito distantes dos acontecimentos de que falam e isso gera uma desconfiança em sua credibilidade histórica. Acaba acontecendo um reajuste na compreensão de como sejam históricos esses documentos que compõem o Pentateuco e levando a encarar como reflexo da época em que foram redigidos e não tanto como comprovação histórica dos acontecimentos narrados.[27]

O princípio ideológico das narrativas do Pentateuco se refere à mensagem teológica, ou seja, à mensagem das ações de Iahweh, o Deus dos israelitas, cujo objetivo é salvar o povo e dar-lhe suas bênçãos.[28]

E o princípio estético das composições do Pentateuco se refere à utilização e à alternância de estilos literários que embelezam as mensagens, como, por exemplo, os diálogos, os monólogos interiores, a repetição, a poesia, a prosa.[29]

O segundo gênero literário do Pentateuco, ou seja, a série de leis dos cinco livros, se refere a três grandes coleções de leis. Uma está no livro do Êxodo e é chamada Código da Aliança (20,22-23,19), outra no Levítico (17-26) chamada Lei de Santidade e a terceira no Deuteronômio (12-26) chamada Código Deuteronômico. Há também o Decálogo no

Êxodo (20,2-17) assim como o Decálogo no Deuteronômio (5,6-21) e a Ratificação da Aliança[30] no Êxodo (34,10-26).

Segundo os textos do Pentateuco as leis remontam a Iahweh e o próprio Iahweh foi quem ditou o Decálogo. A narrativa faz com que tanto os israelitas quanto o leitor se deem conta dessa transmissão divina direta, como, por exemplo, Ex 20,1-2, em que se lê: "Deus pronunciou todas estas palavras, dizendo: 'Eu sou Iahweh teu Deus que te fez sair da terra do Egito, da casa da escravidão'". Os textos anunciam também que as demais leis foram transmitidas pelo líder de todo o Pentateuco, Moisés, como se lê no início do Código da Aliança em Ex 20,22: "Iahweh disse a Moisés: 'Assim dirás aos israelitas...'".[31] As leis que remontam a Iahweh são todas associadas ao Sinai, local onde foram dadas as leis, e à pessoa de Moisés, fazendo dele o protagonista da recepção das leis que formaram a base jurídica do povo de Israel.[32] Como diz Harrington, "o *Pentateuco* traz a marca de Moisés".[33]

Além desses dois gêneros literários predominantes no Pentateuco, ou seja, narrativas e séries de leis, podem-se elencar outros elementos que caracterizam a estrutura literária. De acordo com Andiñach,[34] pode-se compreender a estrutura literária do Pentateuco concentrando-se na forma do texto e na construção de sentido das narrativas desses cinco livros da Torá. Serão percebidos os seguintes elementos: cenários geográficos e translados ou trajetórias dos personagens.

Andiñach elenca um gênero literário que ele chama de itinerário, pois a narrativa se caracteriza por etapas ocorridas num desenvolvimento linear e são usadas expressões como "saíram de ... e chegaram a ...", e há os cenários nos quais as etapas sucedem. No caso do livro do Gênesis aparecem os cenários geográficos sem tais expressões de itinerário, mas é enfatizada a condição de migrantes e a narrativa ressalta o constante translado dos personagens. Ocorre no Gênesis uma periodização da história marcada pela expressão "esta é a história de", como em Gn 6,9: "Eis a história de Noé...", ou pela expressão "estas são as gerações", como em Gn 10,1: "Eis a descendência dos filhos de Noé, Sem, Cam e Jafé...".

Já nos quatro livros de Êxodo a Deuteronômio os itinerários aparecem em muito maior quantidade, como por exemplo em Ex 12,37:

"Os israelitas partiram de Ramsés em direção a Sucot...", em Nm 10,12: "Os israelitas partiram, em ordem de marcha, do deserto do Sinai. A Nuvem se deteve no deserto de Farã." Em Dt 1,2: "Há onze dias de marcha, pelo caminho da montanha de Seir, desde o Horeb até Cades Barne." Sucedem-se muitas narrativas indicando o cenário e o translado dos israelitas.

Andiñach chama a atenção para a intenção teológica desse tipo de gênero literário "que busca consolidar com dados geográficos a realidade do fato que vai ser narrado".[35] Assim, podem-se vislumbrar os cenários geográficos no Pentateuco: no livro do Gênesis (1-11) o cenário é o Oriente (conforme Gn 2,8), (12-46,5) o cenário é Canaã, e de Gênesis 46,6 entrando no livro do Êxodo (1-15) o cenário é o Egito; Êxodo (16-18) o cenário é o caminho no deserto; do Êxodo (19), passando pelo livro do Levítico até o livro dos Números (10,11) o cenário geográfico é o Monte Sinai; Números (10,12-22,1) novamente é o caminho no deserto; a partir de Números 22,1 os israelitas acampam nas estepes de Moab e em todo o livro do Deuteronômio ficam assentados nesse cenário geográfico.[36]

Também segundo Andiñach,[37] o Pentateuco tem uma teologia única e não uma soma dos temas teológicos em cada um dos cinco livros, e podem ser destacados quatro temas teológicos dentro do conjunto. As promessas são um desses temas, e são duas as que perpassam o Pentateuco: a promessa de se formar um povo numeroso para o qual a metáfora é o número de estrelas do céu, como em Gn 15,5 e Ex 1,7, e a promessa de possuir uma terra, como em Gn 15,7 e Ex 3,8. A conquista da terra não se realiza dentro do Pentateuco, mas somente no livro de Josué (3-6), assim como o povo que se forma não tem seu território, seu templo nem uma monarquia organizada.

A mensagem dessa não realização das promessas e dessa não constituição plena de um povo é que o Pentateuco servirá para as gerações futuras de israelitas e não só para as gerações do tempo abarcado pelo Pentateuco. Isso porque em outros momentos da história de Israel também os israelitas estarão sem a terra, sem o templo, sem o monarca, sem poder desfrutar do fruto do trabalho, como depois da queda da Samaria em 722 a.C. (conforme 2Rs 17,5-6),[38] e de Jerusalém em 587 a.C.

(conforme 2Rs 25).[39] A mensagem será então a de que as promessas de terra e de um povo pleno inspirarão a fé e a ação das novas gerações de israelitas em todos os tempos da história.

Andiñach elenca como segundo tema que perpassa o Pentateuco a libertação. O Pentateuco narra a criação da pessoa humana livre e capaz de realizar seu potencial no grupo social, mas a história dos israelitas é marcada pela opressão que sofre das mãos de outros povos dominadores. O Pentateuco explicita a ação divina em favor do povo que é submetido a opressores. A libertação é um ideal que não chega a ser plenamente realizado, pois Israel sofrerá sempre sob o domínio alheio, mas sua mensagem é a de que todos aqueles que lerem os rolos do Pentateuco poderão ver-se refletidos neles e neles inspirar-se para sonhar com projetos de libertação.

Outro tema que perpassa o Pentateuco é o de que o Deus de Israel tem sempre uma palavra ao seu povo. Assim se passa no livro do Gênesis que enfatiza que Deus disse algo quando cada ser foi criado, como, por exemplo, em Gn 1,3: "Deus disse: 'Haja luz', e houve luz". É sempre uma palavra poderosa, criadora. É um Deus que sempre fala com seu líder Moisés, como em Ex 3,4: "E Deus o chamou do meio da sarça. Disse: 'Moisés, Moisés!'", como em Lv 1,1: "Iahweh chamou Moisés e da Tenda da Reunião falou-lhe, dizendo...", como em Nm 6,1: "Iahweh falou a Moisés e disse...", como em Dt 5,4-5 Moisés disse: "Iahweh falou convosco face a face, do meio do fogo, sobre a montanha. Eu estava então entre Iahweh e vós, para vos anunciar a palavra de Iahweh...". É por meio da palavra que Iahweh anuncia suas promessas e suas obras. É uma palavra operante e estimulante, uma palavra de esperança.

O quarto tema que percorre o Pentateuco é o tema da teologia dos textos jurídicos. Como já foi dito, em todo o Pentateuco há os três Códigos de leis, os Decálogos e a Ratificação da Aliança. Andiñach lembra que todas as leis presentes no Pentateuco são recordadas em toda a tradição bíblica e utilizadas como parâmetro para explicar a opressão vivida pelos israelitas em outros contextos como fruto da não obediência à lei de Iahweh, como, por exemplo, o profeta Isaías, quando diz: "Com efeito, eles rejeitaram a lei de Iahweh dos Exércitos, desprezaram a palavra do Santo de Israel." (Is 5,24). Andiñach esclarece que "a expectativa da libertação, a falta de justiça social ou a angústia pelo flagelo da idolatria são compreendidas como resultado de violar as leis dadas por Deus."[40]

Quanto à autoria e à datação do Pentateuco, pode-se partir da análise de Andiñach[41], que chama a atenção para o texto de Dt 31,24 que conta que foi Moisés quem escreveu, "integralmente, as palavras desta lei num livro".[42] Ou seja, o versículo de Deuteronômio atribui a Moisés a gigantesca tarefa de ser o autor de toda a Torá. Essa atribuição é sustentada pela tradição, tanto judaica quanto cristã. Andiñach chama a atenção para o fato de que o próprio livro do Deuteronômio, que atribui a autoria a Moisés, dá margem à percepção da impossibilidade de ter sido ele, uma vez que é narrada a sua morte no encerramento do Pentateuco no último capítulo do Deuteronômio, o que faria não ter sentido o autor narrar a sua própria morte. Também por ter o texto do Pentateuco uma estética imensa, ser carregado com diversos estilos, linguagens e gêneros literários que possibilitam compreender que os textos seriam o resultado de diversas mãos e haveria, portanto, uma gama de autores.

Para Schmidt, no entanto, o Antigo Testamento não atribui a autoria de todo o Pentateuco a Moisés. Para ele alguns textos atribuem a Moisés partes do Pentateuco, como leis, o que se pode depreender de Ex 24,4: "Moisés escreveu todas as palavras de Iahweh" entendendo-se "as palavras" como o Decálogo[43] de Ex 20,1: "Deus pronunciou todas estas palavras, dizendo". Outro exemplo seria Dt 31,9: "Moisés escreveu então esta Lei e deu-a aos sacerdotes...". A Moisés estaria sendo atribuída somente a autoria das Leis e não de todo o Pentateuco. Assim, após o estudo das discussões sobre a autoria, Schmidt conclui que, uma vez não podendo Moisés ser considerado o autor do Pentateuco, acabou sendo mantido como o legislador, como o autor do Decálogo.[44]

Já Otto, ao prefaciar sua obra "A Lei de Moisés", diz que as pesquisas nos últimos três séculos produziram uma variedade de possibilidades de compreensão da formação literária do Pentateuco com objetivo de substituir o que ele chama de "a convicção pré-iluminista de que Moisés teria sido seu autor".[45]

Couto também faz referência ao paradigma do único autor do Pentateuco com base nos estudos de John van Seters e Roger Norman Whybray, paradigma que diz que o Pentateuco teria sido a criação de um único autor, o qual teria trabalhado na produção do texto final por volta do século VI a.C., parecido com o que fez o autor grego do século V a.C., Heródoto. Mas Couto chega à conclusão de que Heródoto e o autor do Pentateuco tiveram diferenças muito marcantes que fizeram ver a inexistência das características da obra grega na obra do Pentateuco.[46]

Em recente artigo, Monteiro trouxe a declaração de eruditos da Bíblia a respeito da autoria do Pentateuco, reunidos em Zurique, em 2010, de que "a sólida conclusão da pesquisa bíblica é que a narrativa do Pentateuco que inicia com a Criação e termina com a morte de Moisés não foi composta por um único autor."[47]

Ska afirma que o Pentateuco é uma obra de tipo religioso, com caráter jurídico e não é obra de um autor único e é um texto normativo para a vida de Israel.[48] O estudioso afirma que o Pentateuco foi concluído no pós-exílio. No contexto do pós-exílio, em que os israelitas viviam dominados por povos diferentes com culturas distintas, é que tiveram a necessidade de mostrar aos outros povos que o Deus de Israel não era uma divindade inferior às divindades dos dominadores. Daí produzir uma obra que apresentasse um Deus único, criador do mundo e do universo. A história vivida pelos israelitas levou-os a redigir uma obra que mostrasse a grandeza do seu Deus. Como diz Ska, os israelitas do pós-exílio não inventaram um Deus, mas, ao redigir o Pentateuco, aprofundaram a sua fé que já fazia parte da sua história como povo que cria no seu Deus. E o Deus dos patriarcas do livro das origens é apresentado no contexto do pós-exílio como o mesmo e único Deus do êxodo. Por isso, o texto de Ex 3,6 fará a conexão entre as duas experiências: dos patriarcas e do êxodo.

Também há, segundo Ska, a explicação no contexto do pós-exílio para essa identificação entre o Deus dos patriarcas e o Deus do êxodo. Durante o exílio, os israelitas, que ficaram em Israel, se mantiveram religiosamente conectados ao Deus de Abraão, enquanto que os deportados viveram a fé aliada à pessoa do líder Moisés, que os inspirava, por causa da experiência do êxodo da escravidão do Egito, a sonhar com um novo êxodo, então, da Babilônia. Assim, o contexto do pós-exílio fez com que fosse necessário produzir uma obra que mostrasse o mesmo Deus conduzindo a história tanto dos israelitas que tinham ficado em Jerusalém quanto dos que tinham sido deportados, e estes, ao retornarem, se mantivessem unidos como o mesmo povo que tinha o mesmo Deus.[49] Ska diz que:

> ... vê-se logo que os textos do Pentateuco querem demonstrar a antiguidade das tradições de Israel. Israel é anterior à monarquia e à conquista do país. O Deus do êxodo é o Deus dos patriarcas. O Deus de Israel é o criador do universo. Essa antiguidade é essencial para se provar, perante as nações, o valor das tradições. E para o próprio povo é fundamental reconciliar e unir os vários grupos do Israel pós-exílico.[50]

Ska reconhece "que o texto final do Pentateuco é uma obra-prima literária".[51] Ele defende que não havia um documento pré-exílico completo do Pentateuco. Para ele, o Pentateuco, tal como é conhecido hoje, trata-se, sim, de uma obra compósita, que seria então constituída por pequenas histórias e coletâneas de leis, materiais pré-exílicos que teriam sido reaproveitados na redação do Pentateuco no período pós-exílico.[52] Ou seja, a comunidade israelita pós-exílica passou por uma reconstrução da cidade de Jerusalém e, portanto, dos setores da vida, e a fé no seu Deus foi fundamental para contribuir para esse processo de reconstrução.

Segundo Ska entre os remanescentes da cidade e os repatriados, estes últimos foram os que predominaram no empreendimento da reconstrução da cidade, do templo e da própria comunidade em si. Retomar as tradições antigas para fortalecer o sentido de origem do povo israelita foi o caminho empreendido e o instrumento dessa retomada foi a história do povo com Deus, a sua fé, a sua tradição religiosa. Mas também houve a necessidade de se constituir a base jurídica da comunidade pós-exílica. Para tal reconstrução, a comunidade pós-exílica reaproveitou os materiais antigos, promoveu a redação desses conteúdos e imprimiu neles o que pulsava no "coração da comunidade pós-exílica." A comunidade pós-exílica integrou aquele patrimônio religioso e cultural que permeava o viver da sua fé na obra que ela redigiu e que se tornou o Pentateuco.[53]

Assim sendo, sobre como nasceu o Pentateuco no contexto do pós-exílio, Ska afirma que:

> Os textos, como dissemos, querem ressaltar o elo com o passado. Há, por isso, três códigos que querem demonstrar a continuidade jurídica entre o Israel pré-exílico e o Israel pós-exílico. Pelo mesmo motivo, a legislação cultual e civil é estabelecida no passado, na permanência no deserto. Em lugar de se deixar absorver, tornando-se uma província qualquer de um império imenso, o Israel pós-exílico quis salvaguardar sua identidade, e a política persa lhe outorgou essa possibilidade.
> Israel sobreviveu como comunidade de fé, congregada, particularmente, por suas tradições e instituições religiosas, e não como nação independente. Nesse contexto é que se entende o nascimento do Pentateuco. [54]

Em termos de datas, pode-se tomar como base a afirmação de Pury de que "em geral se considera que a Torá foi declarada encerrada antes do fim da época persa, entre 400 e 330 o mais tardar".[55]

## 1.2 Apresentação do livro do Êxodo

Tendo sido apresentado o conjunto dos livros de Moisés, de modo que se pôde ter uma visão geral das características fundamentais do Pentateuco, agora será a vez de ser apresentado o livro do Êxodo, o segundo livro desse conjunto. Moisés está presente em quatro dos cinco livros, com exceção do Gênesis.

A narrativa dos quatro livros enfatiza a sua presença deixando claro que toda a lei que rege o povo israelita está marcada com a personalidade de Moisés. Ska diz que o "Pentateuco é único porque Moisés ocupa um lugar único na história da revelação".[56]

A narrativa do Pentateuco faz também o serviço de contar a história de Moisés, pois no Êxodo narra-se a história do seu nascimento e, passando pelos quatro livros, chega-se ao Deuteronômio contando a sua morte. Ska diz que o Pentateuco "é, na verdade, uma 'vida de Moisés a serviço de YHWH e do povo de Israel'". E chama ao conjunto de toda a obra legislativa do Pentateuco com o nome de instituições mosaicas. Essas instituições mosaicas são fundamentais para a vida do povo e são anteriores à monarquia. Ou seja, a monarquia, que ocorrerá na história de Israel posteriormente à história narrada no Pentateuco, deverá ter a Lei de Moisés como sua norteadora. A monarquia e o povo deverão ter sempre presente que Israel nasceu como povo quando, liderado por Moisés, saiu da escravidão do Egito, o que é narrado no livro do Êxodo.[57]

O Êxodo começa apresentando os nomes dos israelitas que tinham ido para o Egito, fazendo conexão com o livro do Gênesis, e parte para a narrativa da situação de escravidão dos israelitas no Egito e da escolha de Moisés por Iahweh para liderar os israelitas na saída da terra da escravidão rumo à terra da liberdade, "uma terra boa e vasta, terra que mana leite e mel" (Ex 3,8). Narra todo o processo de saída e também a caminhada dos israelitas pelo deserto rumo à liberdade e a sua chegada ao Monte Sinai. Ali, o livro narra a entrega das leis de Iahweh ao povo por meio de Moisés. Como diz García López: "O monte Sinai se encontra no meio do deserto como cenário e testemunho privilegiado da revelação de Deus, de sua aliança com o povo e da entrega da lei."[58] Depois o Êxodo narra sobre as prescrições da construção de um santuário, que poderia ser interpretado no contexto do deserto como uma tenda, que deverá ser a morada de Iahweh, e da organização do culto.

Quanto à data e à autoria do Êxodo, segue-se o que foi dito sobre o conjunto do Pentateuco. Não houve um autor único, mas sim diversos autores. A redação inclui uma grande variedade de documentos.[59] Documentos que podem ser originários de antes do exílio judaico assim como do período pós-exílico. E essa variedade de textos narrativos foi fruto de muitas mãos. Exemplo de texto antigo seria o cântico de vitória do capítulo 15 e de textos mais tardios seriam os que narram as prescrições para a construção do santuário nos capítulos 25 e seguintes.[60]

Diante da grande variedade de temas dentro do mesmo livro, os tradutores gregos selecionaram o tema da saída dos israelitas da terra da escravidão como fundamento para a titulação do livro, daí o título Êxodo, palavra que em grego quer dizer saída, tema que permeia os quinze primeiros capítulos do livro.[61]

Schlaepfer, Orofino e Mazzarolo ajudam a entender o significado do título do livro explicando que os israelitas escravizados, ao fugirem do Egito, teriam percorrido um caminho para chegar a Canaã – a terra prometida – que seria diferente das conhecidas rotas de comércio que ligavam o Egito à Mesopotâmia pelo litoral do Mediterrâneo. Por isso, o caminho percorrido teria sido o deserto do Sinai passando pelo Mar Vermelho até a região de Damasco.

Para esses autores aquele caminho, que não teria sido nada fácil para os israelitas que fugiam da escravidão egípcia em busca da terra da liberdade em Canaã, "tornou-se um paradigma, um exemplo para todo o povo. Em grego, esta travessia chamou-se 'caminho de saída' (*ex* + *'odos*). Todos os grupos deveriam passar pelo 'êxodo' em direção à Terra Prometida por Deus aos antepassados".[62] Para Galvagno, o título do Êxodo "evidencia o acontecimento central não só da obra, mas também da história bíblica: o êxodo de Israel do Egito representa o momento do nascimento do povo para a liberdade, o fundamento sobre o qual repousa a sua identidade".[63]

Como se disse acima a respeito da historiografia no Pentateuco, as narrativas no Êxodo se referem a acontecimentos muito distantes no tempo. Em outras palavras, o texto final do Êxodo do pós-exílio narra episódios que teriam acontecido no século XIII a.C., entre os anos 1250 a 1200 a.C., segundo Schlaepfer,[64] ou 1280 a 1230 a.C., segundo Andiñach.[65] Nesse período de 1280 a 1230 a.C. o Egito teve os seguintes faraós: Ramsés, Seti e Merneptá. Ramsés é citado no texto do Êxodo em 1,11 que se refere às cidades-armazéns de Pitom e Ramsés. A informação histórica dos nomes desses três governantes egípcios se torna relevante, pois um deles, Merneptá, deixou um monumento para a história, uma estela, na qual registrou a história das batalhas e, entre essas, há uma descrição de uma expedição egípcia à terra de Canaã e a citação de um povo chamado de "Israel", que foi conquistado e destruído pela expedição de Merneptá.[66]

É no Êxodo que se começa a contar a história de Moisés, o grande líder do povo de Israel, história que é narrada nos quatro livros do Pentateuco. Já no começo do Êxodo a narrativa conta o nascimento de Moisés e mostra a sua trajetória apresentando ao leitor como surgiu o grande líder, que recebeu um chamado de Iahweh em Ex 3,10 para ser o libertador do povo da escravidão no Egito; como liderou a saída dos israelitas do Egito e a caminhada pelo deserto; como recebeu direto de Iahweh a Torá para todo o povo em Ex 19,20: "Iahweh desceu sobre a montanha do Sinai, no cimo da montanha. Iahweh chamou Moisés para o cimo da montanha, e Moisés subiu." E em Ex 20,22 Moisés recebe a ordem de Iahweh para que diga ao povo o que Iahweh falou: "Iahweh disse a Moisés: 'Assim dirás aos israelitas: Vistes como vos falei do céu." E a narrativa esclarece que se trata de leis quando em Ex 21,1 Iahweh diz a Moisés: "Eis as leis que lhes proporás." Assim, o Êxodo tem a intenção explícita de narrar que Moisés é o escolhido para liderar o povo, conduzi-lo à terra da liberdade e ser o portador da Torá que é o conjunto jurídico que regerá a vida do povo de Israel.

O livro do Êxodo apresenta um elemento muito importante para a religião do povo de Israel, a revelação do nome do seu Deus: Iahweh. Esse nome já fora citado no livro do Gênesis, nos inícios do livro, como por exemplo, em Gn 2,4: "No tempo em que Iahweh Deus fez a terra e o céu". E em muitos outros capítulos desse livro. Mas, como chama a atenção Andiñach, a novidade no livro do Êxodo é a narrativa da revelação do nome Iahweh pelo próprio Iahweh em Ex 3,14: "Disse Deus a Moisés: 'Eu sou aquele que é.'" E em Ex 3,15: "Disse Deus ainda a Moisés: 'Assim dirás aos israelitas: 'Iahweh, o Deus de vossos pais, o Deus de Abraão, o Deus de Isaac e o Deus de Jacó me enviou até vós. É o meu nome para sempre, e é assim que me invocarão de geração em geração'".

Nos capítulos iniciais do livro do Êxodo, a narrativa deixava claro que era o narrador quem sempre se referia a Iahweh, e, a partir do capítulo 3, a narrativa mencionará Deus com o seu nome Iahweh, que, uma vez apresentado pelo próprio Iahweh no diálogo com Moisés, poderá ser utilizado pelo narrador toda vez que se referir a Deus.[67] Vogels chama a atenção para a percepção teológica de que a narrativa do Êxodo apresenta o Deus Iahweh como figura central nos eventos relatados e que seriam as palavras de Iahweh a ser transmitidas e não as de Moisés.[68] Mas, o mesmo Vogels chama a atenção para o fato de que a narrativa não coloca Moisés em segundo plano, pelo contrário, "o que é dito de Javé nesses livros é dito também freqüentemente de Moisés", equipara-os.[69]

Um exemplo do destaque a Moisés pode ser o texto de Ex 32,1, em que, antes da fabricação da estátua do bezerro de ouro, a narrativa, que em muitos versículos diz que Iahweh tirou o povo da terra da escravidão, coloca na boca do povo que foi Moisés quem os fez sair do Egito. Outro exemplo é o texto de Ex 24,4 que narra que foi Moisés quem escreveu as palavras de Deus. Portanto, Moisés é o protagonista do Êxodo que lidera os israelitas na saída da terra da escravidão, no caminho pelo deserto e na entrega da Torá a eles.

Galvagno confirma Moisés como o líder ímpar do Êxodo, destinado a guiar os israelitas "até as portas da terra prometida". Ele o chama de "personagem mais importante na história de Israel".[70]

Pode-se interpretar que o nome Iahweh estará associado ao processo libertador como uma apresentação pessoal do Deus Iahweh ao seu povo israelita, como se pode ver em Ex 13,3 em que Moisés exorta o povo a se lembrar de que foi com mão forte que Iahweh o tirou do Egito ou em Ex 13,9 em que Moisés exorta o povo a ter a lei de Iahweh na boca porque Iahweh o tirou do Egito com mão forte.

A associação do nome Iahweh com o processo de libertação pode ser vislumbrada na narração[71] da fuga pelo mar dos juncos em que o narrador explicita que "naquele dia, Iahweh salvou Israel das mãos dos egípcios" (Ex 14,30). É esse feito mais importante do Êxodo atribuído ao Deus Iahweh que o faz merecedor de toda a atenção e da adesão dos israelitas para com a promulgação das normas do Decálogo (Ex 20,1-17), pois a narração informa que o motivo da pronunciação das palavras que constituiriam o Decálogo está em Ex 20,2: "Eu sou Iahweh teu Deus que te fez sair da terra do Egito, da casa da escravidão".[72] Para Schökel, a "libertação do Egito, benefício radical, funda a exigência divina: os mandamentos [o Decálogo] se arraigam na história e a história desemboca numa constituição religiosa e ética."[73]

A partir dessa compreensão do processo libertador, que está em conexão com o nome de Iahweh, pode-se compreender o porquê de ter-se tornado o êxodo da terra da escravidão rumo à terra da liberdade, narrado no livro do Êxodo, referência e fonte importantes para a teologia na América Latina na segunda metade do século XX. Ou seja, a referência à liberdade e o relato do processo de libertação contribuíram para que o êxodo se tornasse um paradigma para a teologia latino-americana. Silva diz que na América Latina o Êxodo:

> foi a expressão de várias categorias e ganhou força na Teologia da Libertação. O Êxodo foi uma apropriação do povo pobre e tomou duas direções. Serviu de arcabouço para libertação política, mais ligada às CEBS[74], e libertação espiritual, ligada aos setores neopentecostais.[75]

Enquanto para o povo de Israel, em cuja história há a concepção de um processo de libertação da escravidão, o êxodo se tornou paradigma para outras situações históricas de opressão de Israel, como já se disse acima, para os povos da América Latina, vítimas de opressões políticas, econômicas, sociais, culturais, também o êxodo se tornou um paradigma. Sobre isto diz Croatto:

> Muitos estudiosos da Bíblia ou teólogos já se adentraram em uma exploração do Êxodo, relacionando-o com o novo caminho de "libertação" da América Latina. É, portanto, um lugar querigmático característico, provocador, criativo, inexaurível. Justamente para uma teologia da libertação, mais do que da liberdade, é uma passagem exemplar. Por isso é mais explorado no contexto teológico latino-americano que no europeu.[76]

Como afirma Croatto, "o Êxodo é o acontecimento-chave, que modela a fé de Israel".[77] Assim, o Êxodo se tornou o parâmetro para a compreensão dos israelitas do que foi o seu povo. Ou seja, o Êxodo como acontecimento e como palavra narrada se tornou a base das tradições dos israelitas, inclusive dos próprios livros que narram sua história na Bíblia, que sempre utilizarão o acontecimento do Êxodo e a importância de Moisés como fundamento da sua história. Silva explica que esse parâmetro para a compreensão é o êxodo ter-se tornado um paradigma de interpretação, que significa "que aquele evento original possui a força unificadora para interpretar outros momentos semelhantes, em diferentes situações históricas".[78] Carvalho, em seu recente trabalho, afirma:

> Que o êxodo é o evento mais importante para a Bíblia Hebraica não é difícil de demonstrar por meio da quantidade de alusões diretas ou indiretas a ele. O êxodo não é apenas o coração do Pentateuco, mas é o coração da Bíblia Hebraica. É nele que os profetas se inspiram para estabelecer as bases da aliança, que é o tema principal dos seus oráculos. É também no êxodo que os poetas buscam inspiração para cantar diversas canções. O êxodo torna-se um modelo redentor para Israel.[79]

Isso é relevante pois, como afirma Croatto,[80] enquanto nas muitas religiões o que exerce uma fascinação dramática é a cosmogonia, para os israelitas, o que fascina é o acontecimento de libertação narrado no Êxodo, no qual os israelitas visualizam a atuação do seu Deus não no cosmos, mas nos acontecimentos da vida humana, acontecimentos esses liderados por Moisés.

Isso é relevante também porque com essa visão do Êxodo os israelitas passaram a ter no acontecimento da libertação da escravidão e no caminho para a terra da liberdade um sentido profundo que não se esgota de busca do sentido da vida, pois a vida é protegida, segundo a concepção de fé desse povo, para ser vivida em busca contínua da liberdade e da dignidade humana, expressa pelo símbolo da "terra que mana leite e mel" (Ex 3,17). O Êxodo tem grande importância enquanto narrativa escrita, pois ele registra o processo de libertação e as vicissitudes em busca da liberdade, arquivando uma memória do que aconteceu e gerando novas possibilidades de compreensão da vida vivida por esse povo, ao longo dos séculos, tornando-se essa narrativa como que preenchida de "energia recriadora". Ou seja, as narrativas do Êxodo são muito relevantes porque funcionam como um "depósito" de conteúdos que, ao serem relidos, fazem com que os acontecimentos adquiram uma transcendência na memória subsequente.[81]

Essa maneira do povo de Israel conceber a importância do Êxodo, ao fazer novas leituras dele, explorando o seu sentido, e tornando esse sentido tão abrangente que se pode vê-lo, ao longo de muitos outros livros da Bíblia, é uma compreensão hermenêutica[82] do texto.

Para os israelitas o Êxodo significou a origem ontológica da realidade nova que estariam vivendo em outros momentos da sua história. Isso quer dizer que o Êxodo passou a ter uma nova significação. Croatto afirma que os israelitas, que tinham produzido uma palavra acerca do acontecimento primeiro do êxodo, fizeram muitas releituras hermenêuticas, ao longo dos séculos da sua história, perante os acontecimentos vividos. Tais releituras foram ampliando aquela palavra inicial, pois foram carregando-a cada vez mais com sentidos novos, até que séculos depois produziram o relato da narrativa que compõe hoje o livro do Êxodo. "Não se trata de um fato isolado que aconteceu por volta do século XIII a.C., mas de fato refletido, aprofundado, explorado pela fé e captado em todas as suas projeções."[83]

Isso conduz à percepção de uma profundidade no sentido do Êxodo, que se torna uma resposta ao filósofo André Neher, que disse que o Êxodo foi "um fracasso..., porque o Egipto ficou no Egipto".[84] A profundidade é a de que "o Êxodo é um Acontecimento cheio de sentido (como o revelam o relato bíblico e a experiência de Israel) e que ainda *não foi concluído*".[85] Ora, o olhar que se pode ter do Êxodo é o de que é um "projeto histórico inacabado" que se pode implementar em outras circunstâncias históricas de opressão e de libertação, daí ele funciona como uma "retroprojeção da esperança vindoura".[86]

Um elemento que chama a atenção nesse sentido é a missão do protagonista Moisés. A narrativa do Êxodo anuncia que ele recebeu um chamamento da parte divina para a realização de um grande projeto. Em termos hermenêuticos como está sendo delineado até agora, segundo a visão de Croatto, no Êxodo o tema da missão ou vocação do líder Moisés somente se torna elemento concreto dentro da narrativa porque supõe que ele vivenciou a experiência da libertação do povo. Ou seja, o relato concretiza o que se vivenciou: Moisés liderou um movimento de saída da escravidão e se tornou o líder; daí a narrativa ter deixado claro que ele recebeu do Deus Iahweh, no pé da montanha, diante da sarça ardente, um chamado para tal missão. O relato atual do Êxodo contém a linguagem da vocação de Moisés, linguagem essa portadora de uma profundidade que não teria havido no tempo de Moisés, mas que foi composta pela compreensão hermenêutica que atravessou as "releituras" do acontecimento e produziu o relato final que hoje compõe o Êxodo.[87]

Quanto a Moisés, até que o relato final fosse concluído, os israelitas, que tinham, no processo libertador conduzido por esse líder, a motivação fascinante para a releitura dos acontecimentos vividos ao longo da história,

> não se contentaram com os dados concisos do êxodo sobre Moisés, o líder da libertação (apesar de *já* estarem mitologizados), mas aumentaram sua figura com inumeráveis episódios apócrifos, cada qual mais extraordinário. Não se verifica nisso um objetivo de criar fábulas, mas uma expressão hermenêutica de "compreensão" profunda do personagem-chave de sua história.[88]

## 1.3 A mensagem do livro do Êxodo

A fascinação do povo israelita pelo acontecimento do êxodo narrada no texto final, imbuída dessa carga de leitura hermenêutica dos fatos narrados e do seu personagem principal, fica perceptível quando se depara com a exposição de quatro aspectos da mensagem do livro, segundo a opinião de Croatto.[89]

Uma primeira mensagem do livro do Êxodo seria a de que o êxodo corresponde a uma experiência de salvação-libertação dos israelitas, o que significa dizer que, para os israelitas, o sentido de salvação, no êxodo, corresponde à libertação. Serem libertados da escravidão egípcia equivale a serem salvos. Então, nessa perspectiva, para a fé religiosa de Israel, a salvação seria uma equivalência a um ato divino enraizado na experiência humana que, naquele acontecimento concreto original, foi a libertação política da situação degradante de escravidão da pessoa humana. Isso é interessante para o estudioso das religiões porque se apresenta como uma compreensão de um povo que viveu uma fé imbuída de uma cosmovisão de que o seu Deus participa da sua história política. Ser salvo por seu Deus era o mesmo que ser libertado da escravidão.

Vem ao encontro dessa ideia, apresentada como uma primeira mensagem do Êxodo, a afirmação de Rowley de que "o que AT [Antigo Testamento] reiteradamente sustenta é que Deus veio aos homens através dos eventos históricos para revelar a sua natureza e a sua vontade".[90] Após essa afirmação introdutória, Rowley discorre sobre diversas possibilidades de revelação do Deus da Bíblia e, ao se referir à concepção dos israelitas, inclusive a de Moisés, sobre o Deus Iahweh, afirma que "a concepção israelita nascera da sua própria experiência de Deus, na libertação do cativeiro do Egito".[91]

Outra mensagem que se pode depreender do Êxodo é a de que o Deus dos israelitas não age diretamente por via espiritual ou metafísica, mas trata-se de um Deus que se serve de mediadores humanos para que a salvação-libertação se torne realidade; daí a relevância do líder Moisés. Assim, o chamamento de Moisés para liderar a libertação se deu porque ele era um líder. Como explica Croatto, a interpretação religiosa do relato promove uma inversão dessa relação, apresentando Moisés sendo chamado por Iahweh para que assim seja o líder. Além disso, o líder humano carrega uma responsabilidade sacra, ou seja, a de que suas palavras e ações expressam o que queria o Deus Iahweh.

O líder do Êxodo é responsável por expressar a forma histórica de um projeto de liberdade de um Deus para com o seu povo. Daí o fato – do relato expressar a crença de que Moisés é o enviado do Deus Iahweh – e essa fé – que permeia os corações dos israelitas – são importantes para se entender que Iahweh é um Deus que age por meio de uma pessoa humana que ele envia. O que também é expresso na concepção de Rowley como sendo Moisés portador de uma personalidade profética e que tinha uma fé pela qual se sentia "intimamente persuadido de ser o porta-voz de Deus".[92] Dillard e Longman III afirmam que a missão de Moisés é "ser o agente humano de Deus para a libertação de Israel do Egito".[93]

Uma terceira mensagem que se pode perceber no Êxodo é a de que o relato, ao mostrar uma concepção do Deus dos israelitas como um Deus libertador, mostra consequentemente um valor essencial na vocação desse povo, o da liberdade. Isso implicaria em compreender que o povo de Israel tem uma consciência que é fundamentalmente da liberdade. Consciência de liberdade em nível de povo e de pessoa e da aliança que Iahweh promove, segundo o relato, com o povo, estabelecendo normas e leis para o proceder cotidiano da comunidade. Frigerio, ao estudar o Êxodo com as comunidades periféricas em Belém do Pará, escreve que, na Bíblia, há a memória histórica do povo de Israel, memória de que "Deus está ao lado dos que lutam por vida e liberdade, dos que lutam pela realização do Projeto de Deus".[94]

Balancin e Storniolo explicam que um grupo de pessoas somente se torna um povo quando é capaz de autodeterminar a organização da vida em termos políticos, econômicos e culturais, tendo a liberdade como condição exclusiva para a tomada de decisões e a organização social.[95] E o grupo de israelitas passou pelo processo de libertação da escravidão para a caminhada no deserto, em busca da terra prometida por Iahweh, para se constituir um povo, com seus regulamentos e sua organização, somente depois que passou pelo Mar dos Juncos e conquistou a liberdade.

Embora a narrativa diga que Iahweh chamava os israelitas de "meu povo" (Ex 3,7), ainda estando no Egito, o relato do Êxodo deixa explícito que, somente após a conquista da liberdade, se dará a constituição de Israel como povo, com sua organização jurídica que estabelece leis para os comportamentos sociais, e sua organização religiosa com a planificação do culto e da construção do santuário. É o que narrativa deixa claro em Ex 19,1 quando diz que "No terceiro mês depois da saída do país do Egito..." e em Ex 19,5 quando a narrativa deixa claro que vai começar a organização legislativa do povo, com Iahweh convocando o povo para ouvir sua voz e guardar sua aliança e se tornar uma nação marcada pela santidade (Ex 19,6). Somente o povo livre é que se tornará um povo organizado e santo.

E uma quarta mensagem que se apresentaria seria o tema da violência do Deus Iahweh no projeto de libertação dos israelitas da escravidão. A narrativa vai deixar claro que, no chamamento do líder para conduzir o processo de libertação, há uma entonação de rejeição explícita de Iahweh ao sofrimento dos israelitas "debaixo das corvéias dos egípcios",[96] a ponto de enfatizar que seriam libertados e resgatados pelo braço divino estendido que faria justiça solene (Ex 6,6). Ou seja, a mensagem é a de que Iahweh agirá energicamente contra o opressor. Isto poderá ser lido, por exemplo, no relato das pragas nos capítulos 7 a 12.

Pode-se verificar essa característica de violência de Iahweh na libertação porque o opressor egípcio não dá a liberdade aos israelitas, porque o opressor não deixa de ser opressor. Então, resta a Iahweh manifestar uma postura enérgica, isto é, violenta perante os desmandos do opressor egípcio para que o processo de libertação, que será conduzido por Moisés, possa se realizar.

Silva, após analisar as pragas, às quais prefere chamar de prodígios, seguindo a afirmação do próprio relato do Êxodo, que assim chama às nove primeiras pragas, pergunta se o Deus do Êxodo não queria salvar os egípcios, afinal sofreram as consequências dos prodígios. Silva esclarece que o relato bíblico enfatiza que o faraó, o opressor, tinha que reconhecer quem era Iahweh, o Deus dos israelitas. E esse reconhecimento se passaria como a confirmação de que se tratava de um Deus libertador do grupo de oprimidos sob uma dura escravidão, e essa libertação implicava anular todo tipo de aflição desse povo. Iahweh não compactua em nenhuma hipótese com a opressão e quer que sejam salvos todos, oprimidos e também opressores, porém, as pragas, isto é, os prodígios, deixaram claro que ele toma partido dos oprimidos.[97]

A violência de Iahweh está melhor expressa no relato do Êxodo com a morte dos primogênitos dos egípcios, inclusive do primogênito do faraó. Silva argumenta que "a leitura dos textos sobre as pragas deixa um sabor amargo de violência. Predomina, em toda a narrativa, a imagem de um Deus poderoso e protetor de seu povo. Isso é compreensível no contexto de grupos marginalizados e oprimidos".[98]

Croatto argumenta que essa violência de Iahweh era necessária para que o poder opressor fosse suprimido e cedesse lugar a um outro tipo de poder, o poder salvífico.[99] Daí, lembrar a primeira mensagem de que a libertação-salvação é um acontecimento iluminado pela ação divina no histórico da humanidade.[100]

Baumann, ao analisar distintas possibilidades de conceituar a violência como literatura no Antigo Testamento, diz que uma das formas literárias de definir violência seria a conexão dos textos bíblicos sobre violência à crítica das condições sociais, e que, portanto, tais "textos sobre violência podem ser considerados um tipo de clamor literário por justiça".[101] Referindo-se ao tema da libertação do Egito e da violência com que Iahweh trata os egípcios e protege Israel, Baumann afirma que, se ao tratar-se da violência divina, está-se referindo à "superação da violência superpotente para fora de uma situação onipotente", é preciso levar em consideração que em muitas passagens do Antigo Testamento, com destaque para o Êxodo, "algumas formas de violência não podem ser vencidas com meios não violentos." Por isso, continua Baumann, "com frequência invoca-se o auxílio totalmente violento de YHWH quando o povo de Israel ou israelitas individuais encontram-se em situações opressoras desesperadas".[102]

Como se disse acima, o texto do Êxodo é composto de vários gêneros literários, destacando-se as narrativas e os conjuntos de leis. Isto precisava ser observado diante das mensagens, que se podem depreender do Êxodo e que acabam de ser elencadas, pois essas mensagens são levantadas a partir dos quinze primeiros capítulos do livro. Após a narração da passagem do Egito para o deserto, há outras possibilidades de mensagens que serão distintas das que até então se elencaram.

Não é preciso concordar com Hamilton que afirma que Deus teria um motivo para conduzir os israelitas para a terra do Egito e o relato do Êxodo mostraria que esse motivo seria mais importante do que a saída do Egito, uma vez que o que estaria no bojo da questão não seria a miséria dos israelitas sob a escravidão no Egito, mas sim que "sua motivação é o cumprimento da aliança firmada com Abraão,

Isaque e Jacó, que é descrita em Gênesis. Essa aliança compreende o estabelecimento de Israel na terra de Canaã."[103] Mas, torna-se relevante a chamada de atenção de Hamilton de que o motivo da libertação abrange os quinze primeiros capítulos do livro e que há outros componentes literários que merecem destaque na análise do relato. Ou seja, é possível observar outras mensagens do Êxodo, além daquelas já elencadas. Hamilton chama a atenção para o cenário do deserto no qual os israelitas passam a maior parte do tempo e ao qual a narrativa dedica mais da metade do livro, ou seja, de Ex 15,22 a 40, o que significa que, dos quarenta capítulos do livro, mais de vinte e quatro capítulos narram a estadia no deserto.[104]

Nesse grande bloco literário em que o deserto é o cenário predominante, sobressaem os temas da lei e da construção do santuário ou tabernáculo. Com relação à lei, Dillard e Longmann iii chamam a atenção para a percepção de como a lei flui dentro da história narrada pelo Êxodo, para que não se tenha uma visão da lei como apêndice dentro da narrativa.[105] Assim, também se pode depreender do Êxodo a mensagem de que a lei é imbuída de um caráter de aliança. Essa aliança comporta exigências da relação dos seres humanos para com o Deus Iahweh e da relação dos seres humanos entre si.[106]

Croatto enfatiza que "Javé faz um pacto de aliança com o povo salvo do Egito. Essa Aliança estabelece os vínculos jurídicos e espirituais de Javé com o povo redimido e conquistado".[107] Tanto o Decálogo (Ex 20,1-17) quanto o Código da Aliança (Ex 20,22-23,19) são concebidos como leis de uma aliança entre um Deus e um povo. As ações deverão ser regidas por essa concepção de que há uma aliança, da qual a narrativa mostrará uma consagração simbolizada em um ritual litúrgico conduzido pelo líder Moisés, no capítulo 24, intitulado "Conclusão da Aliança"[108], após ter realizado a leitura das leis perante o povo e às quais o povo declara sua adesão. Então "Moisés tomou do sangue e o aspergiu sobre o povo, e disse: 'Este é o sangue da Aliança que Iahweh fez convosco, através de todas essas cláusulas.'" (Ex 24,8). Essa adesão do povo de Israel está ligada ao sentido da lei como aliança, pois o "Deus que acabava de 'libertar' o povo, que antes gemia sob o jugo dos faraós, não podia decepcioná-lo com uma lei sufocante", por isso, os israelitas "aderiram ao Deus da Vida, por meio da Aliança".[109]

Por último, pode-se prestar atenção no bloco literário da construção do santuário ou tabernáculo em Ex 25-31, capítulos que prescrevem as orientações a respeito da construção e em Ex 35-39, capítulos que abordam a execução das orientações dadas para a construção. Bräumer chama a atenção para a narrativa da construção do tabernáculo (Ex 25) imediatamente após a celebração da aliança (Ex 24). Pois, após celebrar a aliança, os israelitas começarão a caminhar pelo deserto na direção da Terra Prometida. Com isso "o povo se afasta do monte da revelação. Enquanto estavam acampados junto ao Sinai, tinham certeza da proximidade de Deus. Esse ponto visível desaparecerá de seus olhos e de sua memória."[110] Bräumer interpreta que Iahweh "cria um novo sinal de sua presença" e que o "tabernáculo será o local visível para todos que assegura aos israelitas: Deus habita entre nós."[111]

Em Ex 25,8 Iahweh diz a Moisés que lhe faça um santuário para que ele, Iahweh, possa habitar no meio do povo, e em Ex 29,45-46 Iahweh diz a Moisés que habitará no meio dos israelitas e que os libertou da escravidão do Egito para habitar no meio deles. Em Ex 39,43 a narrativa confirma a finalização da obra e em Ex 40,33 enfatiza que Moisés terminou todo o trabalho necessário para que o santuário, chamado de Habitação, estivesse pronto para atingir a sua finalidade. A narrativa em Ex 40,34 confirma que Iahweh ocupou a Habitação, isto é o santuário.

Diante do exposto, pode-se vislumbrar mais uma mensagem no Êxodo, que é a de que o ato religioso de adorar o Deus Iahweh acontecerá mediante a presença do divino no meio do povo, presença que será simbolizada pelo tabernáculo. Isso porque o tabernáculo deve ser compreendido como o espaço específico onde adorar o Deus Iahweh, segundo Dillard e Longman III,[112] e, segundo também Hamilton.[113] A referência ao tabernáculo passou a ser a de uma "habitação terrestre de Deus durante o período de Moisés a Davi. Sendo sua habitação, o tabernáculo enfatiza a presença de Deus entre o seu povo, continuando um tema que percorreu todo o livro do Êxodo".[114]

## 1.4 As teorias de interpretação do Pentateuco e o método narrativo

O estudo do texto bíblico pode percorrer distintos caminhos, tais como a exegese[115] e a hermenêutica[116]. O presente trabalho não se insere numa linha de pesquisa exegética, mas sim numa linha de pesquisa da ciência da religião com o objetivo de fazer uma leitura hermenêutica das narrativas do Êxodo que tratam do personagem Moisés sob a perspectiva da psicologia analítica. Assim sendo, este estudo não se encaixa numa proposta exegética, mas, sim, na busca de uma interpretação da narrativa e, especialmente, de Moisés – o objeto específico deste estudo –, numa linha de pesquisa que priorize a narrativa em si, ou seja, numa linha de pesquisa que valorize o texto final do livro bíblico do Êxodo. Para isso, o caminho selecionado de estudo será então o da pesquisa literária do texto bíblico, tomando como base o método narrativo de interpretação da Bíblia. Esta é uma possibilidade de adentrar o texto bíblico e levantar uma reflexão ou promover uma interpretação da mensagem da narrativa.

Para isso, é esclarecedor que se levantem os distintos tipos de leitura do Pentateuco ao longo da história da sua interpretação, uma vez que o Êxodo faz parte desse grande conjunto de cinco livros da Bíblia. Com base no panorama apresentado por García López, na obra *O Pentateuco: introdução à leitura dos cinco primeiros livros da Bíblia*,[117] e com base também no texto de Jean-Louis Ska, na obra *Introdução à leitura do Pentateuco: chaves para interpretação dos cinco primeiros livros da Bíblia*,[118] elencam-se, a seguir, diversos estudos que abarcaram a interpretação dos textos bíblicos desse conjunto chamado Pentateuco.

García López começou sua exposição sobre a interpretação do Pentateuco alertando para a percepção de que cada época da história da humanidade tem a sua maneira própria de fazer a leitura da Bíblia, pois os estudiosos são imbuídos do espírito intelectual das correntes de pensamento que predominam em cada momento da história.

A primeira maneira de adentrar os conteúdos do Pentateuco, ao longo de séculos dos estudos de interpretação dos textos bíblicos, pode ser nomeada como interpretação do período pré-crítico. Trata-se de uma tradição interpretativa que toma o texto ao pé da letra, como por exemplo, a respeito da autoria do Pentateuco. Segundo a interpretação pré-crítica o autor do Pentateuco seria Moisés, pois, segundo essa leitura, está literalmente dito em vários textos que foi ele quem escreveu as leis ou as palavras, como se pôde ver acima. Trata-se de uma interpretação a-histórica, cujo interesse está somente nas ideias teológicas que aparecem no texto e não levanta discussões sobre o problema do autor.

Ao contrário desse método considerado a-histórico, a interpretação crítica histórica é a que utiliza os métodos histórico-críticos, ou seja, os que analisam os textos bíblicos a partir do contexto de sua origem e da sua formação. São chamados métodos diacrônicos.[119] Esses métodos histórico-críticos são considerados métodos científicos cuja estratégia de interpretação é sempre a objetividade na análise dos textos. Fatores culturais gerais influenciaram os estudos bíblicos, tais como o Renascimento Cultural do século XV, que propunha uma recuperação dos valores da Antiguidade greco-romana, e o Iluminismo do século XVIII, que valorizava a ciência e a razão questionando os dogmas políticos e religiosos. O Iluminismo favoreceu o desenvolvimento dos métodos histórico-críticos, pois tinha, por exemplo, um olhar para os textos da Bíblia como textos do passado, sobrepondo-se à visão de que fossem textos inspirados.

Entre os primeiros estudos de interpretação crítica estão os que compõem a crítica literária e os que compõem a crítica das formas.

Os estudos de crítica literária se ocupam de analisar se se trata de um texto homogêneo, isto é, se é composto por somente um autor, ou se não é homogêneo, tendo então vários autores. Essa crítica surge diante da afirmação da tradição tanto judaica quanto cristã de que o autor do Pentateuco seria Moisés. O trabalho interpretativo consiste em separar nos textos bíblicos os elementos que compõem o texto, mas que são resultados de inserções ou acréscimos àquele texto. Em outras palavras, poderia ter havido um texto original, ao qual redatores posteriores incluíram fragmentos tornando o texto maior, chegando ao formato atual que se encontra na Bíblia Hebraica. Os estudiosos então mostram se o texto se compõe de uma unidade ou de uma heterogeneidade, dependendo da constatação do que encontram na formação dos textos.

É do século XV o primeiro autor da interpretação crítica, Afonso de Madrigal (1410-1455), conhecido como "O Tostado", autor de um "Comentário ao Deuteronômio" (*Comentaria in Deuteronomium*, III /2)[120] em que propõe a interrogação sobre a autoria do Pentateuco ser somente de Moisés ou se seria também de Esdras. Tem-se aí o germe dos estudos de interpretação crítica do Pentateuco que se definiriam a partir do século XVI. Mas é no século XVII que surge o autor que é considerado o inaugurador da crítica bíblica, Richard Simon (1638-1712). Em sua obra de 1678, *Historie critique du Vieux Testament*,[121] Simon, levantando as possibilidades distintas no texto do Pentateuco, tais como as duplicações de narrativas, mudanças de estilo, distintos aspectos formais e temáticos, observa que não poderia o Pentateuco ter sido obra de um único autor, Moisés. Aproveita a proposta de Afonso de Madrigal e propõe que quem teria compilado o Pentateuco seria o Esdras, que seria quem teria reunido toda a herança literária de textos bíblicos produzidos desde o tempo de Moisés até chegar à época de Esdras. A compilação desse vasto material teria dado surgimento aos textos históricos assim como aos textos legislativos do corpo bíblico.

Dois outros estudiosos da Bíblia do século XVIII, Henning Bernard Witter e Jean Astruc, observaram que os textos do Pentateuco ora chamam a Deus de Elohim, ora chamam a Deus de Iahweh. A partir disso, levantaram a hipótese de que haveria dois documentos que teriam dado origem aos textos do Pentateuco. Um documento seria o Eloísta, que seriam os textos que nomeiam a Deus como Elohim, e outro documento seria o Javista, composto de textos que nomeiam a Deus como Iahweh (aportuguesado para: Javé). Witter publicou seu livro em 1711 e Astruc publicou seu estudo em 1753. Os documentos seriam fontes ou documentos principais a partir dos quais teriam sido redigidos os textos do Pentateuco; daí o nome de hipótese documentária. E Astruc admitia que outras fontes secundárias também existiriam nesse grande conjunto redacional, que teria sido então composto por Moisés.

No final do século XVIII surge uma outra forma de compreender os textos do Pentateuco com toda a sua complexidade. Destacam-se os estudiosos Alexander Geddes e Johann Severin Vater, esse já no início do século XIX. Apresentam uma hipótese que ficou conhecida como a hipótese dos fragmentos. Geddes, em 1792, defendeu que no Pentateuco haveria uma coleção de fragmentos, longos às vezes e independentes entre si, mas a arrumação deles no conjunto do Pentateuco teria sido feita pelos recompiladores do grupo Eloísta e o do grupo Javista. Vater, para quem a lei era o fundamento do Pentateuco, propôs nos anos de 1802 a 1805 que a lei tinha um núcleo no Pentateuco – estaria no livro do Deuteronômio –, que teria sido composto na época dos reis Davi e Salomão e teria sido reeditado na época do rei Josias.

No início do século XIX surgiram os estudos de Kelle (1812) e Ewald (1823) que defenderam o que se chamou hipótese dos complementos, pois sustentavam que havia unidade no Pentateuco, uma vez que existiria um documento-base, que seria a fonte Eloísta e também o Decálogo de Ex 20,2-17 e o Código da Aliança de Ex 21-23.[122] Esse documento-base seria complementado por outros textos, o que teria proporcionado a constituição de um texto final unido.

Em 1805 Wilhelm de Wette publicou seu trabalho, no qual identificou o "Livro da Lei" – o qual, segundo o texto de 2Rs 22-23, fora encontrado no templo de Jerusalém durante o reinado de Josias (640-609 a.C.)[123] – com o livro bíblico do Deuteronômio e deu uma importante contribuição para os estudos bíblicos utilizando o "Livro da Lei" para formular a datação do Pentateuco. De Wette comparou o relato da reforma de Josias com as leis do Deuteronômio e assim visualizou a datação das leis que estabeleciam a centralização do culto como contemporâneas ou como posteriores à reforma de Josias, datada de 622 a.C.

Com essa datação, De Wette contribuiu para os estudos do Pentateuco que buscavam a conexão histórica para a formulação da datação do Pentateuco, trabalho ambicionado pelos estudiosos no século XIX, que procuravam datar alguma fonte, fragmento ou complemento, ou ligá-los a algum evento histórico.[124]

Na metade do século XIX, em 1853, surge o estudo de Hermann Hupfeld que propõe uma nova hipótese dos estudos do livro do Gênesis, a partir da fonte Eloísta. Para ele, a fonte Eloísta se configurava com duas características marcantes, sendo uma primeira, chamada

*E1*, cujo conteúdo era a “Lei”, e uma segunda, chamada *E2*, que seria uma fonte independente e posterior. Ele considerava também a fonte Javista, chamada *J*. Esta seria a mais antiga das três fontes. A fonte *E1* mais tarde se tornou a fonte *Sacerdotal* (*Priesterkodex*, que quer dizer *Código Sacerdotal*)[125] e passou então a ser identificada por *P*. A fonte *E2* mais tarde passou a ser então a fonte Eloísta, identificada por *E*.

Hupfeld contribuiu para os estudos do Pentateuco com a percepção de que a presença do nome *Elohim* não era suficiente para identificar um texto com uma fonte. Em um estudo, em que fez uma análise cuidadosa do vocabulário, do estilo, do conteúdo dos textos do Gênesis, concluiu que nem todos os textos, em que o nome *Elohim* aparecia, seriam da mesma fonte. Então, para ele, houve um papel importante do redator do Gênesis que reuniu, articulou e uniu os textos das distintas fontes chegando a um texto final.

Na segunda metade do século XIX o estudioso Karl Heinrich Graf, concordava com a proposta de Hupfeld; mudava, no entanto, a ordem e a datação das fontes. Em seu trabalho de 1886 sobre “os livros históricos do Antigo Testamento”,[126] fez observações interessantes quanto ao livro do Deuteronômio, aos livros históricos de Josué e dos Reis e aos livros proféticos pré-exílicos, propondo que tais livros bíblicos não demonstravam conhecer as leis sacerdotais do Pentateuco. Assim, levando-se em conta a narrativa das leis sacerdotais do Pentateuco, elas deveriam ser datadas em um período posterior, ou seja, na época do exílio ou do pós-exílio. Seus estudos contribuíram para que a fonte Sacerdotal (P) fosse considerada mais recente e a fonte Javista (J) a mais antiga.

Em 1871 o estudioso Julius Wellhausen publicou um trabalho sobre os livros de Samuel e, conhecedor dos estudos de Graf, concluiu que nem os livros de Samuel nem os livros dos Reis supunham a existência das leis sacerdotais do Pentateuco. Ele elaborou a compreensão do Hexateuco dos livros iniciais da Bíblia Hebraica, ou seja, em vez de cinco livros, seriam seis que formariam um conjunto.

No Hexateuco haveria quatro fontes de épocas distintas, como o J (Javista) e o E (Eloísta), que seriam as fontes mais antigas e serviram para a constituição do que se chamou *Jeovista* (JE), que seria uma fonte do século VIII a.C. para os textos do Hexateuco. Wellhausen propôs a fonte *D* (*Deuteronômio*), que corresponderia aos escritos da época do rei Josias, e à fonte Sacerdotal ele qualificou como *P* (*Priestercodex*) na obra *Prolegomena zur Geschitchte Israels (Prolegômenos para a História de Israel),* de 1883, e, ao mesmo tempo, como *Q* (*Quattuor*, referindo-se às quatro alianças de Iahweh, que, segundo Wellhausen, teriam sido com: Adão, Noé, Abraão e Moisés) na obra *Die Composition des Hexateuchs und der historischen Bucher des Alten Testaments (A composição do Hexateuco e os livros históricos do Antigo Testamento),* de 1893.[127] Essa fonte Sacerdotal pertenceria à época pós-exílica e seria no contexto da reforma empreendida pelo personagem bíblico Esdras que o Pentateuco teria sido finalizado.

Wellhausen, que era um historiador e queria reconstruir "uma história da religião de Israel",[128] destacou o substrato histórico dos textos do Hexateuco, trazendo uma compreensão da evolução das instituições cultuais de Israel conforme as percebia a partir das fontes. Para ele, nos textos cuja fonte era o jeovista encontrava-se sem obstáculos a realização do culto em diferentes lugares, com a construção de altares, santuários dos tempos patriarcais, templos. Já nos textos originários da fonte Deuteronomista encontrava-se a exigência de que o culto fosse centralizado no templo de Jerusalém, e a fonte Sacerdotal gerou textos que estabeleceram a centralização do culto no exílio.

Ska esclarece que Wellhausen estabeleceu a ordem clássica das fontes, ficando assim: J (Javista), E (Eloísta), D (Deuteronômio) e P (Código Sacerdotal), que ele chamou de Q.[129]

Wellhausen deu uma importante contribuição para a história da concepção da evolução da religião de Israel, marcada por uma "visão romântica sobre a religião primitiva, espontânea e livre" e por uma "visão negativa do período pós-exílico" como diz Ska. Mas, até hoje suas pesquisas são úteis para se estudar o Pentateuco. Sua teoria ficou conhecida como a hipótese documentária clássica.[130]

Além dos estudos da interpretação crítica literária houve também os estudos da crítica da forma no século XX. Para se estudar a forma do texto é preciso distinguir forma de gênero. A forma é o texto particular enquanto o gênero é o tipo de texto. Quando vários textos particulares têm a forma semelhante conclui-se que há um gênero que perpassa aqueles textos. A crítica da forma tem como objetivo determinar a situação e as circunstâncias da vida em que são produzidos os textos, investigando assim a forma deles e comparando os gêneros encontrados nessas formas redigidas e montadas em uma narrativa final.

No caso dos estudos bíblicos o inaugurador da crítica da forma à análise do Antigo Testamento foi Hermann Gunkel. Ele não pretendia romper com a crítica literária nem com a teoria das fontes, mas sim superá-las; no entanto acabou oferecendo como que um complemento à hipótese dos documentos. Achava que era preciso ir além dos estratos literários do texto bíblico, indo em busca dos relatos que estão além das fontes. Então ele se perguntava pelo contexto vital em que se originaram as pequenas unidades literárias. Ska diz que a expressão *Sitz im Leben* ("contexto vital") foi criada por Gunkel nessa época.[131]

Gunkel se preocupou com as pequenas unidades literárias como constituintes da unidade do texto e viu que, no livro do Gênesis, a unidade era formada por lendas, que seriam narrações poéticas, com características populares e transmitidas ao longo de muito tempo. As lendas, que inicialmente eram unidades, foram agrupando-se com o passar do tempo e acabaram sendo recolhidas por escrito em um texto. Ska explica que duas são as características mais destacadas da escola de Gunkel, a sensibilidade estética e um grande interesse pela forma literária e pelo estilo.[132]

Gerhard von Rad estudou o Hexateuco e afirmou que este ter-se-ia originado do credo que aparece no texto de Dt 26,5b-9 e Dt 6,20-24, que seria como que um núcleo primitivo. Nesse credo estavam presentes tradições que foram desenvolvendo-se e formaram complexos de tradição. Assim se formou o Hexateuco. Sua proposta era como que uma intermediária entre as pequenas unidades de Gunkel e as fontes de Wellhausen. Por exemplo, a tradição do Sinai foi incorporada ao Hexateuco pelo Javista, que teria sido um grande narrador e grande teólogo. Para Von Rad o Eloísta e o Sacerdotal teriam um papel menos importante.

Martin Noth entendia que a forma atual do Pentateuco era originária de uma orientação pan-israelita, ou seja, o Israel pré-monárquico uniu cinco temas fundamentais, que originalmente eram independentes e se transmitiam oralmente, para formular as tradições que constituíram o Pentateuco atual. As cinco tradições originais eram o êxodo do Egito, a entrada em Canaã, a promessa dos patriarcas, o longo caminho pelo deserto e o Sinai. Essas tradições foram mesclando-se com outras tradições, como a das pragas do Egito, os episódios da conquista da terra prometida, etc., e foram enriquecendo-se e, nesse processo gradativo, chegou-se ao texto final do Pentateuco, graças ao trabalho dos autores das fontes. Noth publicou seu trabalho em 1948, ou seja, na metade do século XX, o que implica dizer que a teoria documentária predominava nessa época e permaneceu ainda por muitos anos na segunda metade do século passado.

Interessante é a observação de Ska sobre a postura do campo católico da exegese de que se mantinha com certa reserva sobre as ideias que os exegetas protestantes vinham difundindo quanto às fontes do Pentateuco. Ele lembra, por exemplo, de um decreto da Pontifícia Comissão de 1906 que "reafirmava a origem mosaica do Pentateuco, embora admitindo que Moisés pudesse ter usado alguma fonte e não ter escrito tudo pessoalmente". Lembra também que o estudioso Pe. Lagrange já ensinava o método histórico-crítico e a teoria documentária na Escola Bíblica de Jerusalém, que tinha sido fundada em 1894.[133]

Ska faz referência também à primeira edição da *Bíblia de Jerusalém*, de 1956, que foi a primeira Bíblia e, ao mesmo tempo, a primeira obra exegética que falou abertamente sobre a teoria documentária na Igreja Católica. A interpretação crítica da Bíblia passa a ser um estímulo para a compreensão madura dos documentos que dão o alicerce para a fé dos membros da Igreja, como a encíclica *Divino afflante spiritu*, do Papa Pio XII, 1943, o documento do Concílio Vaticano II, *Dei Verbum*, e da Pontifícia Comissão Bíblica de 1993, *A interpretação da Bíblia na Igreja*. Essa encíclica papal e esse documento do Vaticano II são explícitos no estudo bíblico com base nos gêneros literários e o documento da Pontifícia Comissão Bíblica de 1993 critica seriamente a interpretação fundamentalista da Bíblia.[134]

Foi a partir do trabalho de Rendtorff, de 1969, que "a aparente 'imutabilidade' da teoria documentária se tornou movediça, e sua fortaleza, quebradiça", diz García López.[135] Não significa que fosse unânime a adesão à teoria documentária, mas as críticas eram de vozes isoladas ou que acabavam sendo abafadas. Porém, na década de 1970, há uma mudança na exegese bíblica.

Os estudiosos Rolf Rendtorff e Erhard Blum tomaram como base a hipótese fragmentária desenvolvendo as interpretações bíblicas a partir de textos fragmentários que eram na origem independentes, que progressivamente se uniram e se tornaram um texto maior.

Rendtorff negou a existência do Javista e, como consequência, a hipótese documentária, afirmando que essa teoria não correspondia às perspectivas da história da tradição. Sua proposta foi a de que, para interpretar o Pentateuco, seria necessário partir de seis grandes unidades, que seriam: História das Origens em Gn 1-11; História dos Patriarcas em Gn 12-50; História de Moisés e do êxodo em Ex 1-15; a História do Sinai em Ex 19-24; o caminho do deserto em Ex 16-18 e em Nm 11-20 e, por fim, a História da conquista da terra em Nm 20-36. Essas unidades seriam originais e independentes e o redator teria feito a unidade final.

Blum trabalhou com a ideia da composição (*komposition*, em alemão) do Pentateuco a partir das tradições mais antigas. Em seu trabalho de 1984 analisou os capítulos 12 a 50 do Gênesis como uma grande unidade literária, constituída de duas grandes composições: *KD* (composição de tipo deuteronômica) e *KP* (composição de tipo sacerdotal), que foram o resultado de um longo processo de formação a partir de unidades literárias. No trabalho de 1990 estudou os livros do Êxodo e dos Números e, discordando da teoria documentária, afirmou que neles não há fontes paralelas, e, discordando de Rendtorff, afirmou que não há grandes unidades, mas sim duas composições, como as que afirmou no trabalho anterior.

No final do século XX, três autores se apresentam mostrando a importância da trama narrativa contínua do Pentateuco e não mais a fragmentação dos textos, como os autores anteriores. Hans Heinrich Schmid reflete a continuidade e, ao mesmo tempo, o distanciamento da teoria documentária, pois admite a existência do Javista, porém afirma que é de uma época mais tardia, isto é, não da época salomônica, mas, mais tarde, da época do exílio. Martin Rose, discípulo de Schmid interpreta o bloco dos cinco livros como sendo os quatro primeiros um Tetrateuco, composto graças ao Javista, e funcionando como um prólogo da História Deuteronomista, fechando assim o bloco de cinco livros. John Van Seters, citado acima, conclui que o Javista é como um historiador que produz o Pentateuco como uma composição acima de tudo literária e estabelece o Sacerdotal como uma fonte suplementar ao Javista e o Eloísta como uma ficção da exegese moderna. Para Van Seters, o Pentateuco funciona como uma ampliação da História Deuteronomista, preenchendo um vazio que teria existido na composição literária antes dessa História.

Outros dois autores são Erich Zenger e Eckart Otto. Zenger fez uma combinação das hipóteses documentária, fragmentária e complementária, defendendo que a redação do Pentateuco ficou pronta por volta do ano 400 a.C., resultado de vários séculos de processo redacional. Defendeu que tal processo incluiu três conjuntos preexistentes que teriam sido: a história dos patriarcas e do êxodo que dataria de 690 a.C., que coincidiria com o Jeovista de Wellhausen; a obra sacerdotal; e o Deuteronômio. O Pentateuco teria sido composto por sacerdotes e latifundiários leigos do pós-exílio, autorizados pelas autoridades persas para servir de documento oficial para a comunidade pós-exílica. Echark Otto, diferentemente dos estudos anteriores que deram atenção às narrativas do Pentateuco, dedica-se aos códigos legais e procura esclarecer a relação entre as coleções legais e entre as seções narrativas, afirmando que Dt 12-26 interpreta e atualiza Ex 20-23 e que Lv 17-26 recorre a Dt 12-26 e a Ex 20-23.

Os estudos mais recentes sobre o Pentateuco são marcados pelos acontecimentos nas sociedades, tais como a Europa, que entrou nos anos 1970 carregando as consequências da Segunda Guerra Mundial, que dilacerara as sociedades e possibilitara o surgimento de diversas ideologias que dividiram o mundo.[136] Entre as ciências que influenciaram os estudos teológicos estavam a psicologia e a sociologia. Na exegese do Pentateuco passou-se a questionar a hipótese documentária e "assiste-se a um influxo maior da 'nova crítica' literária, ou seja, insiste-se na autonomia do texto literário e da ciência literária que o analisa. Para entender um texto, não se precisa, necessariamente explicar sua origem (...)".[137] A nova interpretação dos textos bíblicos não se baseia mais nas fontes, nas origens do texto, portanto, não se trata mais de um estudo histórico, mas passa a explicar os textos em sua forma final. É uma postura, diante do texto bíblico, diferente do que se fazia, em que se pesquisavam as origens da história, passando, nos tempos atuais, a um interesse pelo fim da história, característica assinalada pela interpretação do texto final como é conhecido na Bíblia Hebraica atual.[138]

Os estudos bíblicos passam a ter caráter a-histórico e sincrônico,[139] diferentemente dos estudos que viam o texto bíblico com "documento" para reconstruir a história, donde o nome teoria documentária (ou documental). As novas teorias literárias passam a ver o texto bíblico como um "monumento" a ser contemplado e admirado. Por isso, os critérios desses estudos são diferentes, como a postura de olhar o texto não mais como uma unidade composta por fontes ou fragmentos ou complementos, mas como um sistema literário fechado que é importante por si próprio, uma vez que os textos finais são portadores de mensagem e carregados de estética e valor artístico. São vários os métodos sincrônicos e todos se caracterizam pelo interesse pelo texto final.

Podem-se elencar dois fatores do impulso para o desenvolvimento dos métodos sincrônicos: houve um desencanto com os métodos histórico-críticos, que deram muita importância ao que está por trás do texto em vez do texto em si, e uma desconexão com o mundo da leitura. Por exemplo, Alonso Schökel, em 1974, reclamava, em congresso internacional sobre o Antigo Testamento, da falta de interesse nos estudos sincrônicos, mas mudava de opinião em 1986 em outro congresso reconhecendo o aumento de tal interesse.[140]

Entre as muitas possibilidades de métodos literários, seguindo o panorama proposto por García López, elencam-se a seguir os três métodos mais influentes, dedicados ao Pentateuco: o retórico, o narrativo e o semiótico.[141]

Do método retórico há dois tipos: a análise retórico-clássica e a análise retórico-bíblica. A análise retórico-clássica aplicava a retórica greco-latina ao estudo dos textos bíblicos e sua finalidade era descobrir como se constrói um texto persuasivo. Sua dinâmica se conectava com o método dos estudos de crítica da forma que se preocupavam com a origem dos textos. O iniciador da retórica clássica foi Muilenburg, em 1968.

A análise retórico-bíblica se distingue da clássica greco-latina. Enquanto esta demonstra algo convencendo o leitor, a análise retórico-bíblica indica a ele o caminho que pode seguir se se mantém interessado pelo texto. Dois elementos presentes na literatura hebraica são a existência de paralelismo dos membros na poesia e a existência de estruturas concêntricas na poesia hebraica. A retórica bíblica tem realizado um trabalho de identificar amplas seções nos textos da Bíblia com as leis do paralelismo poético e com estruturas concêntricas, conseguindo, assim, identificar os limites das unidades literárias e sua coerência interna. Há numerosos estudos de método retórico, entre eles o de James W. Watts, com seu trabalho de 1995, que entende as narrações de Gênesis e de Êxodo 1-19, as leis de Êxodo 20-40, de Levítico e de Números e as sanções do Deuteronômio como estratégias retóricas de persuasão dos leitores.

O método literário narrativo se aplica às narrações e pretende analisá-las como peças literárias e não como documentos históricos, por isso, nesse método é grande a atenção dada às técnicas narrativas, a ponto de ser considerado como a "nova crítica literária". Enquanto para alguns críticos o método narrativo seria uma subespécie de nova crítica retórica, autores como M. A. Powell valorizam o método narrativo como um movimento paralelo e independente do método da crítica retórica.[142] Segundo García López,[143] o método narrativo pode ser considerado o método literário mais popular para a análise dos textos bíblicos.

Nos textos bíblicos narrativos são levados em conta para a análise literária: a trama, os personagens e o ponto de vista do narrador. O objetivo é analisar como uma história está sendo contada para ajudar o leitor a adentrar o universo do relato. Por isso, o autor e o leitor são dois elementos importantes no processo de compreensão do texto narrativo.

Há o autor real, ou seja, aquele que de fato escreveu o texto, e o leitor real, que é cada pessoa que faz a leitura do texto. Mas o método narrativo considera que há também um autor implícito e um leitor implícito. O autor implícito é uma figura que o texto faz existir como autor do texto, e pode ser percebido nas opções que o texto defende, nos julgamentos, nas preferências e na visão do mundo do próprio texto. O leitor implícito é aquele leitor ideal a quem o texto se destina, aquele leitor ideal que é capaz de penetrar no que o texto quer dizer.

Fica claro que, ao lado do autor real e do leitor real, os quais são externos ao texto, o autor implícito e o leitor implícito são integrantes do próprio texto, ou seja, são pressupostos pelo texto. Nos textos bíblicos, o autor real é muitas vezes desconhecido, mas o texto possibilita conhecer um autor implícito, há como que uma intenção de que seja conhecido. E conhecê-lo ao analisar o texto é muito importante para que a análise alcance seu objetivo. E quanto ao leitor real, para o método narrativo, passa a ser o leitor implícito, pois o leitor real compreenderá o relato ao assimilar a mensagem como leitor implícito pressuposto pelo texto.

Entre os estudos do método narrativo destacam-se as produções de Jean-Louis Ska e Pablo R. Andiñach, estudiosos do Pentateuco, cujas contribuições estão enriquecendo este trabalho.

Há também o método semiótico ou estruturalista fundado pelo linguista suíço Ferdinand de Saussure e, no campo dos estudos bíblicos, as escolas que se destacam são a de Algirdas Julius Greimas e a de Roland Barthes. "A semiótica estuda os sistemas de significação nos níveis narrativo, discursivo e lógico-semântico".[144] É um método interessado na relação entre as palavras e as frases de um discurso ou de um relato e no significado global dos textos. Encontra dificuldade no campo bíblico devido à linguagem complicada e esotérica do método, mas há diversos estudos sobre os textos bíblicos, como a "Análise estrutural da narrativa" de R. Barthes, A. J. Greimas e um grupo de estudiosos, publicada no Brasil pela Editora Vozes.

Ao fazer esse levantamento histórico dos métodos de interpretação bíblica, especialmente referindo-se ao Pentateuco, observa-se que ainda não há uma solução que satisfaça a todos os estudiosos quanto às interrogações que o Pentateuco proporciona. Há muitos métodos e muitas questões a serem estudadas. Os métodos são caminhos para se chegar à profundidade da literatura bíblica, são contribuições que têm auxiliado os estudiosos, mas nenhum método é plenamente satisfatório para a compreensão da vastidão e da disparidade de sentidos, significados, histórias, teologias e mensagens que compõem a riquíssima obra do Pentateuco.

García López propõe que, diante do desconforto que há atualmente na exegese do Pentateuco, não se deve historicizar como uma atitude única assim como não se deve exceder no esquecimento da história. O que se pode perceber na tendência atual dos estudos bíblicos é que o consenso é não partir mais das fontes ou estratos originais, mas sim do texto final. Dessa forma, sua proposta para a interpretação bíblica é que "o estudo sincrônico deve preceder a qualquer operação diacrônica. (...) a leitura sincrônica pode e deve enriquecer-se com a diacrônica. Somente assim se poderá perceber os diferentes ecos do texto em toda a sua riqueza."[145]

De acordo com García López, quatro lições são tiradas da história da interpretação do Pentateuco e devem ser consideradas: a) o ponto de partida para o seu estudo é o texto final e o método que for usado deverá esclarecê-lo; b) é enriquecedor para os estudos do Pentateuco integrar os estudos históricos e os literários, pois são complementares; c) o Pentateuco é uma obra resultante de uma composição literária e de um suceder histórico, mas também de um processo espiritual e canônico, por isso, é necessário valorizar sua mensagem teológica; d) as questões sobre a exegese do Pentateuco estão em aberto ainda.[146]

Este levantamento histórico das interpretações da Bíblia, especialmente do Pentateuco, se torna relevante pelo fato de que proporciona uma conscientização das possibilidades de se chegar ao conteúdo do texto bíblico. A história mostra que a literatura bíblica instiga em todos os tempos os estudiosos a buscar o sentido dos textos. E, como se pôde compreender, os estudos continuam em aberto para novas investigações.

Este trabalho se dedica a contribuir para que um sentido possa ser perscrutado no texto bíblico do Êxodo, trabalho que será auxiliado pela ferramenta intelectual da psicologia analítica. Dessa forma, este panorama histórico da interpretação do Pentateuco se torna relevante por causa da importância histórica de estudos de interpretação literária e por causa da demonstração da importância do Pentateuco e, por conseguinte, do Êxodo, e da atração e da fascinação que as narrativas bíblicas exercem sobre o pesquisador. Torna-se relevante também esse levantamento histórico das interpretações do Pentateuco porque pôde-se perceber que uma leitura sob a perspectiva da psicologia pode contribuir para essa história das interpretações da Bíblia.

Este trabalho pretende fazer uma leitura do texto bíblico a partir do texto atual do Êxodo, isto é, o texto final, e encará-lo como uma obra literária, tal como é em si um texto. Trata-se de uma riqueza literária, consagrada como Escritura Sagrada, componente da Bíblia Hebraica, à qual este trabalho saúda com grande reverência. É a essa obra literária reverencial que esta pesquisa se dedica para desempenhar uma reflexão acerca do ser humano, ou melhor, das facetas do humano expressas pelo personagem, ilustrado em suas páginas. Nessa obra literária de alcance simbólico para a fé da humanidade, pelo menos para três povos, judeus, cristãos e muçulmanos, encontra-se a beleza da narrativa do personagem que instiga a uma pesquisa: Moisés, o homem, o líder, o herói, o ser humano que vivencia um processo vital que pode ser estudado e compreendido sob a ótica da psicologia analítica de Carl Gustav Jung.

Diante de todo esse percurso histórico das possibilidades de interpretação e análise de textos bíblicos, esta pesquisa segue uma opção entre os métodos literários, e o método escolhido para este estudo é o método narrativo. Por isso, esta pesquisa se apoia na mesma opção de Andiñach em sua análise do Êxodo. Na introdução ao seu livro, Andiñach diz que "o sentido não nasce da dissecação do texto, mas, pelo contrário, da complementação inteligente realizada pelo redator final."[147]

NOTAS

1 A Bíblia Hebraica é o conjunto dos livros sagrados dos judeus. Esse conjunto faz parte também da escritura sagrada dos cristãos, os quais o nomeiam "Antigo Testamento", como primeira parte da Bíblia cristã, e à segunda parte da sua Bíblia chamam de "Novo Testamento". Conforme Andiñach, P. R. Introdução Hermenêutica ao Antigo Testamento, p. 39. É na interpretação cristã que o "Antigo Testamento tornou-se 'antigo' devido ao Novo Testamento". Schmidt, W. H. Introdução ao Antigo Testamento, p. 10. O Antigo Testamento da Bíblia cristã, canonizado, contém livros a mais do que a Bíblia Hebraica, que são os livros de Tobias, Judite, Baruc, 1º e 2º livros de Macabeus, Sabedoria e Eclesiástico. Conforme Bíblia de Jerusalém, p. 8-10.

2 Andiñach, P. R. Introdução Hermenêutica ao Antigo Testamento, p. 53-54.

3 Schmidt, W. H. Introdução ao Antigo Testamento, p. 46. Schmidt diz também: "A Torá é originalmente a exortação dos pais (Pv 1.8; 4.3s e outras) ou a instrução do sacerdote num caso concreto (Ag 2.11ss). Só mais tarde o termo assume o significado genérico de '(livro da) lei', que abrange todas as normas ...".

4 Ska, J. L. Introdução à leitura do Pentateuco: chaves para a interpretação dos cinco primeiros livros da Bíblia, p. 15.

5 García López, F. O Pentateuco: Introdução à leitura dos cinco primeiros livros da Bíblia, p. 16.

6 Ska, J. L. Introdução à Leitura do Pentateuco, p. 191.

7 Andiñach, P. R. Introdução Hermenêutica ao Antigo Testamento, p. 42-43.

8 García López, F. O Pentateuco, p. 16. Couto, A. Pentateuco: Caminho da Vida Agraciada, p. 14.

9 Andiñach, P. R. Introdução Hermenêutica ao Antigo Testamento, p. 54.

10 Römer, T.; Macchi, J. D.; Nihan, C. (Orgs). Antigo Testamento: história, escritura e teologia, p. 80.

11 Ska, J. L. Introdução à Leitura do Pentateuco, p. 31. García López, F. O Pentateuco, p. 15.

12 Giuntoli, F. Denominação e delimitação. Galvagno, G., Giuntoli, F. Pentateuco, p. 17.

13 Ska, J. L. Introdução à Leitura do Pentateuco, p. 32-35.

14 Esta pesquisa toma como base os textos da Bíblia de Jerusalém, nova edição, revista e ampliada, São Paulo: Paulus, 2002. Quando for tomada outra tradução da

Bíblia, será feita a referência.

15 Como se pode constatar na Bíblia de Jerusalém, p. 200, nota a.

16 Seguiremos a tradução da Bíblia de Jerusalém, que apresenta o nome do Deus bíblico Iahweh. Com profundo respeito à tradição judaica da tradução grega e da Vulgata de Ex 20,7 de não pronunciar o nome de Deus em vão (ver nota f na pág. 132 da Bíblia de Jerusalém), nós concordamos com Andiñach que não devemos substituir o nome Iahweh (aportuguesado para Javé) por "o Senhor" para que, em perspectiva teológica, não neguemos "ao Deus da Bíblia um nome próprio para designá-lo com um substantivo comum". Andiñach também defende que não mencionar o nome de Deus erradicando-o do vocabulário, como fizeram círculos piedosos judaicos nos séculos IV e III a.C., embora seja uma intenção louvável, não é a única nem a melhor forma de se evitar usar indevidamente o nome de Deus. Andiñach, P.R. O Livro do Êxodo: um comentário exegético-teológico, p. 68-69. Concordamos também com Goldingay que, após explicar o histórico da substituição do nome "Yahweh" por "o Senhor", afirma que "O lado negativo é que isso obscurece o fato de Deus querer ser conhecido por esse nome. Por essa razão, o texto utiliza *Yahweh*, com frequência, não outro nome (assim chamado) deus ou senhor. Essa prática dá a impressão de que Deus é muito mais 'senhoril' e patriarcal do que ele o é na realidade." Goldingay, J. Pentateuco para todos: Êxodo e Levítico, p. 268.

17 Sinônimo de: base, fundamento. Conforme BORBA, F. S. (org.), Dicionário UNESP do português contemporâneo, p. 50.

18 Murph, R. E. Introdução ao Pentateuco. *In:* Brown, R. E.; Fitzmyer, J. A. Murphy, R. E. (Editores). *In*: Novo Comentário Bíblico São Jerônimo: Antigo Testamento, p. 50. Giuntoli afirma que os cinco livros da Torah são "a seção considerada pelo hebraísmo de valor absolutamente fundante e normativo". Giuntoli, F. Denominação e delimitação. *In*: Galvagno, G., Giuntoli, F. Pentateuco, p. 17.

19 Giuntoli, F. Denominação e delimitação, p.19. Quanto ao tetragrama YHWH, trata-se do nome Iahweh ou Yahweh, em hebraico, sem as vogais.

20 Ska, J. L. Introdução à Leitura do Pentateuco, p. 23-24. Ska, J. L. O canteiro do Pentateuco, p. 173.

21 Giuntoli analisa no Gênesis a constituição dos patriarcas a partir de Adão, o pai comum, e depois a partir da descendência de Noé: Sem, Abraão, Isaac e Jacó. Sobre os outros quatro livros do Pentateuco, Êxodo a Deuteronômio, esse autor destaca que a formação de Israel se deu em uma continuidade com os patriarcas

fundadores de Israel, inclusive destaca o fundador como Abraão e chama a atenção para a conexão que a obra do Pentateuco faz da história desse povo nos quatro livros com o ato criador de Deus no Gênesis onde se narra a criação de Adão, o pai comum. Conforme Giuntoli, F. Denominação e delimitação. Galvagno, G., Giuntoli, F. Pentateuco, p. 21.

22 Ska, J. L. Introdução à Leitura do Pentateuco, p. 34.

23 García López, F. O Pentateuco, p. 16-17.

24 Van Seters, J. Em busca da história: historiografia no Mundo Antigo e as origens da História Bíblica, p. 20.

25 Van Seters, J. Em busca da história, p. 22.

26 García López, F. O Pentateuco, p. 17.

27 García López, F. O Pentateuco, p. 18-19.

28 García López, F. O Pentateuco, p. 19.

29 García López, F. O Pentateuco, p. 19.

30 Este título "Ratificação da Aliança" é dado por Andiñach. Andiñach, P.R. O Livro do Êxodo, p. 377.

31 García López, F. O Pentateuco, p. 20.

32 Vogels, W. Moisés e suas múltiplas facetas: do Êxodo ao Deuteronômio, p. 51.

33 Harrington, W. J. Chave para a Bíblia: a revelação, a promessa, a realização, p. 13.

34 Andiñach, P.R. O Livro do Êxodo, p. 63-64.

35 Andiñach, P.R. O Livro do Êxodo, p. 64.

36 Andiñach, P.R. O Livro do Êxodo, p. 65.

37 Andiñach, P.R. O Livro do Êxodo, p. 66-68.

38 Donner, H. História de Israel e dos povos vizinhos, vol. 2, p. 361.

39 Donner, H. História de Israel e dos povos vizinhos, vol. 2, p. 429.

40 Andiñach, P.R. O Livro do Êxodo, p. 68.

41 Andiñach, P. R. Introdução Hermenêutica ao Antigo Testamento, p. 55-56

42 Conforme a tradução do texto bíblico em Antigo Testamento poliglota: hebraico, grego, português, inglês, p. 483.

43 Conforme Bíblia de Jerusalém, p. 200, nota e.

44 Schmidt, W. H. Introdução ao Antigo Testamento, p. 49.

45 Otto, E. A Lei de Moisés, p. 9.

46 Couto, A. Pentateuco, p. 50-51.

47 Dozeman, T. B.; Schmid, K.; Schwartz, B. J. (Eds.). The Pentateuch: International Perspectives on Current Research, *apud* MONTEIRO, S. O Pentateuco no século

XXI: retrospecto e perspectivas. *In*: Vox Scripturae, p. 13-38.

48 Ska, J. L. Introdução à Leitura do Pentateuco, p. 152.

49 Ska, J. L. Introdução à Leitura do Pentateuco, p. 181-183.

50 Ska, J. L. Introdução à Leitura do Pentateuco, p. 183.

51 Ska, J. L. Introdução à Leitura do Pentateuco, p. 225, nota 70.

52 Ska, J. L. Introdução à Leitura do Pentateuco, p. 199.

53 Ska, J. L. Introdução à Leitura do Pentateuco, p. 202.

54 Ska, J. L. Introdução à Leitura do Pentateuco, p. 240.

55 Pury, A. O cânon do Antigo Testamento. *In*: Römer, T.; Macchi, J. D.; Nihan, C. (Orgs). Antigo Testamento, p. 28. Também em um recente trabalho publicado no Brasil por um grupo de estudiosos, o teólogo Matthias Grenzer propõe, em um conjunto de afirmações sobre a datação e autoria do Pentateuco, que "os próprios textos do Pentateuco – contemplando-se as múltiplas estratégias narrativas, as duplicações de determinadas tradições, os sinais de reformas e/ou ampliações nas tradições jurídicas e nas reflexões teológicas – revelam um processo de configuração literária que se estendeu por mais de meio milênio, sem que se pudesse definir exatamente em qual momento, em qual lugar e para quem o texto foi composto". Grenzer, M. Êxodo. A Bíblia: Pentateuco, p. 128.

56 Ska, J. L. Introdução à Leitura do Pentateuco, p. 28.

57 Ska, J. L. Introdução à Leitura do Pentateuco, p. 28.

58 García López, F. O Pentateuco, p. 109.

59 Ska, J. L. O canteiro do Pentateuco, p. 103.

60 Andiñach, P. R. Introdução Hermenêutica ao Antigo Testamento, p. 90.

61 Macchi, J. D. Êxodo. *In*: Römer, T.; Macchi, J. D.; Nihan, C. (Orgs). Antigo Testamento p. 215.

62 Schlaepfer, C. F.; Orofino, F. R.; Mazzarolo, I. A Bíblia: Elementos historiográficos e literários, p. 40.

63 Galvagno, G. Êxodo. *In*: Galvagno, G., Giuntoli, F. Pentateuco, p. 56.

64 Schlaepfer, C. F.; Orofino, F. R.; Mazzarolo, I. A Bíblia, p. 38.

65 Andiñach, P. R. Introdução Hermenêutica ao Antigo Testamento, p. 90.

66 Andiñach, P. R. Introdução Hermenêutica ao Antigo Testamento, p. 90. Schlaepfer, C. F.; Orofino, F. R.; Mazzarolo, I. A Bíblia, p. 37.

67 Andiñach, P. R. Introdução Hermenêutica ao Antigo Testamento, p. 90.

68 Vogels, W. Moisés e suas múltiplas facetas, p. 8.

69 Vogels, W. Moisés e suas múltiplas facetas, p. 9. A grafia "freqüentemente" segue

a edição da obra anterior ao Acordo Ortográfico da Língua Portuguesa de 2009.

70 Galvagno, G. Êxodo. Galvagno, G., Giuntoli, F. Pentateuco, p. 56.

71 Usamos o vocábulo narração, que é sinônimo do vocábulo narrativa, pretendendo chamar a atenção para o fato de que a afirmação sobre Iahweh não é feita na narrativa nem por Moisés nem pelo próprio Iahweh, mas pelo narrador que conta a história do Êxodo. O narrador é uma "entidade fictícia que, numa narrativa, possui a função de enunciar o discurso, sendo protagonista da comunicação narrativa [Em princípio, um narrador pode assumir tb. o lugar de uma personagem, narrando os fatos em primeira pessoa, ou manter-se fora do enunciado, narrando os acontecimentos em terceira pessoa.]" Este último é o tipo do narrador do Êxodo. Houaiss, A., Villar, M. S. Dicionário Houaiss da língua portuguesa, p. 1.342, entre colchetes do autor; tb. é a forma reduzida de também.

72 Dillard e Longman III dizem que o "prólogo histórico (Ex 20.2) identifica o autor da lei como aquele que salvou o povo por sua graça". Dillard, R. B. E Longaman iii, T. Introdução ao Antigo Testamento, p. 68.

73 Schökel, L.A. Bíblia do Peregrino, p. 125, nota 20,2.

74 CEBS eram as comunidades eclesiais de base formadas pelos membros das comunidades da Igreja nos países latino-americanos como "uma estratégia pastoral que utiliza os recursos humanos existentes no seio do próprio povo" e eram lideradas pelos leigos, ou seja, pelos membros das comunidades que não eram os líderes eclesiásticos. Nas CEBS a leitura e a reflexão bíblicas eram as atividades centrais. "Para esses grupos era evidente que as personagens, os relatos e os cânticos encontrados na Bíblia eram relevantes para sua própria situação social, econômica e política. A Bíblia se revelava um instrumento poderoso para levá-los a tomar a consciência da sua condição de povo oprimido e explorado, e para inspirar suas tentativas de se organizar e de trabalhar juntos para a mudança e a transformação. (...) O que estava acontecendo na América Latina tornou-se mais amplamente conhecido (...) com a publicação e posteriormente a tradução do livro que se tornou uma obra clássica, *Teologia da libertação*, do teólogo peruano Gustavo Gutiérrez." Ceresko, A. R. Introdução ao Antigo Testamento numa perspectiva libertadora, p. 17-18.

75 Silva, V. Leituras do Êxodo na América Latina. *In:* Reimer, H.; Silva, V. (Orgs.). Libertação – Liberdade, p. 15.

76 Croatto, J. S. Êxodo: Uma hermenêutica da liberdade, p. 35-36. Hamilton diz em seu livro recente: "Eu concordo com a teologia da libertação em recorrer a esse

livro da Escritura, pelo menos à primeira parte dele, para inflamar a paixão pela mensagem de 'libertação aos cativos", especialmente quando os captores são governantes insensíveis, megalomaníacos e burocráticos que governam com mão de ferro e mantêm as massas sob absoluto controle e debaixo da pobreza". Hamilton, V. P. Comentário de Êxodo, p. 21.

77 Croatto, J. S. Êxodo, p. 36.

78 Silva, V. Releituras do segundo êxodo, a volta do exílio babilônico. *In*: Carneiro M. S.; Ottermann, M.; Figueiredo, T. J. A. (orgs.). Pentateuco, p. 267.

79 Carvalho, T. S. A origem do Reino de Deus: A narrativa do Êxodo como base para a mensagem de Jesus no Evangelho de Mateus, p. 102.

80 Croatto, J. S. Êxodo, p. 37.

81 Croatto, J. S. Êxodo, p. 38.

82 "A hermenêutica é a ciência da compreensão do sentido, que o homem traz para a sua vida prática, interpretando a mesma através da palavra, de um texto ou de outras práticas." Croatto, J. S. Êxodo, p. 11.

83 Croatto, J. S. Êxodo, p. 39.

84 A frase do filósofo André Neher foi citada por Couto, A. Pentateuco, p. 165, nota 231.

85 Croatto, J. S. Êxodo, p. 40. Itálico do autor.

86 Croatto, J. S. Êxodo, p. 41.

87 Croatto, J. S. Êxodo, p. 42-43.

88 Croatto, J. S. Êxodo, p. 66. Itálico do autor.

89 Croatto, J. S. Êxodo, p. 66-73.

90 Rowley, H. H. A Fé em Israel: Aspectos do pensamento do Antigo Testamento, p. 26.

91 Rowley, H. H. A Fé em Israel, p. 79.

92 Rowley, H. H. A Fé em Israel, p. 60. Rowley considera que na Bíblia há uma religião profética por ser mediada por Moisés e pelos profetas e pela ação de Iahweh, e a considera como revelação porque se dá pela história. Afirma que "existe aí um instrumento único de revelação encontrado na Bíblia. Um entremear de fatores históricos e pessoais, encaixados uns nos outros". Segundo Rowley, a narrativa sobre Moisés no Êxodo é um exemplo do complexo de personalidade e acontecimento. ROWLEY, H. H. A Fé em Israel, p. 56-57.

93 Dillard, R. B., Longman iii, T. Introdução ao Antigo Testamento, p. 64.

94 Frigerio, T. Introdução geral ao estudo da Bíblia. Vol. 1, p. 23.

95 Balancin, E. M.; Storniolo, I. Como ler o Livro do Êxodo: O caminho para a

liberdade, 13.

96 A grafia "corvéias" segue a edição da Bíblia de Jerusalém de 2002, anterior, portanto, ao Acordo Ortográfico da Língua Portuguesa de 2009.

97 Silva, v. Deus ouve o clamor do povo: Teologia do êxodo, p. 60-61.

98 Silva, V. Deus ouve o clamor do povo, p. 63.

99 Croatto, J. S. Êxodo, p. 72.

100 A autora Gerlinde Baumann, pesquisadora do tema da violência no Antigo Testamento, chama a atenção para o fato de que em seu país, a Alemanha, é preciso manter "grande vigilância em relação a tendências antijudaicas. Além disso, é preciso evitar trabalhar com uma concepção problemática – as imagens divinas da violência – de uma maneira que se sirva de outras atitudes problemáticas – o antijudaísmo." Baumann, G. Entender as imagens divinas da violência no Antigo Testamento, p. 13. Nosso trabalho destaca uma mensagem do Êxodo de que há violência de Iahweh no sentido de defender os oprimidos dos opressores, não impingindo nenhuma postura contrária ao povo herdeiro da fé no Deus da Bíblia Hebraica nem contrária a nenhum outro povo. Inclusive, somos aderentes à opinião de Baumann de que "dizer que os textos veterotestamentários com imagens divinas da violência representam um problema significa defender uma visão unilateral." Baumann defende que os textos bíblicos com imagens divinas de violência devem ser criticamente questionados e também concebidos como potencial a ser explorado pela análise interpretativa. Baumann, G. Entender as imagens divinas da violência no Antigo Testamento, p. 17.

101 Baumann, G. Entender as imagens divinas da violência no Antigo Testamento, p. 44.

102 Baumann, G. Entender as imagens divinas da violência no Antigo Testamento, p. 123.

103 Hamilton, V. P. Comentário de Êxodo, p. 21-22.

104 Hamilton, V. P. Comentário de Êxodo, p. 25.

105 Croatto diz que as leis no Pentateuco "flutuam aí numa atmosfera de história salvífica". Croatto, J. S. História da Salvação: A Experiência Religiosa do Povo de Deus, p. 65.

106 Dillard, R. B.; Longman iii, T. Introdução ao Antigo Testamento, p. 68.

107 Croatto, J. S. História da Salvação, p. 61, negrito do autor.

108 Bíblia de Jerusalém, p. 136.

109 Croatto, J. S. História da Salvação, p. 65.

110 Bräumer, H. Êxodo: Comentário Esperança, p. 393.

111 Bräumer, H. Êxodo, p. 393-394.

112 Dillard, R. B.; Longman iii, T. Introdução ao Antigo Testamento, p. 63-65.

113 Hamilton, V. P. Comentário dne Êxodo, p. 28.

114 Dillard, R. B.; Longman iii, T. Introdução ao Antigo Testamento, p. 69. O rei Davi foi o segundo monarca da história de Israel e reinou no período de 1000-961 a.C.. Conforme Andiñach, P. R. Introdução Hermenêutica ao Antigo Testamento, p. 188.

115 "O vocábulo 'exegese' vem do verbo *exegoumai*, 'fazer sair' (de um texto os significados que ele encerra)." O trabalho exegético requer "garantir o texto original sobre o qual quer trabalhar, escolhendo, entre as variantes, as mais plausíveis (...), situar o texto, isto é, recolocá-lo em seu quadro geográfico, político, social, religioso e histórico ('Sitz im Leben'), determinar a composição do texto: aqui se trata de determinar a estrutura do texto, o gênero literário no qual foi escrito e disso tirar as consequências para sua interpretação; determinar a intencionalidade do texto: De onde vem o texto? Por que ele foi redigido?; traduzir o texto: de fato, não pode existir exegese sem tradução acessível ao não iniciado, que traduz o melhor possível o(s) sentido(s) que o texto veicula; dar sentido ao texto: o exegeta não terminou sua obra enquanto não tiver dado sentido ao texto. Não só deve perceber o que diz, mas também descobrir o que quer dizer. Ele terá cumprido plenamente sua missão se o leitor for questionado por um dever fazer ou um dever viver." Centro: Informática e Bíblia Abadia de Maredsous. Dicionário enciclopédico da Bíblia, p. 497-498.

116 Seguindo Croatto, que já foi citado acima, "'Hermenêutica' é o correlato do termo 'interpretação', mais comum. *Hermeneuo*, em grego, é o equivalente de *interpretar*. Em si, é a mesma realidade em dois vocábulos diferentes, grego o primeiro, latino o segundo." Usa-se o "termo 'hermenêutica' para indicar sobretudo três aspectos que devem ser explicitados. Antes de tudo, o lugar privilegiado da operação hermenêutica é a interpretação dos *textos*. (...) Em segundo lugar, supõe-se que o intérprete condiciona sua leitura por uma espécie de *pré*-compreensão, que surge do seu próprio contexto vital. Em terceiro lugar, o ato hermenêutico faz *crescer* o sentido do texto que se interpreta. Conforme Croatto, J. S. Hermenêutica bíblica, p. 9. Em outra obra, Croatto explica exemplificando: "A hermenêutica é a interpretação de um texto (em um sentido amplo, que pode compreender desde o relato de um sonho até a releitura de um acontecimento), processo pelo qual o leitor descobre nele uma reserva de sentido. A partir do

texto, a interpretação abre-se para uma significação *extra-lingüística*, dirige-se a um referencial: a interpretação de um sonho leva ao desejo que o origina, assim como a compreensão da arte remete a um mundo arquetípico de formas e a de um texto estende-o a novos significados." Croatto, J. S. As linguagens da experiência religiosa, p. 108.

117 García López, F. O Pentateuco, p. 31-55.

118 Ska, J. L. Introdução à Leitura do Pentateuco, p. 117-142.

119 Diacrônico significa "relacionado com a evolução ao longo do tempo; histórico". Conforme BORBA, F. S. (org.), Dicionário UNESP do português contemporâneo, p. 436.

120 Citado por García López, F. O Pentateuco, p. 33.

121 Citado por García López, F. . O Pentateuco, p. 34.

122 Conforme Ska, J. L. Introdução à Leitura do Pentateuco, p. 118.

123 Ver Bíblia de Jerusalém, p. 539-542.

124 Conforme Ska, J. L. Introdução à Leitura do Pentateuco, p. 120.

125 Citado por García López, F. O Pentateuco, p. 36.

126 Citado porGarcía López, F. O Pentateuco, p. 36.

127 Obras citadas por García López, F. O Pentateuco, p. 37.

128 Ska, J. L. Introdução à Leitura do Pentateuco, p. 124.

129 Ska, J. L. Introdução à Leitura do Pentateuco, p. 125.

130 Ska, J. L. Introdução à Leitura do Pentateuco, p. 126.

131 Ska, J. L. Introdução à Leitura do Pentateuco, p. 128.

132 Ska, J. L. Introdução à Leitura do Pentateuco, p. 129.

133 Ska, J. L. Introdução à Leitura do Pentateuco, p. 137.

134 Ska, J. L. Introdução à Leitura do Pentateuco, p. 139.

135 García López, F. . O Pentateuco, p. 41.

136 Ska, J. L. Introdução à Leitura do Pentateuco, p. 141.

137 Ska, J. L. Introdução à Leitura do Pentateuco, p. 142.

138 Ska, J. L. Introdução à Leitura do Pentateuco, p. 142.

139 Sincronia significa: "simultaneidade de acontecimentos ou fenômenos" e "estado de língua considerado num momento dado, sem levar em conta aspectos de sua história". Conforme BORBA, F. S. (org.), Dicionário UNESP do português contemporâneo, p. 1.288.

140Essas informações sobre Schökel são apresentadas por García López, F. O Pentateuco, p. 47.

141 García López, F. O Pentateuco, p. 47.

142 García López, F. O Pentateuco, p. 49

143 García López, F. O Pentateuco, p. 49-50.

144 García López, F. O Pentateuco, p. 51.

145 García López, F. O Pentateuco, p. 53.

146 García López, F. O Pentateuco, p. 54-55.

147 Andiñach, P.R. O Livro do Êxodo, p. 13.

# 2. O PERSONAGEM MOISÉS DO ÊXODO

Como foi dito no primeiro capítulo, esta pesquisa opta pelo método narrativo de interpretação do texto bíblico e busca compreender o personagem Moisés a partir do texto final do relato do Êxodo como se encontra na Bíblia Hebraica atualmente.

Andiñach e Vogels optam pelo método narrativo que, no trabalho da análise teológica, faz parte da análise literária sincrônica. Dessa forma, pode-se fazer a leitura de Moisés tal como está relatado no texto; é importante dizer isto uma vez que esta pesquisa pretende ler as narrativas e buscar compreendê-las sem a preocupação com a origem dos textos bíblicos ou a intenção do autor. O método narrativo percorre a análise do texto sem tais preocupações e busca o sentido do texto nele mesmo; além disso, este trabalho não pretende ser uma análise exegética, mas uma leitura do personagem sob a ótica da psicologia analítica. Por isso, interessa levantar os aspectos e as características da figura de Moisés.

## 2.1 Moisés, o personagem que desperta o interesse dos estudiosos

Pretende-se abordar neste tópico aspectos gerais da vida de Moisés no livro do Êxodo que atraem a atenção dos estudiosos da teologia, da mística, da poesia e da psicologia; como diz García López, "Moisés não tem deixado de atrair a atenção de exegetas, historiadores, artistas, escritores e músicos, sendo objeto de vivos interesses culturais".[1] E, como diz Navarro Puerto, esse livro continua a exercer "um fascínio sobre seus leitores e leitoras".[2]

A história de Moisés está narrada em quatro livros da Bíblia Hebraica, como já se disse, no capítulo anterior, e como afirma Otto:

> Essa narrativa dos livros Êxodo, Levítico, Números e Deuteronômio deve ser lida também como biografia de Moisés como o líder do povo dos hebreus, desde seu nascimento no início do livro do Êxodo até sua morte no fim do livro do Deuteronômio.[3]

Faz-se esclarecedor dizer, porém, que esta pesquisa faz a opção por analisar Moisés no livro do Êxodo, deixando de lado muitos outros elementos que os outros livros do Pentateuco apresentam sobre o personagem. A delimitação se faz necessária, uma vez que há numerosas informações sobre um mesmo personagem em um montante de quatro livros dentro da Bíblia. Há muito que estudar sobre Moisés, e muitos outros pesquisadores continuarão a contribuir para o conhecimento desse personagem importante na literatura bíblica.

Seguindo a análise de Vogels, a pesquisa dará maior relevância às seções narrativas do Êxodo que tratam de Moisés e uma atenção menor aos textos legislativos, pois o interesse é estudar os seus comportamentos, a relevância da sua atuação na condução de um processo de libertação dos israelitas e o seu relacionamento com o divino e com o povo. Pretende ser um estudo "da figura de Moisés tal qual brota dos textos bíblicos".[4]

Um primeiro elemento que se destaca nesta análise é a historicidade ou não de Moisés. Muito tem sido estudado na teologia a respeito disso. Há ainda estudos que afirmam que tudo ocorreu conforme o que está narrado, o que Vogels chama de posição maximalista, e há os que afirmam que nada é histórico, a chamada posição minimalista.[5] E há muitos estudos que ficam entre essas duas posturas, o que parece mais aconselhável, uma vez que não há muitos dados em literaturas extrabíblicas que correspondam aos relatos bíblicos sobre Moisés, mas, ao mesmo tempo, é possível que alguns elementos nas narrativas sejam vislumbrados como históricos, quando se os compara ou relaciona com algum testemunho histórico da época, tal como se disse no capítulo anterior, por exemplo, a respeito da existência histórica de uma estela egípcia do século XIII a.C. que faz referência à terra de Canaã e a um povo chamado Israel.[6]

Outro dado histórico é a crise política e social ocorrida no Médio Oriente no século XIII a.C.[7] Houve a ocupação do litoral sul de Canaã a partir da invasão de povos vindos do mar, tais como os filisteus que destruíram cidades importantes, como Ugarit, e posteriormente se estabeleceram numa faixa do território que se chamou Filisteia, onde atualmente se localiza a Faixa de Gaza. Esse acontecimento modificou o *status* dominante dos egípcios na terra de Canaã (citada na estela egípcia), ficando o poder egípcio enfraquecido nessa terra, poder que era exercido por meio das cidades-Estados que tinham sido subordinadas ao império egípcio. Dentro de cada cidade-Estado moravam o rei e os membros das classes sacerdotal, militar, dos escribas, dos artesãos e fora dos muros da cidade moravam as populações pobres, que trabalhavam para sobreviver e pagar tributos mantendo o rei e as elites da cidade.

Muitos camponeses e pastores, não conseguindo sobreviver ao redor de uma cidade-Estado, migravam de um lugar para outro para tentar encontrar meios de sobreviver. O aumento dessa população pobre gerou a formação de grupos que ficaram conhecidos como hapirus.[8] Não tendo do que sobreviver, os hapirus atacavam as cidades, saqueavam-nas, tentavam aumentar o grupo com mais pessoas que estavam na pobreza, e mantinham-se nas suas proximidades; fugiam e refugiavam-se nas áreas de montanhas. Eles formavam grupos que lutavam por sua sobrevivência contra o sistema das cidades-Estados e optavam por trabalhar para quem lhes oferecesse maior remuneração.

De acordo com Silva, isso explicaria a "raiz da transformação social que iria permitir o surgimento de Israel como grandeza política. Admite-se, normalmente que o termo bíblico hebreu corresponde à palavra hapiru dos demais documentos."[9]

Este teor histórico ou teológico se apresenta com o objetivo de mostrar algumas possibilidades de reflexão sobre a historicidade dos relatos bíblicos que são o objeto deste estudo no que diz respeito a Moisés. Trata-se, assim, de uma tentativa de demonstração ou exemplificação quanto às semelhanças entre testemunhos históricos e relatos bíblicos. O objetivo é tratar do tema da historicidade ou não de Moisés.

Para Silva, no século XIII a.C., os grupos em Canaã, que se mobilizaram e aproveitaram o enfraquecimento do poderio egípcio, constituíram uma formação social com características tribais, em que se valorizavam suas antigas tradições. Houve também o contato com grupos vindos de fora que organizavam a produção de maneira autônoma em relação ao império egípcio enfraquecido. Essa nova conjuntura em Canaã possibilitou a existência de muitos grupos que lutavam contra o poderio opressor egípcio e um desses grupos teria sido o grupo liderado por Moisés que deixou a terra do Egito para buscar uma nova forma de viver em Canaã.[10] Haveria assim uma associação histórica com o evento do êxodo narrado no relato bíblico.

Vogels apresenta a dificuldade de se definir a historicidade de Moisés. Relembra que, de acordo com a teoria documentária, segundo a qual haveria quatro fontes dos textos do Pentateuco, haveria quatro imagens diferentes de Moisés. Para o Javista Moisés seria um pastor; para o Eloísta ele seria um taumaturgo; para o Deuteronomista seria um profeta; para o Sacerdotal Moisés seria um homem delegado para o diálogo com Iahweh. Com quatro imagens distintas, pergunta-se qual seria a imagem do Moisés histórico.[11]

Por outro lado, referindo-se à sugestão de Noth de que o Pentateuco contém grandes temas, tais como o tema do êxodo, o do Sinai, o do deserto e o da conquista da terra, que se teriam juntado para formar um relato único, Vogels lembra que, para o próprio Noth, é extremamente difícil definir a historicidade de Moisés.[12]

Por exemplo, dizer que as narrativas do Sinai se referem pouco a Moisés implicaria a inexistência de vínculos históricos dele como organizador das leis, mas afirmar que ele teria sido muito atuante no êxodo, de acordo com as narrativas da saída do Egito, implicaria, assim, a maior chance de ser histórica a sua participação nos eventos da saída. Segundo Vogels a proposta de Noth estabelece então que ou Moisés é o conquistador, ou é o libertador, ou é o legislador, de forma excludente entre as definições. Vogels recorda que nem mesmo os seguidores de Noth se entendem sobre qual seria o tema original de Moisés e sugere, concordando com Coats, que, se os temas do Pentateuco devem ser compreendidos como unidade literária, Moisés, que está presente em todos esses temas e, portanto, nessa unidade, pode ser visto como o libertador, o guia, o legislador e o organizador.[13]

A conclusão a que chega Vogels sobre a historicidade de Moisés é a de que os textos narrativos sobre ele, que se originaram na história, foram transmitidos por gerações sucessivas que os enriqueceram com valores e crenças. Isso foi moldando os textos de modo a incluir tanto elementos aceitáveis pelos historiadores quanto elementos imaginários e inverossímeis, assim como elementos literários que se referem à expressão de fé no mistério da divindade. Esse terceiro conjunto de elementos funcionaria no relato bíblico como uma forma de lançar luz aos elementos históricos e aos imaginários. Por isso é difícil chegar ao Moisés histórico e ter clareza sobre ele.[14]

Mas, como ensina Ska, as narrativas bíblicas têm uma intenção bastante diferente da do historiador, tal como se concebe na ciência histórica atual, pois procuram "transmitir uma mensagem existencial a propósito dos acontecimentos que descrevem. (...) querem 'formar' mais que 'informar'". Ska esclarece que, para as narrativas bíblicas, "o 'significado do evento narrado é sempre mais importante que o 'mero fato'".[15]

Em sua mais recente obra, Ska afirma que Moisés é o único mediador entre Deus e o povo, considerado o fundador de Israel e que a ele se devem as instituições mais importantes desse povo. Ska esclarece, então, que o povo de Israel atribui ao protagonista da sua história as instituições, e que "não se trata do resultado de uma pesquisa histórica. Trata-se antes de uma reflexão plurissecular, de uma reflexão que leva em conta experiências infelizes do povo (...)."[16]

Tal reflexão tem o objetivo de formar a consciência de um povo, ou seja, o livro do Êxodo não tem o objetivo de informar aos leitores o passado de Israel, mas fornecer uma reflexão que proporcione a formação da consciência desse povo, consciência essa que se pode formar a partir da compreensão do sentido das tradições do passado que, ao longo de muito tempo, foram sendo transmitidas de geração a geração, refletidas, reelaboradas, até que tomaram corpo de narrativas.[17]

Nesse sentido, referente a Moisés, o personagem principal do Êxodo, que para Ska é uma "figura gigantesca que emerge dos relatos bíblicos", não há informações históricas extrabíblicas. Mas, há alguns sinais ou acontecimentos que levam a pensar que o personagem não seja inteiramente inventado, como o seu nome, que é usado no relato bíblico dos hebreus, seria de origem egípcia e significaria "filho de", nome que era usado para definir nomes de faraós, como Ramsés, "o filho do deus Rá", Tutmosis, "o filho do deus Thot". Outro elemento seria o casamento de Moisés com a filha de Jetro, o sacerdote madianita, casamento entre um hebreu e uma estrangeira, o que será tornado proibido nas leis que o próprio Moisés entregará ao povo como em Dt 7,3. Também fora do Êxodo, isto é, em Dt 34,1-5 narra-se que Moisés, o condutor do povo pelo deserto, não entrou na terra prometida, tendo-a visto do monte Nebo, mas morreu ali, na terra de Moab. Esses elementos narrativos levam a pensar que os hebreus não inventariam todos os detalhes referentes ao protagonista, os quais, como diz Ska, "não são fruto da fantasia, porque uma narração totalmente criada é muito mais límpida".[18]

De acordo com essa perspectiva, pode-se dizer que não há indícios da historicidade de Moisés fora dos relatos bíblicos. Não se encontra menção sobre o protagonista do Pentateuco, que é o protagonista não só do Êxodo, mas de quatro dos cinco livros do Pentateuco, em outras fontes da Antiguidade.[19] Conclui-se, com Andiñach, que apesar de se esperar que "um líder dessa magnitude" dentro do Pentateuco "tivesse ultrapassado as fronteiras de seu próprio povo, porém, concretamente, não parece ter sido assim. A historicidade de Moisés não é um dado que possamos afirmar nem que surge com clareza (...)".[20]

É relevante este levantamento da ausência de comprovação da historicidade de Moisés em fontes extrabíblicas por se tratar de um personagem bíblico importante na história bíblica, mas em nada prejudica a leitura que esta pesquisa pretende fazer desse personagem. Isso porque já foi esclarecido que o método, com que será realizado o estudo de Moisés, não requer a busca histórica da construção do texto bíblico nem da comprovação histórica dos elementos que compõem as narrativas bíblicas.

Uma vez que a opção de interpretação do relato bíblico é pelo método narrativo, o objeto de estudo será o relato tal como se encontra no texto atual do Êxodo e o personagem tal como é retratado. Isso implica dizer que os elementos humanos que serão vislumbrados no personagem serão considerados como expressão da humanidade impregnada ao personagem pelo redator final. Essa observação se faz oportuna uma vez que esta pesquisa pretende analisar os elementos do processo psíquico de Moisés, considerando-o um exemplar humano relatado no texto bíblico, sem deixar de ter a percepção de que se trata de um personagem cujas características foram elaboradas e reelaboradas até tornar-se o personagem tal como está no texto presente na Bíblia Hebraica.

Como se disse acima, os textos do Pentateuco e, portanto, do Êxodo, são o resultado de busca de sentido de muitas gerações que leram e releram os acontecimentos e, também, os personagens.

Poder-se-ia pensar que o personagem comporta elementos míticos, porém, se tais características forem observadas como resultantes da busca de sentido para o povo que produziu essa obra de arte literária, pode-se considerar que se trata de concepções humanas incorporadas no personagem. Além disso, a hermenêutica é o exercício da interpretação do texto que "faz com que *o sentido cresça*."[21] E um "postulado básico e inicial da hermenêutica é que o sentido de um texto não é algo que está depositado nele e que deve ser extraído, mas o sentido é produto do encontro de um texto com um leitor",[22] o que possibilita a esta pesquisa perscrutar uma possibilidade de sentido a partir da investigação de Moisés sob a ótica psicológica.

O livro do Êxodo tem sido objeto de estudo dos mais diversos estudiosos ao longo da história, como, por exemplo, os representantes da Patrística. Entre eles destaca-se Santo Agostinho, um dos Padres da Igreja que dedicou atenção ao Êxodo e a Moisés.[23]

Na obra *A Trindade*, Santo Agostinho lê diversos trechos do Êxodo sob uma ótica cristã, buscando a compreensão da presença das pessoas da Santíssima Trindade: o Pai, o Filho e o Espírito Santo, nas afirmações da presença de Deus ou do anjo de Deus. Santo Agostinho segue o ritmo de questionamentos sobre qual pessoa da Santíssima Trindade se pode vislumbrar nas passagens do Êxodo.[24]

Um exemplo é a referência de Santo Agostinho a Ex 33,20-23 em que Iahweh fala a Moisés no alto da montanha que ele não poderá ver a face de Iahweh e quando a glória de Iahweh passar diante dele, Iahweh o cobrirá com a palma de sua mão e Moisés somente o verá pelas costas. Santo Agostinho interpreta as palavras de Iahweh "como prefiguração da pessoa de nosso Senhor Jesus Cristo – as costas significando sua carne, na qual nasceu da Virgem, morreu e ressuscitou".[25] Interpreta a não permissão de se ver a face de Iahweh dizendo que "ninguém pode ver a face, isto é, a manifestação da Sabedoria de Deus e viver".[26]

Em seguida, Santo Agostinho interpreta que quem suspira por contemplar a beleza de Deus é "todo aquele que se empenha em amar a Deus com todo o coração, com toda alma, com todo o entendimento."[27] Na sequência explica que, para o ser humano chegar a essa contemplação de Deus, é preciso amar o seu próximo. Ao fazer essa interpretação, ele afirma que "isto está também prefigurado no próprio Moisés",[28] quando este pediu a Iahweh em Ex 33,13 que levasse em consideração que o povo era de Iahweh, o que, segundo Santo Agostinho, foi feito por Moisés "por amor ao próximo".[29]

Outro Padre da Igreja, São Gregório de Nissa, escreveu a obra *Vida de Moisés*. Falando aos seus contemporâneos com o intuito de exortá-los a praticar o bem imitando as coisas que outros realizaram com retidão, São Gregório de Nissa, no prefácio da obra, explica que toma "Moisés como modelo de vida"[30] para fazer, na primeira parte da obra, um percurso analítico da vida de Moisés conforme o texto bíblico. Na segunda parte, faz uma busca do "significado espiritual correspondente à história" da vida de Moisés, com o objetivo de tirar "um ensinamento sobre a virtude" e conhecer "em que consiste para os homens a vida perfeita".[31]

Sobre Moisés, por exemplo, São Gregório de Nissa interpreta a ação de conduzir os israelitas na saída do Egito rumo ao mar (Ex 14,19-22), como quem "olhava para a nuvem e ensinava o povo a seguir este fenômeno", que foi "reconfortado com a força divina, fez o mais incrível de tudo", referindo-se à retirada do mar que abriu passagem para os israelitas conforme o relato do Êxodo.[32]

Outro exemplo é da interpretação do medo dos israelitas diante da teofania de Iahweh na montanha (Ex 19,16-25). Enquanto o relato bíblico diz que era o povo que tremia, para São Gregório de Nissa, Moisés padecera do mesmo medo do povo diante dos fenômenos assustadores ocorridos na montanha, como a fumaça que dominava a montanha, o tremor da terra e o ruído das trombetas que aumentavam pouco a pouco. Diz de Moisés que, "o medo que experimentara no início não era próprio dele, mas que o havia padecido por padecer juntamente com aqueles que estavam assustados."[33]

O fundador da Psicanálise também escreveu sobre o protagonista do Êxodo. Freud, em seus três ensaios sobre Moisés, que depois foram incluídos na sua obra completa, chama Moisés de homem, aquele que libertou o povo judeu[34]. A tradução brasileira de 1996 traz o vocábulo varão. Freud começa seu primeiro ensaio levantando a interrogação se Moisés teria sido um personagem histórico ou uma criatura lendária, e faz, em seguida, referência à ausência de informações sobre a historicidade de Moisés, mas recorda que muitos autores se teriam pronunciado a favor de que ele teria existido de fato.

Freud assinala que não há informações sobre Moisés a não ser as dos livros sagrados dos judeus e de suas tradições. Na obra traduzida em português com o título *Moisés e o Monoteísmo*, uma nota chama a atenção para o título original alemão que é literalmente *O Homem Moisés e a Religião Monoteísta.*[35]

Freud deixa claro que a intenção dos seus ensaios é mostrar a questão da nacionalidade de Moisés. Ele começou pelo nome que é citado em Ex 2,10 e cujo significado seria hebraico. Para Freud e outros estudiosos não teria cabimento uma princesa egípcia dar um nome hebraico para o menino que decide adotar como filho, e "a filha do Faraó não falava hebraico. De fato, esse nome é egípcio", dizem os comentadores da *Bíblia de Jerusalém*, nos anos finais do século XX.[36] Porém, para Freud, no começo do século XX, não havia nenhum historiador que afirmasse a nacionalidade de Moisés. Ele diz que tal dificuldade poderia ser atribuída à reverência dos historiadores à tradição bíblica, pois seria inconcebível para essa tradição Moisés ser outra coisa que não fosse um hebreu. A publicação dos seus ensaios sobre Moisés numa revista de psicanálise[37] era porque, para Freud, tais ensaios tinham uma aplicação da psicanálise.[38]

## 2.2 Moisés, o herói popular

Para um início de compreensão do tema do herói popular no personagem Moisés, são importantes as informações fornecidas por Vogels.[39] O autor aponta um exemplo de estrutura de narrativa de herói popular com os elementos: o herói é concebido; ele nasce; tem ameaça em sua juventude; é educado; adquire invulnerabilidade; luta com monstro; ganha uma jovem após o vencer os grandes perigos; vai aos infernos; retorna ao local de origem e derrota os inimigos; morre. Normalmente nas sagas dos heróis nota-se a presença, se não de todos, de muitos desses elementos. E na história de Moisés também estão presentes muitos desses elementos de narrativa de herói popular.

Uma vez que Vogels concorda com a característica do herói popular em Moisés, faz a conexão com a dificuldade de localizar a historicidade do personagem, como foi dito acima. Parece aos estudiosos que, quanto mais se caracteriza um personagem como herói popular, maior o distanciamento com a sua possibilidade histórica.[40]

Uma característica marcante do herói é o seu nascimento que ocorre em situações extraordinárias. O nascimento de Moisés e os acontecimentos ao redor do seu nascimento e da sua infância são extraordinários. O relato do Êxodo introduz o personagem na história de Israel apresentando essas características extraordinárias do seu nascimento. Assim, o nascimento do líder de Israel é o nascimento típico de herói.[41]

O início do relato do Êxodo parece querer mostrar que um herói está sendo pensado pela narrativa bíblica, pois nos primeiros versículos conta-se que os israelitas entraram no Egito, foram fecundos e se multiplicaram deixando o país repleto de seus descendentes (Ex 1,1.7). Surgiu um rei no Egito que desconhecia a história dos israelitas e o tudo que um representante deles, um líder, José, havia feito em prol do país. Pode-se interpretar essa introdução literária como uma introdução à distinção entre os dois líderes que vão marcar a história do relato: o novo rei do Egito, o faraó, que não tem nome, e o novo líder dos israelitas, que se chamará Moisés.[42]

O relato mostra que os israelitas tinham progredido no Egito e que o novo rei os considera mais poderosos do que os egípcios. Diante disso, o faraó convoca os egípcios a tomar medidas que impeçam os israelitas de crescer e, em caso de guerra, de combater contra os próprios egípcios. Estabelece então a opressão contra os israelitas implantando os trabalhos forçados (Ex 1,9-11). Está anunciado o contexto do nascimento do herói de Israel.

Para a teologia, a ausência da menção de Deus no início do Êxodo – nesse relato da implantação da escravidão e daquela prosperidade dos israelitas no início da estadia no Egito – poderia ser interpretada como a ausência de um ator escondido no relato. Seria a ação dos seres humanos que tudo decidem e tudo realizam "sem Deus". Por outro lado, percebe-se que há uma forte insistência no início do Êxodo no tema da escravidão dos israelitas, diferentemente do progresso do relato que insistirá no tema da libertação dos israelitas.[43] Nesse contexto, portanto, de escravidão dos israelitas, é que se dará o nascimento do herói.

Outro dado da narrativa que antecede, melhor, prepara o nascimento do herói Moisés é a atuação de duas parteiras. Essa atuação vai acontecer porque a estratégia opressora do faraó, ao impor dura escravidão com trabalhos forçados, não deu resultado como o faraó esperava, pois, mesmo sob esse regime, os israelitas se multiplicavam (Ex 1,12). Diz o relato que tal crescimento dos israelitas levou o faraó a temê-los e a planejar uma imposição mais dura sobre eles. Foi assim que entraram em cena duas parteiras dos hebreus chamadas Sefra e Fua.

As duas mulheres foram convocadas pelo faraó que lhes deu a ordem de matar os meninos israelitas e deixar viver as meninas israelitas (Ex 1,15-16). Essas duas mulheres abriram o caminho para que o herói pudesse nascer, pois elas mostraram uma coragem impensada, num contexto de escravidão tão dura em que estavam inseridos os israelitas, não obedecendo à ordem do faraó, e deixaram viver os meninos.

Ao narrar sobre a atitude das parteiras, o relato faz a primeira menção a Deus, dizendo que elas deixaram viver os meninos porque temeram a Deus (Ex 1,17). As duas mulheres tomaram atitudes sábias, pois, segundo o relato, não obedeceram ao faraó opressor, mas agiram mediante o temor ao Deus hebreu e preservaram a vida dos meninos. O relato enfatiza a diferença entre tais personagens dizendo os nomes das parteiras, mas nunca o nome do faraó.[44]

Vogels enfatiza um elemento da ação das mulheres que é muito importante na caracterização do nascimento do herói, ou seja, o de que elas "estão na origem da resistência contra a escravidão" dos israelitas no Egito. Seus nomes semíticos significam: Sefra, "beleza", e Fua, "moça" ou "esplendor".[45]

Relevante a menção de Deus no relato quanto à ação das parteiras que vão contribuir para o nascimento do herói, pois elas agem de forma aprovada pelo divino, o qual lhes proporciona uma recompensa: uma posteridade, ou seja, uma descendência (Ex 1,21). A aprovação do divino à ação das mulheres, que protegem a vida dos meninos hebreus, implica o futuro nascimento de um menino que será o herói do povo hebreu escravizado no Egito, ou seja, o nascimento do herói ocorrerá envolvido em uma atmosfera divina e foi preparado com beleza e esplendor.

Gorgulho e Anderson enfatizam que essa atmosfera de beleza e esplendor se refere a uma história de aldeia em que as mulheres hebreias camponesas se conhecem e que aquelas, que atuam como parteiras, têm uma circulação entre elas, porque entram nas casas para ajudar suas conterrâneas nos partos, e assim têm a chance de combinar entre si uma resistência ao poder opressor. A beleza e o esplendor das mulheres impedirão que os meninos morram, pois as "mulheres se unem na proteção da casa e na defesa do futuro de seus filhos".[46] Nesse contexto de resistência das mulheres das aldeias no Egito opressor é que vai nascer o herói.

Faz-se oportuno destacar uma concepção atual da relevância das parteiras que vem ao encontro da sua importância no nascimento do herói. Falando sobre o significado das parteiras no contexto atual da Amazônia brasileira, a jornalista e radialista Mara Régia di Perna assim define o papel das mulheres que ajudam a trazer a vida à luz:

> A Amazônia me trouxe grandes lições, a começar por tudo o que aprendi, se fosse com as parteiras da floresta, coisa mais linda você vivenciar uma pessoa com tão parcos recursos sair de sua casa na madrugada com uma tocha para iluminar a mata pra fazer o parto de uma companheira que *tava* precisando;

> então, aprendi inclusive a cantar com as parteiras, né, "Donas do divino dom são as parteiras, as enviadas de Deus são as parteiras". Olha, realmente essas mulheres são uma experiência iniciática, porque elas são as mães primeiras do umbigo do mundo porque alguém teve que amparar menino pra nascer, a humanidade crescer; então, muita resistência, muita força, a fé que essas mulheres têm, a cantoria, os saberes; saber que um algodão, uma planta, o algodão, por exemplo, faz aumentar o leite das mulheres e por aí você vai aprendendo um monte de coisa (...).[47]

Se o menino que vai nascer será um herói, então, o relato do Êxodo apresenta mais um elemento extraordinário nessa preparação literária para que o nascimento ocorra. O faraó, sem nome, mas cuja personalidade é enfatizada como o opressor cruel, mediante o plano frustrado com as parteiras, decreta maior violência contra os meninos hebreus: que fossem jogados no rio todos os meninos que nascessem, mas fossem deixadas vivas as meninas (Ex 1,22). Vogels, à guisa de uma conclusão sobre a afirmação do caráter do herói em Moisés e, ao mesmo tempo, de uma introdução à vida do herói, assim explicita:

> Agora tudo está pronto para começar a história de Moisés propriamente dita. O livro do Êxodo começa com o nascimento de Moisés e dizendo como ele escapa da morte (2,1-10), continua com sua ação "heróica", que o obriga a fugir do país do Egito (2,11-15), e termina com seu casamento (2,16-22). Depois, ele retornará junto aos seus no Egito e libertará seu povo. Tudo isso corresponde muito bem aos elementos das narrativas do herói popular. Assim, Moisés aparece nessas primeiras perícopes[48] como herói popular. [49]

Dizer que a ação das parteiras estava na origem da resistência ao poder opressor do faraó e dizer que o herói nasce envolvido numa atmosfera divina implica reconhecer que o herói, que está sendo esperado no relato do Êxodo, se insere num contexto sociopolítico e religioso em que predomina o poder de uma autoridade opressora sobre seres humanos subjugados, mas o texto bíblico faz o anúncio de uma resistência a esse sistema dominador que implanta uma escravidão sobre um povo.

O faraó era considerado um filho de Deus, e pode-se pensar que o relato bíblico esteja querendo contrapor o faraó como filho de um Deus – que deve ser obedecido e que, portanto, se trata de um Deus ou de Deuses que autorizam a opressão dos seres humanos – a um Deus bíblico que se revela como aquele que autoriza, ou melhor, possibilita o nascimento de um herói que agirá em nome de um Deus libertador da opressão.[50]

Pode-se pensar num contexto do Antigo Oriente Próximo em que o mundo é considerado sagrado, e isso significaria pertencer aos Deuses, o que implicaria a marginalização dos seres humanos, que poderiam ser submetidos a trabalhos forçados de modo que assim estariam servindo aos Deuses, donos do mundo. Nesse mundo antigo, a vida, principalmente econômica, girava em torno do templo, o qual incluía o palácio do faraó. Se os Deuses eram os donos de tudo, particularmente da terra, as pessoas, que não fizessem parte da família do faraó ou da sua corte, estavam destinadas a servir aos Deuses e trabalhar na terra e nas construções dos palácios em que os representantes dos Deuses habitariam.[51] Em Ex 1,11 lê-se que os israelitas construíram para o faraó as cidades-armazéns de Pitom e de Ramsés.

Nessa atmosfera sociopolítica e econômica de subjugação dos seres humanos pobres, o relato bíblico prepara e apresenta o nascimento de um herói, que agirá em prol da libertação dos israelitas da escravidão, numa atmosfera divinizada por uma concepção de um Deus libertador da opressão. Quando o herói for adulto conhecerá o nome do Deus libertador: Iahweh (Ex 3,15). O Deus libertador "se apresenta e se manifesta para a liberdade".[52]

O herói nasce. Nascer, todos os meninos israelitas nasciam, mas o destino, estabelecido pelo faraó, dos que acabavam de ser dados à luz, era a morte por serem jogados no rio e ali se afogarem. Mas, o destino do herói é outro. Porque consegue escapar do destino de morte estabelecido pelo faraó opressor a todos os meninos.[53]

O relato parece enfatizar um contraste entre a determinação de que vivam as meninas, mas morram os meninos, e a iniciativa de mulheres que estão protagonizando as cenas que envolvem o nascimento do herói. Primeiro foram as parteiras Sefra e Fua. Depois entram em cena outras mulheres.

A primeira mulher é a mãe do herói. Na cena do nascimento, a narrativa não conta o nome dela, nem do pai do herói, mas somente que eles se casaram e que ela era descendente da tribo sacerdotal de Levi.[54] Também as outras mulheres não têm seus nomes anunciados.[55] A narrativa parece querer dar a ênfase ao nascimento do herói, pois somente ele é quem recebe o nome no final da cena do nascimento.[56]

Se o herói nasce, ele é o centro das atenções da narrativa, mas o contraste da narrativa é, na verdade, uma ironia literária, pois enquanto o faraó deixa viver as meninas, são as mulheres que desobedecem às suas ordens.

Ao nascer, o herói recebe um adjetivo: ele era belo (Ex 2,2). Vogels esclarece que o termo hebraico para esse adjetivo *tob* significa "bom", e poderia ser traduzido também por "sadio", "robusto".[57] Essa beleza, essa saúde, essa robustez do recém-nascido levaram a mãe a escondê-lo por três meses. Ela não obedeceu à ordem do faraó de jogá-lo no rio.

Grenzer lembra que essa cena se inicia a partir do desespero da mãe de um menino hebreu e que o faraó havia determinado (Ex 1,22) que todo o seu povo deveria jogar os meninos no rio. Assim sendo, o poder opressor era exercido pelo faraó e seu povo.[58] No entanto, a mãe agiu com criatividade e ternura, confeccionando um cesto de papiro, tomando todos os cuidados para que o cesto ficasse impermeável, colocou o bebê de três meses dentro do cesto, ou seja, com todo o carinho de uma mãe que deu à luz e protegeu o seu bebê. Em seguida, ela depôs o cesto na beira do rio junto aos juncos, ou seja, com a esperança de que a força das correntezas do rio não levasse brutalmente o cesto amparado pelos juncos (Ex 2,3-4). "Nota-se a delicadeza da mãe. Os verbos que descrevem sua ação contrastam com o verbo 'jogar' da ordem do rei (Ex 1,22). (...) a mãe o deposita 'entre os juncos, na margem do rio'".[59] Andiñach sugere que essa atitude da mãe pode ser um indício de que ela tinha a esperança de que o cesto com o bebê estando enroscado nos juncos na beira do rio acabasse sendo encontrado por alguém que salvasse o menino.[60]

Toda a ação da mãe nessa cena é de proteção do bebê colocado no cesto e depositado no rio. Entram em cena também outras mulheres. O relato faz uma referência à irmã do menino que ficou responsável de acompanhar de longe o que aconteceria com ele (Ex 2,4). A filha do faraó desceu ao rio para tomar banho e suas criadas ficaram na beira do rio observando tudo (Ex 2,5), o que seria normal a fim de garantir a privacidade e a segurança da filha do faraó. Ela viu o cesto, mandou uma das criadas apanhá-lo e viu a criança chorando dentro dele. O relato diz que a filha do faraó ficou compadecida do menino que chorava e disse que era uma criança dos hebreus (Ex 2,6).

A compaixão dela revela um contraste com a falta de compaixão de seu pai. A filha do faraó retira das águas um menino hebreu contrastando com a ordem do seu pai de que os meninos fossem jogados no rio.[61] A narrativa anuncia que dentro do palácio havia alguém diferente do faraó opressor, pois sua filha era capaz de sentir compaixão por uma criança dos hebreus.[62]

A irmã do menino que acompanhava de longe aproximou-se e interveio na cena e ofereceu ajuda para a princesa. Perguntou se a filha do faraó queria que ela chamasse uma mulher para que amamentasse o menino (Ex 2,7). A irmã agiu de modo a levar de volta o menino à sua mãe.

Ficam claras as distinções sociais entre as duas mulheres que estão atuando na salvação do herói. A irmã do menino, hebreia, pergunta se a filha do faraó quer ajuda. A filha do faraó fala com o imperativo afirmativo "Vai".[63] Mas aqui não há um choque social, pelo contrário, há um encontro de mulheres que estão contribuindo para salvar o menino. São três mulheres: a mãe, a irmã do menino e a filha do faraó.

A irmã levou a mãe do herói até a filha do faraó. A mãe recebeu uma ordem da filha do faraó: "Leva esta criança e cria-a e eu te darei a tua paga" (Ex 2,9). A salvação do herói envolve acontecimentos extraordinários, e um deles é uma contradição. A filha do faraó, que ordena à mãe do herói que o crie, isto é, o amamente, é a mesma pessoa que oferece pagamento à mãe do menino. A contradição está em que a filha do faraó não teria que pagar a uma hebreia escravizada pelo seu pai. Mas, o relato quer enfatizar que a filha do faraó está decidida a salvar o menino e a ficar com ele, pois, primeiro ela tinha aceitado a oferta de ajuda da menina hebreia e agora diz em primeira pessoa: "eu te darei a tua paga".[64] Pagar pela amamentação significa que o menino não é da sua mãe, agora ele é da filha do faraó.[65]

A mãe amamentou o herói e quando terminou a fase da amamentação levou-o à filha do faraó que o adotou. Vogels explica com clareza:

> A princesa egípcia adota o futuro libertador dos israelitas. O menino hebreu não tem mais nada a temer e não há mais nenhum perigo. Ao contrário, ele foi aceito na casa da abundância e de luxo da filha do opressor. Como ela se considera mãe do menino, tem o direito de lhe pôr o nome e, então, "lhe deu o nome de Moisés". É o único ator do relato cujo nome é mencionado. A princesa diz que escolheu esse nome porque "eu o tirei das águas". O texto explica o nome *Mosheh* a partir do verbo *mashah*, que significa "tirar". O nome é uma lembrança do passado, mas também um anúncio para o futuro: aquele que agora foi tirado das águas, mais tarde salvará seu povo das águas do mar (Is 63,11).[66]

O herói nasceu, passou por uma reviravolta logo após o seu nascimento, quase morreu, mas foi salvo e poderá crescer e desempenhar a sua missão.

A narrativa do nascimento do herói bíblico Moisés pode ser comparada com narrativas de nascimento de outros heróis da Antiguidade, pois são encontradas analogias entre elas.[67] Um exemplo é o da lenda de Sargão de Agadê, rei da Mesopotâmia no III milênio a.C., segundo a qual ele também foi colocado num cesto de junco no rio.[68] Sargão foi um rei importante que fundou o império assírio entre os anos 2340 e 2284 a.C.

De acordo com Estévez López, seriam três os interesses da narrativa do Êxodo ao contar elementos semelhantes com as narrativas extrabíblicas de salvamento de criança das águas: primeiro, ressaltar a importância do personagem Moisés e dar-lhe mais relevo; segundo, conectá-lo com o plano divino de libertação na história; e, terceiro, retirar Moisés da água seria uma prefiguração da libertação saindo do Egito pelo mar.[69]

## 2.3 Moisés, o homem religioso

Neste tópico pretende-se abordar o tema de Moisés apresentado nas narrativas do Êxodo como um homem que viveu a experiência religiosa assinalada como uma intimidade com Iahweh, o Deus do Êxodo. Segundo as narrativas, Moisés passa pelo processo de descoberta do divino, recebendo em um encontro numinoso um chamado para um projeto em nível social que se referia à libertação de um grupo de israelitas escravizados no Egito. As narrativas mostram a adesão de Moisés ao projeto de Iahweh e uma trajetória de ações e decisões a partir dos diálogos com o divino.

Para tratar do tema de Moisés como homem religioso, tema que é interessante numa pesquisa em Ciência da Religião, Oliveira oferece um breve elenco de etimologias do termo religião esclarecendo que

> Cícero afirma que "religião" (*religio*) provém de *relegere* (ler de novo, observar algo atentamente, recordar as coisas de Deus). Para Lactâncio, apologista cristão do séc. IV, o vocábulo deriva de *religare* (tornar a atar ou a ligar-se com Deus). S. Agostinho prefere fazer derivar o termo de *reeligere* (eleger de novo a Deus). Qualquer destas possíveis etimologias (o mais normal é que provenha de *religare*) aponta para a religião como adesão ou união voluntária do homem a Deus ou à divindade, através de diversos ritos e cultos (...).
>
> Na religião estão presentes, para além do ritualismo simbólico e do sentido comunitário, dois elementos fundamentais: crença numa força sobrenatural e ordenação da vida em consonância com esta crença. Uns autores afirmam mais os aspectos teóricos

> e racionais, outros a prática, prevalecendo o sentimento e a experiência. Há um aspecto subjectivo e outro objectivo, um interior e outro exterior, um individual e outro social.[70]

Jung apresenta sua compreensão do termo religião com a seguinte explicação:

> Religião é – como diz o vocábulo latino religere – uma acurada e conscienciosa observação daquilo que Rudolf Otto acertadamente chamou de "numinoso", isto é, uma existência ou um efeito dinâmico não causados por um ato arbitrário. Pelo contrário, o efeito se apodera e domina o sujeito humano, mais sua vítima do que seu criador. Qualquer que seja a sua causa, o numinoso constitui uma condição do sujeito, e é independente de sua vontade. De qualquer modo, tal como o consensus gentium,[71] a doutrina religiosa mostra-nos invariavelmente e em toda a parte que esta condição deve estar ligada a uma causa externa ao indivíduo. O numinoso pode ser a propriedade de um objeto visível, ou o influxo de uma presença invisível, que produzem uma modificação especial na consciência. Tal é, pelo menos, a regra universal.[72]

Portela interpreta a explicação de Jung afirmando que aqui "a religião é ressaltada enquanto uma observação cuidadosa de fenômenos e forças sobrenaturais que transpassam o mundo objetivo". O autor recorda também que Jung prefere o termo *relegere* ao termo *religare*.[73] Sobre o uso do termo latino por Jung, Portela explica que

> Tanto nas obras completas quanto nas cartas parece haver um erro referente à grafia do termo relegere. Jung utiliza a palavra religere, que não existe no latim, para se referir ao mesmo sentido do termo relegere cunhado por Cícero na obra, De Natura Deorum (A Natureza de Deus). De toda forma, o conceito de religião usado por Jung se remete às raízes antigas do paganismo, no qual está vinculado à prática correta dos ritos, exigindo

> uma postura de escuta, observação e submissão por parte do ser humano ao desejo ou à vontade dos deuses.[74]

Jung explica a sua concepção de religião deixando claro como é que ele encara a religião e diz:

> Encaro a religião como uma atitude do espírito humano, atitude que de acordo com o emprego originário do termo: "religio", poderíamos qualificar a modo de uma *consideração e observação cuidadosas* de certos fatores dinâmicos concebidos como "potências": espíritos, demônios, deuses, leis, idéias, ideais, ou qualquer outra denominação dada pelo homem a tais fatores; dentro de seu mundo próprio a experiência ter-lhe-ia mostrado suficientemente poderosos, perigosos ou mesmo úteis, para merecerem respeitosa consideração, ou suficientemente grandes, belos e racionais, para serem piedosamente adorados e amados.[75]

Em Moisés como homem religioso, o primeiro elemento que se apresenta é o fato de que sua vida está ligada ao destino do povo de Israel.[76] Pois a vida do herói do Êxodo foi retratada de forma que concretizou um projeto que atendia ao chamado do Deus Iahweh e que durou toda a trajetória da sua vida, como se lê no Êxodo. Moisés é um homem profundamente religioso, pois tem um *relegere* quanto ao divino, uma vez que suas atitudes são registradas na narrativa do Êxodo como daquele que está atento a tudo o que o divino lhe comunica ou a tudo o que o divino faz para si e para o povo de Israel conduzido por ele.

Adentrar o tema de Moisés como homem religioso leva a recordar as atuais discussões nos estudos de psicologia da religião que se encaminham para uma nova tendência que seria a de estudos de psicologia da espiritualidade. Tendência, segundo a análise de Paiva, que leva em conta praticamente uma oposição entre espiritualidade e religião.[77] A religião seria mais concernente à estrutura de ritos, ao ideológico e à institucionalização da experiência do ser humano com Deus ou Deuses, e a espiritualidade mais referente à experiência de dimensões espirituais no aspecto pessoal, afetivo, experiencial e contemplativo. A religião seria inibidora da potencialidade humana enquanto a espiritualidade seria a busca de sentido, de unidade, de transcendência.[78]

Nos últimos anos há uma tendência a distinguir-se a espiritualidade da religiosidade[79] chamada clássica que comporta ritual, comunidade e normas comportamentais, conjuntos doutrinais e aspectos emocionais.[80] A espiritualidade passa ser uma autonomia da pessoa em relação à tradição e à religião como instituição; seria a busca de sentido que a pessoa faz; também uma espécie de universalidade entre os seres que se conectam e têm uma dependência de um princípio transcendente ao indivíduo e ao mundo.[81]

Dito isso pode-se compreender a afirmação de Teixeira sobre Moisés e sua experiência de homem espiritual; Teixeira não fala de religião, mas de espiritualidade. Espiritualidade conceituada como uma espiritualidade libertadora. Ou seja, uma espiritualidade que se aprofunda a partir da conversão do coração, quer dizer, da "conversão da pessoa ao que há de mais íntimo nela".[82]

Na experiência espiritual em que ocorre essa conversão do coração dá-se "justamente o processo de reorientação da vida e descentramento do sujeito, de sua unificação e purificação para experimentar a união com Deus ou o Mistério sem nome".[83] Mas essa conversão do coração não é, tão somente, uma experiência que se reduz ao interior da pessoa. Do interior para as atitudes externas é provocada "uma mudança de conduta na vida que envolve toda a pessoa. A autêntica experiência mística jamais é fuga do mundo ou desprezo das realidades criadas, mas é fonte de fecundidade moral".[84]

Teixeira afirma que o Moisés do Êxodo experimentou uma espiritualidade libertadora, após experienciar a presença do mistério na sarça ardente, que lhe exigiu tocar o solo sem o aparato das sandálias nos pés e fazer contato com o sagrado da terra diante da sarça, que não se consumia enquanto ardia no fogo, e da voz que o chamava pelo nome (Ex 3,2-6). Nessa experiência com o mistério, Moisés "é imediatamente provocado ao exercício do amor, a ouvir o clamor do seu povo esmagado pela opressão do faraó no Egito, a acordar o Deus esquecido em seu coração e sair em busca da libertação de seus irmãos oprimidos (Ex 3,5.7-8)".[85]

Voltando ao termo religião, Teixeira não expressa contraposição com a espiritualidade. Pelo contrário, conclui que as diversas religiões vivem de forma diversificada a espiritualidade como um fabuloso convite do mistério – que se encontra em toda parte onde há seres humanos – a revelar que os corações humanos são capazes de viver a alegria, de promover o cuidado dos seres e de estimular a solidariedade.[86]

A partir destas informações podem-se elencar alguns elementos que caracterizam Moisés como o homem religioso em trechos do relato do Êxodo.

Ao mesmo tempo em que Moisés assume um compromisso com o divino, a partir do encontro numinoso diante da sarça ardente, e, a partir dessa experiência profunda, atua como homem religioso, será a partir da experiência que ele e os hebreus farão de Deus na libertação da escravidão do Egito que esse povo israelita formará a sua concepção do Deus do Êxodo que se lhes apresenta, na narrativa em Ex 3,13-15, com o nome de Iahweh.[87]

A experiência do encontro de Moisés com o divino mostra-se no relato do Êxodo como transformadora da personalidade do protagonista. O relato (Ex 3,1-6) fala de símbolos importantes para a compreensão do mistério e da transformação do personagem. Vogels expressa essa transformação dizendo que "de herói popular ele se tornará, mediante esse chamado, um homem de Deus".[88] Tal transformação se inicia com o trabalho cotidiano de pastor de ovelhas e anuncia que ele se aproxima de um lugar considerado lugar de Deus, o monte Horeb. A seguir o relato deixa claro que a presença divina se concretiza na forma da aparição de um Anjo de Iahweh, símbolo da presença visível do divino na história narrada.[89] Um elemento natural, a sarça, passa por uma situação estranha para a natureza, pois queima-se no fogo, mas não se consome. Seria o fogo um símbolo da manifestação do divino, pois o "fogo que não necessita de lenha ilustra a presença imaterial de Deus",[90] e a sarça flamejante sem se consumir seria o símbolo de que a missão que Moisés vai receber de libertar Israel da escravidão tem um sinal sagrado, pois, assim como a sarça não se consome, os israelitas não são destruídos pela opressão, apesar de violenta.[91]

O sentido do homem religioso que se pode perceber na personalidade de Moisés, e do qual já se disse que está caracterizado como uma expressão da ação libertadora da escravidão, será expresso no relato bíblico do chamamento do divino ao homem Moisés para a missão libertadora.

Experimentado o encontro com o divino na cena da sarça ardente e na audição de uma voz que chamou Moisés pelo nome, o próximo ato (Ex 3,7-12) da cena narrada será o da apresentação do motivo do chamamento que virá na sequência. Moisés que tinha visto a presença do Anjo de Iahweh na forma simbólica do fogo e da sarça, tem a experiência de ouvir a voz divina. Essa voz apresenta-lhe o porquê do processo libertador que lhe será solicitado como missão. O herói escuta da voz, que lhe fala da sarça, que o divino vira a situação de miséria e opressão dos hebreus no Egito, tal como Moisés viu a sarça; o divino ouvira o grito dos hebreus escravizados, agora Moisés ouviu o chamamento de Iahweh;[92] o divino conheceu as angústias do povo sofrido, agora será Moisés a conhecer a proposta de Iahweh.

O Deus do Êxodo argumenta ao herói com uma afirmação afetuosa chamando os hebreus escravizados no Egito de "meu povo" e insiste que, tendo visto e ouvido o sofrimento deles, tal sofrimento "chegou até" Iahweh (Ex 3,7.9). A maneira como se expressa Iahweh parece conter sentimentos pelos hebreus escravizados. Parece que Iahweh expressou que foi tocado, atingido pelos gritos daqueles que estavam escravizados. Vogels diz que a narrativa não está falando de um conhecer especulativo da parte de Iahweh, mas que "Deus sente dentro de si mesmo tais sofrimentos".[93]

Ex 3,8 narra qual foi a decisão de Iahweh diante do exposto: libertar o povo da escravidão e fazê-lo subir da terra da escravidão para uma terra de liberdade. E esse projeto será inculcado pela narrativa no coração do herói, o que fica claro em Ex 3,10 ao narrar que o divino, que se manifestou numa sarça ardente que emite uma voz, que ouve e que vê o sofrimento, estabelece que o herói vá até "as barbas" do faraó para fazer os israelitas saírem do Egito.[94]

Na narração da sua manifestação a Moisés, Iahweh se apresenta fazendo referência a um histórico da tradição bíblica que faz parte do primeiro livro do Pentateuco, o Gênesis. A referência é a característica de Iahweh como o Deus de Abraão, o Deus de Isaac e o Deus de Jacó. Mas, antes dessas três nomeações de Deus, ele se apresentou a Moisés afirmando que "Eu sou o Deus de teus pais" (Ex 3,6). Quer dizer que o Deus dos Patriarcas da tradição bíblica é também o Deus da família de Moisés, dos pais do herói do Êxodo.[95] No nascimento de Moisés há a informação de que sua mãe hebreia era da descendência de Levi. Mais adiante, em Ex 6,14-26, a narrativa apresentará aos leitores uma sequência da árvore genealógica de Moisés e seu irmão Aarão e informará que também o pai deles era descendente da tribo sacerdotal de Levi.

Assim, Moisés, que se tornará um homem religioso, tem já uma origem religiosa, pois seus pais provinham de uma família sacerdotal dos hebreus. Porém, Moisés não foi criado com seus pais, e sim com sua mãe adotiva, a filha do faraó. Ele não teria ouvido falar do Deus dos seus pais, a não ser quando saiu para ver os seus irmãos hebreus (Ex 2,11) ou na convivência com o sacerdote Jetro (Ex 2,21);[96] daí o relato mostrar que ele precisava dessa experiência numinosa para conhecer Iahweh.

A narrativa deixa clara a missão do herói: ser o encarregado de promover a libertação dos hebreus da escravidão do Egito a partir de um encontro numinoso com o Deus Iahweh, o Deus libertador. Moisés se tornará a partir desse encontro um homem religioso em prol de um projeto que modificará a realidade dos seus conterrâneos oprimidos no Egito.

Sanford tem claro o significado dessa transformação ocorrida em Moisés:

> Ninguém hoje conheceu jamais uma sarça que arde, mas não é consumida pelo fogo, nem ouviu uma Voz chamando de dentro das chamas. No entanto, sabemos que existe um tipo de experiência interior que tem esta espécie de luminosidade e força fascinante e que existe uma experiência que consiste em ser chamado a partir do interior para uma missão especial na vida.[97]

É notável que, antes de aceitar a missão que Iahweh lhe atribui, Moisés apresenta uma objeção. Essa atitude de Moisés se repetirá na narrativa algumas vezes antes de tomar a decisão final de aceitar a missão. Mas, no primeiro momento, ao invés de responder a Iahweh, Moisés perguntou algo que parecia demonstrar uma incapacidade, ou um medo diante do faraó. Sua pergunta foi: "Quem sou eu para ir ao Faraó...?"[98] O medo seria compreensível uma vez que Moisés fugira do Egito na juventude[99] por causa da ameaça de morte do faraó, após Moisés atingir mortalmente um egípcio e o enterrar na areia (conforme Ex 2,12).[100]

O que corrobora o papel do homem religioso é a afirmação da narrativa de que a missão de Moisés seria acompanhada da presença do divino e, inclusive, é-lhe dada a promessa de um sinal dessa presença: "quando fizeres o povo sair do Egito, vós servireis a Deus nesta montanha" (Ex 3,12). É ao homem religioso que é compreensível a afirmação da companhia do divino e da simbolização dessa companhia em um gesto ritualístico de culto a esse Deus na montanha. A montanha que já fora anunciada no relato como montanha de Deus. Então, fica perceptível que se trata de um personagem que tem a sensibilidade para com os atributos da religião, pois, a sua missão é-lhe conferida pelo personagem divino que lhe propõe garantir como símbolo da companhia divina a realização do serviço na montanha, isto é, do ritual litúrgico, elemento integrante de uma religião.

O relato mostra que Moisés foi chamado para a missão, mas o sinal da presença divina será realizado com a comunidade dos hebreus, pois o verbo para a prestação do ritual litúrgico está no plural: "vós servireis". O homem religioso conduzirá a comunidade para a celebração litúrgica de servir a Iahweh. Esse sinal exprime a transformação pela qual os israelitas passarão. Eles deverão sair da terra da escravidão e, reunidos, servirão o seu Deus na montanha. O sinal é a transformação da servidão opressora no Egito em serviço livre em outro território distinto da terra da escravidão: a montanha de Deus. Por isso, Vogels sintetiza: "O livro do Êxodo consiste na transição da servidão para o serviço".[101]

Navarro Puerto diz que se trata de diferentes acepções do verbo "servir" no livro do Êxodo que indicam a mudança do "amo" e da forma de servir. Isso gerará uma mudança na vida social, implicará mudanças políticas, organização do exercício do poder e das relações, interferirá na cultura, na organização social e nas responsabilidades dentro do povo. Segundo a narrativa, o projeto do Deus do Êxodo, que inclui Moisés como protagonista, "conduz seu povo para a liberdade, e esta liberdade vai gerar um tipo concreto de sociedade e uma organização política particular".[102]

A nova sociedade, que deverá surgir entre os israelitas, será marcada pela presença de "uma religião que liberta", conforme o conceito de Bohn Gass, pois, segundo o relato do Êxodo, o povo hebreu fez "a experiência com uma divindade que está a seu lado para libertá-lo, um Deus que estimula os pobres a se libertarem da casa da escravidão (Ex 3)".[103]

Iahwismo é a religião estabelecida por Moisés a partir do culto de Iahweh, mas não tanto por causa da etimologia, e sim por causa da experiência que os israelitas fazem do Deus Iahweh no processo da libertação da escravidão do Egito. Daí o Iahwismo é constituído como a religião do povo de Israel.[104] Moisés é considerado, portanto, o fundador da religião de Israel.[105]

A narrativa de Ex 3 avança e é de se notar que repete em Ex 3,16-17 o conteúdo na boca de Iahweh, que já fora dito em Ex 3,7-10, sobre o que Iahweh viu do sofrimento dos israelitas e o que quer.[106] Mas, um detalhe é a novidade: Moisés deverá dizer aos anciãos de Israel que Iahweh apareceu para ele. Ou seja, deverá relatar sua experiência com o divino para que convença os anciãos sobre o projeto de libertação como um projeto embasado em uma experiência numinosa. Com isso se fortalece a visão de que o líder da libertação é um homem religioso, que faz a experiência do *religare* com o divino, ou seja, ele se liga ao Deus do Êxodo, adere às propostas e observações divinas. Ele faz também a experiência do *relegere* ao divino, ou seja, observa tudo o que o Deus Iahweh lhe diz, pois a experiência numinosa causou-lhe um efeito interior que o leva a acolher todas as informações que a mensagem divina faz chegar até ele. A partir da sua experiência religiosa, Moisés toma uma importante iniciativa que interferirá na vida de um grupo de pessoas.[107]

Na sequência (em Ex 3,18) Moisés, já com o suposto apoio dos anciãos dos israelitas, deverá convencer o faraó de que Iahweh já não vem só até Moisés, mas até o povo todo e, portanto, deverá insistir com o faraó que esse povo todo deverá liberado para servir a Iahweh, agora com o ritual do sacrifício no deserto, ou seja, fora da terra da escravidão. Esse gesto será fundamental para que a comunidade dos israelitas vá assimilando o processo de *religare* com Iahweh, uma vez que ela será incluída na proposta de serviço de adoração a Deus por meio dos sacrifícios que deverão ser oferecidos.[108]

A ação de Moisés como homem religioso vai aprofundando-se ao longo da narrativa do Êxodo e sua ação era determinante para que os israelitas passassem a cultuar Iahweh.[109] Isso porque Moisés vai dizendo ao povo o projeto de Iahweh, conforme se pode ler no relato de Ex 4,27-31 em que ele, tendo saído de Madiã em direção ao Egito, encontra seu irmão, Aarão, e têm a primeira conversa sobre o projeto de libertação. E a narrativa enfatiza que Moisés informa a Aarão tudo o que Iahweh lhe tinha falado e que era um enviado de Iahweh para tal projeto (Ex 4,28). Agora o homem religioso está ajudando o seu irmão a fazer o processo de *relegere*, isto é, de observar atentamente a mensagem do Deus Iahweh como um projeto para um povo. É uma atenção cuidadosa de Aarão ao conteúdo que Moisés apresenta-lhe como recebido no encontro numinoso com Iahweh.

Os dois irmãos promovem a primeira reunião com os líderes dos israelitas em terra egípcia na qual compartilham o projeto com eles. Mas, além de compartilhar o projeto, Aarão, que estava incumbido de falar no lugar de Moisés, pois este alegara dificuldade de falar, realizou também sinais diante do povo. Na conversa entre Moisés e Iahweh, em Madiã, a narrativa já havia informado os sinais de que Moisés seria portador.

O primeiro sinal era a transformação da sua vara de pastor em serpente (Ex 4,3). Na demonstração que ocorrera desse sinal no encontro, ainda em Madiã, entre Moisés e Iahweh, quando a vara se transformou numa serpente Moisés fugiu dela, afinal a mordida de uma serpente poderia ser fatal. Porém, imediatamente, o texto diz que Iahweh ordena a Moisés pegar a serpente pela cauda e que este, que tinha corrido da serpente, obedece à ordem divina, e a serpente se converte em vara. Aqui o relato pretende mostrar o homem religioso que se conecta ao divino pela dimensão da fé, pois pegar uma serpente pela cauda "não é certamente recomendado, pois isso deixa Moisés completamente vulnerável a sua picada. Assim Moisés mostra sua fé em Deus."[110] O segundo sinal era a transformação da sua mão saudável em mão leprosa, colocando a mão no peito, e, depois, sendo restabelecida a saúde da mão, colocando-a novamente no peito (Ex 4,6-7). Esses dois sinais foram realizados no *tête-à-tête* de Moisés com Iahweh.[111]

Para o caso de o povo não acreditar em Moisés, foi proposto um terceiro sinal, que envolveria o ambiente natural do Egito, pois, se Moisés derramasse um pouco de água do Rio em terra seca, a água se transformaria em sangue (Ex 4,9). Mas, se esse sinal fosse realizado, somente o seria no Egito, onde estava o Rio.

Andiñach oferece a seguinte leitura desses sinais:

> Os três sinais colocam em movimento forças vinculadas à vida e à morte. A serpente, a lepra e o sangue eram considerados, cada qual por motivos diferentes, realidades conectadas com a divindade e, portanto, com poderes sobre a vida. Através desses elementos, Moisés é apresentado como uma pessoa a quem Deus concedeu capacidades excepcionais.[112]

Bräumer oferece uma leitura significativa sobre o primeiro sinal:

> Este primeiro sinal miraculoso para o qual Deus habilita Moisés tem significado simbólico que transcende o milagre. No Egito, a serpente era símbolo de poder real e divino. Compunha o diadema que os faraós ostentavam. Moisés transforma a serpente, o sinal identificador dos faraós, o açoite dos israelitas, em uma vara, ou seja, Deus transforma o faraó em servo seu e Moisés em seu dominador. Moisés está sendo chamado a subjugar o faraó.[113]

A narrativa do encontro de Moisés, Aarão e os israelitas conta que o povo acreditou no relato de que Iahweh tinha visitado os israelitas e visto sua miséria e, então, o povo acolheu Moisés, Aarão e o projeto, e essa acolhida se expressou em dois gestos: ajoelhando-se e prostrando-se (Ex 4,31). Essa "resposta do povo ao anúncio de Moisés representa um grande apoio à sua missão, talvez maior do que ele esperava".[114]

Para Rowley os israelitas acreditaram que Iahweh os tinha escolhido para ser seu povo; essa crença e a libertação da escravidão foram os fatores que levaram o povo a jurar fidelidade a Iahweh.[115] Fundamental para a compreensão da eleição do povo por Iahweh foi o fato de que essa eleição aconteceu por meio de Moisés. Pois "foi mediante o trabalho de Moisés que a escolha que Deus fez de Israel se renovou e foi confirmada, e mediante a libertação do Êxodo que a sua reivindicação sobre ele foi estabelecida".[116]

## 2.4 Moisés, o líder de um povo em um processo de libertação da escravidão

Neste tópico pretende-se abordar a característica de Moisés como líder que, segundo o Êxodo, conduz um grupo de hebreus escravizados no Egito rumo à terra da liberdade.

A liderança de Moisés é fundamental para que o processo de libertação seja bem sucedido, pois, segundo o relato, o Deus do Êxodo se mostra contando com o líder para que enfrente a autoridade do opressor do Egito e ajude um povo a se conscientizar de um processo libertador; esse líder conduzirá o povo escravizado a passar para a caminhada em busca da terra da liberdade.

O relato do Êxodo começou com a narrativa da escravidão dos hebreus no Egito. Os dois primeiros capítulos contaram como a escravidão surgiu, como se tornou cada vez mais opressiva e como os hebreus lutavam para sobreviver dentro daquela situação de opressão. Porém, nos três últimos versículos do segundo capítulo (Ex 2,23-25) há uma mudança na narração que passa a orientar como os hebreus deverão mudar a atitude diante do sofrimento vivido sob o faraó.[117]

Uma vez que se trata da história bíblica dos israelitas a narrativa vai mostrar a partir de Ex 2,23-25 que o Deus do Êxodo, que era temido pelas parteiras, que salvavam a vida dos meninos hebreus recém-nascidos, entrará na história e será concebido a partir daqui como o Deus que ouve os gemidos dos hebreus que gritavam do fundo da escravidão.[118] Assim, o relato do Êxodo abre o tema do projeto de libertação como um projeto sagrado, isto é, atribuído ao divino na forma de um clamor que chega ao Deus do Êxodo, e enfatiza que esse Deus não legitima a escravidão. É sagrado porque associa o tema da sensibilidade do divino com a mais profunda dor do ser humano que é expressa no relato pelo símbolo do gemido diante da opressão. Um gemido que é, no fundo, "uma fagulha de força que ainda resta para o oprimido".[119]

A narrativa conclui essa perícope final do segundo capítulo dizendo que o Deus, que vê os israelitas subordinados a uma escravidão pesada que os faz gemer e gritar, dá-se a conhecer. Pixley tem preferência pela tradução: "e Deus conheceu" – que também é uma segunda possibilidade apresentada na *Bíblia de Jerusalém*[120] – e ainda pela tradução: "tomou consciência", e explica que os sentidos de "tomar consciência", "dar-se por enteirado", ou "sentir compaixão" querem expressar que "Deus aparece aqui como parte interessada em reorientar a situação intolerável dos escravos".[121]

A obra de Binz, traduzida em espanhol, utiliza o texto da *Biblia Latinoamericana* de Ex 2,25: "Y miró Dios con bondad a los hijos de Israel, y los atendió."[122] Para Binz a compaixão de Iahweh é o que o leva a olhar para o povo escravizado no Egito, e por esse olhar compassivo Iahweh "los atendió", isto é, atendeu-os, acolheu-os favoravelmente, deu-lhes atenção.[123] Assim, a narrativa está enfatizando que dar atenção aos que estavam sob a escravidão significa tomar uma atitude em prol da sua libertação. Por isso, Binz diz que tinha chegado o momento de fazer alguma coisa pelo povo oprimido, e entende que a narrativa faz a conexão dessa compaixão e atenção divinas com a narrativa em Ex 3 do chamamento de Moisés.[124] Dito isso, pode-se retomar a tradução "Deus se fez conhecer ..." e completar o versículo dizendo que ele se dá a conhecer como um Deus libertador.

Esses versículos (Ex 2,23-25) abrem a temática do "processo de o povo oprimido recuperar a sua liberdade".[125] Nesse ponto do relato parece que está sendo construída uma ponte entre a história de Moisés como o herói que nasceu, fugiu e se refugiou em Madiã, e de Moisés como líder que tem um chamamento para uma missão. A partir daí a narrativa quer mostrar que a liderança de Moisés é a liderança do herói, homem religioso, que acata uma missão libertadora do seu povo.

Como já se disse, em Ex 3 a narrativa expõe o chamamento do líder para a missão libertadora a partir do encontro numinoso com o divino diante do simbolismo da sarça ardente que não se consome. O encontro foi caracterizado pela tomada de conhecimento de Moisés de um projeto que estava no bojo da sua consciência religiosa: ao adentrar a atmosfera do sagrado (o solo sagrado, a sarça ardente, a voz do Anjo de Iahweh), Moisés começou a se conscientizar de que a sua fé religiosa é impregnada de uma consciência e de uma necessidade de promover a libertação dos israelitas escravizados. Isso fica claro na definição da religião de Iahweh segundo Bohn Gass:

> Em Israel, a religião de YHWH é como fruto único, sem igual em toda redondeza. É uma religião que tem a luta por vida digna como a primeira de suas preocupações. É uma experiência incomparável e profundamente ecumênica, de respeito às diferentes tradições. Porém, é coesa no essencial. No culto oficial, YHWH, o Deus que é e age em favor da vida, passa a ser celebrado como a divindade que liberta e unifica. A fé nessa unicidade de YHWH traz em seu bojo o princípio ético de que, diante dele, todas as suas criaturas são livres e têm a mesma dignidade.[126]

Ou seja, o *religare* em Moisés é um acontecimento interior com um divino libertador. Moisés é possuidor de uma consciência religiosa que estava interiorizada e que, no silêncio do deserto, ao conduzir as ovelhas, foi possível vir à tona. Ele precisa agir em prol desse projeto que está impregnado na sua alma religiosa. Por isso, a narrativa mostra

Moisés adentrando o universo do sagrado que o impele a agir para começar a pôr em prática o projeto.

Em Ex 3,10 lê-se o primeiro imperativo a Moisés para que vá ao soberano opressor para fazer sair da escravidão o povo, os israelitas. Moisés é impelido a começar a agir em prol da libertação do povo. No versículo anterior (3,9) a narrativa afirma que Iahweh disse que "Agora, o grito dos israelitas chegou até mim". Dizer "agora" indica que não será amanhã, nem depois, será agora, ou seja, a narrativa está "sublinhando assim a urgência"[127] de começar a realizar a libertação. Essa urgência pode-se perceber em Ex 3,8 em que a narrativa anuncia que o povo escravizado deverá ser liberto da mão dos egípcios e partir para uma terra boa e vasta que mana leite e mel. A urgência pode ser que os hebreus escravizados no Egito estavam impedidos do acesso aos frutos da terra. Não faltava alimento no Egito. O Rio Nilo favorece a agricultura e a pecuária, e os hebreus trabalhavam na produção. O acesso para eles é que era limitado.[128] Por isso, a escravidão tinha de ser abolida e os hebreus tinham de partir para uma terra onde teriam acesso aos frutos da terra, daí a imagem do leite e do mel.[129]

Depois de tomar conhecimento do nome e da personalidade do Deus Iahweh,[130] Moisés receberá em Ex 3,16 o segundo imperativo: que ele vá reunir as lideranças das tribos de Israel escravizadas no Egito. A narrativa apresentou o nome do Deus Iahweh não para convencer Moisés de quem era o Deus que o chamava, mas sim "convencê-lo a assumir a responsabilidade que está à sua frente".[131] Com esse intuito, em Ex 3,18 Moisés deverá liderar os anciãos e, juntos, ir até a presença do opressor para dar início à libertação.

Os anciãos são os líderes que "formam um conselho e agem como representantes das tribos. Possuem autoridade nos diferentes campos da vida."[132] Por isso, é muito importante que Moisés compartilhe com os líderes o projeto de libertação. Ou seja, o líder foi convocado pela necessidade de libertação de um povo, que geme e grita, e agora vai convocar os líderes a um trabalho em conjunto na missão.

Em Ex 4,12 Moisés recebe o terceiro imperativo para que vá, e novamente a narrativa traz a urgência, pois ele recebe a ordem "Vai, pois, agora". A missão recebida é marcada pela força divina representada pela afirmação de que Deus se fará presente na boca de Moisés e lhe indicará o que deverá falar ao faraó. Está clara a ênfase na necessidade da atuação do líder libertador assinalando que, se ele não tiver palavras, inclusive porque alegara em Ex 4,10 que não era um homem de falar,[133] ele será auxiliado pela instrução divina que o ajudará a ter as palavras certas de que precisar para cumprir sua missão.

A narrativa diz (Ex 4,13) que o Deus Iahweh fica irritado com o herói que está, ainda, opondo objeções ao chamado, dizendo a Iahweh para que envie o intermediário que quiser. Mas o herói é chamado para uma missão libertadora e a urgência de cumpri-la é gritante. Há um povo de israelitas escravizados gritando sob a opressão. No entanto, o líder tem também o direito de dialogar com Iahweh e manifestar suas preocupações e suas limitações diante da proposta. O relato mostra que há esse diálogo entre o que chama e o que é chamado.[134]

A ênfase da narrativa ao "uso da palavra" implica a característica profética de Moisés.[135] Característica essa que é aplicada a Aarão, seu irmão, em Ex 4,16 que afirma que Aarão é quem falará por Moisés as palavras que este receberá diretamente do Deus Iahweh, que lhe diz, em Ex 4,15: "Eu estarei em tua boca e na dele". A narrativa está mostrando por meio desse diálogo que as palavras que inspiram o projeto de libertação dos hebreus escravizados são inspiradas na sua origem de forma sagrada, ou seja, elas partem de Deus para a boca do profeta Moisés, que as transmitirá a Aarão, que falará ao povo. Daí a interpretação de Vogels de que "Essa palavra não provém do homem, mas tem sua origem em Deus".[136]

Agora Moisés recebe de Iahweh a incumbência de ser um Deus para Aarão. Vogels esclarece o sentido dessa afirmação: "O texto fala por analogia. Moisés não será o Deus de Aarão, mas exercerá a mesma função, em relação ao seu irmão, que Deus exerceu em relação ao profeta [Moisés]".[137] Então é dado o próximo imperativo a Moisés (Ex 4,17) de que tome a vara de pastor na mão, pois ela será um instrumento com que ele realizará sinais diante das pessoas para convencê-las de que o projeto libertador precisa ser iniciado. Vogels propõe uma interpretação para o símbolo da vara, da qual a narrativa faz uma insistência de que será utilizada para a promoção dos sinais: "Essa vara é mais do que um cajado de pastor ou de mago; é parecida com o cetro de um rei, o sinal de sua autoridade (Sl 110,2)."[138] Ou seja, a narrativa insiste em que Moisés tem a autoridade para ser o líder libertador de Israel.

Moisés se tornara um migrante morando em Madiã, casou-se, formou uma família e passou a ter trabalho fixo de pastor do rebanho.[139] Porém, para realizar a sua missão, terá de retornar ao Egito onde fora criado na corte do faraó. O cumprimento da missão requer a volta ao Egito e a narrativa informa que lá não há mais perigo para Moisés, pois todos os que queriam a sua morte é que estavam mortos (Ex 4,19). Grenzer diz que essa é uma "circunstância favorável à volta de quem, como líder religiosamente motivado, podia colaborar com o projeto divino da libertação de quem, *brutalmente, foi oprimido pelo faraó*".[140]

Moisés aceita o projeto, o que fica claro quando pede ao sogro para que o deixe voltar ao Egito para ver seus irmãos. Seu sogro, o sacerdote madianita, Jetro, abençoa Moisés e sua família na sua partida para o Egito (Ex 4,18).

A narrativa deixa claro que não será fácil realizar o projeto libertador, pois mesmo que tivesse morrido o faraó que implantara a escravidão, conforme o relato de Ex 2,23, a escravidão permaneceu e o faraó sucessor não aceitará perder a mão de obra dos hebreus escravizados. Essa dificuldade é apresentada na afirmação de que Iahweh iria endurecer o coração do faraó (Ex 4,21), que parece se referir a uma dimensão do mistério divino que controla o bem e o mal.[141]

Mas, em seguida, (Ex 4,31) há a adesão dos anciãos e do povo depois que veem os sinais dos quais Iahweh tinha falado a Moisés e de que este os realizaria. Por meio do anúncio de que o povo aderiu ao projeto, após a realização desses sinais e após ouvir o profeta, o relato está confirmando que a mensagem de Moisés é verdadeira e que ele é o enviado por Deus para uma grande missão.[142]

Moisés – o líder da libertação, escolhido pelo coração de Iahweh segundo o Livro do Êxodo, tendo assumido a condução do projeto – e seu irmão Aarão começam a pôr em prática o projeto libertador. Ex 5 narra a primeira entrevista com o faraó na qual pedem-lhe que deixe o povo ir celebrar uma festa[143] para Iahweh no deserto. O faraó, de imediato, responde que não conhece Iahweh e não deixará o povo partir. Não só não o deixa partir, como aumenta a opressão sobre ele, obrigando-o a trabalhar sem receber a palha para a produção dos tijolos, tendo que procurá-la, mas sem diminuir a produção.

O faraó põe em prática também a violência do açoite dos escribas dos hebreus, que eram como capatazes israelitas, os quais, na primeira oportunidade reclamaram com Moisés e Aarão. A reclamação é que a atitude de ambos teria colocado na mão do faraó a espada contra os que estavam sob o jugo da escravidão, pois tanto os trabalhadores braçais quanto os escribas foram tratados com brutalidade. Essa espada é expressão de que sentem que um genocídio[144] poderia eclodir, afinal, conhecem o histórico do genocídio dos meninos hebreus relatado em Ex 2.

Ska defende que o desconhecimento de Iahweh, manifestado da parte do faraó em sua resposta, é a causa mais grave de toda a situação profundamente injusta. O relato quer mostrar que o projeto de Iahweh é a libertação de todos que estão escravizados e que é preciso que o Deus libertador se torne conhecido, ou seja, é preciso revelar o poder libertador de Iahweh ao faraó que exerce um poder opressor.[145]

Essa primeira dissensão entre os israelitas e os dois irmãos, que lideram a libertação, parece ser fruto de uma estratégia do faraó de destruir qualquer movimento de saída dos hebreus escravizados do sistema de produção. "Provocar a divisão entre os pobres é uma antiga e eficaz estratégia dos opressores."[146]

Frustrou-se a primeira iniciativa de Moisés e Aarão. Ex 5 finaliza mostrando Moisés, o líder, abatido por um desânimo diante do duplo fracasso: perante o faraó e perante os escribas israelitas. Esse é um elemento da narrativa que mostra a realidade humana que tem a força para a luta e momentos de desânimo quando os obstáculos desarticulam o processo de libertação.

Com esse desânimo, Moisés tem um embate com Iahweh e o acusa de maltratar o povo e se põe como o causador desse fracasso perguntando a Iahweh por que o enviou ao faraó. A beleza literária do relato mostra Iahweh escutando o seu líder e permitindo-lhe que o questione e, ao abrir Ex 6, o relato mostra Iahweh respondendo ao seu líder como quem o acolhe no seu desânimo e o quer estimular, fazendo-lhe uma promessa, que será realizada com urgência, parecendo até que quer agradar o seu líder.[147] Iahweh diz a Moisés: "Agora, verás o que hei de fazer a Faraó..." (Ex 6,1).

O líder libertador tem uma atuação imensa, narrada no livro do Êxodo. Destacam-se, a seguir, algumas situações para enfatizar a presença tão marcante de Moisés nessa narrativa.

Depois da primeira tentativa de pedido ao faraó para deixar o povo partir e do fracasso experimentado, o relato enfatiza a relevância de Moisés apresentando novamente o chamamento que Iahweh lhe fez para a missão (Ex 6,2-13). Repete-se o motivo da missão que é a libertação dos hebreus da escravidão e enfatiza-se que Iahweh será conhecido justamente porque é o Deus que faz o povo sair dessa situação opressora.

Há um elemento inovador que é a declaração divina da pertença do povo de Israel a Iahweh, que pode ser entendida como a exigência de que é necessário sair da servidão ao faraó para entrar no serviço livre a Iahweh, o Deus libertador (Ex 6,6-7).[148] A narrativa do Êxodo quer mostrar que esse povo nasceu livre e sua vocação é a liberdade, por isso Ex 6,3 resgata a experiência do divino com os antepassados dos israelitas, "Abraão, Isaac, Jacó". O povo tem essa vocação à liberdade como plano divino de uma aliança antiga com os patriarcais;[149] em outras palavras, essa vocação à liberdade está na essência do povo. E Moisés é chamado a ser líder resgatador da condição de liberdade que define a essência dos seres humanos por ora escravizados no Egito.

O povo tem a vocação à liberdade, mas não a pode viver porque está oprimido no Egito. O relato mostra a percepção da sensibilidade humana diante das consequências da opressão narrando que o povo não ouviu Moisés ao lhe falar novamente do projeto de libertação, justamente na insistência que o relato faz da vocação do líder. A sensibilidade é para com o estado em que o povo se encontra sob a opressão, pois o povo não ouviu o seu líder não porque fosse desobediente ou coisa parecida, mas "por causa da ânsia do espírito e da dura servidão" (Ex 6,9). Essa ânsia do espírito é um desânimo tão grave que "Não se trata de uma 'infidelidade' à graça, mas de uma alienação total do homem, que anula a própria esperança, última possibilidade de libertação".[150] A escravidão é tão desumanizadora, que esse desânimo causado por ela é uma depressão, é um "fôlego curto", porque a escravidão dos hebreus "lhes rouba o fôlego, a força vital".[151] Por isso, novo imperativo ao líder: "Vai" (Ex 6,11).

No final de Ex 6 e início de Ex 7 o relato retoma o tema da vocação do líder e isso "representa a retomada do fio condutor que perpassou tudo o que se relatou até aqui".[152] Porém, são introduzidas duas novidades; primeiro, a de que Moisés é feito um Deus para o faraó e Aarão um profeta do líder (Ex 7,1); segundo, a de que sairão os exércitos de Iahweh da escravidão, juntamente com o povo e que os egípcios conhecerão Iahweh, aquele que liberta o povo da escravidão (Ex 7,4-5).

Moisés já tinha sido designado por Iahweh para ser Deus para seu irmão Aarão, agora é designado Deus também para o faraó. O relato está mostrando a qualidade do líder dos israelitas perante o faraó que os escraviza. O paralelismo é o de que se o faraó era um Deus no Egito, Moisés é um Deus para o faraó. O líder libertador tem uma competência que o qualifica a lutar de igual para igual perante o faraó; teologicamente, o relato bíblico estaria colocando Moisés como o líder que tem o apoio do Deus Iahweh que se estabelecerá, mais tarde, na lei como o único Deus a ser adorado por Israel.[153]

A narrativa já explicara a causa de o povo não ouvir o líder. Agora insiste em que ele argumenta que não sabe falar com facilidade e que, por isso, o faraó não ouvirá o que Iahweh está determinando que lhe seja dito (Ex 6,30). Pode-se pensar que há um medo do líder de ir falar ao faraó devido à falta de apoio dos israelitas, que não o ouvem, o que levaria o faraó a não dar nenhuma importância ao líder que estaria falando sozinho.[154] Porém, a narrativa não apresenta informações sobre essa possibilidade de interpretação; o que a narrativa faz é anunciar que demonstra um forte apoio à atitude do líder da libertação pois anuncia, literariamente, que o próprio Iahweh é quem fará sair do Egito os exércitos e o povo dos israelitas, dos quais Iahweh se apropria como "seus" (Ex 7,4), e com uma afirmação de que essa façanha divina acontecerá "com grandes julgamentos".

Dizer que a saída da terra da escravidão será uma conquista, pela ação concreta do líder Moisés e de Aarão, "com grandes julgamentos", significa que a narrativa está qualificando essa saída "no sentido de um ato de profunda justiça. Isso significa que a ação a ser levada a cabo é justa, e o que nela acontece faz parte da justiça que Deus está promovendo e que o povo merece."[155]

Por fim, o relato apresenta a idade de Moisés com oitenta anos e de Aarão com oitenta e três anos, e afirma que os dois fizeram como Iahweh tinha ordenado, o que pode ser interpretado como uma obediência notável de Moisés à voz divina.[156] Também suas idades avançadas podem ser compreendidas como a declaração de que os dois líderes atingiram a plenitude da vida e a capacidade suficiente para liderar o projeto que receberam como missão.[157]

Como que concluindo essa etapa de apresentação da vocação de Moisés e sua adesão ao projeto libertador, a narrativa apresentará a participação – à qual cabe também o qualificativo "notável" – de Moisés nos prodígios (Ex 7,8-11,10) que ficaram conhecidos tradicionalmente como as "pragas do Egito". O líder a serviço da libertação atua nas pragas que funcionam como demonstrações do poder divino, com o objetivo de obrigar o faraó a deixar o povo partir do Egito.[158]

A libertação acontecerá somente após a décima praga (Ex 12,29-34), que se refere à morte de todos os primogênitos do Egito, desde o primogênito do faraó até o primogênito dos servos egípcios e o primogênito dos animais. A dor de perder o filho primogênito na casa do faraó e em todas as casas de egípcios fez com que acontecesse no Egito um grande clamor. Como consequência, o faraó mandou embora do país todos os hebreus.

Para Vogels, é nessa parte da narrativa que Moisés se torna "o verdadeiro libertador do seu povo"[159], ou seja, de Ex 11,1-15,21, desde que foi anunciada e realizada a décima praga e efetivada a saída dos hebreus do Egito, passando pelo mar dos Juncos (Ex 13,18) e até a entrada deles no deserto. A passagem dos israelitas em Ex 14 será pelo mar. O nome "mar dos Juncos", do hebraico *yam sûf*, aparece em Ex 13,18 e 15,4 e 15,22.[160] Já o nome "mar Vermelho" ficou consagrado pela tradição teológica a partir da tradução da Septuaginta do século III a.C.

Moisés teria sido um líder militar na passagem do mar com o povo, levando-se em conta que o texto utiliza em vários momentos a linguagem militar, dizendo que são os exércitos de Israel que estão saindo do Egito.[161] Em Ex 12,37 a narrativa diz que foram cerca de seiscentos mil homens que saíram do Egito, sem incluir nessa estimativa as suas famílias.[162] Depois, afirma-se que o povo saiu às pressas, pois o faraó os tinha expulsado com imensa ira, após ter perdido o seu primogênito, e no dia da expulsão/saída completavam-se quatrocentos e trinta anos dos hebreus no Egito, e saíram de lá os exércitos de Iahweh (Ex 12,41). Repete-se a saída dos israelitas segundo os seus exércitos (Ex 12,51). Para Vogels, é acentuada essa característica militar:

> O texto se assemelha, em alguns pontos de vista, aos textos da "guerra santa". Deus fala ao povo através de seu profeta Moisés, faz sinais e prodígios através de seu realizador de sinais, Moisés; agora, ele também faz a guerra santa através de seu chefe militar, Moisés.[163]

Outra interpretação que se pode ter do anúncio de exércitos de israelitas é a de uma ironia literária chamando de exércitos as tribos de Israel conduzidas por Moisés no processo de saída do país da escravidão.[164] A intenção seria, então, enfatizar que Iahweh, o Deus dos israelitas, é mais poderoso que o faraó, Deus do Egito, e derrota os exércitos egípcios com tribos fracas, porém, bem orientadas pela palavra forte de libertação, provinda de Iahweh e transmitida por Moisés e Aarão. Ou seja, não é a estratégia utilizada que tem maior relevância, mas sim, o fato que será consumado em Ex 14 e celebrado no poema de Ex 15: a libertação do povo da escravidão.

Compreende-se o motivo de se ter na conclusão do chamamento de Moisés para a missão libertadora, novamente, a afirmação de que os egípcios conhecerão Iahweh. "Não se trata de um conhecimento intelectual ou filosófico nem de uma percepção mística ou espiritual. Conhecê-lo-ão porque libertou os escravos. A identidade de Deus revela-se no feito de libertar os oprimidos."[165] E Moisés é o líder do acontecimento mais importante do Êxodo.

A libertação é narrada no Êxodo como evento memorável para sempre, que deveria ser celebrada por todas as gerações (Ex 12,42). Os israelitas saíram da cidade egípcia de Ramsés e caminharam em direção a Sucot (que poderia ser um pequeno porto no atual Mar Vermelho),[166] e foram acompanhados de outros povos escravizados que aderiram à libertação liderada por Moisés com os hebreus (Ex 12,38). Segundo o relato, eles estavam com pressa, conseguiram se abastecer com pães ázimos e levar os rebanhos de ovelhas e muitos outros animais. Isso era importante para garantir a sobrevivência[167] na andança pelo deserto, pois uma longa caminhada se apresentava à frente deles até que chegassem à terra de Canaã.

Um pouco adiante, o relato informa que o povo, ao sair do Egito, substituiu o caminho mais curto, porém mais perigoso, por um caminho mais longo, que era o caminho do mar dos Juncos (Ex 13,18). Tendo chegado a Sucot, o povo caminhou até Etam, à beira do deserto (Ex 13,20), mas em seguida, voltou e montou um acampamento em Piairot, junto ao mar (Ex 14,2).

O relato joga com um paradoxo entre o faraó ter expulsado os israelitas (Ex 12,33) e o faraó ser informado de que eles fugiram (Ex 14,5). Ali, naquele local, o povo recebe a informação de que o faraó, com seu exército, dará início a uma perseguição aos que fugiram do Egito. Organiza-se na casa do opressor grande aparato militar para executar a perseguição: carros, cavalos, cavaleiros e o exército egípcio (Ex 14,9). Junto ao mar, o grupo dos que deixaram o Egito é alcançado pelas forças egípcias. O medo toma conta deles. E o medo os atraiçoa porque faz com quem sintam saudade[168] do Egito (Ex 14,11-12).

Então, o líder reage. Moisés invoca o que lhe parece coerente com a sua característica de homem religioso diante de uma situação desesperadora: conclama ao povo aterrorizado a que se mantenha firme no objetivo de alcançar a liberdade, pois, com essa firmeza, o povo alcançará a salvação, que se realizará como um combate de Iahweh em favor do seu povo, que fugiu da terra da escravidão (Ex 14,14). Essa cena se passa na noite da chegada do povo à beira-mar e coincide com o crepúsculo.[169]

O relato (Ex 14,15-30) tem uma riqueza literária com a qual expressa o acontecimento da noite libertadora como "milagre do mar", que foi uma "miraculosa destruição dos egípcios".[170] A narrativa diz que Moisés, seguindo a voz de Iahweh, estendeu a mão sobre o mar e, da parte de

Iahweh, um vento oriental soprou com força. Esses dois sinais fizeram com que o mar se abrisse e possibilitasse aos israelitas caminhar em chão seco e, assim, chegar ao outro lado do mar e atingir o deserto, antes do dia clarear, na vigília da manhã. Os egípcios seguiram os israelitas, mas sem os alcançar. As rodas dos carros deles emperraram e andavam com dificuldade na escuridão da madrugada, pisoteando talvez areia molhada.[171] Fizeram uma declaração de que Iahweh estava agindo em favor dos israelitas. Agora se inverte a situação de terror, não são mais os israelitas, mas sim os egípcios em desespero e querem fugir "da presença de Israel" (Ex 14,25). O líder Moisés, seguindo a voz de Iahweh, estendeu novamente a mão sobre o mar e, ao romper da manhã, os egípcios morreram encobertos pelas águas e seus corpos foram parar à beira-mar.

O próprio relato oferece a interpretação do milagre do mar anunciando que os israelitas viram a proeza que Iahweh fizera contra os egípcios e acreditaram em Iahweh e acreditaram no líder da libertação, Moisés, chamado, nessa altura pelo relato, de servo de Iahweh (Ex 14,31). O que se pode compreender como indicação de que Moisés é o líder que ajudou o povo a passar "do pavor diante de um tirano ao temor de Deus"[172]; em outras palavras, ele é o líder que conduziu o povo da servidão do faraó para o serviço a Iahweh. Moisés ouviu a voz da libertação que o orientou a agir em favor dos israelitas para que deixassem a escravidão e passassem para o caminho do deserto para servir, isto é, realizar o culto de um Deus que é o Deus da vida e da liberdade, serviço esse que impulsiona homens e mulheres a buscar a terra que mana leite e mel.

NOTAS

1 García López, F. El Moisés histórico y el Moisés de la fe. *In:* Salmanticensis, p. 5. Tradução nossa.

2 Navarro Puerto, M. Êxodo. *In*: García López, F. (org). O Pentateuco, p. 42.

3 Otto, E. A Lei de Moisés, p. 15.

4 Vogels, W. Moisés e suas múltiplas facetas, p. 10.

5 Vogels, W. Moisés e suas múltiplas facetas, p. 19.

6 Este testemunho histórico é também recordado por Silva, V. Deus ouve o clamor do povo, p. 16.

7 Silva, V. Deus ouve o clamor do povo, p. 16-19.

8 Hapiru é o termo para se referir aos camponeses e pastores que, nos séculos XV a XI a.C., estavam marginalizados da sociedade em Canaã, assim como escravizados no Egito. Para fugir da dura opressão imposta a eles tanto pelos reis cananeus das cidades-Estados como dos faraós do Egito, eles migravam para as montanhas de Canaã. Hapiru é a designação da condição social de marginalização dos pobres. Dietrich, L. J.; Kaefer, J. A. A formação do povo de Israel. In: Nakanose, S.; Dietrich, L. J. (orgs.) Uma história de Israel: leitura crítica da Bíblia e arqueologia, p. 47 e 55. De acordo com Donner, enquanto a literatura bíblica usa o termo "hebreu" para definir essa condição social, que em hebraico é *'ibri*, as literaturas extrabíblicas usam o termo "hapiru" da forma básica *'apiru*. Donner, H. História de Israel e dos povos vizinhos, vol. 1, p. 80.

9 Silva, V. Deus ouve o clamor do povo, p. 19.

10 Silva, V. Deus ouve o clamor do povo, p. 24.

11 Vogels, W. Moisés e suas múltiplas facetas, p. 27-28.

12 Vogels, W. Moisés e suas múltiplas facetas, p. 28.

13 Vogels, W. Moisés e suas múltiplas facetas, p. 29.

14 Vogels, W. Moisés e suas múltiplas facetas, p, 32-33.

15 Ska, J. L. A Palavra de Deus nas narrativas dos homens, 17.

16 Ska, J. L. O Livro do Êxodo, p. 10.

17 Ska, J. L. O Livro do Êxodo, p. 14.

18 Ska, J. L. O Livro do Êxodo, p. 19-20.

19 Donner diz que na literatura egípcia antiga não foram encontrados "vestígios da imigração daqueles que posteriormente seriam os israelitas" e explica que, entre vários fatores, a ausência de informações sobre o acontecimento do Êxodo, que

tem importância muito grande para a literatura bíblica, "certamente teve uma significação muito menor para os egípcios". Donner, H. História de Israel e dos povos vizinhos, vol. 1, p. 99.

20 Andiñach, P. R. Introdução hermenêutica ao Antigo Testamento, p. 92.

21 Andiñach, P. R. Introdução hermenêutica ao Antigo Testamento, p. 27. O itálico é do autor.

22 Andiñach, P. R. Introdução hermenêutica ao Antigo Testamento, p. 25.

23 Os Padres da Igreja são "os doutores da Igreja" dos cinco primeiros séculos da era cristã, bispos como Santo Agostinho, ou padres como São Jerônimo, que produziram obras em defesa da doutrina cristã e constituíram um cabedal doutrinal. A Patrística é "o conjunto de conhecimentos sobre a doutrina filosófica dos padres da Igreja Católica e a história dessa doutrina". Borba, F. S. (Org.), Dicionário UNESP do português contemporâneo, p. 1.010 e 1.039. Ver também Drobner, H. R. Manual de Patrología, p. 19-23.

24 Agostinho, S. A Trindade, p. 96-108.

25 Agostinho, S. A Trindade, p. 103.

26 Agostinho, S. A Trindade, p. 104.

27 Agostinho, S. A Trindade, p. 104.

28 Agostinho, S. A Trindade, p. 104.

29 Agostinho, S. A Trindade, p. 104.

30 Nissa, S. G. Vida de Moisés, p. 15.

31 Nissa, S. G. Vida de Moisés, p. 15.

32 Nissa, S. G. Vida de Moisés, p. 24.

33 Nissa, S. G. Vida de Moisés, p. 32-33.

34 Esta pesquisa utilizou até aqui os gentílicos "hebreus" e "israelitas" para se referir aos membros do povo de Israel no Êxodo, pois se trata da história do Israel antigo na qual ainda não se usa o gentílico "judeus". Schlaepfer, Orofino e Mazzarolo começam a usar o termo "judeus" após narrarem a queda do Reino de Israel em 722 a.C. e após a derrocada do império assírio em 630 a.C. quando o Reino de Judá recupera sua independência. Schlaepfer, C. F.; Orofino, F. R.; Mazzarolo, I. A Bíblia, p.58-83. Porém, seguimos aqui o autor, pois Freud usa o termo "judeu".

35 Freud, S. Obras psicológicas completas de Sigmund Freud: edição *standard* brasileira. Volume XXIII. Moisés e o monoteísmo. Esboço de psicanálise e outros trabalhos, p. 19. Ver também a nota 1 na p. 19. O título original alemão é: *Der Mann Moses und die Monotheistische Religion.*

36 Bíblia de Jerusalém, p. 104, nota d.

37 A revista era a *Imago*, "editada em Viena, era uma Revista de Psicanálise Aplicada às Ciências de Natureza e do Espírito". Conforme nota da tradutora da edição portuguesa. Freud, S. Moisés e o monoteísmo, p. 32.

38 Freud, S. Obras psicológicas completas de Sigmund Freud: edição *standard* brasileira. Volume XXIII, p. 21.

39 Vogels, W. Moisés e suas múltiplas facetas, p. 18.

40 Vogels, W. Moisés e suas múltiplas facetas, p. 30.

41 Vogels, W. Moisés e suas múltiplas facetas, p. 63.

42 Vogels, W. Moisés e suas múltiplas facetas, p. 64.

43 Vogels, W. Moisés e suas múltiplas facetas, p. 66.

44 Grenzer enfatiza o contraste entre as figuras centrais nessa cena apontando a importância das duas parteiras, "que, em oposição ao mais poderoso, são lembradas até com seus nomes (conforme o v. 15b.c). Parece que, para o autor da narrativa, somente vale a pena guardar o nome delas na memória." Grenzer, M. O projeto do Êxodo, p. 20.

45 Vogels, W. Moisés e suas múltiplas facetas, p. 68.

46 Gorgulho, G.; Anderson, A. F. A mulher na Memória do Êxodo. *In*: Schwantes, M. et al. Estudos Bíblicos: A memória popular do Êxodo, p. 44-45.

47 di Perna, Mara Régia. Série: Comemoração especial dos cem anos do rádio no Brasil. [Entrevista cedida a] Marilu Cabañas. Jornal Brasil Atual.

48 Perícope é uma "porção considerável de um texto que se corta para servir de prova ou para outro fim". Conforme o verbete "Perícope" *In:* Dicionário Priberam da língua portuguesa [em linha], 2008-2021.

49 Vogels, W. Moisés e suas múltiplas facetas, p. 69. A grafia "heróica" segue a edição da obra anterior ao Acordo Ortográfico da Língua Portuguesa de 2009.

50 Rossi, L. A. S. Êxodo, p. 15.

51 Rossi, L. A. S. Êxodo, p. 15.

52 Rossi, L. A. S. Êxodo, p. 16.

53 Vogels, W. Moisés e suas múltiplas facetas, p. 69.

54 Na cena do nascimento de Moisés o relato não informa os nomes dos seus pais, mas essa informação será dada mais adiante no livro do Êxodo 6,20: Amram é o pai e Jocabed é a mãe.

55 Também mais adiante no livro do Êxodo 15,20 será revelado o nome da irmã de Moisés: Maria, segundo a *Bíblia de Jerusalém*, mas pode ser também Míriam,

segundo os tradutores Storniolo e Bortolini do *Dicionário bíblico hebraico-português*. Schökel, L. A. Dicionário bíblico hebraico-português, p. 763.

56 Vogels, W. Moisés e suas múltiplas facetas, p. 70.

57 Vogels, W. Moisés e suas múltiplas facetas, p. 71.

58 Grenzer, M. O projeto do Êxodo, p. 28.

59 Vogels, W. Moisés e suas múltiplas facetas, p. 71-72.

60 Andiñach, P. R. O Livro do Êxodo, p. 35.

61 Vogels, W. Moisés e suas múltiplas facetas, p. 73.

62 Grenzer, M. O projeto do Êxodo, p. 29.

63 Vogels, W. Moisés e suas múltiplas facetas, p. 73.

64 Vogels, W. Moisés e suas múltiplas facetas, p. 74.

65 Grenzer, M. O projeto do Êxodo, p. 30.

66 Vogels, W. Moisés e suas múltiplas facetas, p. 74.

67 Andiñach, P. R. O Livro do Êxodo, p. 39.

68 Bíblia de Jerusalém, p. 104, nota d.

69 Estévez López, E. La figura de Moisés en el Éxodo. *In*: Gómez, J. L. B. (coord.). Reseña Bíblica: El Libro del Éxodo, p. 17.

70 Oliveira, J. H. B. Psicologia da religião, p. 14-15.

71 O significado de *consensus gentium* é "um acordo de nações". Conforme Dicionário latim-português, p. 91.

72 Jung, C. G. Psicologia e Religião, O.C. Vol. XI/1, par. 6 (p. 9). O itálico é do autor. Rudolf Otto explica que no objeto numinoso "se experimenta a presença do *numen*, como no caso de Abraão em que se pressente algo de carácter numinoso, em que a alma se desvia de si própria para este objecto; por outras palavras: é só pelo efeito de uma aplicação da categoria do numinoso a um objecto real, ou tido como tal, que, como *reacção*, pode surgir na consciência o sentimento do estado de criatura. É um facto da experiência tão evidente que de imediato se impõe ao psicólogo que analisa a experiência religiosa." Otto, R. O Sagrado, p. 20. O itálico é do autor.

73 Portela, B. O conceito religião no pensamento de Carl Gustav Jung. *In*: Psicologia MSN.com.

74 Portela, B. O conceito religião no pensamento de Carl Gustav Jung. *In*: Psicologia MSN.com.

75 Jung, C. G. Psicologia e Religião, O.C. Vol. XI/1, par. 8 (p. 10). O itálico é do autor. A grafia "idéias" segue a edição da obra anterior ao Acordo Ortográfico da Língua Portuguesa de 2009.

76 Vogels, W. Moisés e suas múltiplas facetas, p. 87.

77 Paiva, G. J. Psicologia da religião, psicologia da espiritualidade: oscilações conceituais de uma (?) disciplina. *In*: Amatuzzi, M. M. (org.). Psicologia e espiritualidade, p. 33.

78 Paiva, G. J. Psicologia da religião, psicologia da espiritualidade: oscilações conceituais de uma (?) disciplina, p. 35.

79 Aqui Paiva deixa transparecer que religião e religiosidade sejam termos sinônimos; já Oliveira estabelece a diferença: "A religião distingue-se propriamente da *religiosidade*. A religião é um conjunto de doutrinas e práticas visando pôr o homem em contacto com o divino ou sobrenatural (...). A religiosidade é a tendência para os sentimentos religiosos ou abertura ao sobrenatural, mas de forma difusa e descomprometida." Oliveira, J. H. B. Psicologia da religião, p. 15, o itálico é do autor.

80 Paiva, G. J. Psicologia da religião, psicologia da espiritualidade: oscilações conceituais de uma (?) disciplina, p. 37.

81 Paiva, G. J. Psicologia da religião, psicologia da espiritualidade: oscilações conceituais de uma (?) disciplina, p. 38.

82 Teixeira, F. O potencial libertador da espiritualidade e da experiência religiosa. *In*: Amatuzzi, M. M. (org.). Psicologia e espiritualidade, p. 25.

83 Teixeira, F. O potencial libertador da espiritualidade e da experiência religiosa, p. 26.

84 Teixeira, F. O potencial libertador da espiritualidade e da experiência religiosa, p. 26.

85 Teixeira, F. O potencial libertador da espiritualidade e da experiência religiosa, p. 28.

86 Teixeira, F. O potencial libertador da espiritualidade e da experiência religiosa, p. 30.

87 Rowley, H. H. A Fé em Israel, p. 79.

88 Vogels, W. Moisés e suas múltiplas facetas, p. 91.

89 Andiñach, P. R. O Livro do Êxodo, p. 53.

90 Vogels, W. Moisés e suas múltiplas facetas, p. 92.

91 Vogels, W. Moisés e suas múltiplas facetas, p. 92.

92 Para Vogels, nessa cena da narrativa, Moisés faz a experiência da visão do divino que se transforma na experiência da audição. Vogels, W. Moisés e suas múltiplas facetas, p. 92

93 Vogels, W. Moisés e suas múltiplas facetas, p. 95.

94 Independentemente da estrutura física da face do personagem faraó, usamos a linguagem coloquial "nas barbas de" com o sentido contemporâneo de: "na presença de". Conforme o verbete "Barbas" *In:* Dicionário Priberam da língua portuguesa [em linha], 2008-2021.

95 Vogels, W. Moisés e suas múltiplas facetas, p. 93.

96 Bräumer, H. Êxodo, p. 67.

97 Sanford, J. A. O homem que lutou com Deus: luz a partir do Antigo Testamento sobre a Psicologia da Individuação, p. 135.

98 Para Andiñach a pergunta de Moisés deveria ser entendida como "Com que autoridade irei ao faraó...?" E seria uma pergunta sincera diante de um Deus que Moisés acabava de conhecer e que lhe estava dando uma missão. Andiñach, P. R. O Livro do Êxodo, p. 62.

99 Costuma-se dizer que Moisés fugiu do Egito na sua juventude, pois o texto de Ex 2,11 apenas diz que "Moisés, já crescido...". Porém, na segunda parte da Bíblia cristã, no Livro dos Atos dos Apóstolos 7,22 diz-se que Moisés completara quarenta anos quando saiu para ver seus irmãos. Ver Bíblia de Jerusalém, p. 1.912.

100 Vogels, W. Moisés e suas múltiplas facetas, p. 96.

101 Vogels, W. Moisés e suas múltiplas facetas, p. 97.

102 Navarro Puerto, M. Êxodo, p. 45.

103 Bohn Gass, I. Êxodo de Israel. *In:* Neuenfeldt, E. G., Orofino, F., Bohn Gass, I., Weiler, L. Êxodo: um caminho em busca de liberdade, p. 23-24.

104 Rowley, H. H. A Fé em Israel, p. 78.

105 García López, F. El Moisés histórico y el Moisés de la fe. *In:* Salmanticensis, p. 7.

106 Andiñach argumenta que Ex 3,16-22 faz uma ampliação do conteúdo de Ex 3,7-10 e argumenta que a intenção da narrativa é mostrar que há uma estratégia de ação para que Moisés possa começar a pôr em prática o projeto de libertação. Andiñach, P. R. O Livro do Êxodo, p. 70.

107 Como foi dito, para Jung religião deriva do termo latino *relegere* no sentido de que religião é "uma cuidadosa observação e consideração (de religere) dos numina divinos". Jung, C. G. Psicologia e religião oriental. O.C. Vol. XI/5, par. 982 (p. 118). O próprio Jung explica que para ele trata-se da etimologia clássica do termo e em seguida esclarece que "os Santos Padres foram os primeiros a derivar 'religio' de 'religare' (tornar a ligar). JUNG, C. G. Psicologia e religião oriental. O.C. Vol. XI/5, p. 118, nota 9. Por isso a pesquisa aqui incorpora a compreensão

do Moisés homem religioso também como expressão de *religare*, uma vez que tal compreensão está presente na tradição cristã. Entretanto, quanto à psicologia junguiana, Portela observa que uma vez que Jung utiliza o termo *relegere* acaba havendo confusão por causa da ideia do religar que pode caracterizar o processo de individuação. Portela explica: "a individuação descreve um processo de desenvolvimento psicológico que possui como paradigma, a necessidade do complexo do eu em restabelecer a conexão com a totalidade psíquica, o si-mesmo como arquétipo da totalidade. A descrição desse processo quando vista por seu contorno simbólico, ou seja, o si-mesmo como a imagem de Deus, pode passar a ideia de um religar os laços entre o homem e Deus. Uma religare entre o eu (ego) e o si-mesmo. Entretanto, essa noção da individuação não pode ser confundida com a perspectiva e o conceito utilizado por Jung para a religião." Portela, B. O conceito religião no pensamento de Carl Gustav Jung. *In*: Psicologia MSN.com.

108 Conforme Andiñach é difícil saber que tipo de adoração estava sendo proposto em Ex 3. Ele analisa também que enquanto Ex 3,18 fala de uma caminhada de três dias para o deserto para a oferta do sacrifício, depois que o povo saiu do Egito em Ex 14, demorou três meses para chegar ao deserto do Sinai em Ex 19, mas o povo ali não ofereceu sacrifícios. Andiñach, P. R. O Livro do Êxodo, p. 70. Mas, muito importante é a mensagem que a narrativa está trazendo de que o Iahwismo está sendo fomentado e Moisés é o protagonista disso perante Israel.

109 Rowley, H. H. A Fé em Israel, p. 80.

110 Vogels, W. Moisés e suas múltiplas facetas, p. 105.

111 *Tête-à-tête*: conversa privada. BORBA, F. S. (Org.), Dicionário UNESP do português contemporâneo, p. 1.354.

112 Andiñach, P. R. O Livro do Êxodo, p. 77.

113 Bräumer, H. Êxodo, p. 79-80.

114 Andiñach, P. R. O Livro do Êxodo, p. 91.

115 Rowley, H. H. A Fé em Israel, p. 80.

116 Rowley, H. H. A Fé em Israel, p. 81.

117 Pixley, G. V. Êxodo, p. 31.

118 Grenzer diz "que de forma correspondente à manifestação de dor por parte dos israelitas, *Deus* começa a ganhar presença direta na narrativa". Grenzer, M. O grito dos oprimidos (Êxodo 2,23-25). *In*: Revista de Teologia e Ciências da Religião, p. 322, o itálico é do autor.

119 Rossi, L. A. S. Êxodo, p. 35.

120 Conforme Bíblia de Jerusalém, p. 105, nota g.

121 Pixley, G. V. Êxodo, p. 32. A grafia "enteirado" em vez da correta "inteirado" é que aparece na obra em português.

122 Biblia latinoamericana. Ramón Ricciardi, Bernardo Hurault, 1972, y Sociedad Bíblica Católica Internacional, Madrid, *apud* Binz, S. J. El Dios de la libertad y de la vida: un comentario sobre el libro del Éxodo, p. 18.

123 Traduzido conforme D'albuquerque, A. T. Dicionário espanhol português, p. 156.

124 Binz, S. J. El Dios de la libertad y de la vida, p. 19.

125 Grenzer, M. O grito dos oprimidos (Êxodo 2,23-25), p. 319.

126 Bohn Gass, I. Êxodo de Israel. *In*: Neuenfeldt, E. G., Orofino, F., Bohn Gass, I., Weiler, L. Êxodo, p. 26.

127 Vogels, W. Moisés e suas múltiplas facetas, p. 95.

128 Andiñach, P.R. O Livro do Êxodo, p. 59.

129 Andiñach apresenta algumas tentativas da teologia de interpretação da expressão "terra que mana leite e mel" e, em seguida, a sua interpretação, com a qual concordamos: "Deve-se entender a referida terra como um lugar onde, com esforço e dedicação ao trabalho, se podem produzir os alimentos necessários para a vida. (...) Leite e mel são produtos do esforço humano e, como tais, evocam a vontade de Deus de que as pessoas se realizem num ambiente de trabalho e de interação sadia com a natureza." Andiñach, P.R. O Livro do Êxodo, p. 60-61.

130 Andiñach interpreta a pergunta de Moisés sobre qual seria o nome do Deus, que o estaria enviando para uma missão diante do faraó, como se ele estivesse perguntando sobre a identidade do Deus que o envia. Andiñach, P.R. O Livro do Êxodo, p. 63.

131 Andiñach, P.R. O Livro do Êxodo, p. 65.

132 Vogels, W. Moisés e suas múltiplas facetas, p. 102.

133 Moisés alegara a Iahweh que sua boca e sua língua eram pesadas (Ex 4,10). De acordo com França, não cabia a Moisés colocar a objeção de que não sabia falar uma vez que ele teria sido educado no palácio egípcio e a tradição bíblica o considera um homem "poderoso em palavras e obras" (At 7,22). A objeção se explicaria pela relutância em enfrentar os grupos dos hebreus e dos egípcios. França, R. O deus Moisés o profeta Arão (Ex 4,10-17). *In*: Reflexus, p. 291. Para Andiñach, a interpretação dessa alegação de Moisés estaria relacionada com a dificuldade de falar hebraico, uma vez que ele fora criado no palácio egípcio onde a língua daqueles que foram escravizados não era falada nem permitida. Talvez tivesse

aprendido um pouco do hebraico e o falasse com acento egípcio, ou seja, falava hebraico "com o acento dos opressores; isso praticamente o torna incapaz, diante de seu povo, de ser líder num processo de libertação". Daí a relutância que, no entanto, não foi aceita por Iahweh, pois Moisés é o líder. Andiñach, P. R. O Livro do Êxodo, p. 81-82.

134 Andiñach, P. R. O Livro do Êxodo, p. 83.

135 França, R. O deus Moisés o profeta Arão (Ex 4,10-17), p. 293.

136 Vogels, W. Moisés e suas múltiplas facetas, p. 107.

137 Vogels, W. Moisés e suas múltiplas facetas, p. 108.

138 Vogels, W. Moisés e suas múltiplas facetas, p. 108.

139 Ver a nossa leitura em Silva, R. A. A. A migração e a acolhida de Moisés em Madiã. *In*: Skoda, A., Parisi, P., Coutinho, S. R., Sanchez, W. L. Acolher, proteger, promover, integrar: desafios da migração às religiões na América Latina, p. 185-196.

140 Grenzer, M. O grito dos oprimidos (Êxodo 2,23-25), p. 324, o itálico é do autor.

141 Vogels, W. Moisés e suas múltiplas facetas, p. 111.

142 Vogels, W. Moisés e suas múltiplas facetas, p. 116.

143 Seria um culto a Iahweh no deserto. Conforme Bíblia de Jerusalém, p. 108, nota f.

144 Andiñach, P. R. O Livro do Êxodo, p. 100.

145 Ska, J. L. O Livro do Êxodo, p. 60-61.

146 Andiñach, P. R. O Livro do Êxodo, p. 97.

147 Vogels, W. Moisés e suas múltiplas facetas, p. 124.

148 Vogels, W. Moisés e suas múltiplas facetas, p. 127.

149 Bräumer, H. Êxodo, p. 103.

150 Croatto, J. S. Êxodo, p. 45.

151 Bräumer, H. Êxodo, p. 105.

152 Bräumer, H. Êxodo, p. 109.

153 Bräumer, H. Êxodo, p. 109.

154 Pixley, G. V. Êxodo, p. 57.

155 Andiñach, P. R. O Livro do Êxodo, p. 115.

156 Vogels, W. Moisés e suas múltiplas facetas, p. 131.

157 Andiñach, P. R. O Livro do Êxodo, p. 116.

158 Pode-se ver nossa leitura das pragas do Egito na perspectiva da integração dos elementos da natureza com o projeto libertador em Silva, R. A. A. Êxodo 7 a 11 e 14: as pragas do Egito e a passagem pelo Mar Vermelho: a natureza pune os

opressores e se alia aos escravizados na busca pela libertação. *In*: iii Congresso Lusófono de Ciência das Religiões. Religião, ecologia e natureza: Atas, p. 110-133.

159 Vogels, W. Moisés e suas múltiplas facetas, p. 119.

160 Conforme Bíblia de Jerusalém, p. 121, nota a.

161 Vogels, W. Moisés e suas múltiplas facetas, p. 150.

162 De acordo com Lopes a intenção do relato ao apresentar um número tão elevado de hebreus é mostrar "que o povo de Israel nasceu do Êxodo". Para a autora a intenção é também mostrar que o Deus do Êxodo está no meio do povo oprimido, e não haveria uma preocupação com a veracidade do número de pessoas, pois não seria tão grande assim o número de hebreus que sairia do Egito, nem conseguiria sobreviver no deserto um povo tão numeroso durante quarenta anos. Lopes, M. Deus liberta escravos e faz nascer um povo novo: Êxodo 15-18, p. 12.

163 Vogels, W. Moisés e suas múltiplas facetas, p. 150.

164 Andiñach, P. R. O Livro do Êxodo, p. 115.

165 Andiñach, P. R. O Livro do Êxodo, p. 115.

166 Andiñach, P. R. O Livro do Êxodo, p. 190.

167 Andiñach, P. R. O Livro do Êxodo, p. 176.

168 Ska, J. L. O Livro do Êxodo, p. 90.

169 Ska, J. L. O Livro do Êxodo, p. 90.

170 Conforme Bíblia de Jerusalém, p. 121, nota c.

171 Ska, J. L. O Livro do Êxodo, p. 92.

172 Ska, J. L. O Livro do Êxodo, p. 96.

# 3. MOISÉS E A JORNADA DO HERÓI DE JOSEPH CAMPBELL

Tendo apresentado no capítulo anterior algumas características mais destacadas do personagem Moisés no Livro do Êxodo, parte-se agora para a leitura do personagem sob a ótica da jornada do herói, segundo a perspectiva do mitólogo Joseph Campbell, que analisa o herói e suas mil faces do ponto de vista da psicologia do mito do herói, especialmente, da psicologia analítica.

## 3.1 A leitura psicológica de um personagem bíblico

Neste tópico pretende-se apresentar uma proposta de leitura do personagem bíblico sob a ótica da psicologia, tendo como ponto de partida o olhar para o texto bíblico como um relato literário e tendo como possibilidade de interpretação o método narrativo que permite olhar o texto final como se encontra atualmente no livro do Êxodo.

A Bíblia Hebraica, que, como já se disse, corresponde à primeira parte da Bíblia cristã e é chamada de Antigo Testamento pelos cristãos, é uma obra literária cuja história de redação se iniciou há mais de dois milênios e é o livro sagrado de três grandes religiões do mundo contemporâneo: judaísmo, cristianismo e islamismo. Ela é a fonte de inspiração para essas três religiões. Os estudiosos buscam nela as explicações para fundamentar suas afirmações teológicas. Mas há também a possibilidade de se debruçar sobre os conteúdos da Bíblia com o intuito de tirar dela lições de psicologia, pois se pode perceber nesse conjunto de muitos livros um gigantesco cabedal sobre a mente humana.[1] Em outras palavras, pode-se fazer uma incursão no conteúdo bíblico a partir de uma hermenêutica psicológica.[2]

A presente pesquisa promove uma leitura de um livro da Bíblia, especificamente de um personagem bíblico, Moisés no livro do Êxodo, sob a ótica da psicologia analítica. Para isso, faz-se aqui a apresentação de alguns testemunhos de que a leitura psicológica da Bíblia pode ser um caminho viável de estudo. Lima Netto enfatiza que esse caminho de estudos é ainda novo e que as descobertas do psiquiatra do século XX, o suíço Carl Gustav Jung (1875-1961), proporcionaram oportunidades para essa possibilidade de se ler a Bíblia do ponto de vista psicológico.

Rollins afirma que Jung, em seu trabalho científico sobre a psique humana, dedica grande atenção aos temas e personagens da Bíblia, o que explica que o seu nome esteja ligado à hermenêutica psicológica que se desenvolveu no final do século XX na erudição bíblica, quando, a partir de 1970, alguns estudiosos da Bíblia começaram a ventilar a possibilidade de uma psicologia bíblica, em termos do universo estadunidense de estudos bíblicos, mas que contribuirá para os estudos em outros lugares do mundo. Tais mudanças na forma de encarar os estudos bíblicos se processaram paralelamente às mudanças no *corpus* da erudição bíblica que se abria para a interdisciplinaridade no final do século XX, começando a dialogar com outras disciplinas, tais como sociologia, antropologia, arqueologia, filosofia, história, linguística, teoria literária e psicologia.[3]

Antes de Jung, Freud publicou *Moisés e o Monoteísmo*, obra que recebeu críticas de estudiosos da Bíblia, como Karl Barth e William Foxwell Albright, mas também aceitação de teólogos e filósofos, como Paul Tillich e Paul Ricoeur. Com essa obra, Freud teria iniciado um percurso de interpretação psicanalítica de toda a Bíblia, mas não houve tempo em vida para completá-lo.[4]

Rollins explica que Jung, que se afastou de Freud em questões conceituais fundamentais, até contrastantes com as concepções dele, propôs uma conceituação psicológica que pôde ser aplicada à leitura da Bíblia contribuindo, assim, para uma hermenêutica bíblica. Jung, portanto, contribuiu muito para a aproximação entre os estudos bíblicos e a psicologia.[5]

> Primeiro, Jung vê o inconsciente não como um poço de lixo de material reprimido, mas como uma matriz psíquica criativa da qual podem surgir imagens, visões, ideias e sonhos que são

> compensatórios à consciência a serviço de um processo de individuação tanto no escopo individual como coletivo. Em segundo lugar, Jung vê a religião e todas as suas expressões e artefatos, não apenas como patológicos, mas como originalmente e potencialmente terapêuticos e transformadores. Terceiro, e acima de tudo para nossos propósitos atuais, a vida e a obra de Jung atestam a dependência, o investimento e o compromisso com a Bíblia, imagem de mundo e visão de mundo da Bíblia, imagens e símbolos arquetípicos dela e interpretação da Bíblia no mundo moderno em um grau sem paralelo na vida e na obra de qualquer psicólogo do século XX. Freud poderia ter desenvolvido seu "trabalho" bíblico se o tempo não tivesse se esgotado. Mas, do começo ao fim, a vida e o trabalho de Jung fornecem orientação agradável e experiente para o psicólogo, teólogo ou estudioso bíblico de hoje que deseja desenvolver uma lógica, metodologia e agenda para a aplicação do *insight* psicológico à história, texto e interpretação da Bíblia.[6]

Para Lima Netto uma possibilidade com que adentrar o estudo psicológico é partir da distinção entre duas concepções de Deus. A concepção do Deus Maior, incognoscível, força poderosa criadora do universo, refere-se a um Deus incognoscível pela razão. O estudo teológico é que tem a tarefa de estudar os conceitos sobre o Deus Maior e apresentar as afirmações que fundamentam as doutrinas aos aderentes das religiões. Por outro lado, é possível conceber Deus a partir da produção dos textos sagrados pelos seres humanos. Os textos podem revelar-se como resultado da ação da parte mais profunda da psique (ou seja, o inconsciente) dos autores sagrados, que são pessoas humanas e que tiveram o êxito de expor em texto aqueles conteúdos que antes eram imagens do inconsciente e chegaram à psique consciente. Essas imagens, tornadas relatos bíblicos, podem ser compreendidas "como representações do Deus psicológico, da imagem de Deus que guardamos dentro de nossa psique".[7]

A psique, segundo a psicologia junguiana, é a personalidade como um todo. No original latino psique quer dizer "espírito" ou "alma", mas em psicologia tem o sentido de "mente". Na psique estão todos os pensamentos, sentimentos e comportamentos, tanto conscientes como inconscientes. Assim, para Jung, a psicologia é o conhecimento da psique.[8]

É a respeito da imagem de Deus na mente humana que a psicologia pode dar uma palavra, a partir da observação e da descrição dos efeitos dessa imagem. Por isso, pode-se fazer o seguinte paralelo interpretativo: o Deus bíblico sendo interpretado como o Deus psicológico.[9] Essa possibilidade de estudo se torna relevante quando se depara com a afirmação de que a Bíblia – esse conjunto literário-religioso cuja redação levou um espaço de tempo de quase mil anos e que foi concluída há quase dois mil anos – continua sendo na atualidade o livro mais popular do mundo. E isso acontece porque o conteúdo bíblico fala à psique humana.[10]

Lima Netto afirma que do ponto de vista psicológico os personagens bíblicos podem ou não ter existido. É irrelevante para a psique e, portanto, para o estudo psicológico, que os personagens tenham existido ou não, uma vez que suas histórias é que são importantes.[11] Essa compreensão vai ao encontro da proposta desta pesquisa que se apresenta com o objetivo de estudar o texto final do Êxodo, na ótica dos estudos sincrônicos de análise literária, sem ter a preocupação com a historicidade dos fatos narrados no livro bíblico, uma vez que o conteúdo narrado em si é que interessa à pesquisa. Esse conteúdo é considerado como que tendo uma mensagem psicológica, ou seja, tem conexão com a psique humana.

A importância da Bíblia para os estudos da psique humana, para Jung, está presente no conjunto de sua obra, em que há referências a personagens e a citações bíblicas;[12] e essa importância pode ser visualizada na afirmação de Jung de que "precisamos ler a Bíblia ou não entenderemos psicologia. Nossa psicologia, nossas vidas, nossa linguagem e imagens foram construídas sobre a Bíblia".[13]

No prólogo à edição brasileira da obra de Edinger, *Bíblia e Psique: simbolismo da individuação no Antigo Testamento*, Storniolo, um dos tradutores da *Bíblia de Jerusalém* para o português, refere-se a essa afirmação de Jung sobre a Bíblia e contribui para expandir o leque da compreensão da Bíblia a partir da leitura psicológica. Assim, do ponto de vista da psicologia de Jung, pode-se dizer que a Bíblia se constitui num cabedal de testemunhos de conteúdos da psique coletiva ao longo da história de dois milênios, especialmente tratando-se da psique ocidental. Ou seja, a psique ocidental moderna se formou alicerçada por conteúdos que constituem a alma humana registrada na Bíblia.[14]

A psicologia analítica dedica-se a procurar os conteúdos da alma humana nas produções de conteúdos da humanidade ao longo da história e na atualidade. Sendo a Bíblia um edifício literário, construído a partir das experiências humanas e da produção literária a partir das leituras e releituras dessas ações humanas, ela se torna um exemplar a ser considerado com alta relevância, uma vez que todo esse material produzido não só levou em conta o que a humanidade experimentou, mas também penetrou nas sociedades ocidentais com proeminência histórica e duradoura, e contribuiu para a formação da mentalidade da sociedade ocidental, "dando forma à sua cultura, espelho do seu *modus vivendi*,[15] em todos os sentidos e dimensões".[16]

É por isso que a psicologia analítica se dedica a compreender a psique ocidental que se constitui de uma cosmovisão judaico-cristã, uma vez que todos os ocidentais são influenciados por essa cosmovisão.[17] Para a psicologia analítica o conceito central é o do Si-mesmo, que se trata do principal arquétipo do inconsciente coletivo por ser o princípio organizador da personalidade total, isto é, da psique. Trata-se do arquétipo da ordem, da organização e da unificação.[18] O objetivo desse processo unificador é promover a consciência.

O encontro da leitura junguiana com a imensa gama de conteúdos da Bíblia se dá nessa mesma perspectiva, ou seja, de que os conteúdos bíblicos objetivam elaborar as vicissitudes do relacionamento dos seres humanos com o divino numa busca da realização desses seres humanos, o que pode ser lido pela psicologia analítica como um "gigantesco testemunho das lutas que a alma individual e coletiva realiza para tornar-se consciente de si mesma".[19]

Uma possibilidade de adentrar o texto bíblico é fazer uma hermenêutica do seu conteúdo como expressão da existência de uma unidade entre o Deus Bíblico e a natureza humana, como que o Deus Bíblico agindo na natureza ou esfera do humano. Por exemplo, pode-se ler no relato da criação dos seres humanos no livro do Gênesis que o Deus Bíblico se revela na humanidade, pois em Gn 1,26-27 afirma-se que o ser humano é criado à imagem e semelhança do divino. Storniolo[20] chama a atenção para a abertura de horizonte no estudo do ser humano diante dessa afirmação bíblica, pois se o ser humano é criado à imagem e semelhança do Deus Bíblico, e não se pode ver Deus, mas sim o ser humano, torna-se possível interpretar que a humanidade pode contemplar a revelação de Deus nos seres humanos, imagens e semelhanças que refletem o Deus Bíblico criador.

Essa possibilidade hermenêutica abre caminho para a leitura do texto bíblico sob a ótica da psicologia analítica que entende que o espaço interior do ser humano, no qual para a Bíblia está o divino, é simbolicamente o espaço interior mais profundo do humano, onde poderá ocorrer o encontro com o Si-mesmo central da psique. Pois, para a psicologia analítica, o simbolismo do Si-mesmo na psique humana "é indistinguível do simbolismo da divindade".[21]

Deve-se recordar, no entanto, que existe uma distinção epistemológica entre o conjunto dos conteúdos da fé religiosa, os quais são compreendidos como metafísicos, e o conjunto dos conceitos da psicologia, os quais são concebidos do ponto de vista empírico da psique.[22] Essa é uma distinção natural, pois trata-se de duas possibilidades de se encarar a natureza da humanidade: uma religiosa e outra psicológica. Porém, a transição de um ponto de vista para o outro não é um processo simples; mas Jung acalenta as expectativas dizendo que se propõe a transformar as formas cristalizadas de pensamento religioso em concepções da experiência imediata e o caminho, a que ele se propõe, é "o estudo dos símbolos naturais do inconsciente".[23]

A postura dialógica de Jung possibilitou ler o monumento literário-religioso da Bíblia sob a perspectiva da psicologia analítica e compreender que "o Antigo Testamento é, portanto, grande tesouro do simbolismo da individuação".[24] Edinger observa que:

> Os eventos da Bíblia, embora apresentados como história, são psicologicamente compreendidos como imagens arquetípi-

> cas, isto é, como eventos pleromáticos[25] que repetidamente irrompem na dimensão espácio-temporal e requerem um ego individual para poderem sobreviver. Quando lemos essas estórias com abertura para suas reverberações inconscientes, nós as reconhecemos como importantes para a nossa própria experiência mais particular.[26]

Stein oferece uma perspectiva de interpretação psicológica da Bíblia como um sonho, conforme a psicologia analítica, e, para apresentar sua leitura, faz uma referência ao Deus Bíblico e à maneira de compreendê-lo analiticamente, afirmando que o mundo bíblico foi constituído tendo como referência "uma imagem específica de Deus, Iahweh".[27] Stein deixa claro que referir-se a um Deus é referir-se a um mundo e que isso é o que acontece na Bíblia. Ele explica que:

> O mundo bíblico é o produto visionário de um povo em particular, os antigos hebreus e os primeiros cristãos, que mergulharam profundamente em sua imagem de Deus e dela extraíram a multiplicidade de perspectivas, regras de vida, práticas espirituais e outras implicações, que todos juntos criaram a tapeçaria que encontramos representada na Bíblia canônica. Iahweh é o coração e a alma desse mundo, seu criador, sustentador e destruidor. A Bíblia é Sua história e a história de como esse mundo foi criado no espaço e no tempo e o que isso significa.[28]

Stein relata que, assim como o mundo bíblico é um mundo estruturado divinamente em torno de Iahweh, as outras religiões se constituem também em mundos estruturados divinamente, e foi o conhecimento da psicologia de Jung e seus escritos sobre teologia e Bíblia que lhe possibilitaram desenvolver uma interpretação da Bíblia como um sonho a partir das categorias da psicologia analítica.[29] Stein deixa claro que está ciente de que toda interpretação "é o ato de tornar um texto inteligível a partir de um determinado ângulo de visão",[30] e que ele pretende que sua leitura seja feita no ponto de equilíbrio entre os que interpretam o texto, reduzindo-o ou rebaixando-o, e os que interpretam o texto, elevando-o ou idealizando-o. Ele quer contribuir para que haja uma maneira de ver o texto e lê-lo a partir da psicologia analítica.[31]

Os conteúdos bíblicos, tais como os sonhos, as visões e os mitos, permitem que se faça deles uma interpretação psicológica. O olhar que se pode ter da Bíblia para se empreender uma interpretação psicológica não é o de que se olhe para ela de dentro de um círculo de uma fé tradicional nem como um texto como uma grande literatura mundial, nem como fonte da sabedoria da humanidade, mas sim, "como uma afirmação da psique humana. É preciso entender que isso não invalida suas alegações de verdade transcendente."[32]

Stein compreende que interpretar a Bíblia dessa maneira é semelhante ao exercício de interpretação psicológica de um sonho, uma vez que a Bíblia contém uma gama imensa de narrativas de mitos, contos populares, milagres, visões e sonhos reveladores. A partir dessa percepção, Stein adota a interpretação psicológica da Bíblia como se ela fosse um sonho e expressa sua opção de estudo da Bíblia assim: "tomarei a Bíblia como um registro de sonho, com associações e comentários fornecidos, e a evidência do trabalho de um ego estruturando ativamente a experiência do sonho e tecendo-a em uma narrativa."[33]

Assim, uma das contribuições de Stein é a de que, ao ver que nas narrativas da Bíblia os elementos centrais são Deus e o espírito transcendente, está presente em todo o conjunto bíblico o inconsciente. E isso é o mais importante para se fazer uma interpretação psicológica dos textos bíblicos. Assim, Stein esclarece que sendo a massa de material do inconsciente presente em toda a Bíblia, a psicologia analítica pode usar suas ferramentas conceituais para empreender uma interpretação, pois os "elementos mais essenciais da Bíblia são ideias e imagens claramente visionárias e sublimes que emergem do fundo escuro da mente para a luz da consciência". Esse é o papel principal da psicologia analítica, ou psicologia profunda, como lembra Stein.[34]

Os eventos narrados na Bíblia, seus conteúdos, seus símbolos são "pepitas de verdade psicológica encravadas nas Escrituras".[35] Essas verdades psicológicas apresentadas simbolicamente por imagens podem ser interpretadas e reinterpretadas pela psicologia analítica, por serem imagens primitivas que se encontram na psique humana: "as imagens bíblicas falam diretamente à alma do ocidental".[36] Jung, ao responder à carta de um religioso, Revdo. David Cox, trata de temas relacionados a Cristo na perspectiva da psicologia analítica, e diz que é uma possibilidade constatar que a tradição religiosa "coincide bastante com a experiência psicológica" e que essa constatação "parece ser uma ajuda valiosa para a compreensão das tradições religiosas".[37] E afirma também que a sua experiência prática contribuiu para que soubesse que "a compreensão psicológica reativou prontamente as ideias cristãs essenciais e lhes deu novo alento vital".[38] Jaffe explica que significa que "Jung diz aqui que uma compreensão psicológica das Escrituras coincide com o nosso estudo científico da psique, validando assim tanto as Escrituras como nossas observações empíricas".[39]

É de se notar a sensibilidade do cientista em uma das análises de um texto bíblico, o Livro de Jó, em que Jung manifesta "a profundidade da emoção" que o assunto lhe proporciona.[40] Jung afirma no *Ao leitor benévolo* de *Resposta a Jó*:

> O fato de eu tratar de fatores numinosos constitui um desafio não só para o meu *intelecto* como também para o meu *sentimento*. Por isso, não posso me escudar por detrás de uma prudente objetividade; pelo contrário, devo deixar que fale minha subjetividade emocional, dizendo aquilo que sinto quando leio determinados livros da Sagrada Escritura ou me recordo de certas impressões que recebi dos ensinamentos de nossa fé. Não escrevo na qualidade de perito em Sagrada Escritura (que não sou), mas como leigo e como médico a quem foi dado perscrutar as profundezas da vida da alma de inúmeras pessoas.[41]

Jung oferece a leitura analítica do texto bíblico, como cientista que estuda a psique humana, mas, ao mesmo tempo, revela que a Bíblia pode ser objeto de estudo do ser humano sensível à realidade humana contida nos textos bíblicos. Pois Jung tem claro que a experiência religiosa é experiência interior, é experiência do Deus interior, ou seja, a pessoa religiosa faz a experiência de Deus na alma (psique), pois a psique é o espaço profundo da realidade íntima do ser humano. Jung tem uma concepção da experiência religiosa tão íntima do ser humano, e experiência no sentido científico de constatação da situação, a partir da observação dos seus pacientes. Para ele, essa experiência religiosa interior é profunda, pois a psique "possui a dignidade de um ser que tem o dom da relação consciente com a divindade". Essa relação para Jung é lida em conceito psicológico como "o arquétipo da imagem de Deus".[42]

Diante dos temas da Bíblia, Jung expressa sua concepção da "função religiosa" como "experiência da própria alma", pois, psicologicamente falando, a religião não é simplesmente a fé e a forma exterior da fé, mas sim, é uma experiência do "Mysterium Magnum" (grande mistério) que é "algo que se enraíza principalmente na alma humana". Jung manifesta sua leitura crítica da visão religiosa sem essa profundidade da psique e, assim, afirma categoricamente que: "Quem não sabe isto por experiência própria pode ser doutor em teologia, mas nada conhece de religião e ainda menos de educação humana".[43]

O trabalho de Jung com as pessoas levou-o a apresentar "os fatos que provam ser a alma 'naturaliter religiosa', isto é, dotada de uma função religiosa". Ele está convicto de que as pessoas precisam ser capazes "de estabelecer uma relação entre as imagens sagradas e sua própria alma, isto é, (...) perceber a que ponto tais imagens dormitam em seu próprio inconsciente."[44] Jung esclarece que não está tratando da fé em Deus, mas do arquétipo de Deus na psique, pois quando afirma "que Deus é um arquétipo" Jung está se referindo "ao tipo impresso na alma; a origem da palavra tipo vem do grego *τύπος*, que significa batida, algo que imprime. Assim, a própria palavra arquétipo já pressupõe alguma coisa que imprime."[45] Isso significa que o cientista não está tratando de afirmações metafísicas, mas das constatações das observações dos pacientes que relatavam suas experiências ao psicólogo. Para Jung, o trabalho do psicólogo é "constatar, à base de uma pesquisa comparativa, se o tipo encontrado na alma pode ou não ser designado como uma 'imagem de Deus'".[46] Fica claro que, para Jung, as imagens dos textos bíblicos dialogam com a psique humana e podem ser estudadas para se compreenderem os arquétipos da alma humana.

A importância da Bíblia para o estudo da psique é ressaltada por Jung quando avalia a erudição crítica histórico-bíblica como fruto do Iluminismo, e que teria sido uma espécie de criticismo que foi "culpado de extirpar o aspecto numinoso da Bíblia, separando-o do 'processo religioso vivo' e desarmar seus poderosos símbolos e histórias por meio da 'desmitologização'".[47] Ou seja, para Jung o racionalismo pode ter sido um empecilho para se reconhecerem e valorizarem os símbolos e conteúdos da Bíblia, como fonte de conhecimento da psique humana. Daí a afirmação de Rollins de que Jung desenvolvera "uma prática que marcaria a carreira de Jung de alistar a sabedoria bíblica para combater o pietismo irracional e o positivismo racionalista."[48] Assim como o empreendimento de escrever a obra *Resposta a Jó*, ensaio em "que ele aborda explicitamente um tema bíblico",[49] significou, segundo Rollins, que Jung reuniu "sua luta de toda a vida com a religião e a Bíblia a serviço das 'muitas perguntas do público e dos pacientes... problemas do homem moderno' que para Jung incluía a questão da hermenêutica bíblica".[50]

Diante do exposto, fica claro que a possibilidade de se compreender a Bíblia a partir da psicologia analítica torna-se uma ferramenta de interpretação do texto bíblico e, assim, possibilita que esta pesquisa avance e apresente uma interpretação do personagem bíblico Moisés do Êxodo, a partir da análise literária de Moisés, o qual se encontra no texto final (isto é, atual) do Êxodo.

Um exemplar do estudo psicológico de textos bíblicos é a leitura da passagem bíblica do encontro de Moisés com Iahweh, em Ex 3,1-15, a partir da psicologia analítica, apresentada no Simpósio Paulista de Estudos Bíblicos de 2021. O personagem principal foi compreendido sob o ponto de vista de um processo psíquico em que ocorre a convocação do Si-mesmo e a resposta do ego. Sendo que uma das imagens do Si-mesmo é a imagem de Deus, e sendo o personagem como a representação do ego, pôde-se fazer uma leitura do encontro entre Moisés, que pastoreava o rebanho perto da montanha, e Iahweh, que falava com Moisés de uma sarça que ardia sem se consumir:

> O personagem Moisés vivencia um processo psíquico. Ele quis ver o fenômeno sagrado. E ele ouviu o chamado. Deus também

> viu o sofrimento do povo na escravidão e ouviu seu grito. A resposta de Moisés foi: "Eis-me aqui" (Ex 3,4). Ele se prontifica a ouvir a Deus. Dar atenção à voz de Deus é uma chance para aprender o que Deus quer. Quer dizer que o ego está fazendo um percurso no processo psíquico de sair da identificação total com o Si-mesmo para chegar à consciência de si e à consciência do Si-mesmo. Quando o ego chegar a esta distinção psíquica estará assegurada a sua integridade. E este processo é contínuo na vida humana.[51]

## 3.2 O herói nas categorias da psicologia analítica

A proposta neste terceiro capítulo é desenvolver a hipótese de que o personagem Moisés pode ser compreendido como herói, segundo a psicologia analítica, especificamente de acordo com a obra de Joseph Campbell, *O herói de mil faces*. Neste tópico são levantadas algumas reflexões sobre o sentido do mito para a psicologia analítica, para adentrar a compreensão do mito do herói, e serão elencadas algumas afirmações da psicologia analítica sobre o herói.

Ao tratar do tema da jornada do herói ou mito do herói, sob a perspectiva da psicologia analítica, faz-se relevante adentrar-se numa leitura do sentido do mito.[52] Para isso, Lima Netto chama a atenção para a compreensão conceitual de mito, afirmando que os conteúdos dos mitos, como por exemplo, o mito do encontro de Eva com a serpente no Jardim do Éden, em Gn 3, são fatos não verdadeiros no universo físico, ou seja, no mundo material, mas podem ser fatos verdadeiros no universo da psique humana. Isso quer dizer que os mitos podem ser verdades psicológicas.[53] Pois "são espelhos da psique humana".[54]

Nos mitos podem ser localizadas verdades psicológicas porque os personagens e os fatos narrados nos mitos podem ser avaliados como tendo conexão com a psique humana, e tais personagens podem ser associados ao conceito psicológico de arquétipos.[55] Verdade psicológica é "a descrição adequada, isto é, simbólica, da dinâmica e da vivência psíquica. A verdade do mito é acessível apenas à visão simbólica."[56] Sendo o mito elaborado conscientemente por uma comunidade humana, "o elemento de moldagem consciente pela comunidade resulta numa descrição simbólica coerente da verdade eterna da existência psíquica".[57]

O mito, com seu tema arquetípico, tem uma força psíquica que atua na pessoa. Isso porque a força arquetípica, que é proveniente da psique objetiva (o inconsciente coletivo), independe da decisão e da iniciativa da pessoa. A psique objetiva atua autonomamente e provoca na pessoa a necessidade de que sejam postas em ação as condições próprias do arquétipo. É como uma força interior, inconsciente, que precisa que suas qualidades sejam integradas pela consciência para que a pessoa possa experimentar o arquétipo.

Os mitos têm grande relevância para o estudo da psique, assim como para o estudo das religiões. Pois a linguagem religiosa, assim como a psique, é sempre simbólica. Daí a compreensão de conjunto de tradições religiosas, a partir da leitura psicológica, como "coleção de mitologemas ou imagens arquetípicas recebidas de fontes inconscientes como 'revelações' da psique objetiva", sendo que tais revelações são "revelações de uma entidade inescrutável, que só pode ser abordada através da experiência simbólica viva".[58]

Referindo-se à religião e à atitude religiosa, Whitmont explica que imagens e símbolos, que são produto do inconsciente, surgem dentro do indivíduo e são as mesmas imagens e símbolos que sempre ocorreram na experiência de todos os povos, sejam religiões organizadas ou não. Esse entendimento do surgimento das imagens e símbolos religiosos como fruto do inconsciente, para a psicologia analítica, requer que se entenda que não se trata de alguma doutrina ou alguma crença específica, mas da relação que o indivíduo estabelece pessoalmente com a realidade fundamental, independente de qual aspecto a realidade atraia o indivíduo mais profundamente.[59]

Whitmont oferece uma compreensão psicológica da religião que é relevante para esta pesquisa. Ele esclarece que, segundo a psicologia analítica, a psique objetiva não é produto da subjetividade do homem, mas tem o poder de impor formas e limitações sobre as experiências dos indivíduos. Assim sendo, "a religião não é, e nunca pode ser, inventada pela subjetividade do homem; em vez disso ela é 'suportada' como a intromissão de algo objetivo e *per se* inescrutável."[60] Portanto, para a psicologia analítica, a religião é transmitida ao indivíduo "através da psique objetiva sob a forma de sua própria imagética (isto é, arquetípica), que nos faz vivenciá-la como um 'outro' transpessoal, como um 'Tu'", diz Whitmont. Da mesma forma, "o significado da existência não pode ser inventado, mas apenas descoberto".[61] Há na psique objetiva uma força criadora de mitos. Ou, nas palavras de Palomo,

> os caminhos arquetípicos fomentam narrativas míticas e suas variantes, uma vez que apoiados em mitologemas, poemetos em prosa que combinam um conjunto de imagens que nada mais são que expressões das realidades complexas do mundo, seus conflitos, seus sintomas.[62]

Sempre podem surgir novos mitologemas que atuarão para que suas imagens sejam integradas pelos indivíduos.[63] Whitmont esclarece que:

> A integração da imagem arquetípica acontece através do reconhecimento e da vivência dessa imagem como uma "pintura de significado" (*Sinnbild*), como um símbolo. Sua integração envolve também uma percepção consciente do impulso subjacente como um impulso poderoso para uma experiência ou atividade significativa que deve tornar-se real em termos daquilo que é racional e eticamente possível.[64]

Na jornada do herói, ou mito do herói, quando a psique objetiva traz ao indivíduo a força poderosa do arquétipo do herói ou da heroína, tal indivíduo será provocado a prestar atenção aos símbolos, que surgirão em forma de imagens arquetípicas e, ao chegarem tais imagens ao nível da consciência, deverá o indivíduo entrar em ação para começar a corresponder ao chamado delas em sua vida.

O herói ou a heroína agirão como em uma missão, uma missão de vida. Trata-se da necessidade psíquica de perceber as imagens que fluirão do inconsciente para o consciente provocando-o(a) a entrar em ação, pois "Jung sentia que o significado central das nossas vidas pode ser apreendido apenas através de uma conscientização dos nossos próprios mitos individuais."[65] O que acontece com o indivíduo é uma manifestação da psique objetiva, isto é, não é ação do seu ego, nem está ao alcance da sua vontade pessoal, pois é algo que começa a brotar no indivíduo vindo das profundezas da psique.[66] Ao explicar a força dos arquétipos na vida do indivíduo que passa por uma transformação de cura, Jung diz que eles têm o poder de promover mudanças, como do estado da doença para a salvação, assim como de conduzir a personalidade psíquica sobrepondo-se ao eu que se torna incapaz de expressar suas vontades. Sobre essa atuação das forças psíquicas Jung faz uma analogia: "um homem religioso diria que Deus toma a direção."[67] O chamado do herói ou da heroína se dá com essa ação provocada pelas forças ocultas do inconsciente, pois existe no indivíduo o que Whitmont chama de "instinto heróico".[68]

A jornada do herói, ou mito do herói, é uma coleção de imagens arquetípicas reveladas pela psique objetiva e que só podem ser abordadas através da experiência simbólica. O herói é um arquétipo e, como tal, suas imagens são experienciadas pelas pessoas em todos os tempos e lugares.

A jornada do herói, ou da heroína, é um caminho de mudança, uma mudança de importância vital, pois através da morte leva a uma nova vida e cria oportunidades de penetrar em esferas da vida que, até então, o indivíduo desconhecia, e possibilita o aprendizado de novos conhecimentos. Trata-se de um caminho que sempre fascinou os seres humanos em todos os tempos e lugares, especialmente por se caracterizar pela coragem de vencer as adversidades da vida e superar os medos, embora os perigos fossem imensos e até quase arrebatadores.[69] O herói é fascinante "porque pura e simplesmente ele personifica o desejo e a figura ideal do ser humano".[70]

Jung escreve sobre o herói, a partir da mitologia e das religiões, e, ao tratar do tema do nascimento do herói, afirma que a figura humana do herói, juntamente com a figura humana do demônio, é o mais nobre dos símbolos da libido.[71] A libido, para Jung, é a energia psíquica que se refere à energia que possibilita o trabalho da personalidade e pode ser entendida como apetite – por exemplo, apetite da fome, da sede, do sexo –, e como emoções, e não se confunde com a definição freudiana de libido como energia restrita à energia sexual.[72]

Vislumbrar a libido figurada no humano é então um passo psicológico de enxergar que a simbólica[73] deixa o campo do neutro – como diz Jung, campo de imagem astral e meteórica – e passa a ser imagem do humano, assume a forma humana, sendo o herói aquele que representa ou que incorpora essa passagem da simbólica para a forma humana.[74] Mas essa passagem do campo neutro da simbólica para a imagem do humano não ocorre sem dificuldade, uma vez que, embora as pessoas se afastem umas das outras por causa dos conteúdos conscientes que são diferentes entre si, os indivíduos humanos são muito mais semelhantes do ponto de vista do inconsciente. Jung diz que o inconsciente tem o que ele chamou de "uma evidente uniformidade do inconsciente", marcada pelos resíduos da psique arcaica indiferenciada que inclui os estágios prévios da animalidade. Com essa uniformidade do inconsciente, torna-se necessário o processo de individuação para que ocorra a diversificação dos indivíduos.[75]

Foi nesse mesmo sentido que ocorreu o desenvolvimento do culto do herói, ou seja, no processo da formação da personalidade ocorrido ao longo de milênios da história da humanidade, processo que se deu ao longo da transformação da coletividade primitiva para a individualidade cultural, conforme Jung[76] e Neumann[77]. Para Neumann, "o herói é o precursor arquetípico da humanidade em geral." O herói tem um destino que serve de modelo a ser seguido uma vez que psicologicamente "os estágios do mito heroico façam parte dos constituintes do desenvolvimento da personalidade de cada indivíduo."[78]

Tratando de um tema religioso associado ao tema da libido, Jung faz referência ao culto do herói com relação à figura religiosa de Jesus. Jung diz que a Igreja Católica conservou ao longo dos séculos a característica de um Jesus pessoal que mantém a divindade como uma resposta que atende à necessidade de um herói visível, uma vez que ela, Igreja, conseguiu estabelecer o reconhecimento de um substituto sacerdotal na terra. Isso se torna praticável psicologicamente uma vez que, ao se perceber a figura religiosa através dos sentidos, como vê-la, ouvi-la, tocá-la, falar com ela, torna-se possível ocorrer a transferência da libido para o símbolo. Não é o sacerdote substituto em si o objeto da transferência da libido, mas o símbolo que ele engendra como figura religiosa como representante de Jesus na terra. Jung explica que os aderentes de uma religião não amam o Deus visível na forma humana do sacerdote, pois para isso bastaria amar o vizinho. Não é a um outro ser humano que os fiéis de uma religião dirigem o seu amor, mas sim à figura religiosa, pois, como afirma Jung, "a figura religiosa não pode ser apenas um homem; ela deve representar aquilo que realmente é, a totalidade daqueles protótipos que sempre e em todos os tempos exprimem o 'extraordinariamente eficiente'".[79]

Fica clara a associação entre a libido e o culto do herói, pois Jung afirma que: "Sob a forma humana visível não se procura o homem, mas o super-homem, o herói ou o deus, justamente o ser *semelhante* ao homem, que exprime aquelas ideias, formas e forças que comovem e moldam a alma humana."[80]

Referindo-se à outra característica do culto do herói, tratando do arquétipo da criança, Jung fala da criança-deus e da criança-herói e afirma que ambas têm o nascimento miraculoso e passam pelo abandono e sofrem perseguição. Ele explica que a criança-herói, que expressa o tipo humano, é elevada ao limite do sobrenatural, considerada semidivina, e representa, por isso, uma síntese do inconsciente (que se caracteriza como aquilo ainda não humanizado, ou seja, como divino) e da consciência humana. Jung diz, ainda, que essa característica da criança-herói significa psicologicamente uma antecipação da individuação, porque indica uma aproximação da totalidade.[81]

Para Müller, o símbolo da criança-herói é um dos "poucos símbolos com uma força tão abrangente e vivificante",[82] pois essa criança abandonada, que fica na alma humana talvez como um legado de sofrimento ou de maus tratos na primeira infância, à medida que o processo de autoconhecimento se desenvolve, pode ser reconhecida pelo indivíduo e ser transformada na criança divina, isto é, na força vital que sustenta a vida do indivíduo, impulsionando nele o desejo de querer viver.[83]

Outra leitura do herói relevante para o estudo contemporâneo é a de que o herói não é um arquétipo restrito ao sexo masculino. Müller defende, com firmeza, que o caminho heroico não é algo tipicamente masculino, mas, devido ao desenvolvimento da cultura patriarcal, os relatos de heróis acabaram sendo quase que exclusivamente de heróis do sexo masculino. Tal exclusividade do masculino se mostra preconceituosa, uma vez que o caminho heroico, que deverá ser percorrido pelo ser humano como a procura de si mesmo, deve ser tanto dos homens como das mulheres. Homens e mulheres nasceram para trilhar o caminho da individuação e, portanto, o caminho do herói ou da heroína.[84]

Contempla esta leitura do herói e da heroína a afirmação de Uchôa nos momentos atuais da realidade social e política do Brasil, no contexto de um governo democrático: "... há uma vaga recomendada pelos anistiados e anistiadas políticas. E eles escolheram o meu nome, heroínas e heróis que lá atrás lutaram para que a democracia no Brasil permanecesse..."[85] Por isso, a expressão melhor se apresenta no uso contemporâneo como o caminho do herói ou da heroína; a jornada do herói ou da heroína; o mito do herói ou da heroína.

A compreensão do arquétipo do herói em sintonia com a religião, como expressão das imagens arquetípicas transmitidas pela psique objetiva ao indivíduo, torna-se relevante para o estudo de um herói de um texto sagrado, como é o caso de Moisés, o herói do livro do Êxodo na Bíblia.

Pode-se compreender o livro do Êxodo como os registros conscientes da jornada de um herói, isto é, da experiência simbólica de um personagem, um líder de um povo, que vivencia as etapas da jornada do herói, e se torna o exemplar do herói mais valoroso para uma literatura religiosa, a literatura bíblica. Esses registros permitem vislumbrar que, o que acontece com Moisés, se trata de uma manifestação da psique objetiva, isto é, não é ação do seu ego, nem está ao alcance da sua vontade pessoal, pois é algo que começa a brotar nele vindo das profundezas da psique, é provocado pelas forças ocultas do inconsciente. E que o herói Moisés percorre o caminho da individuação que compõe a verdadeira jornada do herói, pois, como ensina Müller, "seu caminho é o caminho da autorrealização".[86]

O caminho da individuação, o caminho do herói, o caminho de Moisés, ou seja, o caminho aparece como um símbolo que interliga o conceito psicológico ao herói bíblico, pois Moisés faz sempre um caminho nos relatos do Êxodo. O caminho é como um símbolo da jornada do herói, pois, como diz Müller, "o herói se encontra numa peregrinação, numa procura ininterrupta, na qual não existe nenhuma meta definitiva."[87] Essa leitura do herói contribui para que se busque a compreensão psicológica de Moisés, pois pode-se perceber que há correspondência entre o caminho heroico e o processo de individuação:

> Estar a caminho é a meta ou, na linguagem psicológica, o nosso *Self*[88] revela-se apenas em suas formas em contínua mutação. Só podemos circundá-lo sem jamais concretizá-lo por completo. Por isso, a viagem e o caminho são um símbolo antiquíssimo do processo de individuação.[89]

## 3.3 O herói segundo Joseph Campbell na obra *O herói de mil faces*

Neste tópico serão apresentadas algumas características da jornada do herói, de acordo com a teoria de Campbell, para que se possa embasar o próximo tópico, jornada que Campbell chama de "aventura mitológica do herói".

A reflexão apresentada tem mostrado, neste capítulo, que há uma possibilidade de se lerem as imagens dos mitos como conteúdos da psique, como arquétipos da psique objetiva. Essa leitura psicológica encontra na proposta de Campbell uma corroboração desse olhar para a conexão entre as imagens do mito e as do inconsciente objetivo, isto é, coletivo. Campbell apresenta a visão de que existe uma estreita ligação entre o conteúdo da mitologia e os arquétipos do inconsciente coletivo, sendo que a mitologia oferece imagens para se compreender o que há na psique coletiva. Uma vez que Jung faz menção a Moisés e afirma que ele corresponde ao herói cultural e legislador[90], porém, não elenca sistematicamente as características do herói que ele vislumbrou em Moisés, esta pesquisa opta por trilhar uma trajetória pela psicologia analítica, que é enriquecida com as contribuições dos autores, como é o caso das contribuições de Campbell sobre o mito e a jornada do herói.

Campbell chama o inconsciente de "reino mitológico que carregamos dentro de nós".[91] Eis uma peculiaridade da linguagem do mitólogo ao se referir ao conceito psicológico.

Campbell faz uma comparação da atuação da psicanálise e da psicologia analítica com as funções dos rituais primitivos, e afirma que as imagens que se encontram nas provas e rituais de povos primitivos coincidem com imagens de sonhos relatados por pacientes em terapia. Nesse sentido Campbell faz a afirmação de que: "a função primária da mitologia e dos ritos sempre foi a de fornecer os símbolos que levam o espírito humano a avançar, opondo-se àquelas outras fantasias humanas constantes que tendem a levá-lo para trás."[92]

Assim, para o mitólogo, o psicanalista hoje realiza o papel de confirmar o que ensinaram os primitivos curandeiros que dançavam nos rituais e dos feiticeiros que praticavam os rituais de passagem em seus grupos primitivos. Ele explica que essa atuação no ser humano em todas as épocas é fruto das forças do inconsciente que impelem o indivíduo ao processo de "emancipação", termo que ele utiliza para se referir ao processo de autodesenvolvimento no trabalho terapêutico atual, a partir da psicanálise ou da psicologia analítica. Se o indivíduo não escutar o chamado das imagens por meio dos antigos rituais e dos mitos, o que para Campbell seriam elementos exteriores para impulsionar a psique, o indivíduo terá então de dar atenção aos sonhos, o que seria um elemento interior em trabalho em prol do desenvolvimento psíquico.[93]

Uma figura que é familiar às mitologias e tradições folclóricas é a do monstro-tirano, o acumulador do benefício geral que quer tudo para si e cuja ambição gera o consequente prejuízo para si e para todos ao seu redor e até à sociedade inteira. É contra a ação desse gigante da independência autoconquistada que se pronuncia um grito em favor do herói redentor que, utilizando a sua espada flamejante, libertará o mundo.[94] Contrariamente ao monstro-tirano, o herói é homem da submissão autoconquistada, o que implica em um enigma, o qual precisa ser resolvido para que seja estabelecida a façanha histórica do herói.[95]

E o enigma pode ser entendido como a necessidade de encarar a vida como continuidade efetivada com a recorrência de nascimentos que anulam a recorrência de mortes. Se há o monstro-tirano é necessário que surja alguém que seja a novidade e a explosão de vida para que o supere. Mas para isso será necessário que o ser jovem realize a tarefa de entrar nos muros da cidade do monstro-tirano e lá dentro encontre a chance da regeneração da vida para os citadinos. Em termos psicológicos, será necessário que o herói surja e faça a incursão para o mundo espiritual mais elevado dentro da alma e, nessa passagem do macrocosmo para o microcosmo, isto é, o inconsciente dentro de cada ser humano, o herói poderá chegar às sementes douradas da alma, isto é, àqueles conteúdos guardados no inconsciente que poderão ser como o interior dos muros da cidade. Se ele conseguir atingir o que Campbell chama de "arranha-céu" interior, ele poderá recuperar conteúdos esquecidos no inconsciente pessoal e também no inconsciente coletivo e realizar, então, uma renovação da vida.[96]

Por isso, Campbell enuncia que a primeira tarefa que o herói tem de ser capaz de realizar é "retirar-se da cena mundana dos efeitos secundários e iniciar uma jornada pelas regiões causais da psique (...) e penetrar no domínio (...) daquilo que C. G. Jung denominou 'imagens arquetípicas'".[97]

Os arquétipos que o herói vai encontrar e assimilar são as imagens que se encontram nos mitos e nas visões, ou seja, imagens do inconsciente coletivo que compõem o mundo da cultura da humanidade, que têm validade para toda a humanidade. Assim se pode compreender a afirmação de Campbell de que o herói – que o autor apresenta como o homem ou a mulher – venceu suas limitações pessoais e foi capaz de atingir formas de viver que são válidas para todos os seres humanos. Os seres heroicos têm visões e inspirações cujas origens são as fontes primárias da vida humana e o pensamento humano. Isso qualifica o herói a alcançar a sua segunda façanha que é a de retornar ao meio do povo, uma vez que empreendeu aquela jornada interior, e proporcionar à comunidade os conhecimentos novos de uma vida que renasce.[98]

O herói é sempre chamado pelo inconsciente, o que se pode apresentar como um esboço básico que se repete como uma fórmula nas mitologias em todos os povos e em todos os tempos: primeiramente ele é chamado a cruzar um caminho, ou seja, passar de um ambiente horrível para um ambiente agradável; para que se efetive a passagem, ele encontrará alguém que lhe estenderá a mão, ou seja, ele será auxiliado, e, por fim, encontrará e pisará um terreno elevado e firme. Para Campbell, esses são os três temas que caracterizam a "canção maravilhosa da elevada aventura do espírito" que marcarão notadamente a aventura do herói.[99] Essa passagem do herói, que receberá apoio, para que cruze para o outro lado, aquele lado onde a vida viceja, corresponde ao trabalho psicológico, que é uma árdua tarefa da descoberta de si mesmo e do desenvolvimento de si mesmo. Campbell chama a esse cruzamento psicológico de cruzamento do oceano da vida empreendido pelo indivíduo.[100]

Nesse cruzamento do oceano da vida adentrando o inconsciente, que causa ao indivíduo medo e pavor, o herói e todos os indivíduos poderão fazer a experiência de encontrar não monstros horríveis, mas sim a divindade. E será executada como que a morte do eu, que antes não se tinha encontrado com os aspectos inconscientes, e o indivíduo terá conquistado o encontro consigo mesmo, daí o encontro com o Si-mesmo. E o indivíduo que alcançar essa façanha heroica não estará sozinho, pois estará pronto para a convivência com os demais seres humanos que compõem o mundo inteiro.[101]

A façanha heroica é o caminho, ou mito, ou jornada do herói ou da heroína, que é tratada por Campbell como aventura mitológica do herói que segue uma fórmula dos rituais de passagem. A fórmula é separação-iniciação-retorno. A concepção de "fórmula" corresponde à compreensão de que o herói segue essa fórmula dos rituais de passagem compondo assim um monomito, isto é, uma unidade que corresponde ao mito, ou caminho, ou jornada do herói. Tem importância sublime essa jornada quando é compreendida com profundidade pelo personagem heroico, que a deve assumir, e é realizada com solenidade.[102]

Campbell cita o herói Moisés, objeto desta pesquisa, ao enfatizar que a aventura do herói segue o padrão da unidade nuclear composto pela fórmula: afastamento do mundo, penetração em uma fonte de poder, retorno para a comunidade enriquecendo a vida dos demais.

O exemplo usado é referente ao texto de Ex 19 em que Moisés, tendo chegado, com os israelitas, ao Monte Sinai, sobe a montanha e recebe as palavras de Iahweh, desce da montanha e encontra os anciãos dos israelitas e compartilha com eles as palavras recebidas. Na sequência, isto é, em Ex 20 a narrativa conta que Moisés sobe novamente a montanha e recebe de Iahweh as tábuas da Lei ou Decálogo, que será para todo o povo. O herói se afastou do povo, pois Iahweh tinha determinado que só ele poderia subir a montanha; penetrou o poder sagrado de Iahweh, em cima da montanha, recebendo dele as tábuas da Lei, e a exaltação do poder divino é demonstrada na narrativa com a descrição de uma teofania de Iahweh, com trovões e relâmpagos, som da trombeta e montanha fumegante. Como diz Campbell, o Ocidente "foi abençoado" pelo Decálogo de Moisés.[103]

O exemplo da citação do herói Moisés é destacado nesta pesquisa de propósito, uma vez que é o objeto dela. Não se pretende de forma alguma faltar com o reconhecimento dos outros heróis citados pelo mitólogo, inclusive porque o objetivo de Campbell é mostrar que "temos apenas que seguir uma multidão de figuras heroicas, ao longo dos estágios clássicos da aventura universal, para ver outra vez o que sempre foi revelado".[104]

Além de mostrar a unanimidade (termo usado por Campbell) dos relatos das aventuras heroicas ao longo da história da humanidade, o mitólogo insiste que essa compreensão da aventura heroica em sentido universal pode contribuir para "compreender, não apenas o significado dessas imagens para a vida contemporânea, mas também a unidade do espírito humano em termos de aspirações, poderes, vicissitudes e sabedoria."[105]

Campbell distingue os heróis de contos de fadas e os heróis de mitos. Os primeiros são os que obtêm triunfo microcósmico quando retornam da jornada, ou seja, um triunfo doméstico, derrotando na aventura opressores pessoais, e os segundos são os que obtêm triunfo macrocósmico, isto é, histórico-universais, porque o alcance de sua vitória se estende a toda a sociedade. Nesse caso há os heróis tribais ou locais, e como exemplo seria Moisés, dos quais o resultado da façanha heroica beneficia um único povo, e os heróis universais, como exemplos seriam Jesus e Buda, cujo caminho resulta em um conteúdo para toda a humanidade.[106]

No caso de Moisés, esta pesquisa tem afirmado que, segundo a narrativa do Êxodo, ele exerceu a liderança de um povo, os israelitas, e se tornou o líder mais importante na história da Bíblia Hebraica. Tem razão Campbell, ao identificar o herói Moisés como um herói tribal ou local, pois ele era o líder de um povo que, nos registros bíblicos, é apresentado como distribuído em doze tribos, chamadas as tribos de Israel. Necessário se faz acrescentar, porém, que dois milênios depois da redação dos livros bíblicos do Antigo Testamento, essa enciclopédia religiosa se tornou a literatura de três grandes religiões universais, e poder-se-ia afirmar que atualmente a mensagem do herói Moisés teria alcances mundiais, uma vez que a Lei de Moisés se tornou referência para as três religiões espalhadas pelo mundo: o judaísmo, o islamismo e o cristianismo.

O herói é um personagem dos contos de fadas, dos mitos ou das religiões que recebeu dons especiais, e "o efeito da aventura bem-sucedida do herói é a abertura e a liberação do fluxo de vida no corpo do mundo".[107] Significa que o herói tem uma missão sublime de contribuir para que haja mais vida na sociedade, para a qual ele retorna de sua jornada, pois ele é portador de uma força vital. Ou seja, o herói, visto sob perspectiva mitológica, lendária e religiosa é uma "encarnação de Deus, é ele mesmo o centro do mundo, o ponto umbilical através do qual as energias da eternidade irrompem no plano temporal".[108]

Essa visão do herói como centro do mundo é, para Campbell,[109] uma leitura do herói como símbolo forte de um ponto a partir do qual há a continuação da obra criadora do mundo, da humanidade e de tudo o que tem vida. Essa continuação da vida, ou sua manutenção, pode ser vista como um mistério, e esse mistério pode ser contemplado na contínua vivificação que germina dentro de tudo o que existe no mundo – como humanos, animais, vegetais, atmosfera – e no universo – como a energia do sol, o brilho das estrelas.

## 3.4 Moisés, personagem do Êxodo que vivencia a jornada do herói

*O Herói de mil faces* é uma obra em que Campbell mostra que há uma grande quantidade de heróis nos contos de fadas, na mitologia e nas religiões e que, como se disse, seguem uma fórmula: separação-iniciação-retorno. Esses três estágios da jornada do herói, que compõem a fórmula dos rituais de passagem, são divididos em subseções, como será apresentado adiante. Com base nessa fórmula de Campbell e na visão da psicologia analítica, será analisada a jornada heroica de Moisés, o personagem-herói do Êxodo.

### 3.4.1 *O nascimento e a infância do herói*

Antes do primeiro elemento da fórmula dos rituais de passagem que caracteriza a aventura do herói, há elementos do nascimento e da infância que são comuns na vida dos heróis. Para se adentrar nessa análise é necessário ter em conta que Campbell mostra que na mitologia há a esfera dos deuses em ação na criação do mundo nas lendas, nos contos, nos mitos e nas religiões, e todo o conjunto dessas ações compõe o que Campbell chama de ciclo cosmogônico. E a história da mitologia mostra que há uma passagem no ciclo cosmogônico da esfera dos deuses para a esfera humana. Ou seja, o ciclo cosmogônico atinge um estágio em que não são mais os mitos nos quais os deuses criam o mundo, mas as lendas que passam, então, a ser marcadas "pela ação dos heróis, de caráter mais ou menos humano, por meio dos quais é cumprido o destino do mundo".[110]

O herói humano, também chamado herói da cultura, não é considerado pelas lendas como meramente humano, ou seja, as lendas sempre deram um realce de excepcionalidade aos heróis e enfatizaram a posse de poderes extraordinários. E, para destacar as características excepcionais dos heróis, as lendas mostraram que, desde o nascimento, inclusive desde a concepção no ventre materno, os heróis têm uma sucessão de prodígios que os distinguem dos outros homens. Esses caracteres excepcionais têm como objetivo mostrar "a concepção, segundo a qual a condição de herói é algo a que se está predestinado, e não algo simplesmente alcançado".[111]

Essa excepcionalidade do herói é mostrada na mitologia, nas lendas e nas religiões por meio da apresentação de uma infância milagrosa, que, segundo Campbell, é a demonstração de que há um princípio divino que se manifesta tornando-se encarnado no mundo por meio do milagre que ocorre para que o herói possa nascer e viver sua infância. Além disso, o herói é excepcional também porque, à medida que cresce e vive sua jornada, realizando inúmeras atividades, ele é aquele que representa a realização do destino.[112]

O herói é alguém com um significado muito especial e muito profundo para a comunidade. Na consciência do redator do mito ou do relato de uma religião, como, por exemplo, o relato do Êxodo, reverberam as influências do inconsciente, poderoso como ser divino, que seleciona o seu representante para ser o modelo e levar uma mensagem àquela comunidade. Assim, a psique objetiva, ou seja, o inconsciente coletivo, favoreceu os redatores bíblicos a contar a história do nascimento de Moisés de forma milagrosa para destacar, na história do povo de Israel, que ele é o herói que cumpre o destino e, assim, conduz o povo. Campbell diz que cada relato é uma forma de racionalizar o tema da infância e do retorno do herói. E o relato realiza um esforço de mostrar uma plausibilidade física do herói e, ao mesmo, principalmente tratando-se de heróis grandiosos como patriarcas, magos, profetas, mostra também que prodígios grandiosos se desenvolvem além dos limites humanos do herói.[113]

O relato de Ex 1, que tem o gênero literário da lenda,[114] prepara o leitor do texto bíblico para compreender o ambiente de escravidão que está sendo gestado na política do faraó egípcio, uma vez que os israelitas se tinham transferido para o Egito e se tinham estabelecido naquele país. O faraó disse aos egípcios: "Eis que o povo dos israelitas tornou-se mais numeroso e mais poderoso do que nós. Vinde, tomemos sábias medidas para impedir que ele cresça..." (Ex 1,9-10). Os egípcios aumentaram a exploração da força de trabalho dos israelitas, escravizando-os e "tornaram-lhes amarga a vida com duros trabalhos..." (Ex 1,13). Mas o povo israelita continuou a crescer no meio dos egípcios. A opressão veio, então, na forma de genocídio dos meninos hebreus. Primeiramente, o faraó ordenou que as parteiras, que acompanhavam as parturientes israelitas, matassem os meninos ao nascer (Ex 1,16). Mas, como as parteiras não obedeceram ao faraó e permitiram que os meninos nascessem (Ex 1,17), o faraó ordenou a todo o povo que fossem jogados no Rio Nilo todos os meninos que nascessem (Ex 1,22). É nesse contexto que acontecerá o nascimento de Moisés, que se pode compreender como o nascimento miraculoso de um herói.

O relato de Ex 2,1-10 conta como foi o nascimento de Moisés. Sem dizer os nomes dos pais hebreus, o texto diz que, após um homem descendente de Levi tomar por esposa uma mulher também descendente de Levi, ela engravidou e deu à luz um filho. Ela viu que o filho era belo e decidiu escondê-lo por três meses uma vez que, se o povo soubesse da existência dele, o povo deveria jogá-lo no rio, pois toda a sociedade egípcia estava incumbida da prática do genocídio de meninos hebreus recém-nascidos. Portanto, o herói nasce ameaçado de morte. Mas o que o distingue dos outros meninos é que ele sobreviverá à ameaça.

É de se notar que Levi se refere a uma tribo sacerdotal do povo israelita.[115] Eis um elemento que chama a atenção na constatação do nascimento do herói. Ele é descendente de tribo sacerdotal, o que indica que sua ascendência o conecta ao divino, porque seus ascendentes eram homens dedicados ao serviço do sagrado.

Moisés nasce e sobrevive à ameaça de morte graças à atitude cuidadosa e terna de sua mãe que, depois de o esconder por três meses, o colocou num cesto e depôs o cesto no rio. Graças também aos cuidados de observação de sua irmã que, segundo o relato, acompanhou de longe o cesto, e à atitude da filha do faraó que retirou o menino das águas e o adotou como filho, dando-lhe o nome de Moisés. Conclui-se, assim, o relato do nascimento de Moisés.

Essa condição de ameaça ao nascimento do menino e a estratégia da mãe de depor o cesto com o menino na água do rio, salvando-o e possibilitando-lhe ser encontrado pela filha do faraó, remetem às características do nascimento de um herói, ou seja, "a natureza heroica da vida de Moisés é prefigurada na história de seu nascimento"[116] e, como já se disse, o nascimento de Moisés é comparável a outros heróis da Antiguidade. Müller enfatiza a importância do sentido psicológico do perigo em que se dá o nascimento do herói:

> Acompanhando agora as etapas típicas do caminho do herói, nos deparamos, em primeiro lugar, com o fato psicologicamente tão profundo, de que a concepção, a gravidez, o nascimento e a primeira infância do futuro herói são com frequência representados como muito penosos e arriscados. (...) Sabemos (...) de Moisés e de Jesus, o quanto tiveram a infância ameaçada.[117]

Müller explica que a infância ameaçada é importante, psicologicamente, como "aquele momento psicodinamicamente decisivo, responsável em larga medida pela fascinação e força do motivo do herói: a relação necessária entre a vivência da impotência e a ansiedade por uma força em tamanho superior."[118]

Para Jung, o que se passa com a criança-herói é como uma demonstração do que acontece no processo psicológico e na gênese do Si-mesmo. Não será fácil crescer e se tornar um indivíduo autorrealizado: o processo de individuação não ocorre sem dificuldades, pois há acontecimentos psíquicos que demonstrarão a dificuldade para se alcançar a individuação, isto é, a autorrealização. O nascimento miraculoso do herói ajuda a visualizar as dificuldades dessa gênese da individuação. Jung diz: "O motivo da 'insignificância', do estar exposto a, do abandono, perigo etc., procura representar a precariedade da possibilidade da existência psíquica da totalidade, isto é, a enorme dificuldade de atingir este bem supremo." A dificuldade vivida pela criança-herói é uma possibilidade de se encarar o processo de individuação que não ocorre sem obstáculos.[119]

Chama a atenção o fato de que Jocabed,[120] a mãe de Moisés, agiu com cuidado, ternura e coragem, pois contrariou o sistema opressor egípcio e, graças à sua atitude corajosa, o herói pôde nascer e ser salvo. Faz-se justo mencioná-la como heroína da história bíblica, como o faz Sanford, por sua contribuição para que o herói Moisés se tornasse o líder do povo israelita.[121]

Outro elemento, a que se refere Sanford e que caracteriza o herói enquanto criança recém-nascida, é o abandono. Distintamente da leitura da atitude da mãe de Moisés como uma atitude cuidadosa e terna, porém, não contraditoriamente a essa leitura, Sanford interpreta a atitude de Jocabed de colocar o cesto com o menino no rio como resultado de um desespero diante da ameaça de morte e do crescimento da criança, não podendo mais ser escondida. Esse desespero, na opinião de Sanford, levou a mãe a confiar o filho às forças da natureza, como uma atitude de abandono do filho na natureza. Esse abandono repercutiu em uma benevolência da natureza para com a criança, empurrando o cesto para perto da filha do faraó que se banhava no rio acompanhada das criadas.[122] Pode-se dizer, então, que o mistério divino, que circunda a trajetória da vida do herói, agiu em prol do menino conduzindo as forças ocultas da natureza, garantindo-lhe a sobrevivência em meio ao abandono. Jung diz que "a natureza, o próprio mundo dos instintos, se encarrega da 'criança'."[123]

Outro elemento da infância do herói que chama a atenção no caso do herói Moisés e que tem relevância psicológica são os pais duais do herói. Moisés nasceu de pais hebreus e foi adotado pela filha do faraó e teve, portanto, pais egípcios da família real. O sentido psicológico da existência de pais duais está relacionado com o sentido de ser um herói.[124] Sanford explica que ter pais duais:

> É como se o herói derivasse sua consciência extraordinária de uma fonte régia ou divina, como também de uma fonte humana comum. Ele é uma pessoa renascida, cuja personalidade tem sua fonte num mundo espiritual arquetípico e não é moldada simplesmente por convenções humanas e ambientes ordinários. Psicologicamente falando, o herói é uma pessoa que vive em estreito contato com o mundo interior do inconsciente e suas forças espirituais.[125]

Após a adoção de Moisés pela filha do faraó o relato do Êxodo não oferece informações sobre a infância e adolescência do herói, e diz, somente, que ele já tinha crescido e saiu para ver os seus irmãos que trabalhavam com tarefas pesadas (Ex 2,11). Trata-se de um período em que Moisés está abrigado, ou resguardado, no palácio até que sai de lá para ver os irmãos hebreus sofrendo o peso da escravidão egípcia, e, após tomar a atitude de golpear um egípcio, que feria um hebreu, passou a ser procurado pela polícia do palácio e teve de fugir do país (Ex 2,11-15).

Pode-se inferir que esse período, que vai da infância à vida adulta de Moisés na obscuridade de informações do relato, seja compreendido psicologicamente como o período de obscuridade que marca a vida do herói, símbolo da profundidade do inconsciente, um símbolo de que o herói tem de enfrentar um período de obscuridade marcado por grande perigo, impedimento ou desgraça. Esse símbolo é compreendido na afirmação de Campbell de que a criança "é jogada para dentro, em suas próprias profundezas, ou para fora, no desconhecido; de ambas as formas, ela toca as trevas inexploradas."[126] É o que parece acontecer com Moisés que fica resguardado na obscuridade do palácio e, quando estava "já crescido" (Ex 2,11), sai ao encontro dos irmãos, que são vítimas do poder de um império faraônico que havia determinado o genocídio dos meninos e continuava massacrando um povo de escravizados sob os trabalhos forçados.

Neumann explica que a perseguição ao herói já tinha ocorrido quando do seu nascimento, uma vez que o faraó tinha mandado matar os meninos. Segundo Neumann, nas histórias dos heróis, quando a criança-herói é expulsa pelo pai-rei como um inimigo a ser eliminado, a história do herói levará a um revertério, pois o herói voltará e será o vitorioso sobre o pai-rei que o expulsou. Mas no caso de Moisés, na perspectiva de Neumann, a criança-herói, mesmo tendo sido perseguida e não tendo sido atingida pelo pai-rei, foi levada pelo pai transpessoal, Iahweh, para dentro do palácio, e enquanto ainda não estava "já crescida" houve uma convivência pacífica. Porém, tal convivência foi uma forma encontrada pelo poder transpessoal, representado por Iahweh, de fazer com que o herói desvelasse o significado transpessoal do conflito que tinha sido posto já no nascimento do herói.[127]

Tendo-se deparado o herói com as forças das trevas da profundidade da escravidão que ocorria ao redor do palácio, sofrerá a perseguição daquele que o criou como membro adotado na família real egípcia. "O Faraó, tendo notícia do caso, procurava matar Moisés. Mas este fugindo da sua vista, retirou-se para a terra de Madiã e assentou-se junto a um poço." (Ex 2, 15). O herói vai parar na beira de um poço, símbolo arquetípico da profundidade, da escuridão, do inconsciente.[128]

Esse encontro com as próprias profundezas ou com o desconhecido, no exemplo de Moisés, simbolizado com a sua parada diante do poço, é o espaço psíquico para encontrar presenças que sejam benignas ou malignas, segundo Campbell. Tais presenças podem ser simbolizadas por um anjo, um animal solícito, um pescador, um caçador, uma anciã ou um camponês. Essa presença oferece ao herói a oportunidade de um novo aprendizado. Não será um aprendizado fácil, pois ele terá de aprender "a lição das forças-semente, que residem precisamente além da esfera do mensurável e do nomeado". O herói vai precisar ter uma capacidade extraordinária para passar por essa experiência e sair vivo dela.[129]

Moisés diante do poço teve uma experiência extraordinária. A narrativa de Ex 2,16-17 conta que ele viu uns pastores expulsando sete moças que tinham ido ao poço para dar de beber ao rebanho do pai delas. Esse era o trabalho das mulheres.[130] Os pastores agiram com violência e opressão sobre as moças. Diante do desconhecido e da violência, presença maligna dos pastores cruéis, o herói terá de demonstrar força e só poderá seguir seu caminho se derrotar os pastores malvados. O herói defendeu as moças e fez o trabalho de dar de beber ao rebanho, trabalho que era delas.

A experiência de Moisés não é somente com a presença maligna, mas também com a presença benigna, que é representada pelo pai das sete moças, segundo a narrativa de Ex 2,18-22. O homem se chamava, nesse trecho da narrativa, Ragüel, e mandou chamar o herói apresentado pelas filhas como "um egípcio" que as tinha livrado da mão dos pastores cruéis. Campbell diz que pode acontecer ao herói de encontrar uma presença benigna que lhe proporcionará um novo aprendizado. Moisés tinha sido criado na corte do faraó e não teria as mãos calejadas pelo trabalho duro. Ragüel oferece a Moisés comida (refeição de acolhida), casa (Moisés decidiu ficar com o anfitrião), uma filha para ser sua esposa (ela se chamava Séfora) e trabalho de cuidar do rebanho (segundo o relato de Ex 3,1). O ex-membro da corte faraônica terá de aprender novas lições. Será esposo e membro de família que segue uma religião diferente da religião dos egípcios, pois segundo a narrativa, Ragüel era sacerdote de Madiã. Também terá de aprender o ofício de pastor do rebanho de ovelhas. A vida do herói estava sendo cuidada pelas forças inconscientes. E ele está respondendo positivamente aos novos aprendizados que o inconsciente lhe está apresentando enquanto está sendo gestada sua característica de herói.

De acordo com Campbell, uma energia vital é libertada quando o herói vence um tirano e, nesse momento da narrativa, o tirano é representado pelos pastores violentos que foram derrotados por Moisés. Essa energia vital é simbolizada como uma mulher. Ela é a "outra metade" do próprio herói, quer dizer, "ela é a imagem do seu destino".[131] Séfora é a filha escolhida pelo representante divino, o sacerdote Ragüel, para ser a mulher que comporá a outra metade do herói Moisés. Assim como Moisés tem ascendência sacerdotal, a sua esposa também tem, é filha de sacerdote.[132]

As aventuras dos heróis para conquistar a mulher amada são de luta e de realização de tarefas difíceis. Muitos heróis têm de realizar tarefas arriscadas para que possam ter direito ao leito nupcial. Moisés teve de passar por uma prova de resistência e força física para que pudesse conquistar o pai de Séfora. Ao derrotar os pastores violentos, Moisés foi visto com bons olhos por Ragüel. Campbell diz que há situações em que ocorre o "símbolo do milagre do destino".[133] Parece ser o que ocorreu com Moisés que, diante do desconhecido simbolizado pelo poço, teve uma ajuda do reino divino, simbolizado na estrutura sacerdotal que caracteriza a ascendência dos que se tornaram cônjuges.

Campbell explica que ocorre uma conclusão do ciclo da infância do herói, que pode ser o retorno ou o reconhecimento do herói. Esse reconhecimento se realiza após o herói ter sido mantido ou ter permanecido em um longo período de obscuridade, que se poderia entender como um longo período de anonimato do herói ou ausência da luz na sua vida.[134] Esse reconhecimento é a revelação do verdadeiro caráter do herói, que poderá vir acompanhado por uma grave crise ocasionada pelo aparecimento de forças que, até então, não faziam parte da vida dele. Se essa crise ocorrer, o herói pode experimentar o que parece ser um massacre, mas isso é passageiro e dá lugar à manifestação de um valor criativo do novo fator que caracterizará a vida do herói.[135]

No caso de Moisés, pode-se compreender essa conclusão psicológica da infância do herói como o momento após o casamento e a instalação em Madiã, com moradia fixa e trabalho como pastor do rebanho. Pois, até esse momento da história da sua vida, seu caráter de herói não tinha sido manifestado. As forças psíquicas que vão marcar a sua vida, a partir de então, estavam reservadas para entrar em ação no momento oportuno.

A narrativa de Ex 2,23-25 mostra que enquanto o herói está estabilizado em Madiã, muito tempo se passou, o faraó opressor morreu, mas não teve fim a escravidão e o povo de Israel gritou sob o peso da escravidão, clamou do fundo da servidão. Forças espirituais poderosas estão em ação. Toda uma nação de escravizados está clamando por libertação. A narrativa enfatiza que esse grito de socorro de toda uma comunidade subjugada e oprimida subiu até Deus. Enquanto essas forças psíquicas estão em ação, o herói está vivendo o cotidiano de um homem comum, mas a narrativa vai mostrar que, em Ex 3, a força divina entra em contato com o herói e apresenta-lhe a missão a ser assumida, e que será em prol de todo um povo.

### *3.4.2 O chamado da aventura do herói*

A partir daqui adentra-se na fórmula dos rituais de passagem defendida por Campbell para a aventura do herói: separação-iniciação-retorno.

O primeiro estágio dessa fórmula é a separação, chamado também de a partida. Esse estágio tem como que uma divisão em cinco subseções que são o chamado da aventura, entendido como "os indícios da vocação do herói"; a recusa do chamado, que pode ser também "a temeridade de se fugir do Deus"; o auxílio sobrenatural, que se trata de uma ajuda que vai ao encontro do herói para que possa realizar o chamado; a passagem pelo primeiro limiar; e o ventre da baleia que pode ser entendido como "a passagem para o reino da noite".[136]

O chamado da aventura de Moisés pode ser vislumbrado na narrativa de Ex 3,1-12: Moisés é chamado por Iahweh no monte Horeb em uma visão da sarça ardente. Quando ocorre o chamado da aventura "o indivíduo entra numa relação de forças que não são plenamente compreendidas".[137] Foi o que ocorreu com Moisés que estava no cotidiano do seu trabalho conduzindo as ovelhas e andou muito com elas, indo para além do deserto e chegando ao Monte Horeb, chamado pelo relato de a montanha de Deus. Então, Moisés se desloca para um local sagrado e ali o Anjo de Iahweh apareceu para ele numa visão numinosa: era uma chama de fogo do meio de um arbusto, a sarça, e enquanto a chama se mantinha acesa, a arvorezinha ardia no fogo, mas não se consumia. Tem início o encontro do herói com forças que ele não compreende. Ele circula pelo local dando a volta ao arbusto e diz em voz alta que quer ver o "fenômeno estranho".

A partir desse momento a narrativa anuncia que Iahweh viu o ato de Moisés e o "chamou" do meio da sarça ardente. Moisés responde com prontidão: "Eis-me aqui". O Anjo que fala do meio da sarça em chamas é o que Campbell chama de "arauto". O arauto "pode anunciar o chamado para algum grande empreendimento histórico, assim como pode marcar a alvorada da iluminação religiosa".[138]

O chamado do herói pelo arauto tem uma qualificação espiritual profunda, pois, segundo Campbell, esse chamado abre as cortinas do mistério de transfiguração, ou seja, ocorre uma passagem espiritual transformadora que se parece com a profundidade da síntese da ocorrência de uma morte seguida de um nascimento. Novos horizontes de vida se apresentarão a partir do chamado. Velhos conceitos e padrões emocionais não serão mais adequados.[139] Moisés é convidado a retirar as sandálias dos pés, pois o arauto lhe diz que a terra que pisa é santa. É um novo horizonte que se apresenta ao herói Moisés: o solo, no qual as ovelhas pastavam e de onde se tirava o sustento da família, agora passa a ser visto como terra santa e precisa ser pisado sem a interferência das sandálias, pois é preciso tocar com respeito o sagrado. Essa nova visão do espaço natural indica a nova concepção que Moisés deve ter, a de que agora há uma relação entre Moisés e o divino.

A narrativa passou a informar que quem fala é Iahweh, indicando que o Anjo de Iahweh é a expressão simbólica da sua presença.[140] Campbell diz que, entre as distintas possibilidades de circunstância do arauto, uma pode ser a da "figura misteriosa coberta por um véu – o desconhecido".[141] Essa circunstância do arauto que fará o chamado a Moisés pode ser vislumbrada no relato de Êxodo que diz que, ao ouvir a voz de Iahweh dizer que era o Deus dos pais dele e dos antepassados dos israelitas, Moisés cobriu seu rosto porque temia olhar para Deus. Não é Iahweh que cobre o rosto, mas sim Moisés, pois está diante do desconhecido que se apresenta como Deus dos seus pais, porém, Moisés não o conhecera, já que não fora criado com seus pais, mas sim no palácio do faraó, onde havia a religião egípcia. Na casa do seu sogro se sabe que há convivência religiosa, mas não há informação de qual Deus. Pode-se dizer, então, que o arauto é o Anjo de Iahweh falando com Moisés de uma sarça ardente para lhe fazer o chamado, pois, no caso de Moisés, está dando-se o acontecimento psíquico do "surgimento espontâneo da figura do arauto na psique que está pronta para a transformação".[142]

O chamado da aventura então acontece quando Iahweh pronuncia as palavras: "Eu vi, eu vi a miséria do meu povo (...). Ouvi seu grito por causa dos seus opressores (...). Por isso desci a fim de libertá-lo (...). Vai, pois, e eu te enviarei a Faraó, para fazer sair do Egito o meu povo, os israelitas." (Ex 3,7a.8a.10). A voz divina anuncia um projeto divino em prol de um povo e o herói é o encarregado de realizá-lo. O projeto será a aventura do herói, a jornada que ele terá de percorrer. Quer dizer que a aventura do herói é a realização de um projeto de Deus, que é um desejo de Deus. O herói está recebendo um chamado por meio de uma convocação da psique, para que se estabeleça uma sintonia entre o ego e o divino.

Essa figura psíquica do arauto costumeiramente exerce um fascínio sobre o herói que está sendo chamado para a aventura. O arauto é como um guia que indica que um novo estágio da vida do herói vai ter início.[143] Embora Moisés tenha coberto o rosto, porque temia olhar para Iahweh, ele estava fascinado com a presença divina manifestada na teofania da sarça ardente, de onde uma voz falava com ele.

O chamado de Moisés se refere a um conteúdo com o qual ele não tinha contato havia muito tempo, desde que fugira do Egito e se estabelecera em Madiã. Ficara guardado dentro de Moisés, fora enviado pelo ego para o inconsciente. Trata-se do "elemento que tem de ser encarado, e que, de alguma forma, é profundamente familiar ao inconsciente – apesar de desconhecido, surpreendentemente e até assustador para a personalidade consciente – [que] se dá a conhecer". Para que o herói seja convencido da relevância do seu chamado, "uma série de indicações de força crescente se tornará visível, até que (...) a convocação não possa ser recusada".[144]

### 3.4.3 *A recusa do chamado*

A recusa do chamado de Moisés pode ser facilmente vislumbrada em cinco respostas que ele dá a Iahweh.

Em Ex 3,11 após ouvir o chamado Moisés então fala a Iahweh: "Quem sou eu para ir ao Faraó e fazer sair do Egito os israelitas?" Depois de ser acionado o conteúdo sobre a escravidão e o seu passado, Moisés poderia ter sentido medo de ir até o faraó, pois muitos anos antes tinha fugido de lá devido à ameaça de morte por decisão do faraó.[145] Nesse sentido, pode-se compreender a recusa como "essencialmente uma recusa a renunciar àquilo que a pessoa considera interesse próprio".[146] Seria o interesse de salvaguardar sua vida estável em Madiã e proteger a própria pele.

A resposta divina (Ex 3,12) é a promessa de estar junto com o herói; Iahweh disse: "Eu estarei contigo." Além da promessa há uma qualificação do herói para prestar culto a Deus, ao dizer-lhe que, junto com os israelitas que seriam libertados, prestaria culto a Iahweh na montanha de Deus.

A segunda manifestação de recusa de Moisés aparece em Ex 3,13, ao perguntar a Iahweh sobre qual o nome de Deus que ele apresentaria aos israelitas. Afinal, perante o faraó já lhe foi dada uma solução de fortalecimento espiritual. Agora o questionamento é sobre quando estiver na presença dos israelitas. Essa objeção de Moisés repercutiu como uma das maiores preciosidades do relato do Êxodo, na qual o Deus do Êxodo apresenta o seu nome. E esse fato privilegiado foi especialmente reservado a Moisés, pois nem no primeiro livro bíblico, Gênesis, nem no Êxodo, o relato tinha mostrado o próprio Deus revelando, em primeira pessoa, o seu nome próprio. Quer dizer, essa recusa de Moisés resulta em mais um fortalecimento do herói que se torna conhecedor do nome divino. Psicologicamente pode-se ler essa revelação do nome sagrado a Moisés como uma estratégia em que "a psique reserva muitos segredos, que só são revelados quando necessário".[147]

Em Ex 4,1 Moisés apresenta a Deus mais uma objeção: "Mas eis que não acreditarão em mim, nem ouvirão a minha voz, pois dirão: 'Iahweh não te apareceu'". A essa objeção do herói, Iahweh oferece-lhe uma arma para agir como um verdadeiro herói: a vara que Moisés tem na mão para conduzir as ovelhas passa a ser o bastão do herói. Iahweh ordena-lhe que jogue a vara no chão, a qual se transforma em serpente, que causa medo em Moisés que foge dela. Iahweh ordena-lhe que estenda a mão e pegue a serpente pela cauda, que volta a ser a vara (Ex 4,3-4). O bastão é uma arma típica do herói. Sendo o bastão (ou a vara) produzido a partir de uma árvore, ele emite um significado simbólico de "fazer surgir e desaparecer a vida", assim como remete também ao símbolo do falo, "enquanto símbolo básico do herói".[148]

Para Müller, o bastão era como um símbolo que fascinava os heróis por funcionar como uma ampliação do raio de suas mãos e como defesa nos perigos da vida selvagem. Era como uma ampliação do corpo do herói, funcionando como uma ferramenta produzida pela cultura humana, mas que, ao mesmo tempo, foi compreendido como algo portador de poderes mágicos. "Era como se o bastão lhes adicionasse uma força e uma potência especial. Vemos isso, por exemplo, no bastão mágico-divino de Moisés, com o qual ele foi capaz de fazer coisas milagrosas", interpreta Müller.[149]

O herói já estava munido da companhia divina, tinha-lhe sido revelado o segredo do nome de Deus e tinha recebido uma arma fascinante. Mas apresenta ainda mais duas objeções ao chamado. Em Ex 4,10 pedindo perdão a Iahweh e chamando-o agora de "meu Senhor", Moisés coloca como objeção ao chamado o que ele chama de boca pesada e língua pesada, argumentando que não era um homem de falar. A recusa do herói recebe resposta imediata do arauto. Iahweh combate a recusa rechaçando essa argumentação com outra, só que, simbolicamente, muito mais poderosa. Aquela voz que fala com Moisés do meio de uma sarça ardente garante que estará na boca de Moisés e lhe dirá as palavras que deverá falar. Como é que o herói poderia manter a objeção se a voz mostra seu poder saindo da sarça em chamas? Além disso, com essa resposta, Iahweh está habilitando o herói a ser aquele que fala em seu nome.

A interpretação teológica é que o "diálogo entre Moisés e Deus sobre a palavra (vv. 10-12) mostra que a palavra do profeta não depende da eloqüência humana. Essa palavra não provém do homem, mas tem sua origem em Deus."[150] Psicologicamente o herói está sendo munido de um potencial pelo ser divino que poderia castigar o herói, mas, como acontece com alguns heróis – e é o caso de Moisés –, "o castigo que se segue a uma recusa obstinada ao chamado mostra ser a ocasião da providencial revelação de algum princípio insuspeitado de liberação".[151]

Por último há a recusa em Ex 4,13, em que Moisés novamente pede a Iahweh e o chama de "meu Senhor" e, usando o verbo no imperativo, dá uma ordem a Iahweh para que este envie o intermediário que quiser. A essa objeção do herói Iahweh fica irado. Diz o relato de Ex 4,14 que "se acendeu a ira de Iahweh contra Moisés", o que se explica pela sua atitude. "Na primeira vez, ele fizera valer sua incapacidade. Agora ele dá ordens a Deus". Era como se quisesse dizer: "Envia qualquer um, contanto que não seja eu!" O relato está querendo mostrar que "Deus pode 'enviar' o homem, mas não cabe ao homem dizer a Deus: 'Envia.'" Essa ira de Iahweh representa um basta às objeções, à recusa do herói.[152] Iahweh determina que o irmão de Moisés, chamado Aarão, será seu companheiro na missão e falará em nome de Moisés ao povo.

### *3.4.4 O auxílio sobrenatural*

Moisés apresentou objeções tentando recusar o chamado, mas após a quinta tentativa de recusa viu-se sem condições de negá-lo, pois recebeu auxílio em todas as limitações que apresentou a Iahweh. O relato de Ex 4,20 mostra que ele aceitou o chamado e partiu para o Egito para cumprir sua missão, e que levou em sua mão o bastão, que era o cajado do pastor de ovelhas e passa a ser "a vara de Deus". Leva em sua mão, portanto, o bastão mágico-divino, que será a arma do herói.

Campbell diz que, aos que não recusam o chamado, surge, sempre no primeiro encontro da jornada, uma figura protetora que tem amuletos para oferecer ao herói para que receba proteção contra as forças terríveis que ele poderá encontrar no caminho.[153] Moisés já recebera o amuleto do próprio Iahweh, a vara de Deus, o bastão mágico-divino. Iahweh envia, então, a figura protetora para auxiliar o herói: o seu irmão Aarão. Ex 4,27 diz: "Disse Iahweh a Aarão: 'Vai ao encontro de Moisés na direção do deserto'. Ele partiu e, encontrando-o na montanha de Deus, o beijou." A narrativa de Ex 4,24 oferece a passagem em que Moisés, a caminho do Egito, corre um perigo de ser morto, mas em Ex 4,27 a figura protetora encontra o herói e o beija.[154]

O relato de Ex 7,10 informa que, estando juntos Moisés e Aarão diante do faraó no Egito, foi Aarão, figura protetora, quem lançou a vara para que se transformasse em serpente. Em outro momento no relato de Ex 7,19 é Aarão que recebe a incumbência de Iahweh para levantar a vara e estender a mão sobre o rio para que as águas se convertessem em sangue. A figura protetora será companheira de Moisés ao longo da sua jornada.

### *3.4.5 A passagem pelo primeiro limiar*

A passagem pelo primeiro limiar é a passagem que o herói deverá fazer pelo guardião do limiar que fica na porta que dá acesso à área da força ampliada, ou seja, à área fora dos limites da vida atual do herói. Essa área da força ampliada se caracteriza pela presença de trevas, do desconhecido e de muitos perigos, o que se entende como uma área fora da proteção pessoal para o membro de uma sociedade, pois ultrapassa os limites indicados para os membros da sociedade.[155]

É um afastar-se da zona de proteção da cidade onde alguém mora e adentrar-se em um caminho desconhecido rumo a um destino que ainda vai descobrir.

Dessa forma, ultrapassar a porta do guardião do limiar pode implicar psicologicamente o acesso às regiões do desconhecido, isto é, àquelas regiões da psique onde se projetam conteúdos inconscientes.[156] Mas, ao mesmo tempo, ao acessar o perigo, o herói tem a chance de acessar a "sagrada área da fonte universal", pois poderá encontrar alguma ajuda ou alguma bênção, que podem ser expressão "daquele divino 'entusiasmo' que supera a razão e libera as forças da escuridão destrutivo-criativa". Mas o papel do guardião é sempre proteger a porta, e ultrapassá-lo implica riscos, o que não impedirá o herói que deve se caracterizar por ser competente e corajoso,[157] mas não atrevido demais, para que não seja destruído, pois ele precisa realizar a aventura heroica.[158]

O relato de Ex 4,24-26 é sobre o caminho, de Madiã para o Egito, em que ocorre uma ameaça de morte. O ameaçador é Iahweh, que numa hospedaria "veio ao seu encontro, e procurava fazê-lo morrer". Séfora, a esposa de Moisés, age cortando o prepúcio do filho e dirige a palavra a Moisés dizendo que ele é para ela um esposo de sangue. Esse relato termina afirmando que a expressão "esposo de sangue" se aplica às circuncisões.

Impressiona a inserção deste relato no livro do Êxodo pela dificuldade de se compreendê-lo e por parecer que se trata de um parêntese na história de Moisés. Os teólogos têm manifestado suas observações a respeito dessa dificuldade.[159] A psicologia analítica interpreta que se trata do "lado sombrio de Deus".[160] Pixley faz uma associação desse ocorrido com a ameaça que Iahweh faz contra o primogênito do faraó, no versículo imediatamente anterior ao relato,[161] ou seja, Ex 4,23, em que Iahweh diz que fará perecer o filho do faraó, uma vez que este se recusa a deixar os israelitas partirem do Egito.

O símbolo de Iahweh ameaçando o herói, justamente quando ele deixa Madiã para iniciar a aventura heroica, pode ser lido como a passagem de Moisés pelo primeiro limiar. Essa ameaça de Iahweh simboliza as forças ameaçadoras ao herói que sai da proteção da aldeia, em que vivia tranquilamente o cotidiano de sua vida familiar, para passar pela porta que dará acesso a uma nova ação. As forças psíquicas mostram que o herói precisa ser forte e corajoso. Ele precisa ultrapassar a porta, mas também deve respeitar o divino. E esse respeito se verifica no relato quando a esposa do herói realiza o ato determinado por Deus: a circuncisão[162] do filho, que era tradição israelita desde o livro do Gênesis (17,10-14). Para Grenzer, Moisés "faz uma experiência de limite como rito de passagem".[163] Após o cumprimento do ato de Séfora, o terror foi superado. Ex 4,26 diz: "Então, ele o deixou". O herói passou pelo primeiro limiar.

### *3.4.6 O ventre da baleia ou passagem para o reino da noite*

O ventre da baleia é a imagem disseminada do útero, e isso significa que, ao passar pelo primeiro limiar, o herói passa para uma esfera de renascimento. É um renascimento que precisa então de uma morte psicológica. Ele morre para renascer. O símbolo é o herói ser engolido pela baleia para que, morrendo para o mundo externo, ele encontre o caminho da vida e, portanto, renasça.[164] Essa interpretação alegórica da entrada do herói no útero ou ventre da baleia denota figuradamente "o ato de concentração e de renovação da vida".[165]

Campbell sugere que Moisés passou pelo ventre da baleia quando sua mãe o colocou dentro de um cesto e depôs o cesto no rio. Ali o herói recém-nascido passou pelo reino da noite, uma vez que teve de permanecer no escuro do interior do cesto fechado. O menino morria para a vida com seus pais de sangue para nascer como filho adotado pela princesa, ser salvo, crescer e assumir a aventura heroica. O cesto fechado, escuro, semelhante a um sarcófago é uma alternativa ao ventre da baleia.[166] Se se pensar numa linha cronológica dos acontecimentos da aventura parecerá incongruente o estágio do ventre da baleia ocorrer antes dos estágios já descritos, mas como a psique é quem comanda e predomina sobre a contagem temporal, compreende-se que o importante é que o herói realize a aventura heroica e é o que se pode vislumbrar na jornada de Moisés.

### *3.4.7 O caminho de provas*

O segundo estágio da fórmula de ritos de passagem que compõe a jornada heroica é a iniciação, chamado também de estágio das provas e vitórias da iniciação. Esse estágio se divide em seis subseções que são o caminho de provas, que pode ser caracterizado como "o aspecto perigoso dos deuses"; o encontro com a deusa ou "a bênção da infância recuperada"; a mulher como tentação, que se trata da realização e agonia do destino de Édipo; a sintonia com o pai; a apoteose; e a bênção última.[167]

O caminho de provas tem início depois que o herói passa o limiar. Ele começa então um caminho por um ambiente que se pode entender como uma paisagem onírica composta por formas fluidas e que apresenta uma sucessão de provas às quais ele terá de sobreviver. Se ele não sobreviver às provas, não será um herói. Mas o herói poderá contar com o auxílio da figura protetora que lhe apresentará um amuleto, dar-lhe-á conselhos ou oferecer-lhe-á agentes espirituais auxiliares. Uma vez que o herói atendeu ao chamado psíquico da aventura heroica, ele poderá ser beneficiado também por um poder benigno que estará à sua disposição ao longo do caminho.[168]

Os heróis dos contos de fadas e dos mitos empreendem inúmeras aventuras e, entre elas, pode-se destacar a viagem ao mundo inferior: o abismo que contém a beleza sobrenatural, ou o reino dos mortos onde se encontram as almas perdidas, ou o além, lugar de noite eterna, ou a montanha sagrada onde habitam os deuses.[169] Uma jornada heroica como essa simboliza um processo psicológico. Eis uma explanação do significado psicológico do caminho de provas que tais heróis percorrem após passar o limiar:

> E assim é que se alguém – em qualquer sociedade – assumir por si mesmo a tarefa de fazer a perigosa jornada na escuridão, por meio da descida, intencional ou involuntária, aos tortuosos caminhos do seu próprio labirinto espiritual, logo se verá numa paisagem de figuras simbólicas (podendo qualquer delas devorá-lo). (...) No vocabulário dos místicos, esse é o segundo

> estágio do Caminho, o estágio da "purificação do eu", em que os sentidos são "purificados e tornados humildes" e as energias e interesses, "concentrados em coisas transcendentais"; ou, num vocabulário mais moderno: trata-se do processo de dissolução, transcendência ou transmutação das imagens infantis do nosso passado pessoal. Em nossos sonhos, os perigos, gárgulas, provações, auxiliares secretos e guias ainda são encontrados à noite; e podemos ver refletidos, em suas formas, não apenas todo o quadro da nossa presente situação, como também a indicação daquilo que devemos fazer para ser salvos.[170]

O simbolismo psicológico do caminho de provas se caracteriza pelo elemento transformador, uma vez que, ao passar pelo limiar, o herói passa pelos portais da metamorfose.[171] Ou seja, o caminho de provas é difícil. Esse caminho pode ser experimentado pelo herói, pelo deus ou pela deusa das mitologias, pelo homem ou pela mulher, pela figura de um mito ou por uma pessoa que sonha e que está no sonho. E a experiência que cada um desses ou cada uma dessas vai ter no caminho de provas é a descoberta e a assimilação do seu oposto, isto é, do próprio eu desconhecido, seja engolindo o próprio eu, seja sendo engolido por ele. Têm de ser quebradas as resistências, assim como têm de ser deixados de lado o orgulho, a virtude, a beleza e a vida, para que possam descobrir que cada um e seu oposto não são, na verdade, de espécies diferentes, mas sim uma unidade. Nessa longa trilha que o herói ou a heroína percorrerão, eles terão conquistas da iniciação e momentos de iluminação e terão de matar dragões e ultrapassar barreiras.[172]

O caminho das provas da jornada de Moisés pode ter seu início vislumbrado no relato de Ex 5,1-5, sobre a primeira entrevista de Moisés e Aarão com o faraó no Egito, e no relato de Ex 5,6-23, sobre o endurecimento da escravidão sobre os israelitas.

Na primeira entrevista, Moisés e Aarão dizem ao faraó que Iahweh mandou dizer-lhe que deixe o povo de Israel partir para fazer uma festa para Iahweh no deserto. A entrevista foi frustrada, pois o faraó disse que não conhecia Iahweh e que não deixaria o povo partir. Com a insistência dos dois irmãos, o faraó acusou-os de querer dispersar o povo dos seus trabalhos. Assim agem os opressores desviando o rumo da conversa para manter a situação de opressão.

O endurecimento da escravidão foi a resposta concreta do rei escravizador, o representante dos deuses do Egito, à iniciativa de Moisés e Aarão, os representantes de Iahweh. Uma forma de aumentar a opressão foi a proibição de entrega aos israelitas de palha, material necessário para a fabricação de tijolos, e a exigência da produção da mesma quantidade de tijolos. Também houve o açoitamento dos escribas dos israelitas porque a produção não atingiu a quantidade exigida. Os escribas dos israelitas fizeram uma intermediação junto ao faraó para tentar obter a anulação da exigência, o que foi frustrado, também, e o faraó acusou os israelitas de serem preguiçosos. Diante disso, os escribas acusaram Moisés e Aarão de tornar os israelitas odiosos aos olhos do rei do Egito porque até as espadas dos servos egípcios eram apontadas para os israelitas, para que mantivessem a produção de tijolos.

Nessa provação Moisés começa uma conversa com Iahweh (Ex 5,22-23), questionando-o, pela primeira vez, de maltratar o povo por ter realizado o envio de Moisés a esse povo, e a consequência foi que esse envio gerou maus tratos do faraó ao povo; Moisés acusa Iahweh de não fazer nada para libertar o povo. O processo psíquico está em andamento. Moisés ainda não integrou o significado da sua missão. Ele age como um intermediário, mas não se sente ainda o escolhido para libertar o povo, coloca toda a responsabilidade da libertação e da consequência do desejo de libertação em Iahweh. Psicologicamente Moisés ainda não se deu conta do seu oposto, isto é, do seu próprio eu insuspeitado, como diz Campbell.[173] Por isso, o relato do Êxodo traz, na sequência, uma nova narração da vocação de Moisés em Ex 6,2-13 reforçando o sentido do chamado divino para o herói, que é o de promover a libertação do povo da escravidão.

Nesse relato há a informação de que os israelitas não deram ouvidos a Moisés quando falou do projeto de Iahweh "por causa da ânsia do espírito e da dura servidão" (Ex 6,9). Eles não deram ouvidos porque o peso da escravidão era avassalador, a ponto de os fazer sentir-se incapazes de sair da escravidão. Essa ânsia do espírito era o desânimo que derrubava o povo escravizado, uma depressão psicológica, resultante da dureza do dia a dia da escravidão e da falta de esperança que essa dureza causava.[174]

O herói entrou no caminho de provas. A entrevista foi frustrada, mas a força do alto veio ao encontro do herói. Em Ex 6,1 Iahweh garante a Moisés que verá o que Iahweh fará contra o faraó, usando a mão divina poderosa por meio da qual o faraó não só deixará o povo partir, mas o expulsará da terra do Egito.

As dez pragas do Egito (Ex 7,8-10,27;12,29-42) podem ser vislumbradas como provas do caminho, pois todas foram situações difíceis nas quais o herói, como intermediário do divino, aplicou castigos e ameaças sobre o território e os súditos do faraó – governante autoritário que endureceu a escravidão dos israelitas no Egito. São provas de enfrentamento para que fizessem com que o faraó autorizasse os israelitas escravizados a deixar a terra da escravidão e, assim, pudessem ir ao deserto para prestar culto a Iahweh. Este tinha se apresentado ao herói como um Deus que tem sensibilidade afetiva diante dos horrores dos trabalhos forçados e sensibilidade sensorial: auditiva, pois escutou os gritos dos escravizados, e visual, pois viu o sofrimento deles.

Diante do entendimento de que no caminho de provas o herói é desafiado a vencer as provações que se lhe apresentam, compreende-se que o relato das pragas do Egito são provações no sentido inverso às provações que, nos mitos, recaem sobre o herói. Quem está sendo ameaçado pelas pragas é o inimigo de Iahweh que oprime os israelitas sob dura escravidão. Assim sendo, não parece que o herói esteja sendo desafiado como um lutador para proteger a si mesmo, mas como um lutador em socorro das vítimas do povo de Israel. Não seria exatamente esse o sentido do caminho de provas do herói.

O herói, no entanto, em cada uma das pragas do Egito, atuou como um defensor da sua missão contrariada pelo opressor egípcio. Sua luta é no sentido de vencer o faraó a cada praga iniciada. Diante da intransigência do faraó em manter os israelitas na terra da escravidão, foram postas em prática dez pragas. A palavra praga se tornou consagrada na tradição bíblica para referir-se aos prodígios[175] que, segundo o Êxodo, Iahweh realizou por meio de Moisés e seu auxiliar Aarão. Os prodígios eram ameaças ao entorno da vida dos egípcios como o espaço natural, como o rio e as plantações; o espaço atmosférico, como poeiras e chuva; eram também ameaças à integridade física dos egípcios, como as úlceras, e dos animais, como as doenças do rebanho.

Os prodígios foram: 1) transformação de todas as águas do Egito em sangue; 2) infestação de rãs; 3) infestação de mosquitos; 4) infestação de moscas; 5) peste dos animais dos rebanhos; 6) proliferação de úlceras nos homens e nos animais; 7) chuva de pedras; 8) infestação de gafanhotos; 9) trevas por três dias; 10) a praga da morte dos primogênitos dos humanos e dos animais do Egito. O relato do Êxodo utiliza a palavra praga somente para o décimo prodígio (Ex 11,1).

Segundo o relato bíblico, nos nove primeiros prodígios, mesmo sob as ameaças graves que atingiam ora o ambiente e os animais – e, consequentemente, a vida do povo cuja sobrevivência ficava comprometida pela degradação do ambiente ou pela escassez de alimentos –, ora diretamente o povo – como com as úlceras –, o faraó, representante das divindades egípcias, enfrentava Moisés e Aarão, os delegados de Iahweh, o Deus dos israelitas. O faraó impedia o povo de partir do Egito. Somente na décima praga, quando morreu o primogênito do faraó, o herdeiro do trono do Egito, o faraó não somente autorizou a saída dos israelitas da terra da escravidão como os expulsou do país. Isso se lê em Ex 12,31 que mostra a realização da promessa de Iahweh a Moisés em Ex 6,1 quando Moisés acusara Iahweh de não fazer nada pelo povo sofrido debaixo do endurecimento da escravidão. Iahweh tinha dito: "... por mão poderosa os expulsará do seu país."

O caminho do herói estava marcado pelas lutas com o tirano do Egito. O herói precisa vencer o tirano. O resultado da décima praga, como se fosse uma prova em que o herói saiu vencedor, abriu a oportunidade ao herói de matar o dragão da opressão. Ex 13,17-14,31 narra a provação difícil do caminho: é a saída do Egito e a passagem pelo mar com a perseguição dos egípcios atrás dos israelitas. Essa será a prova de fogo pela qual passará o herói Moisés.

O dragão vem atrás do povo que já estava a caminho da terra da liberdade. Se o dragão retomasse o domínio sobre os israelitas estaria devorando o herói. Por isso, Moisés precisa do auxílio sobrenatural, anunciado em Ex 13,21, em que Iahweh acompanhava o povo numa coluna de nuvem durante o dia e numa coluna de fogo durante a noite. Por outro lado, se é caminho de provas, o herói está sendo testado, por isso, o relato diz que Iahweh endureceu o coração do faraó e este partiu no encalço dos israelitas (Ex 14,8).

O perseguidor tem um aparato militar que simboliza seu poderio e sua força: cavalos e carros, cavaleiros e exército. Assim equipados, os egípcios chegaram perto dos israelitas. Estes, depois de sair do país do Egito, se acamparam junto ao mar. Sentem-se apavorados e reclamam com Moisés. Moisés lhes dá um conselho que é digno do herói que tem confiança nas forças sobrenaturais, com as quais o seu interior está equipado, porque ele põe sua confiança no Deus que o chamou para a missão. Seu ego está no processo de reconhecer o divino como a força da sua interioridade. Eis o conselho, ou melhor, a orientação que Moisés transmite aos seus liderados, no caminho, em Ex 14,13: "Não temais; permanecei firmes e vereis o que Iahweh fará hoje para vos salvar." E em Ex 14,14: "Iahweh combaterá por vós e vós ficareis tranquilos". É a confiança que o herói tem nas forças psíquicas que o habilitam a enfrentar o caminho.

Estando os israelitas localizados entre o perseguidor que se aproximava e o mar que os detinha, Moisés ouve a voz divina a orientá-lo a levantar a vara mágico-divina e a estender a mão sobre o mar e, com esses gestos, realizar a façanha de dividir as águas do mar, formando-se assim um corredor com duas muralhas de águas, para que os israelitas pudessem caminhar em chão seco e atingir o outro lado do território. Daí a expressão consagrada para esse acontecimento exodal: "o milagre do mar".[176] O relato informa ainda que, no momento em que Moisés levanta a mão, Iahweh coloca a serviço do herói mais um elemento da natureza, o vento forte oriental que soprou durante toda a noite da passagem dos israelitas, mantendo, então, o caminho com chão seco aberto.

A cena da façanha se caracteriza pela passagem dos israelitas pelo corredor entre as muralhas de água,[177] pela presença divina garantida pelo anjo de Iahweh (Ex 14,19) – que já se apresentara a Moisés no chamado em Ex 3 – e pela perseguição dos egípcios com todo o aparato militar atrás dos israelitas. Os israelitas, com suas famílias e seus rebanhos, e os egípcios, com seus cavalos e carros militares.

Para que o herói possa vencer essa provação extrema ele conta com a ajuda divina. Iahweh interfere no mecanismo das rodas dos carros prejudicando o andar dos egípcios que só conseguem chegar até o meio do caminho. Era de madrugada, entre as duas horas e as seis horas da manhã.[178] Novamente o herói ouve a voz de Deus. Ele deveria estender a mão sobre o mar para que as muralhas de águas voltassem ao nível normal do mar e assim encobrissem os egípcios enquanto os israelitas seguiam livremente pelo corredor de chão seco. Era o romper da manhã e os egípcios foram afogados no meio do mar enquanto os israelitas alcançaram o deserto do outro lado do mar. O relato consagra Moisés como líder e herói do povo, com a finalização em Ex 14,31: "E o povo temeu a Iahweh, e creram em Iahweh e em Moisés, seu servo."

Como visto até aqui, Moisés fez um caminho na sua jornada, conduzindo o povo de Israel na libertação da escravidão e, junto com o povo, realizou a passagem milagrosa do mar. Ao final dessa passagem o tirano do Egito e seus exércitos morreram afogados, enquanto os israelitas passaram a pé enxuto para o outro lado. A partir daí o herói do Êxodo prossegue a sua jornada, pois sua missão era libertar o povo e conduzi-lo no caminho para a terra da liberdade, chamada no relato bíblico de terra prometida, missão com dois objetivos, conforme se lê em Ex 3,8 em que Iahweh anuncia seu projeto libertador a Moisés.

Depois do milagre do mar, o caminho é feito pelo deserto e dura quarenta anos (Ex 16,35).[179] No deserto o herói e o povo encontram desafios gigantescos, como resolver a escassez de água e de alimento. Com a ajuda divina, os problemas são superados, como em Ex 15,22-27, em que encontram a água amarga, na qual um pedaço de madeira, mostrado por Iahweh a Moisés, é lançado pelo herói, e a água se torna doce. Em Ex 16,1-35 o povo passava fome e Iahweh enviou ao povo um pão chamado maná todas as manhãs e codornizes todas as tardes de modo que o alimento não faltou mais. E o herói, com seu povo, prosseguiu a jornada. Ao faltar água novamente por causa da mudança de um deserto para outro, com a ajuda de Iahweh, Moisés tocou, com a vara mágico-divina, a rocha da qual saiu a água para saciar a sede do povo e dos animais. Esse lugar recebeu nomes simbólicos: Massa e Meriba, pois Massa quer dizer provação e Meriba quer dizer contestação.[180] Esses nomes foram dados por Iahweh "por causa da discussão dos israelitas e porque colocaram Iahweh à prova, dizendo: 'Está Iahweh no meio de nós, ou não?'." (Ex 17,7).

### *3.4.8 O encontro com a deusa*

Campbell diz que o encontro psíquico do herói com a deusa, realizando-se como um casamento místico, ocorre como aventura última do caminho cujos perigos e ameaças já foram vencidos.[181] Mas o herói precisa aprender a olhar para a mulher que passa por ele ao longo do caminho. Pois a mitologia ensina que a mulher representa "a totalidade do que pode ser conhecido".[182] Se o herói olhar para a mulher com olhos inferiores, a mulher será reduzida a condições inferiores; se olhar com olhos da ignorância, ela será reduzida à banalidade e à feiura; se olhar com olhos da compreensão, a mulher será redimida. Somente aquele que olhar para a mulher sem comoções que interfiram na compreensão do que ela é, tratando-a com gentileza e garantindo que seja protegida, será um herói que traz dentro de si o potencial do rei, do deus encarnado.[183] Esse herói, que passar no teste do encontro com a deusa, será portador da capacidade de receber a bênção do amor, isto é, da caridade, que é a própria vida.[184]

Sobre o casamento místico com a rainha-deusa, isto é, com o feminino, pode-se dizer que a presença da mulher é marcante na vida de Moisés. Sua mãe, sua irmã e a filha do faraó protegem-no para que seja salvo do pai-rei sanguinário do Egito (Ex 2); ele olha para sete moças na beira do poço em Madiã com olhos de consideração respeitosa e salva-as da violência de pastores; casa-se com uma delas, Séfora, e têm dois filhos, Gersam (Ex 2) e Eliezer (Ex 18,4); com Séfora e os dois filhos, parte para a missão que terá no Egito (Ex 4). Volta a encontrar Séfora e os filhos, que estavam com o seu sogro, e o encontro ocorre no acampamento junto à montanha de Deus (Ex 18,5). Moisés está presente com o povo entoando um hino que cantava a vitória sobre os egípcios e, em certa altura do canto, ele presenciou sua irmã Maria e todas as mulheres, com tamborins nas mãos e formando coros de dança. Maria sobressai e canta conclamando a toda a comunidade a louvar Iahweh cuja glória estava presente nos acontecimentos vividos pelos israelitas, que puderam ver a vitória de Iahweh sobre os símbolos do poder faraônico perseguidor: o cavalo e o cavaleiro (Ex 15).

O herói Moisés foi contemplado pelo dom das mulheres, símbolos da vida, e pôde ser salvo e se tornar o líder da libertação e defender a vida de um povo; ele tem respeito pela mulher, símbolo da vida,[185] mãe de seus filhos, que representam a continuação da vida.

O casamento místico do herói pode ser simbolizado na afirmação de Séfora (Ex 4,25): "Tu és para mim um esposo de sangue". Essa afirmação se refere, segundo o relato, à circuncisão do filho de Séfora e de Moisés, o que poderia simbolizar a integração de Séfora no povo de Israel que tinha o costume de circuncidar seus filhos.[186] Ao circuncidar o menino que nascera em Madiã, mas era filho de pai israelita, Séfora estaria então concordando com um costume da tradição dos israelitas.

Por outro lado, Séfora age como uma salvadora de Moisés, pois o relato diz que Iahweh "procurava fazê-lo morrer" e que, após o gesto dela, Iahweh o deixou (Ex 4,26). Séfora "salva Moisés da ira do Senhor. (...) agindo para salvar seu marido da ira divina, antecipa o próprio ministério de oração intercessora de Moisés para salvar (quase todo) o povo que construiu o bezerro de ouro da ira divina (cap. 32)."[187] Pode-se também interpretar que este relato mostre a ligação de Séfora ao mistério sobrenatural do herói, seu esposo, sendo que "Séfora salva Moisés, semelhantemente às mulheres em Ex 1,15-2,10. Como os israelitas irão marcar as travessas das portas com o sangue do sacrifício pascal, ela marca seu esposo com o sangue do filho circuncidado".[188]

Esta leitura, da assimilação do ministério orante de Moisés com a atitude de Séfora e da ligação do ato de Séfora com o futuro acontecimento de libertação liderado por Moisés, contribui para a percepção do simbolismo do matrimônio místico do herói com o feminino que o ajuda a descobrir seus talentos espirituais, dos quais ele terá necessidade numa situação futura.

Faz-se necessário elucidar que, para Campbell, o mito do herói, que mostra a ampliação da consciência do herói a partir da superação das provas, ou seja, da realização das façanhas heroicas, é o mito de todo homem e de toda mulher. Por isso, o mito do herói é elaborado em termos literários muito amplos, abrangentes, para que possa contemplar toda a humanidade. Sendo assim, cada indivíduo tem de aprender a percorrer as façanhas que lhe cabem de modo que essa fórmula geral do mito do herói possa ser contemplada na vida de cada indivíduo.[189]

Com base nessa compreensão, entende-se por que nem todas as subseções articuladas pelo mitólogo poderiam ser vividas por todos os heróis, mas todos os heróis são contemplados na apresentação literária do mito do herói. Moisés vive uma jornada heroica que pode ser identificada com a fórmula dos três estágios e com várias das subseções dos estágios descritos literariamente por Campbell, mas não necessariamente com todas as subseções. Neste sentido, não se vislumbra no mito do herói Moisés a subseção de "a mulher como tentação" do segundo estágio da fórmula que é a iniciação.

### 3.4.9 *A sintonia com o pai*

Durante a jornada o herói precisa fazer um processo de assimilação do pai que estará muitas vezes representado psicologicamente no auxiliar sobrenatural que fornece ao herói amuletos e instrumentos sagrados ou mágicos para ajudar nas provas que ele tem de enfrentar no caminho. A imagem do pai em muitos mitos está no deus em que o herói tem uma crença, como por exemplo, heróis que são filhos de deuses e que fazem a jornada em busca de encontrar e conhecer o pai divino, como o caso dos Guerreiros Gêmeos Navajos cujo pai era o deus Sol.[190]

Uma das exigências dos pais nos mitos é que aqueles, que os procuram para conhecer e passar a desfrutar da sua companhia, preparem-se muito bem e vençam as provas que lhes são apresentadas no caminho heroico. Há muitos pais cuja fisionomia é de pais ogros, pois rejeitam ou repulsam aqueles que os procuram como filhos e lhes impõem provas difíceis, que somente heróis auxiliados por força sobrenatural muito poderosa podem vencer. Outras vezes há pais que são tomados de ira porque os candidatos a filhos não mostram obediência às advertências apresentadas pelos pais.[191]

Na jornada o herói precisa realizar a sintonia com o pai, ou seja, precisa fazer um processo de autodescoberta em que vai realizando o abandono do apego ao próprio ego para que possa descobrir o pai. Pois se o herói tem dentro de si a imagem de um ogro, essa imagem é aquela que ele projetará no pai e o pai será, então, um ogro. O herói, que não se desapega do próprio ego, não dá ouvidos aos conselhos do pai mitológico ou do pai divino. Se o herói não o escutar sua jornada será infeliz. Campbell defende que o herói necessita desenvolver uma fé na misericórdia do pai e quando tiver essa fé no pai misericordioso, o herói deixará de acreditar que deus seja atormentador, castigador, que desconta a ira divina no herói; os ogros ameaçadores desaparecem quando ele acredita que o pai tem misericórdia.[192]

Trata-se, portanto, de uma provação do herói que está passando pela experiência assustadora da iniciação do pai. Se ele não tiver força interior para confiar no pai que se apresenta como assustador ou exigente, ele precisará então se "agarrar" à esperança trazida pelos amuletos do auxiliar sobrenatural que o ajudam a vencer as provas ameaçadoras que o pai lhe impõe. Um exemplo de herói que experimenta a provação do pai é Jesus[193] que, na véspera da crucificação, no Getsêmani diz aos discípulos: "Minha alma está triste até a morte." Mas ele não tem apego ao ego e tem confiança no pai. Então ele fica na solidão com o pai e reza assim: "Meu Pai, se é possível, que passe de mim este cálice: contudo, não seja como eu quero, mas como tu queres."[194]

Uma vez conquistada a imagem do pai não como ogro irado, mas como pai misericordioso em que se pode confiar, o herói então terá dado um passo psicológico importante, ou seja, ele está sendo capaz de realizar sua missão em combinação com um reajuste emocional com as imagens parentais. Isso é importante para que ele esteja apto a cumprir o chamado heroico. Quando o herói alcança essa capacidade é como que se ele tivesse nascido duas vezes, porque ele é o herói, mas ele é também o pai, com o qual ele conseguiu fazer um reajuste interior tornando-se, ele mesmo, o pai. Essas são condições ideais do desenvolvimento psicológico, nas quais o herói será competente a ponto de se tornar um iniciador capaz de superar as ilusões dicotômicas do bem e do mal e ter a visão de uma lei cósmica abrangente do ser que se compreende como uma totalidade.[195]

Moisés é um herói que alcança a sintonia com o pai, mas para isso, teve de passar pela dura provação de ser perseguido pelo pai-rei opressor. Superou a imagem daquele pai irado e perseguidor depois de um longo processo de silêncio enquanto trabalhava cuidando do rebanho do sogro. Moisés encontra nesse sogro a figura confiável do pai. Em Ex 2,20-21 Moisés fizera o encontro com o pai acolhedor em sua casa, provedor de comida e de trabalho com o rebanho – aqui seu nome era Ragüel – e tem a oportunidade de se casar e formar sua família. Enquanto Moisés foi ameaçado de morte pelo pai-rei e teve de fugir de casa, na experiência com o pai-misericordioso ele encontra casa e família. Em Ex 4,18 Moisés pediu a esse pai – agora seu nome é Jetro – a permissão para deixar Madiã e dele recebeu a bênção para partir para a missão no Egito.

A sintonia com o pai terreno contribuiu para que Moisés conquistasse a sintonia com o pai divino, Iahweh. Em Ex 4,22-23 Iahweh chama, por duas vezes, o povo de Israel de "meu filho". Essa declaração divina do reconhecimento da filiação do povo, dita diretamente a Moisés, revelou a imagem do pai divino. Ao dar o primeiro passo rumo à missão Moisés começa a perceber que Iahweh tem por Israel uma afetividade divino-paternal.

Compreende-se a obediência do herói do Êxodo devido à sua sintonia com Deus em diversos momentos do relato, como Ex 7,6: "Moisés e Aarão fizeram como Iahweh ordenara." Em Ex 16,8 diante da murmuração por causa da fome, Moisés garante ao povo: "Iahweh vos dará esta tarde carne para comer, e pela manhã pão com fartura...". Em Ex 17,6 quando não havia água e Iahweh mandou o herói ferir a pedra para dela sair água, "Moisés assim fez na presença dos anciãos de Israel." Em Ex 19,8: "E Moisés relatou a Iahweh as palavras do povo." Em Ex 19,9: Iahweh age para que o herói seja ouvido pelo povo: "Eis que virei a ti na escuridão de uma nuvem, para que o povo ouça quando eu falar contigo, e para que também creiam sempre em ti." Dois exemplos para mostrar a sintonia do herói Moisés com o pai divino: numa das pragas, a das rãs, depois que o faraó pediu a Moisés que intercedesse pelo fim da praga, em Ex 8,8-9 "Moisés gritou a Iahweh por causa das rãs que havia enviado a Faraó. E Iahweh fez conforme a palavra de

Moisés ..."; e em Ex 33,11 revela-se grande intimidade entre Deus e o herói: "Iahweh, então, falava com Moisés face a face, como um homem fala com seu amigo."

### *3.4.10 A apoteose*

Para falar da apoteose é preciso observar primeiro que Moisés está num processo psíquico de encontro do ego com o Si-mesmo e de rendição do ego para que este se desidentifique do Si-mesmo, para que, nesse caminhar de autodescoberta, possa alcançar o estágio psíquico de desenvolvimento do eixo ego-Si-mesmo equilibrado, ou seja, não mais identificado um com o outro, mas mantendo o eixo de modo que seja assegurada a integridade do ego.[196]

Sendo esse processo contínuo durante toda a vida, pode-se ver que Moisés havia passado por uma experiência de rendição do ego em relação ao Si-mesmo após a traumática situação de ameaça de morte e perseguição executada pelo pai-rei e chegou ao contato com o pai divino promotor da libertação do povo escravizado. Enquanto o indivíduo vive, o processo psíquico tem continuidade na história desse indivíduo. Mas sendo contínuo em toda a vida esse processo de autoconhecimento, o herói tem ainda muito que aprender para chegar ao estágio ideal que o mitólogo apresentou como uma "condição divina que o herói humano atinge quando ultrapassa os últimos terrores da ignorância."[197]

Moisés assume a vocação designada pelo divino Ser, leva adiante uma enorme empreitada para conseguir a libertação dos seus irmãos hebreus, e derrapa algumas vezes na concepção do divino Ser como Deus somente daquele povo. Essa concepção não é facilitadora da compreensão de um Deus do universo e, portanto, pai de toda a humanidade, mas de um Deus pai somente de um povo. A compreensão de um Deus do universo é uma das várias formas da apoteose divina. As outras formas da apoteose não serão elencadas aqui por não serem visualizadas correspondências com o mito do herói do Êxodo.

Moisés precisa continuar caminhando no autoconhecimento e, portanto, no conhecimento do divino Ser para que possa apreender que o pai divino é universal e não só de Israel. Assim, na jornada de Moisés, onde se encontra uma compreensão mais ampliada de Deus e de superação do ego e superação da concepção de povo privilegiado em detrimento de outros povos? Pois, ensina Campbell que a concepção de um deus sectário é geradora de guerra, pois pode-se entender que o Deus que cuida do povo escolhido permita atacar um outro povo considerado adversário, inimigo. "Se o Deus é um arquétipo tribal, racial, nacional ou sectário, somos os guerreiros de sua causa; mas se ele é o próprio senhor do universo, então somos conhecedores para os quais *todos* os homens são irmãos".[198]

Um exemplo da visão de um Deus sectário vislumbra-se no Êxodo no final do relato da passagem do mar quando Moisés conduziu o povo no caminho para o deserto para ir em busca da terra da liberdade: em Ex 14,30-31 lê-se: "Naquele dia, Iahweh salvou Israel das mãos dos egípcios, e Israel viu os egípcios mortos à beira-mar. Israel viu a proeza realizada por Iahweh, contra os egípcios".

Paralelamente a essa dificuldade por causa da visão de um deus sectário que justificaria a guerra contra outro povo, encontra-se em outra obra de Campbell uma leitura de Moisés e do povo a partir da concepção do Antigo Testamento de que, segundo ele, o mundo do Antigo Testamento não enfatiza o indivíduo, mas o povo, a tribo, a nação. Sendo assim, Campbell afirma que Moisés não seria o herói, mas sim o povo de Israel seria o herói do Antigo Testamento, pois o povo "é concebido como uma unidade".[199]

A psicologia analítica, no entanto, faz uma leitura do encontro entre Moisés e o Deus bíblico Iahweh como "um dos maiores dramas de individuação da psique ocidental". A psicologia analítica interpreta o papel relevante de Moisés no relato do Êxodo como mediador entre o povo e o Deus Iahweh, papel esse de redentor do povo que estava escravizado e de líder na realização do destino do povo.[200] É possível, portanto, a partir da psicologia analítica corroborar a leitura do papel do líder do relato do Êxodo como o herói, um vez que, como afirma Edinger, "com o auxílio da psicologia profunda essa estória sagrada que pertence à história coletiva dos judeus pode agora ser compreendida como aplicável à experiência do indivíduo singular."[201]

Quanto à visão de um Deus universal, Grenzer interpreta que há o caráter de Deus universal ao afirmar que

> os israelitas, como povo oprimido no Egito, tornam-se "propriedade particular entre todos os povos" para o Senhor, Deus libertador, porém, com o dever de saber que "toda a terra é desse Deus" (Ex 19,5). A particularidade consiste em ser sociedade alternativa: justa, igualitária, fraterna e sem pobres.[202]

Hamilton oferece uma interpretação teológica que mostra que no relato de Ex 19,3-8 a aliança, entre Iahweh e o povo de Israel por meio de Moisés, só ocorreu após a experiência da libertação da terra da escravidão (Ex 14) e a experiência do caminho do deserto (Ex 15.22-18,27) com as agruras impostas pela vida no deserto. Após tais experiências é que o relato mostra Iahweh propondo aliança aos israelitas no Monte Sinai [203] (Ex 19,5): "Agora, se ouvirdes a minha voz e guardardes a minha aliança, sereis para mim uma propriedade peculiar entre todos os povos, porque toda a terra é minha."

O versículo do relato apresenta a aliança proposta por Iahweh e possibilita vislumbrar a concepção do Deus universal, ou seja, do Deus de "toda a terra". Nessa altura do caminho do herói vislumbra-se que o Deus, que chama Israel de "meu filho" (Ex 4,22), "reino de sacerdotes", "nação santa" (Ex 19,6), é o Deus de "toda a terra" (Ex 19,5). O Deus do Êxodo já se apresentara a Moisés (Ex 3,6) como o Deus dos patriarcas dos hebreus mostrando que ele não se restringia ao Êxodo, mas figurava na história dos hebreus anterior ao Êxodo, e em Ex 19,5 apresenta-se como o Deus de toda a terra. Também corrobora o caráter de Iahweh como Deus universal a interpretação dos qualificativos "reino de sacerdotes" e "nação santa" como que "Israel deve assumir um papel mediatório entre Yahweh e as outras nações. Se seguirmos a palavra latina para 'sacerdote' (*pontifex*, literalmente 'edificador de pontes'), (...) Israel é uma ponte entre Yahweh e as nações."[204]

Essas interpretações permitem dizer que o relato de Ex 19,5 expressa que o Deus do Êxodo não é um Deus tribal, mas um Deus universal e era com esse Deus que os hebreus faziam a experiência religiosa. Este aceno se torna relevante para que o herói do Êxodo chegue à concepção de que o seu Deus é universal. Este versículo permite constatar que Moisés, o herói, está permeando o estágio da apoteose de Deus num processo psicológico crescente em que o ego está fazendo um *religare* com a imagem do Deus universal.

### *3.4.11 A bênção última*

A bênção última pode ser representada pela bênção a um herói para ser indestrutível simbolicamente, isto é, o indivíduo obtém vitórias fáceis porque tem em seu interior um estado de espírito que o ilumina a ser vencedor, ou que o indivíduo tem um aparato psíquico que o habilita a se dar bem nas provas, por exemplo, o curandeiro das sociedades primitivas concebe a ideia de que seus intestinos foram removidos pelos espíritos e estes puseram no lugar cristais de quartzo, corda e uma pequena cobra dotada de poderes;[205] ou, a bênção suprema para que o indivíduo possa viver num paraíso onde nunca falte o leite supremo que o sustente e assim ele tenha o corpo indestrutível, como, por exemplo, no anúncio do profeta Isaías (Is 66,11) aos israelitas de que se alimentarão do seio abundante e consolador de Jerusalém.[206]

Também há o aspecto da bênção como a concessão aos heróis do elixir do Ser Imperecível pelos deuses, guardiães do Ser Imperecível. Quando busca essa bênção última, um herói recorre aos deuses, não para buscá-los, exatamente a eles, mas a graça que eles podem conceder-lhe, ou seja, o poder de uma substância miraculosa que seja o Imperecível.[207]

Os mitos, os contos de fadas e as religiões mostram que a bênção que é concedida pelos deuses aos heróis sempre corresponde à própria estatura do solicitante e à natureza do desejo que domina cada herói. Campbell diz que "a bênção é tão-somente um símbolo da energia da vida adaptado às exigências de um caso específico". E o mitólogo chama a atenção para uma atitude que se repete em muitos heróis, a de que o herói que, em sua jornada é ajudado pelo deus, poderia pedir-lhe a bênção da perfeita iluminação, mas acaba pedindo-lhe mais anos de vida, armas eficazes ou saúde para seus filhos.[208]

Os mitos demonstram que a bênção da indestrutibilidade na jornada é alcançada por alguns heróis quando derrotam facilmente os dragões; que a bênção da substância miraculosa da vida eterna sempre tem um obstáculo divino que não permite ao herói alcançá-la; e que a bênção da iluminação, que é substituída pelos desejos pessoais, poderia ajudar o herói no crescimento espiritual, mas tal crescimento não ocorre, pois as limitações pessoais levam à agonia do crescimento espiritual. Assim, a bênção última a ser alcançada é a bênção da iluminação. Isso quer dizer que o indivíduo é chamado ao crescimento espiritual. Na jornada heroica o indivíduo vai cruzando limiares e vencendo dragões e com essas vitórias ele vai alcançando uma visão cada vez maior do deus que ele convoca a acompanhá-lo. A bênção última será o alcance de uma percepção que ultrapasse o cosmo e transcenda todas as experiências da forma, isto é, todos simbolismos e dentre eles, as divindades, e essa percepção será a percepção do vazio inelutável.[209]

O herói que alcançar essa iluminação poderá chegar à compreensão de que "todas as formas de todos os mundos, quer terrestres ou divinos, refletem a forma universal de um único mistério inescrutável: a força que constrói o átomo e controla a órbita das estrelas". Essa força poderosa é a fonte da vida que está dentro de cada indivíduo, e ele só poderá compreender que essa fonte da vida é o núcleo do seu ser se ele conseguir tirar de toda a sua visão de mundo as camadas (isto é, os símbolos, as ideias) que recobrem o núcleo do indivíduo que ele é. Essa visão plena de si mesmo é a iluminação que o herói pode pedir aos deuses que o ajudem a alcançá-la.[210]

O herói do Êxodo percorre um longo caminho que é a jornada da sua vida. Pode-se vislumbrar um pedido de Moisés ao Deus Iahweh como uma bênção última no sentido psicológico do conhecimento do divino em um momento especial da jornada. Em Ex 32 enquanto Moisés estava na montanha com Iahweh, o povo de Israel fabricou um bezerro de ouro e o considerou como seu deus. Devido à ira de Iahweh, Moisés precisou insistir com este que desistisse de castigar o povo (Ex 32,12). Após Moisés voltar para o meio do povo e agir como um intercessor do povo diante de Iahweh e insistir com que Iahweh caminhasse novamente junto com ele e o povo, obteve de Iahweh a resposta afirmativa de que faria isso porque Moisés encontrara graça aos olhos de Iahweh (Ex 33,17).

Com essa resposta afirmativa, Moisés pede a Iahweh que lhe mostre a glória divina (Ex 33,18). E o herói do Êxodo recebe uma bênção única em todo o livro do Êxodo, ou seja, em Ex 33,21-23 Moisés recebe de Iahweh uma atenção especial: ele é orientado a ficar num lugar junto a Iahweh sobre a rocha e será colocado pelo próprio Iahweh na fenda da rocha e quando Iahweh passar na frente da fenda onde Moisés estará escondido, o herói será coberto pela palma da mão de Iahweh. Depois que Deus passar, retirará sua mão de modo que Moisés veja Deus pelas costas, pois assim não morrerá. O Deus Iahweh havia estabelecido (Ex 33,20) que o ser humano não poderia vê-lo e continuar vivo. Mas, ao herói do Êxodo foi dada a bênção de ver a glória de Iahweh sob uma proteção singular. Depois de ver a glória de Iahweh tendo-o visto pelas costas depois que ele passou pela rocha, Moisés recebeu a tarefa de lavrar duas novas tábuas da lei, pois as primeiras tinham sido quebradas após o povo ter feito um bezerro de ouro. O herói estava abençoado para ser o portador da lei. Era preciso que a legislação do povo entrasse em vigor e isso somente aconteceria pelas mãos do herói.

### 3.4.12 *A recusa do retorno*

O terceiro estágio da fórmula de ritos de passagem que compõe a jornada heroica é o retorno e a reintegração à sociedade, que, como afirma Campbell, "é indispensável à contínua circulação da energia espiritual no mundo". Esse estágio se divide em seis subseções que são a recusa do retorno, que pode ser chamada também de "o mundo negado"; a fuga mágica; o resgate com a ajuda vinda de fora; a passagem pelo limiar do retorno, que pode ser entendida também como o retorno ao mundo cotidiano; "Senhor dos dois mundos"; e "Liberdade para viver", que seria a natureza e a função da bênção última.[211]

O retorno do herói para o meio da sociedade de onde ele partira é a confirmação da realização ou do cumprimento da jornada levada a cabo pelo herói. Os mitos, os contos de fadas e as religiões mostram que, quando termina a busca do herói, ele deve retornar "com o seu troféu transmutador da vida".[212] Transmutador no sentido de transformador[213], pois o círculo da jornada do herói, que segue a fórmula dos ritos de passagem, partida-iniciação-retorno, deve completar-se, e só se completa desde que "o herói inicie agora o trabalho de trazer os símbolos da sabedoria (...) de volta ao reino humano, onde a bênção alcançada pode servir à renovação da comunidade, da nação, do planeta ou dos dez mil mundos", afirma Campbell.[214]

No caso de Moisés pode-se interpretar como "troféu transmutador" a lei do povo de Israel entregue por Deus a Moisés, e o símbolo apresentado no relato bíblico são as tábuas de pedra que contêm a lei. Em Ex 24,12 Deus diz a Moisés: "...dar-te-ei tábuas de pedra – a lei e o mandamento – que escrevi para ensinares a eles".

Não se vislumbra na jornada de Moisés no Êxodo uma recusa ao retorno, o que frequentemente acontece nos relatos de muitos mitos.[215]

### 3.4.13 *A fuga mágica*

Uma vez que no livro do Êxodo não se encontra nenhum elemento que se caracterize como o estágio da fuga mágica do herói no sentido de que o herói tenha desagradado a Deus e, por isso, tenha sido perseguido pelas forças divinas e por isso tenha empreendido uma fuga,[216] pode-se recorrer a outro livro bíblico que narra também a trajetória de Moisés, como já foi dito, o Deuteronômio. Esse recurso se apresenta como oportuno para demonstrar que o herói Moisés sofreu uma punição divina no final da sua vida, como se lê em Dt 32,50-51, em que recebe o anúncio de que sua morte ocorreria antes de entrar na terra prometida; poderia contemplá-la de longe, mas não entraria nela.[217] De acordo com o relato, o Deus Iahweh explica o motivo dessa decisão divina: "pois fostes [Moisés e Aarão] infiéis a mim no meio dos israelitas, junto às águas de Meriba-Cades, no deserto de Sin, não reconhecendo a minha santidade no meio dos israelitas" (Dt 32,51).[218]

### *3.4.14 O resgate com auxílio externo*

O que está sendo narrado literariamente como se fosse uma sequência mais ou menos lógica cronologicamente dos acontecimentos com o herói e o povo de Israel, pode ser interpretado psicologicamente como um processo em que os acontecimentos não têm a lógica racional, mas estão todos intricados como processo abrangente na imensidão da psique objetiva. Ou seja, mesmo que o relato mostre a oferta de auxílio ao herói em Ex 23,20, anteriormente aos acontecimentos que marcam o limiar do retorno em Ex 24 (e também em Ex 20), como será visto adiante, todos os acontecimentos estão intricados no desenvolvimento da aventura do herói para que ele alcance o troféu transmutador da vida e, com a consciência ampliada como fruto dessa jornada, auxilie a comunidade que precisa ser renovada a partir do seu retorno.

Pode-se vislumbrar que a partir das orientações de Iahweh em Ex 23,20 terá início o caminho de volta do herói do Êxodo para junto da comunidade para que possa oferecer-lhe a bênção obtida de forma numinosa sobre a montanha que são as leis. Essas leis serão carregadas pelo herói em suas mãos no símbolo sagrado de duas tábuas. O herói porta em suas mãos os dois símbolos da bênção recebida que o será para todo o povo.

Campbell fala de um resgate do herói, pois em muitos mitos o herói tem dificuldade de abandonar "a bênção do domicílio profundo", daí ele poderá ser resgatado com o auxílio divino.[219] Moisés não demonstra querer permanecer no mundo divino, embora aja em contínua sintonia com Deus. Mesmo que o herói do Êxodo se prontifique a retornar para casa, isto é, para a terra prometida de onde saíram os antepassados dos israelitas segundo outra história bíblica narrada no livro do Gênesis, ele recebe a promessa de auxílio sobrenatural da parte de Iahweh.

Para que o herói possa cumprir o caminho de retorno junto com o povo, o Ser divino promete-lhe auxílio sobrenatural que será o envio de um anjo (Ex 23,20) para que assista o herói na jornada rumo à terra prometida.

O auxílio sobrenatural também será oferecido como bênção para que não faltem o pão, a água e saúde para todo o povo (Ex 23,25). Assim como também haverá a bênção da posteridade, pois não haverá mulher que sofra aborto e o povo terá longevidade, com a bênção ao povo para que completem seus dias (Ex 23,26), para que seja garantido ao povo de Israel alcançar a terra prometida.

O Ser divino também mostrará o auxílio sobrenatural enviando o seu terror (Ex 24,27) para dispersar os inimigos dos israelitas e mobilizará os insetos (vespas em Ex 23,28) para expulsar aqueles que tentarem impedir a entrada dos israelitas na terra prometida. Com todo esse auxílio sobrenatural o herói, junto com os israelitas, poderá iniciar a caminhada para a vida em sociedade com uma nova luz, como se pretende nas aventuras heroicas.

### *3.4.15 A passagem pelo limiar do retorno*

Para se entender a passagem do herói Moisés pelo limiar do retorno faz-se necessário retomar o relato de Ex 19 sobre a preparação de todo o ambiente para a promulgação da lei do povo de Israel. Uma vez que o projeto que o herói deveria realizar era libertar o povo da escravidão e conduzi-lo a uma terra de liberdade, o relato do Êxodo mostra que a liberdade deveria ser praticada a partir da promulgação de leis que implantassem um modo de vida livre. Por isso, a jornada do herói do Êxodo inclui a caminhada rumo à terra prometida e, inclusive, a promulgação das leis para o povo.

As leis serão promulgadas pelo Ser divino ao herói nos capítulos 20 a 23 do Êxodo. Para que o herói alcançasse a meta a ser cumprida, que fora estabelecida pelo Ser divino, há todo um preparo da parte divina para que as leis sejam recebidas como leis divinas para o povo.

Moisés (Ex 19) leva o povo ao pé da montanha para a experiência da teofania de Iahweh por meio dos símbolos como trovões, relâmpagos, nuvem espessa sobre a montanha, clamor de trombeta, fogo e fumaça na montanha, voz divina no trovão. Diante do povo, Iahweh chama seu herói para subir a montanha e este atende. Ali o herói recebeu o Decálogo para a vida do povo de Israel. O herói desceu da montanha e anunciou ao povo as palavras do Decálogo (Ex 20).[220] A teofania prosseguiu. "Todo o povo, vendo os trovões e os relâmpagos, o som da trombeta e a montanha fumegante, teve medo e ficou longe" (Ex 20,18). Amedrontado diante da manifestação poderosa de Deus, o povo pediu ao herói que lhe falasse, em vez de Deus, porque o povo tinha medo de morrer ao ouvir o próprio Ser divino com toda aquela teofania (Ex 20,19). Após o pedido do povo, o herói se aproximou do símbolo divino, a nuvem escura, "onde Deus estava", afirma o relato de Ex 20,21.

Nesse momento em que o herói do Êxodo se aproxima do inefável, representado pela nuvem escura, ou seja, ele se aproxima do reino das trevas, do reino do inconsciente, para que possa estar na presença do Ser divino. O herói do Êxodo (Ex 20,21) está em contato com o reino divino. Campbell diz que "as aventuras do herói se passam fora da terra nossa conhecida, na região das trevas; ali ele completa sua jornada (...) e seu retorno é descrito como uma volta do além".[221] Mas, Moisés ainda não está realizando o retorno. Aqui destaca-se o limiar do retorno. Ele está no limiar, pois ele se encontra na intimidade das trevas; o ego está colocado em posição de respeito pelo Si-mesmo uma vez que o herói já não age, não fala, não decide, somente age em subordinação ao divino que lhe apresenta em Ex 20,22-23,19 todas as leis que serão a constituição dos israelitas. É o herói que está realizando essa façanha de receber na escuridão da nuvem todas as palavras do divino.

Nesse encontro do herói do Êxodo com o poder do divino em âmbito das trevas da psique em que o ego é receptor da mensagem divina pode-se vislumbrar o que Campbell afirma sobre o encontro dos reinos divino e humano que são distintos entre si, tal como o dia e a noite, mas são ao mesmo tempo, um só reino, pois o "reino dos deuses é uma dimensão esquecida do mundo que conhecemos".[222] Essa unicidade dos dois reinos pode ser espelhada no horizonte de que as leis estão sendo promulgadas do âmago do divino e destinam-se à organização social, econômica[223], ecológica[224] e religiosa de um grupo humano, os israelitas.

A narrativa do Êxodo dedica três capítulos para as leis de Iahweh. Após esses capítulos, a narrativa volta a dizer que o herói tem de subir até Iahweh (Ex 24,1) e diz que o herói referiu todas as palavras de

Iahweh ao povo que se prontificou a observar tudo o que foi dito por Iahweh ao herói (Ex 24,3). O herói realiza um ritual para consagrar o compromisso entre o Ser divino e o povo. Ele utilizou o sangue de novilhos imolados como sacrifício e aspergiu os israelitas que se comprometeram a obedecer a tudo o que Iahweh tinha dito (Ex 24,5-8).

Novamente pode-se compreender que o herói do Êxodo está no limiar do retorno da sua jornada heroica, pois a narrativa do Êxodo diz que Moisés, seu irmão Aarão, outros dois, chamados Nadab e Abiú, e setenta anciãos israelitas subiram o monte e viram o Deus de Israel (Ex 24,9-10). A visão que tiveram foi de um pavimento de safira "tão pura como o próprio céu" debaixo dos pés de Iahweh. E, surpreendentemente, o relato contraria o que será dito adiante em Ex 33,20 (de que morreria quem visse a Iahweh), pois Iahweh não estendeu a mão mortífera contra esses homens que o viram, pelo contrário, após a visão de Deus, eles fizeram um banquete (Ex 24,11). O Deus do Êxodo se revela como um Deus da vida, pois o símbolo do banquete e do sangue aspergido são símbolos da vida. O compromisso firmado é marcado por um símbolo vital, o sangue, e a fome é saciada durante o banquete.[225]

Em Ex 24,12 Iahweh mais uma vez chama Moisés para subir o monte e agora com a novidade de que ele deverá permanecer lá para que possa receber de Iahweh as tábuas da lei. O relato literário enfatiza o que a psicologia lê como parte do processo psíquico, isto é, em Ex 24,15-16 Moisés sobe o monte e a glória divina em forma de nuvem resplandece sobre o monte. Já fora dito que uma nuvem escura estava no monte e que o herói se aproximara dela. Agora é narrado que o povo viu de longe a nuvem, mas a visão era de um fogo consumidor, e que o herói entra pelo meio da nuvem e permanece ali durante quarenta dias e quarenta noites (Ex 24,18).

Pode-se ler aqui o andamento do processo psíquico: ele se aproximou, entrou pelo meio, escutou Deus dizendo-lhe as leis, e permaneceu numa quarentena na companhia do divino.[226] O povo viu um fogo consumidor, como a teofania de Ex 20, mas o herói entrou no mundo divino simbolizado por uma nuvem. Ele não somente viu de longe, ele entrou no mundo divino. As nuvens suspensas remetem ao símbolo tanto do ocultamento quanto da manifestação do divino, mas também remetem ao símbolo das imagens psíquicas de mudança por sua característica de ser intermediária entre o mundo e atmosfera, simbolizando a matéria e o espírito. Remetem, portanto, ao simbolismo da mudança na psique.[227] O herói é aquele que é separado pelo divino para a jornada heroica. Pois "o destino convocou o herói e transferiu-lhe o centro de gravidade do seio da sociedade para uma região desconhecida".[228]

Moisés entrou na nuvem e viu a Iahweh. Essa experiência do herói é única. Estando na montanha dentro da nuvem com o Ser divino, Moisés receberá as leis para o povo. Note-se que a narrativa de Êxodo dedicará diversos capítulos (25 a 31) para transmitir ao herói as orientações para a construção do santuário – a tenda da reunião – e outros capítulos (35 a 39) narram a construção do santuário. No capítulo 40, o último do livro do Êxodo, o herói cumpriu todas as orientações para a construção do santuário. Em Ex 40,34 a nuvem cobriu o santuário e a presença divina encheu aquela habitação sagrada. Mas Ex 40,35 informa que o herói não pôde entrar ali e justifica que foi porque a glória divina enchia aquela habitação. Moisés, que fizera a experiência de estar com Deus (capítulos 24 a 34) e podia ver a sua face, no final do livro do Êxodo não poderá entrar no santuário a partir do momento em que Deus o enche com sua presença. Ex 25,22 informa que da tenda Deus falará com Moisés. Hamilton diz que:

> Quando ele entra na tenda, é para *ouvir* a Deus, não para *ver* a Deus (Ex 25.22). Entretanto, independente do fato de Moisés ter visto a Deus ou simplesmente ter ouvido sua voz, ambas as situações produzem o brilho divino na sua face quando ele retorna ao povo (34.29-35). Portanto "ver" a face de Deus não é mais importante do que ouvir a sua voz.[229]

Aqui a interpretação teológica contribui para a leitura psicológica da experiência do herói, em que o ego deixa de ser o centro e reconhece que o Si-mesmo é o centro e, assim, o herói avança na conquista da bênção divina para a sociedade, conforme lhe foi incumbido pelo Si-mesmo. Ou seja, ver a Deus, ouvir a Deus, não é decisão do ego, mas decisão do Si-mesmo. E ver ou ouvir são possibilidades de encontro e de aprendizagem do herói.

### *3.4.16 Senhor dos dois mundos*

"Senhor dos dois mundos" corresponde ao estágio da façanha do herói em que este tem a liberdade de estar no mundo divino e passar para o mundo cotidiano e vice-versa. Trata-se de uma liberdade psicológica em que o herói pode ir ou vir na linha que divide os dois mundos. Campbell diz que os mitos não apresentam numa única imagem todo o mistério dessa passagem livre do herói entre os dois mundos. Mas, quando os mitos mostram alguma imagem nesse sentido, ela deve ser apreciada como um símbolo precioso, muito importante, um tesouro que merece ser contemplado.[230]

No relato da façanha do herói do Êxodo, depois de serem apresentadas as orientações para a construção da tenda da reunião, Ex 31,18 informa que Moisés tinha recebido de Deus as "duas" tábuas do Testemunho, escritas diretamente pelo próprio Deus. É a primeira vez que o relato informa a quantidade de tábuas: duas, e as chama de "do Testemunho". Este versículo é a apresentação da qualidade do herói de estar pronto para iniciar o retorno. Tendo recebido do Ser divino o símbolo sagrado do troféu transmutador da vida, ele poderá descer da montanha, sair da presença gloriosa do divino e iniciar o caminho com o povo para a terra da liberdade.

Na sequência, Ex 32 e 33 narram a construção de um bezerro de ouro para ser adorado como os deuses que tiraram os israelitas do Egito (Ex 32,4), substituindo, assim o culto ao Deus Iahweh. Narram também as reações de Iahweh e de Moisés; este quebrou as tábuas da lei diante da atitude dos israelitas, mas implorou a Iahweh que abrandasse sua ira contra o povo (Ex 32,12). Em Ex 34,1 Iahweh pede ao herói que lavre outras duas novas tábuas de pedra semelhantes às primeiras. Moisés assim o fez e subiu a montanha do Sinai carregando em suas mãos as tábuas de pedra. Na montanha, Moisés tem uma nova visão de Iahweh, ajoelha-se e faz um ato de adoração a Deus, em seguida, implora o perdão de Iahweh para o povo e para si. Ele diz: "Perdoa as nossas faltas e os nossos pecados, e toma-nos por tua herança" (Ex 34,9).

Novamente a narrativa apresenta um conjunto de leis e anuncia que Moisés ficou na montanha quarenta dias e quarenta noites, com a informação adicional de que o herói tem resistência física e espiritual, pois fez um jejum sagrado nessa quarentena, ficando diante de Iahweh sem comer pão nem beber água (Ex 34,28).

Esse crescimento interior do herói habilita-o a ser considerado "Senhor dos dois mundos", e a narrativa oferece o símbolo que certifica essa qualidade em Moisés. Ex 34,29 conta que, ao descer da montanha, tinha no seu rosto humano a marca do encontro com o divino, pois o seu rosto resplandecia. Diz a narrativa que isso ocorria porque Moisés tinha falado com Deus. Os israelitas tiveram medo do fenômeno que viam no rosto do herói. Mas este os chama e lhes ordena o que o Ser divino havia falado na montanha. Em seguida, o herói cobriu o rosto com um véu na presença do povo, mas sempre retirava o véu quando "entrava diante de Iahweh para falar com ele" (Ex 34,30-34). Fica explícito na narrativa que Moisés entrava no mundo divino e saía dele com muita liberdade, por isso, ele é o herói "Senhor dos dois mundos".

Campbell diz que as pessoas que têm a oportunidade de presenciar o símbolo do herói como Senhor dos dois mundos, e no caso de Moisés vê-lo com o rosto resplandecente, são testemunhas que também estão passando por uma transformação psicológica. Essas pessoas estão presentes num evento de profundidade psicológica em que o ego cede lugar ao propósito da psique objetiva que opera na vida dos indivíduos dentro de uma coletividade, isto é, não estão agindo por desejos pessoais, egocêntricos, mas sim, por um desejo comunitário, a busca da terra prometida para um povo e não somente para um indivíduo.

Adentrar esse processo sob a liderança do herói Moisés levou as pessoas a uma transformação psíquica que as fez estar ali como "devotos que haviam extinguido sua vontade pessoal" e assumiram comunitariamente o projeto defendido pelo líder. As pessoas podiam contemplar o rosto resplandecente do Senhor dos dois mundos porque passaram para a condição de devotas desse Senhor dos dois mundos.[231] Campbell assim explica essa transformação interior do povo que acompanha o herói:

> Suas ambições pessoais estão dissolvidas, razão por que ele [o indivíduo que faz a experiência da devoção ao herói] já não tenta viver, mas simplesmente relaxa diante de tudo o que venha a se passar nele; ele se torna, por assim dizer, um anônimo. A Lei vive nele com seu próprio consentimento irrestrito.[232]

### *3.4.17 Liberdade para viver*

A liberdade para viver é o estágio final da fórmula da aventura do herói. Quando o herói faz o retorno para a comunidade, de onde ele partira para a façanha heroica, uma característica marcará a sua vida. O herói deverá retornar com uma nova consciência de que o Eu, que o conduziu para buscar um troféu que transformasse a vida dos seus concidadãos gerando mais vida, está presente e atuante na vida como Eterno que penetra tudo que vive e existe.[233] E essa consciência do herói deverá ser demonstrada pela atitude concreta de deixar as façanhas que realizou e os frutos delas "aos pés do Deus Vivo".[234] Ele deve ter a convicção de que ele é um veículo para que a Lei divina chegue ao seu povo que o esperou e, no caso de Moisés, foi conduzido durante a jornada.

O herói é um veículo para a Lei do Eterno, mas não só isto, pois ele retorna transformado em uma pessoa nova. O encontro com o Ser divino, que o herói obtém durante a jornada heroica, realiza no seu interior um nascer de novo. Não é possível para a alma humana entrar no reino divino e retornar de lá sem ser transformada. O herói é aquele que vive a façanha da iluminação da alma e do renascimento psíquico, uma vez que "Tendo morrido para seu ego pessoal, eis que nascera outra vez, estabelecido no Eu".[235]

O relato do Êxodo enfatiza a realização pelo povo de tudo o que Iahweh havia ordenado (Ex 39,34) e acrescenta a bênção dada aos israelitas pelo herói obediente ao Ser divino. O herói se torna um veículo da bênção do Eterno para os homens e as mulheres do povo. O Eterno ordena o herói e o qualifica como o que pode ungir os homens que serão sacerdotes de Iahweh (Ex 40,15), uma unção que dará ao sacerdócio um caráter perpétuo, pois é decisão do Eterno.

O livro do Êxodo chega ao final enfatizando que o herói "Fez tudo como Iahweh havia ordenado" (Ex 40,16), relatando os detalhes da estrutura do santuário, a Habitação, a Tenda da Reunião. A narrativa apresenta minuciosamente os elementos dessa estrutura que terá as condições para os rituais sagrados e enfatiza a colocação das tábuas da lei dentro de uma arca. Diante de todo esse aparato litúrgico pronto o livro do Êxodo declara que o herói terminou os trabalhos (Ex 40,33).

E, para que fique claro que o estágio do herói livre para viver se realiza, o livro do Êxodo termina afirmando que Iahweh com toda sua glória em forma de nuvem encheu a Habitação e o herói não pôde entrar, pois ele deixou todos os trabalhos de sua jornada aos pés do Eterno. Hamilton diz que o ser humano precisa reconhecer as limitações humanas perante o divino e que "Deve-se honrar os limites quando o finito entra na presença do infinito".[236]

E a vida continua, pois o livro finaliza dando o tom para essa continuidade da vida: "Em todas as etapas, quando a nuvem se levantava por cima da Habitação, os israelitas punham-se em marcha. Mas se a nuvem não se levantava, também eles não marchavam, até que ela se levantasse." (Ex 40,36-37). Eis a visão de uma vida futura "quando a nuvem é elevada de sobre a tenda, indicando aos israelitas que é tempo de levantar acampamento e continuar a jornada em direção a Canaã [a terra prometida]".[237]

A jornada de Moisés, o herói do Êxodo, constitui-se um exemplo, entre os símbolos mitológicos presentes nos mitos, nos contos de fadas e nas religiões, do que Campbell chama de "a milenar aventura da alma".[238]

NOTAS

1 Lima Netto, R. Os segredos da Bíblia: a mensagem psicológica do Velho Testamento, p. 16.

2 Miller, D. L. (Ed.). Jung and the interpretation of the Bible, p. 7.

3 Rollins, W.G. Introduction: Psychology, hermeneutics, and the Bible, p. 9-11.

4 Rollins, W.G. Introduction: Psychology, hermeneutics, and the Bible, p. 12.

5 Rollins, W.G. Introduction: Psychology, hermeneutics, and the Bible, p. 13.

6 Rollins, W.G. Introduction: Psychology, hermeneutics, and the Bible, p. 13-14. Tradução nossa.

7 Lima Netto, R. Os segredos da Bíblia, p. 16-17.

8 Hall, C. S.; Nordby, V. J. Introdução à psicologia junguiana: síntese sobre a vida e a obra de Carl G. Jung, p. 41.

9 Lima Netto, R. Os segredos da Bíblia, p. 17.

10 Lima Netto, R. Os segredos da Bíblia, p. 18.

11 Lima Netto, R. Os segredos da Bíblia, p. 20.

12 Rollins, W.G. Introduction: Psychology, hermeneutics, and the Bible, p. 9.

13 Jung, C.G. The visions seminars, *apud* Edinger, E. F. Bíblia e Psique: simbolismo da individuação no Antigo Testamento, p. 31.

14 Storniolo, I. Prólogo à edição brasileira. *In:* Edinger, E. F. Bíblia e Psique, p. 16.

15 *Modus vivendi* quer dizer "o modo de viver". Conforme Dicionário latim-português, p. 258.

16 Storniolo, I. Prólogo à edição brasileira, p. 17.

17 Storniolo, I. Prólogo à edição brasileira, p. 18.

18 Hall, C. S.; Nordby, V. J. Introdução à psicologia junguiana, p. 71.

19 Storniolo, I. Prólogo à edição brasileira, p. 18.

20 Storniolo, I. Prólogo à edição brasileira, p. 18-19.

21 Whitmont, E. C. A busca do símbolo: conceitos básicos de psicologia analítica, p. 195.

22 Edinger, E. F. Bíblia e Psique, p. 32.

23 Jung, C. G. Psicologia e Religião, O.C. Vol. xi/1, par. 148 (p. 94).

24 Edinger, E. F. Bíblia e Psique, p. 33.

25 Pleroma, segundo o *Dicionário crítico de análise junguiana,* é um termo utilizado por Jung "para designar um 'lugar' além das fronteiras da categoria tempo-espaço e onde toda tensão entre os opostos é extinguida ou resolvida. (...) O pleroma corresponde àquilo (...) como uma ordem 'implícita' ou 'envolvida' da realidade que jaz dentro, atrás, sob a realidade como comumente a percebemos". Ou seja, o

pleroma nos textos bíblicos é que neles há conteúdos psicológicos guardados sob narrativas de façanhas histórias dos grupos ou indivíduos humanos registrados naqueles textos sagrados. Samuels, A.; Shorter, B.; Plaut, F. Dicionário crítico de análise junguiana, p. 153.

26 Edinger, E. F. Bíblia e Psique, p. 35.

27 Stein, M. The Bible as dream: a jungian interpretation, p. 9. Tradução nossa.

28 Stein, M. The Bible as dream, p. 9. Tradução nossa.

29 Stein, M. The Bible as dream, p. 11.

30 Stein, M. The Bible as dream, p. 14. Tradução nossa.

31 Stein, M. The Bible as dream, p. 15.

32 Stein, M. The Bible as dream, p. 19. Tradução nossa.

33 Stein, M. The Bible as dream, p. 19. Tradução nossa.

34 Stein, M. The Bible as dream, p. 19. Tradução nossa.

35 Jaffe, L. W. Libertando o coração: espiritualidade e psicologia junguiana, p. 33.

36 Jaffe, L. W. Libertando o coração, p. 33.

37 Jung, C. G. A vida simbólica, O.C. Vol. 18/2, par. 1.664 (p. 342).

38 Jung, C. G. A vida simbólica, O.C. Vol. 18/2, par. 1.666 (p. 343).

39 Jaffe, L. W. Libertando o coração, p. 35.

40 Rollins, W.G. Introduction: Psychology, hermeneutics, and the Bible, p. 20.

41 Jung, C. G. Resposta a Jó. O.C. Vol. 11/4, par. 559 (p. 16). O itálico é do autor.

42 Jung, C. G. Psicologia e alquimia. O.C. Vol. XII, par. 11 (p. 23).

43 Jung, C. G. Psicologia e alquimia. O.C. Vol. XII, par. 13 (p. 25).

44 Jung, C. G. Psicologia e alquimia. O.C. Vol. XII, par. 14 (p. 25).

45 Jung, C. G. Psicologia e alquimia. O.C. Vol. XII, par. 15 (p. 26).

46 Jung, C. G. Psicologia e alquimia. O.C. Vol. XII, par. 15 (p. 26).

47 Rollins, W.G. Introduction: Psychology, hermeneutics, and the Bible, p. 15. Tradução nossa.

48 Rollins, W.G. Introduction: Psychology, hermeneutics, and the Bible, p. 19. Tradução nossa.

49 Rollins, W.G. Introduction: Psychology, hermeneutics, and the Bible, p. 19. Tradução nossa.

50 Rollins, W.G. Introduction: Psychology, hermeneutics, and the Bible, p. 25. Tradução nossa.

51 Silva, R. A. A. Êxodo 3,1-15: o encontro de Moisés com Iahweh, uma leitura na perspectiva da psicologia analítica, p. 108.

52 De acordo com o *Dicionário junguiano*, mito é um termo que "ocorre no sentido que assumiu na antropologia e, portanto, como relato que é parte de um corpo de tradições oralmente transmitidas entre os vários membros de uma comunidade específica". Relevante para as diversas ciências "dos inícios do século XX, também a psicologia analítica leva adiante o estudo sobre a natureza e sobre as funções do material mítico cujo afluxo na história do Ocidente jamais deixou de existir." Pieri, P.F. Dicionário junguiano, p. 325-326.

53 Lima Netto, R. Os segredos da Bíblia, p. 19.

54 Lima Netto, R. Os segredos da Bíblia, p. 20.

55 Lima Netto, R. Os segredos da Bíblia, p. 20.

56 Whitmont, E. C. A busca do símbolo, p. 69.

57 Whitmont, E. C. A busca do símbolo, p. 69.

58 Whitmont, E. C. A busca do símbolo, p. 71.

59 Whitmont, E. C. A busca do símbolo, p. 75.

60 Whitmont, E. C. A busca do símbolo, p. 71.

61 Whitmont, E. C. A busca do símbolo, p. 71.

62 Palomo, V. Prefácio. *In:* Alvarenga, M. Z. et al. Os deuses castigam?: mitologia e psicopatologia simbólica, p. 16.

63 Whitmont, E. C. A busca do símbolo, p. 72.

64 Whitmont, E. C. A busca do símbolo, p. 72. O itálico é do autor.

65 Whitmont, E. C. A busca do símbolo, p. 75.

66 Whitmont, E. C. A busca do símbolo, p. 76.

67 Jung, C. G. Escritos diversos, O.C. Vol. 11/6, par. 534 (p. 101).

68 Whitmont, E. C. A busca do símbolo, p. 99. A grafia "heróico" segue a edição da obra anterior ao Acordo Ortográfico da Língua Portuguesa de 2009.

69 Müller, L. O herói: a verdadeira jornada do herói e o caminho da individuação, p. 8.

70 Müller, L. O herói, p. 9.

71 Jung, C. G. Símbolos da transformação. O.C. Vol. 5, par. 251 (p. 205).

72 Hall, C. S.; Nordby, V. J. Introdução à psicologia junguiana, p. 82.

73 Simbólica é a qualidade de algo ser simbólico, ou seja, de que algo funciona como signo. Pieri, P. F. Dicionário junguiano, p. 455-456. "Na psicologia analítica junguiana o signo psíquico entende-se como alguma coisa que permite a referência a alguma outra coisa que, embora esteja fechada para a consciência que a produziu, é possível obter por meio de um procedimento interpretativo. Dessa forma, certo objeto que se torna presente à consciência através da expressão onírica ou da imaginação,

considera-se em geral como um objeto que se refere a outro que momentaneamente se encontra na consciência." Pieri, P. F. Dicionário junguiano, p. 454.

74 Jung, C. G. Símbolos da transformação. O.C. Vol. 5, par. 251 (p. 205).

75 Jung, C. G. Símbolos da transformação. O.C. Vol. 5, par. 258 (p. 210).

76 Jung, C. G. Símbolos da transformação. O.C. Vol. 5, par. 259 (p. 211).

77 Neumann, E. História das origens da consciência: uma jornada arquetípica, mítica e psicológica sobre o desenvolvimento da personalidade humana, p. 122.

78 Neumann, E. História das origens da consciência, p. 122.

79 Jung, C. G. Símbolos da transformação. O.C. Vol. 5, par. 259 (p. 211-212).

80 Jung, C. G. Símbolos da transformação. O.C. Vol. 5, par. 259 (p. 212). O itálico é do autor.

81 Jung, C. G. Os arquétipos e o inconsciente coletivo. O.C. Vol. 9/1, par. 281 (p. 167-168).

82 Müller, L. O herói, p. 32.

83 Müller, L. O herói, p. 34.

84 Müller, L. O herói, p. 24.

85 Uchôa, M. Olá, pessoal, eu sou Marcelo Uchôa, advogado e professor de Direito de Fortaleza-CE. Tá dando na mídia que eu vou assumir uma posição na Comissão de Anistia e, de fato, vou. Instagram: Marcelo Uchôa: @marcelouchoa_.

86 Müller, L. O herói, p. 11.

87 Müller, L. O herói, p. 20.

88 *Self é o Si-mesmo, o princípio organizador da psique.*

89 Müller, L. O herói, p. 21.

90 jung, C.G. Aion: estudos sobre o simbolismo do si-mesmo. O.C. Vol. IX/2, par. 359-360 (p. 217-218).

91 Campbell, J. O herói de mil faces, p. 19.

92 Campbell, J. O herói de mil faces, p. 21.

93 Campbell, J. O herói de mil faces, p. 22.

94 Campbell, J. O herói de mil faces, p. 25.

95 Campbell, J. O herói de mil faces, p. 26.

96 Campbell, J. O herói de mil faces, p. 26-27.

97 Campbell, J. O herói de mil faces, p. 27.

98 Campbell, J. O herói de mil faces, p. 27-28.

99 Campbell, J. O herói de mil faces, p. 29.

100 Campbell, J. O herói de mil faces, p. 30.

101 Campbell, J. O herói de mil faces, p. 32.

102 Campbell, J. O herói de mil faces, p. 36.

103 Campbell, J. O herói de mil faces, p. 40.

104 Campbell, J. O herói de mil faces, p. 40.

105 Campbell, J. O herói de mil faces, p. 40.

106 Campbell, J. O herói de mil faces, p. 42.

107 Campbell, J. O herói de mil faces, p. 43.

108 Campbell, J. O herói de mil faces, p. 46.

109 Campbell, J. O herói de mil faces, p. 46.

110 Campbell, J. O herói de mil faces, p. 306.

111 Campbell, J. O herói de mil faces, p. 311.

112 Campbell, J. O herói de mil faces, p. 311.

113 Campbell, J. O herói de mil faces, p. 313.

114 Andiñach, P.R. O Livro do Êxodo, p. 33.

115 Vogels, W. Moisés e suas múltiplas facetas, p. 70.

116 Sanford, J. A. O homem que lutou com Deus, p. 119.

117 Müller, L. O herói, p. 26.

118 Müller, L. O herói, p. 27.

119 Jung, C. G. Os arquétipos e o inconsciente coletivo. O.C. Vol. 9/1, par. 282 (p. 168).

120 O relato do nascimento não informa o nome da mãe de Moisés, que será conhecido mais adiante no livro em Ex 6,20.

121 Sanford, J. A. O homem que lutou com Deus, p. 120.

122 Sanford, J. A. O homem que lutou com Deus, p. 122.

123 Jung, C. G. Os arquétipos e o inconsciente coletivo. O.C. Vol. 9/1, par. 286 (p. 170).

124 Neumann diz: "O fato de o herói ter dois pais ou duas mães constitui uma característica essencial do cânone do mito do herói. Além do seu pai pessoal, há um pai 'superior', isto é, uma figura arquetípica de pai, aparecendo ao lado da mãe pessoal, de igual maneira, a figura de uma mãe 'superior'. Essa dupla origem, com as suas figuras parentais pessoal e suprapessoal opostas entre si, constela o drama da vida do herói." Neumann, E. História das origens da consciência, p. 123. Para Neumann os pais duais de Moisés são o faraó como o pai-rei, considerado o pai mitológico terrível, e "Jeová" (Iahweh), como o pai transpessoal. Neumann, E. História das origens da consciência, p. 156.

125 Sanford, J. A. O homem que lutou com Deus, p. 123-124.

126 Campbell, J. O herói de mil faces, p. 316.

127 Neumann, E. História das origens da consciência, p. 156.

128 O poço tem duas características: é uma fonte de água e representa uma região do desconhecido; tais características fazem do poço um dos símbolos do inconsciente. Campbell, J. O herói de mil faces, p. 83 e p. 98, nota 33.

129 Campbell, J. O herói de mil faces, p. 316-317.

130 Silva, R. A. A. A migração e a acolhida de Moisés em Madiã, p. 188.

131 Campbell, J. O herói de mil faces, p. 328.

132 Vogels enfatiza a condição sacerdotal da ascendência de Séfora. Vogels, W. Moisés e suas múltiplas facetas, p. 82.

133 Campbell, J. O herói de mil faces, p. 330.

134 Obscuridade pode significar ausência de fama ou notoriedade, anonimato, ausência de luz, escuridão. Conforme Borba, F. S. (Org.), Dicionário UNESP do português contemporâneo, p. 980.

135 Campbell, J. O herói de mil faces, p. 318.

136 Campbell, J. O herói de mil faces, p. 40.

137 Campbell, J. O herói de mil faces, p. 60.

138 Campbell, J. O herói de mil faces, p. 60.

139 Campbell, J. O herói de mil faces, p. 61.

140 Vogels, W. Moisés e suas múltiplas facetas, p. 92.

141 Campbell, J. O herói de mil faces, p. 62.

142 Campbell, J. O herói de mil faces, p. 63.

143 Campbell, J. O herói de mil faces, p. 64.

144 Campbell, J. O herói de mil faces, p. 64.

145 Esta é uma possibilidade de interpretação proposta por Vogels. Conforme Vogels, W. Moisés e suas múltiplas facetas, p. 96.

146 Campbell, J. O herói de mil faces, p. 67.

147 Campbell, J. O herói de mil faces, p. 70.

148 Müller, L. O herói, p. 37.

149 Müller, L. O herói, p. 38.

150 Vogels, W. Moisés e suas múltiplas facetas, p. 107. A grafia "eloqüência" segue a edição da obra anterior ao Acordo Ortográfico da Língua Portuguesa de 2009.

151 Campbell, J. O herói de mil faces, p. 70.

152 Vogels, W. Moisés e suas múltiplas facetas, p. 107.

153 Campbell, J. O herói de mil faces, p. 74.

154 Apesar da ambiguidade dos pronomes pessoais no relato e de não se saber a quem Iahweh se dirige em Ex 4,24 que diz "Iahweh veio ao seu encontro e procurava

fazê-lo morrer", Vogels interpreta que Iahweh "encontra Moisés para matá-lo". Vogels, W. Moisés e suas múltiplas facetas, p. 115.

155 Campbell, J. O herói de mil faces, p. 82.

156 Campbell, J. O herói de mil faces, p. 83.

157 Campbell, J. O herói de mil faces, p. 85.

158 Campbell, J. O herói de mil faces, p. 86.

159 Andiñach, P.R. O Livro do Êxodo, p. 89.

160 Sanford, J. A. O homem que lutou com Deus, p. 137.

161 Pixley, G. V. Êxodo, p. 50.

162 Andiñach, P.R. O Livro do Êxodo, p. 90.

163 Grenzer, M. Êxodo. A Bíblia: Pentateuco, p. 140, nota 4,18-31.

164 Campbell, J. O herói de mil faces, p. 91.

165 Campbell, J. O herói de mil faces, p. 93.

166 Campbell, J. O herói de mil faces, p. 101, nota 60.

167 Campbell, J. O herói de mil faces, p. 40-41.

168 Campbell, J. O herói de mil faces, p. 102.

169 Campbell, J. O herói de mil faces, p. 103-104.

170 Campbell, J. O herói de mil faces, p. 105.

171 Campbell, J. O herói de mil faces, p. 107.

172 Campbell, J. O herói de mil faces, p. 110.

173 Campbell, J. O herói de mil faces, p. 110.

174 Croatto traduz "ânsia do espírito" como "desânimo" e explica as consequências psicológicas desse desânimo na luta pela libertação, como foi dito no capítulo anterior. Ver Croatto, J. S. Êxodo, p. 45.

175 Ver Bíblia de Jerusalém, p. 111, nota a.

176 Ver Bíblia de Jerusalém, p. 121, nota c.

177 Sobre o simbolismo da passagem do mar, Campbell diz que: "Essa travessia das águas é um tema mitológico que se pode encontrar em toda parte". Campbell, J. As transformações do mito através do tempo, p. 90.

178 Ver Bíblia de Jerusalém, p. 122, nota b.

179 Todos esses "fatos" apresentados no livro do Êxodo constituem uma narrativa consolidada ao longo da tradição e não uma descrição literal dos fatos.

180 Conforme Bíblia de Jerusalém, p. 126, nota d.

181 Campbell, J. O herói de mil faces, p. 111.

182 Campbell, J. O herói de mil faces, p. 117.

183 Campbell, J. O herói de mil faces, p. 117.

184 Campbell, J. O herói de mil faces, p. 119.

185 Campbell, J. O herói de mil faces, p. 121.

186 Andiñach, P.R. O Livro do Êxodo, p. 90.

187 Hamilton, V. P. Comentário de Êxodo, p. 144.

188 Grenzer, M. Êxodo. A Bíblia: Pentateuco, p. 140, nota 4,18-31.

189 Campbell, J. O herói de mil faces, p. 121.

190 Ver a busca dos irmãos gêmeos em Campbell, J. O herói de mil faces, p. 128-130.

191 Ver o exemplo da jornada infeliz do garoto Faetonte em Campbell, J. O herói de mil faces, p. 130-132.

192 Campbell, J. O herói de mil faces, p. 128.

193 Lima Netto chama-o de "outro grande herói bíblico, Jesus, que foi concebido por uma virgem e esteve ameaçado de morte quando bebê". Lima Netto, R. Os segredos da Bíblia, p. 190.

194 Bíblia de Jerusalém, Mt 26,38-39, p. 1.752.

195 Campbell, J. O herói de mil faces, p. 133.

196 Ao tratar do processo psíquico na vida do indivíduo, que é um processo contínuo, Edinger faz uma explanação do desenvolvimento da personalidade com base na seguinte fórmula: na "fase anterior à idade adulta – separação entre o ego e o Si-mesmo; [na] idade adulta – reunião entre o ego e o Si-mesmo." Ver Edinger, E. F. Ego e arquétipo: uma síntese fascinante dos conceitos psicológicos fundamentais de Jung, p. 21-22.

197 Campbell, J. O herói de mil faces, p. 145.

198 Campbell, J. O herói de mil faces, p. 154. O itálico é do autor.

199 Campbell, J. As transformações do mito através do tempo, p. 90.

200 Edinger, E. F. Bíblia e Psique, p. 82.

201 Edinger, E. F. Bíblia e Psique, p. 82.

202 Grenzer, M. Por que o "êxodo" seria um projeto nacional? 1 mensagem eletrônica.

203 Hamilton, V. P. Comentário de Êxodo, p. 447-448.

204 Hamilton, V. P. Comentário de Êxodo, p. 451-452. A grafia "mediatório" em vez da correta "mediatário" é que aparece na obra em português.

205 Campbell, J. O herói de mil faces, p. 164.

206 Campbell, J. O herói de mil faces, p. 165.

207 Campbell, J. O herói de mil faces, p. 169.

208 Campbell, J. O herói de mil faces, p. 177.

209 Campbell, J. O herói de mil faces, p. 178.

210 Campbell, J. O herói de mil faces, p. 178.

211 Campbell, J. O herói de mil faces, p. 41.

212 Campbell, J. O herói de mil faces, p. 195.

213 Transmutar, transmudar e transformar são sinônimos. Conforme o verbete "Transmudar" *In*: Dicionário Priberam da língua portuguesa [em linha], 2008-2021.

214 Campbell, J. O herói de mil faces, p. 195.

215 Campbell, J. O herói de mil faces, p. 195.

216 Campbell, J. O herói de mil faces, p. 198.

217 Segundo o relato de Dt 1,19-39, Moisés está discursando aos israelitas sobre o caminho que fizeram do monte Horeb para a montanha de Cades e recorda-lhes que naquele lugar não quiseram subir para a terra depois que um grupo já tinha feito uma exploração de conhecimento da região e das cidades onde poderiam entrar. Essa atitude, segundo Moisés, foi uma rebeldia contra a ordem de Iahweh. Embora Moisés exortasse o povo a não ter medo dos habitantes da terra, "ninguém dentre vós confiava em Iahweh vosso Deus" (Dt 1,32). Por causa dessa falta de confiança dos israelitas, Iahweh ficou enfurecido e jurou que nenhum dos homens daquela geração veria a terra prometida e Moisés contou ao povo que Iahweh disse também a ele: "Também tu não entrarás lá!" (Dt 1,37).

218 Diferentemente de Nm 20,12, que narra Iahweh dizendo a Moisés e a Aarão que eles não creram em Iahweh e não o santificaram diante dos olhos dos israelitas, o livro do "Deuteronômio insiste que Moisés foi punido pelo pecado do povo e não por seu próprio", como Dt 3,26 em que Moisés diz ao povo: "Por vossa causa, porém, Iahweh irritou-se contra mim e não me atendeu...", e Dt 4,21 em que Ele diz: "Por vossa causa Iahweh enfureceu-se contra mim...". Conforme Blenkinsopp, J. Deuteronômio. *In*: Brown, R. E.; Fitzmyer, J. A. Murphy, R. E. (Editores). Novo Comentário Bíblico São Jerônimo: Antigo Testamento, p. 227.

219 Campbell, J. O herói de mil faces, p. 206.

220 As leis promulgadas por Iahweh em Ex 20 são chamadas de "Decálogo" devido à referência às "dez palavras" de Ex 34,28. Ver Bíblia de Jerusalém, p. 130, nota b.

221 Campbell, J. O herói de mil faces, p. 213.

222 Campbell, J. O herói de mil faces, p. 213.

223 Pode-se ver uma interpretação do caráter econômico das leis dos israelitas no livro do Êxodo em Silva, R. A. A. Alguns apontamentos sobre a economia dos hebreus

a partir do Código da Aliança (Ex 20,22-23,33). *In:* Simpósio Paulista de Estudos Bíblicos: Bíblia e economia, Anais, p. 104-111.

224 Pode-se ver uma interpretação ecológica das leis dos israelitas no livro do Êxodo em Silva, R. A. A. Uma leitura ecológica das leis de Israel no Código da Aliança: Ex 20,22-23,33. *In*: Estudos Bíblicos, p. 79-89.

225 García López, F. O Pentateuco, p. 157.

226 Sobre o simbolismo do número quarenta, Andiñach diz que o "número quarenta tem uma força especial na literatura bíblica, mas não parece ter aqui um significado específico. É provável que faça referência à santidade ou a algo que esteja completo, concluído, em sua forma devida". Andiñach, P.R. O Livro do Êxodo, p. 323. Vislumbra-se, assim, uma interpretação de que após os quarenta dias, o herói do Êxodo estava com as condições para passar o limiar do retorno e começar o retorno, junto com o povo, para a terra de Canaã, ou seja, a terra prometida, de onde eram originários os hebreus que migraram para o Egito.

227 Aras. O Livro dos símbolos: reflexões sobre imagens arquetípicas, p. 58.

228 Campbell, J. O herói de mil faces, p. 66.

229 Hamilton, V. P. Comentário de Êxodo, p. 633. Itálico do autor.

230 Campbell, J. O herói de mil faces, p. 225.

231 Campbell, J. O herói de mil faces, p. 230.

232 Campbell, J. O herói de mil faces, p. 231.

233 O Eu é o mesmo que o Si-mesmo.

234 Campbell, J. O herói de mil faces, p. 232.

235 Campbell, J. O herói de mil faces, p. 236.

236 Hamilton, V. P. Comentário de Êxodo, p. 865.

237 Hamilton, V. P. Comentário de Êxodo, p. 865.

238 Campbell, J. O herói de mil faces, p. 246.

# 4. MOISÉS E O PROCESSO DE INDIVIDUAÇÃO

No capítulo anterior, a leitura do personagem Moisés, sob a ótica da jornada do herói, segundo a perspectiva de Campbell, mostrou as características do personagem protagonista do livro do Êxodo como um herói do ponto de vista da psicologia do mito do herói, especialmente, da psicologia analítica.

Neste capítulo pretende-se fazer uma leitura do processo psicológico de Moisés, que se pode apreender do relato do Êxodo. Esse herói foi o líder de um povo segundo a narrativa exodal. O objetivo é analisar o processo psicológico desse personagem sob a perspectiva da psicologia analítica e compreender os sinais que se podem vislumbrar do processo de individuação no indivíduo Moisés e na sua atuação como líder de um povo num processo de libertação da escravidão.

A psicologia analítica se compõe de um cabedal conceitual que possibilita a leitura e a compreensão do processo psicológico seja do indivíduo, seja da coletividade, como um grupo social, uma nação, e até da humanidade toda como um corpo planetário. Os conceitos da psicologia analítica se formulam a partir das elaborações de Carl Gustav Jung em suas obras e enriquecem-se e aprimoram-se com as contribuições dos estudiosos da psicologia de Jung, os junguianos.

Por isso, esta pesquisa utiliza a nomenclatura psicologia analítica uma vez que o viés conceitual de leitura psicológica que se utiliza é proveniente das compreensões de Jung e de estudiosos junguianos cujas obras serão utilizadas como base para este estudo. Entre as contribuições dos muitos estudiosos junguianos são destaques no percurso deste quarto capítulo da pesquisa as das autoras Christine Downing e Ann Belford Ulanov e dos autores Edward C. Whitmont, Robin Robertson, Robert A. Johnson, Edward F. Edinger, Murray Stein e David DeBus.

## 4.1 A psicologia analítica, como uma resposta à sociedade racional, e a estrutura do mundo interior

Com base em Jung, Ulanov faz uma leitura da situação da religião na sociedade do século XX em relação à importância dos símbolos religiosos defendendo que no passado eles serviam de canal para a expressão da energia psíquica dos indivíduos, ou seja, os símbolos religiosos serviam no passado como repositórios da energia psíquica. Porém, a religião perdeu a importância na sociedade racional, o que interferiu na expressão/canalização da energia psíquica, que não tendo como ser canalizada nos símbolos e expressões religiosos acabou refluindo para a psique humana.[1] A consequência disso foi uma série de efeitos desastrosos uma vez que a energia psíquica não teve mais aquele "adequado escoadouro na experiência religiosa".[2]

Ulanov diz que, tendo a religião perdido a importância na sociedade racional e tendo ocorrido um "refluxo" da energia psíquica aos próprios seres humanos, houve não somente efeitos negativos. Houve também um efeito positivo que foi o surgimento de uma nova disciplina, a psicologia profunda, que se torna nessa sociedade uma oportunidade para se visualizar o processo psíquico, ou seja, a psique individual, "que é parte da psique coletiva, é agora[3] um meio pelo qual podemos sentir o divino".[4]

Na mesma linha de pensamento, Edinger oferece a reflexão de que as religiões e as mitologias ao longo da história

> funcionam como um recipiente para o inconsciente coletivo. A pessoa que crê em um mito vivo tem acesso a dogmas, cerimônias e imagens simbólicas que se encontram entre todos nós e a realidade bruta do inconsciente coletivo. Essa é a função dos mitos vivos e da religião. [5]

Edinger diz que, no entanto, dadas as transformações da sociedade ocidental a partir do século XV, os mitos religiosos, especialmente o mito cristão, não dão conta mais de conter a psique, pelo menos de uma "minoria criativa da sociedade ocidental [que] não cabe mais no recipiente do mito Cristão e, desse modo, está aberta e disponível para descobrir empiricamente a psicologia profunda".[6]

Jung, ao tratar do fenômeno psíquico que está na raiz da "magia por analogia" – termo que ele usou para se referir à analogia de um objeto ou símbolo mágico ou religioso com um evento que faz sentido para a alma humana –, exemplifica com o símbolo do fogo obtido numa celebração católica em que se lascava uma pedra e, em seguida, era feita uma analogia com o Cristo chamado de pedra angular da Igreja e que tinha o poder de acender a claridade nos corações dos fiéis.[7] Sobre esse exemplo Jung faz a crítica à sociedade racional e dá uma explicação psicológica a partir da sua definição de inconsciente coletivo, conceito que será apresentado mais adiante. Jung diz:

> O racionalista pode rir-se destas coisas. Mas há algo de profundo que foi tocado dentro de mim, e não somente dentro de mim, mas dentro de milhões de cristãos, chamemos a isto de beleza ou não. Mas o que foi tocado dentro de nós foram aqueles elementos de fundo, aquelas formas imemoriais do espírito humano que nós próprios não adquirimos, mas herdamos desde épocas que se perdem nas brumas do passado.[8]

Ulanov e Edinger baseiam suas convicções em Jung que afirma que:

> No nível mais alto da civilização as religiões e as filosofias preenchem esta mesma finalidade [de responder às influências do inconsciente] e sempre que um tal sistema de adaptação começa a faltar, surge um estado geral de inquietação e se fazem tentativas de encontrar novas formas adequadas de convivência com o inconsciente.[9]

As leituras de Ulanov e de Edinger contribuem para se lançar um olhar psicológico para o texto religioso da Bíblia Hebraica que é a escritura sagrada dos israelitas do primeiro milênio a.C.. Uma vez que tais textos sagrados são a expressão religiosa do antigo povo hebreu, podem-se perscrutar os sinais psicológicos que tal escritura guardou ao relatar os acontecimentos religiosos do povo de Israel. Já se disse nesta pesquisa a respeito da importância de se estudar o texto sagrado do ponto de vista da psicologia. Aqui se tem a oportunidade de afirmar mais uma vez que o texto sagrado pode conter expressões da psique já que, com base em Jung, Ulanov afirma que as religiões no passado eram canais da energia psíquica, e para Edinger elas eram um recipiente para o inconsciente coletivo.

Essa visão da situação humana na sociedade moderna quanto à expressão/canalização da energia psíquica, que outrora se dava pelos símbolos religiosos, permitirá que, na sociedade contemporânea, tal expressão/canalização seja compreendida por meio dos símbolos da psique na metodologia da psicologia analítica. Tal percepção se torna um aspecto impulsionador para se ler hoje um texto sagrado de mais de dois mil anos, pois pode-se voltar o olhar para os símbolos da psique que se podem vislumbrar no conteúdo religioso acumulado naquele texto sagrado da Bíblia Hebraica.

A leitura psicológica que se propõe fazer de Moisés, protagonista do texto bíblico do Êxodo, inspira-se na sequência de conceitos da psicologia analítica proposta por Downing na primeira parte da sua obra *Espelhos do Self*, em que nomeia os conceitos como figuras arquetípicas do mundo interior.[10]

Os conceitos da psicologia, que são as figuras arquetípicas do mundo interior, fazem parte da estrutura psíquica que Downing chama de âmbito arquetípico. Esse âmbito arquetípico é o ambiente da interioridade de cada indivíduo que pode ser compreendido como "a nossa vida interior". Quando a pessoa começa um processo de autoconhecimento ela está se encaminhando para um entendimento mais complexo da sua vida interior.[11] Jung chama o mundo interior de organismo psíquico,[12] ou seja, o todo da personalidade de cada indivíduo.

A psicologia analítica ensina que a primeira figura arquetípica com que a pessoa tem uma relação e da qual já tem uma noção é o ego. Pelo fato de ser o ego uma figura identificável pela consciência, pois é o centro consciente da psique, o indivíduo, ao iniciar o processo de autoconhecimento, dá-se conta facilmente da existência do ego. "A consciência é a única parte da mente conhecida diretamente pelo indivíduo".[13] Jung explica que o ego não é o campo global da consciência, mas sim o ponto central desse campo global da consciência, sendo, portanto, "um fator consciente por excelência".[14]

A pessoa em processo de autodescoberta deverá descobrir outras figuras da psique, que são componentes do inconsciente coletivo, que na psicologia de Jung se distingue do inconsciente pessoal. O inconsciente pessoal é o "repositório do material psíquico reprimido",[15] constitui-se "de conteúdos que foram em certo momento conscientes, ao passo que os conteúdos do inconsciente coletivo jamais o foram no período de vida de um indivíduo".[16] Pode-se descrever o inconsciente coletivo como um "reservatório de imagens latentes, em geral denominadas *imagens primordiais* por Jung",[17] ou seja, que não são peculiares a um indivíduo somente, mas são arquetípicas, têm incidência típica e até universal, conforme Downing.[18]

O indivíduo, no processo de autoconhecimento, fará a descoberta das figuras interiores, tais como a persona, que se trata da máscara psicológica que o indivíduo utiliza em cada ambiente social e que lhe proporciona a aceitação pela sociedade; a sombra, que é uma figura psíquica que tem o mesmo sexo que o indivíduo e que se caracteriza pelos atributos que o ego rejeita; uma figura interior contrassexual que, nas palavras de Downing, "nos ensina que as forças e fraquezas que atribuímos às mulheres (se somos homens) e aos homens (se somos mulheres) fazem efetivamente parte de nossa potencialidade psicológica própria: a anima e o animus".[19] No processo de autoconhecimento o indivíduo vai dar-se conta de que há o Si-mesmo que, como já se disse, se refere ao princípio organizador da personalidade total,[20] "que jamais se tornará plenamente consciente ou realizado, mas que nos conduz a uma vida mais rica e plena".[21]

Downing enfatiza que o indivíduo, em processo de autoconhecimento fazendo o contato com as figuras do âmbito arquetípico, se tornará capaz de agir respondendo às questões da vida, da convivência social e dos seus papéis a serem desempenhados de forma arquetípica também. Isso quer dizer que responderá de maneiras caracterizadas por associações, recordações e expectativas, das quais não tinha consciência, mas que serão possíveis a partir de conexões imagéticas que, além de serem pessoais, são coletivas. O sentido disso é que a psicologia dos arquétipos de Jung oferece uma fenomenologia do Si-mesmo, segundo a qual a psique inconsciente se mostra à consciência por meio de imagens arquetípicas. Fica claro que "Jung busca fazer psicologia a partir da perspectiva da psique e não a partir do ego; a partir de dentro, não de fora." O convite de Jung é para que se veja a vida com os auxílios que o inconsciente oferece, e não para uma psicologia que ensine apenas a contemplar o inconsciente.[22]

## 4.2 O ego

A partir da conceituação de Jung para o ego e para o Si-mesmo, assim como para outras figuras arquetípicas, será levantada uma leitura sobre o relacionamento dessas figuras arquetípicas no caso do personagem Moisés do livro do Êxodo, uma vez que o âmbito arquetípico é constituído por figuras que estão numa dinâmica relacional. As figuras arquetípicas não estão elaboradas de forma estanque umas em relação às outras, mas sim, estão num processo dinâmico, numa relação em um campo energético.[23] O relacionamento de Moisés com o divino nas narrativas do livro bíblico será tomado como um dos símbolos do processo psíquico.

O ego é, como se disse, o centro da consciência da personalidade. Stein esclarece que "'ego' é um termo técnico cuja origem é a palavra latina que significa 'eu'. Consciência é a percepção dos nossos próprios sentimentos e no seu centro existe um 'eu'".[24] Jung diz que ao se definir o ego é preciso levar em conta que ele é caracterizado pela individualidade, ou seja, o ego "é, até onde podemos saber, algo de individual e único, que permanece de algum modo idêntico a si-mesmo", embora haja numerosos elementos que componham o caráter do ego.[25]

Entende-se, assim, a ênfase de Downing de que o ego é também uma figura arquetípica. Embora o ego seja a figura da personalidade vivenciada de forma mais peculiar e mais individual, o apelo insistente de cada indivíduo ter sua individualidade é um fenômeno de todos os indivíduos, portanto, um fenômeno de característica coletiva; comum, se não a todas as pessoas, pelo menos praticamente a todas. O ego, em praticamente todas as pessoas, é aquela parte de cada pessoa que "afirma ser o todo mas que, na verdade, é somente uma parte da personalidade total (que Jung chama de Self)."[26]

A psicologia analítica mostra que o ego é relativizado em relação à totalidade da psique uma vez que afirma que no processo de autoconhecimento a pessoa vai conscientizar-se do quanto da psique ainda está além do alcance da sua consciência.[27] Pois, com a ajuda da psicologia, o indivíduo conseguirá compreender que há um mundo subjetivo da psique, isto é, um mundo privado da psique, inobservável para quem está de fora, inclusive para a própria mente consciente. O trabalho de autoconhecimento ajudará o indivíduo a acessar os elementos psíquicos inconscientes.[28]

Ao apresentar o âmbito arquetípico, ou seja, o organismo psíquico, o ego é o ponto de partida. Para Edinger, todo modelo de estrutura da psique começa pelo ego. "O ego é a base da consciência e o centro subjetivo do senso de identidade do indivíduo. Desse modo, tudo o que existe na consciência deve estar relacionado a um ego, a um sujeito."[29]

Fica claro, assim, que "ego" é o nome que Jung deu ao conjunto de percepções conscientes, de recordações, de pensamentos e de sentimentos, conjunto esse que se entende como a organização da mente consciente. Essa organização consciente chamada ego é fundamental para a vida do indivíduo, pois, embora seja uma parte pequena da psique total, sua função é reconhecer uma ideia, uma recordação, um sentimento ou uma percepção e é graças a esse reconhecimento do ego que tais elementos ou experiências podem chegar à consciência.[30]

Jung apresenta o ego como "aquele fator complexo com o qual todos os conteúdos conscientes se relacionam. (...) o eu [ego] é o sujeito de todos os atos conscientes da pessoa." Aqueles elementos ou experiências que o ego não reconhecer ficarão inconscientes, pois, diz Jung, "não há conteúdo consciente que antes não se tenha apresentado ao sujeito."[31] Desse modo, sendo o centro da consciência, o ego tem a função de determinar quais conteúdos permanecem na consciência assim como quais conteúdos vão para o inconsciente, pois assim como o ego reconhece conteúdos para que cheguem à consciência e retém conteúdos nela, ele também pode deixar de refletir alguns conteúdos e estes serão eliminados da consciência.[32]

Stein diz que o ego, de acordo com o entendimento de Jung, é moralmente neutro, ou seja, não se trata de uma característica ou condição humana negativa, tal como vulgarmente se entende quando se refere a uma pessoa egoísta como aquela que só trata dos seus próprios interesses, ao contrário da pessoa altruísta. Na psicologia de Jung o ego é "uma parte necessária da vida psicológica humana."[33] Ele é necessário porque tem a função de separar os seres humanos dos demais seres da natureza e de separar cada ser humano individual de todos os outros seres humanos. O ego é "o agente individualizante na consciência humana."[34]

O processo de individuação, que será explicado adiante, é o processo pelo qual "a consciência de uma pessoa se individualiza ou se diferencia da de outras";[35] a meta da individuação é que o indivíduo conheça a si mesmo da forma mais completa possível. Isso significa que a individuação e a consciência são dois processos psíquicos que caminham simultaneamente no desenvolvimento da personalidade do indivíduo.[36] Nesse sentido, o ego, que é o centro da consciência, tem fundamental importância, pois é ele quem reconhece os conteúdos para que cheguem à consciência.

Isso é muito importante para o desenvolvimento do indivíduo, pois uma imagem global da personalidade somente poderá ser descrita se puderem ser incluídos nela os traços que são inconscientes ou desconhecidos pela pessoa. Uma vez que essa é uma tarefa difícil, pois, como Jung afirma, "uma parcela do inconsciente não pode ser captada",[37] o processo de individuação será contínuo na vida da pessoa e uma descrição da diferença entre a personalidade consciente e os traços inconscientes somente será possível por uma "psicologia que se defronta com a realidade do inconsciente", como é o caso da psicologia analítica.[38]

Para que o ego reconheça ou rejeite conteúdos, sua ação é sempre orientada por elementos da personalidade chamados por Jung de funções e de atitudes da mente consciente. Essas funções e essas atitudes constituem as diferenças das personalidades dos seres humanos e são baseadas, segundo Jung, no "movimento da energia psíquica e [no] modo como cada indivíduo se orienta no mundo, habitual ou preferencialmente."[39]

Para Jung, as quatro funções mentais, que são aquelas funções que determinam a orientação da mente consciente, são denominadas: "pensamento", "sentimento", "sensação" e "intuição"; e na personalidade de cada indivíduo sempre uma função é dominante em relação às outras.[40] O significado de cada função pode ser dito de forma sucinta da seguinte maneira:

> a função do *pensamento* refere-se ao processo de pensamento cognitivo; a *sensação* é a percepção por meio dos órgãos dos sentidos; o *sentimento* é a função do julgamento ou da avaliação subjetivos e a *intuição* refere-se à percepção por meio do inconsciente (por exemplo, receptividade ao conteúdo do inconsciente).[41]

Além das quatro funções mentais há também na mente consciente duas atitudes cuja finalidade é orientar a mente consciente. São elas: a extroversão e a introversão. A extroversão é a atitude que orienta a consciência para o mundo externo, e a introversão é a atitude que orienta a consciência para o mundo interior.[42] Stein esclarece que "a disposição inata do ego nuclear para assumir uma dessas atitudes e funções forma a sua postura característica em face do mundo e no tocante à assimilação da experiência."[43]

Hall e Norbdy esclarecem como ocorre a conscientização ou a rejeição de conteúdos pelo ego:

> Isso, em parte, é determinado pela função dominante. Se uma pessoa é do tipo sensitivo, o ego permitirá que chegue à consciência um número maior de experiências emocionais. Se pertence ao tipo pensativo, os pensamentos poderão chegar à consciência mais facilmente que os sentimentos. Isso se deve em parte à quantidade de angústia que a experiência suscita no ego. Ideias e lembranças provocadoras de angústia estão sujeitas

> a não conseguir passagem para a percepção (consciência). Isso se deve em parte ao nível de individuação atingido. O ego de uma pessoa altamente individuada permitirá que um maior número de coisas se torne consciente. Mas também se deve em parte à intensidade da experiência. As experiências muito fortes podem obrigar a entrada pelas barreiras do ego, enquanto as mais fracas são facilmente repelidas.[44]

No processo psíquico, em que há uma dinâmica relacional, Jung explica que o ego, além de ser o fator psíquico que reconhece ou não os conteúdos que vão para a consciência, é parte da personalidade total que não pode ser captada, chamada Si-mesmo. O ego é subordinado a essa personalidade total e, nesse mundo subjetivo interior, é provocado pelos conteúdos inconscientes. O Si-mesmo em confronto com o ego age como uma realidade objetiva que põe limite à vontade do ego. O Si-mesmo é repleto de parcelas inconscientes que estão em desenvolvimento e provocam o ego e são capazes de assimilá-lo e até de modificá-lo.[45] É por isso que Stein afirma que: "entidade puramente psíquica, centro vital da consciência, sede da identidade e da volição, o ego, em suas camadas mais profundas, é vulnerável a perturbações oriundas de muitas fontes",[46] ou seja, do Si-mesmo.

Sendo o ego o sujeito psíquico que, segundo Jung, é o responsável de "todos os *esforços de adaptação*" que são produzidos na vida da pessoa "pela vontade", o seu papel na economia psíquica é fundamental, ou seja, como nas palavras de Jung, é "altamente significativo", embora não represente a totalidade da personalidade, mas o ponto central do campo da consciência.[47]

Segundo Stein, para o estudo da psique, à qual Jung se dedicou, "a consciência do ego é uma característica primordial do território que ele estava explorando." Para Jung estava claro que a consciência do ego é condição prévia essencial para a investigação da psique,[48] e essa essencialidade se explica também porque a consciência é a definição de vida tal como a "permanente ausência de consciência de um corpo é praticamente uma definição de morte". A consciência é "o 'fator vital'; ele pertence a corpos vivos."[49] E o ego é o centro vital da consciência.

O ego é influenciado pelo mundo exterior, os acontecimentos da vida e a convivência com as outras pessoas. O ego tem de responder a tais influências. O empenho do ego ao responder às influências que o provocam contribuirá para o seu próprio crescimento. Por isso, a convivência com o exterior é parte integrante da formação da personalidade. Mas também ocorrem influências sobre o ego vindas das forças do mundo interior da personalidade, ou seja, as influências do inconsciente. O ego também tem de responder a tais influências. Com esse trabalho de responder e realizar adaptações a tantas influências que o provocam, o ego se desenvolve. Portanto, é para o crescimento do ego que forças internas e externas atuam sobre ele.

As atitudes e as funções inatas no indivíduo levarão o ego a reagir de maneiras diferentes em cada indivíduo e em cada situação.[50] As ações do ego deverão contribuir para que a personalidade do indivíduo possa crescer e ele possa se relacionar com as interferências do mundo externo e com as forças do mundo interno. O mundo interno é povoado pelas forças do inconsciente. Jung adotou as ferramentas do método científico para estudar e investigar, a partir das emoções e comportamentos dos seres humanos, esse mundo inconsciente povoado do que Downing nomeou de figuras arquetípicas.[51]

## 4.3 O inconsciente: o inconsciente pessoal e o inconsciente coletivo

A psicologia analítica estuda a psique, ou seja, a personalidade total do indivíduo. Jung deixa claro que, além da consciência do ego, há a outra parte da psique que se compõe dos conteúdos desconhecidos pela pessoa ou de que ela não tem consciência. Essa parte da psique que é muito maior do que a consciência é o inconsciente.[52] Stein diz que se trata da "grande massa constituinte do mundo psíquico".[53]

Para explicar o conceito de inconsciente, Jung retoma o que era o inconsciente para Freud e recorda que, na teoria freudiana, o inconsciente era o conjunto dos conteúdos relacionados à infância que não estavam na consciência por terem sido reprimidos, e essa repressão acontecera devido à incompatibilidade do caráter desses conteúdos quanto à relação da criança com as pessoas adultas. Jung esclarece que a repressão é um processo que tem início quando o indivíduo é criança, uma vez que ela está sob a influência moral do ambiente, porém, não ocorre somente na infância, pois perdura toda a vida do indivíduo. Os conteúdos, que segundo a teoria freudiana eram de caráter sexual, serão produzidos na vida da pessoa até a velhice e, portanto, não ocorre, conforme defendia a teoria de Freud, um esvaziamento do inconsciente à medida que a pessoa se torna adulta, pois as fantasias sexuais infantis continuam sendo produzidas até a velhice.[54]

Mas, para Jung as expressões da atividade psíquica não se restringem a uma origem de ordem sexual, pois as atividades que estiveram estreitamente relacionadas com a sexualidade separam-se do domínio sexual à medida que ocorre a evolução da consciência e da cultura humanas.[55]

A visão freudiana era de que o inconsciente era composto apenas de conteúdos que seriam as partes da personalidade que mais tarde poderiam se tornar conscientes. Essa visão tinha um fundo de verdade, mas, ao mesmo tempo, de incompletude, pois os conteúdos defendidos pela teoria de Freud não abrangem a totalidade dos fenômenos inconscientes, segundo Jung.[56]

Assim Jung deixa claro o que ele compreendia sobre o inconsciente: "em sua totalidade o inconsciente compreende não só os materiais *reprimidos*, mas todo material psíquico que subjaz ao limiar da consciência."[57] Jung esclarece que não é somente por meio da repressão de conteúdos que se forma o material psíquico que está abaixo do limiar da consciência, pois se assim fosse, no processo de autoconhecimento o indivíduo, ao conseguir remover as repressões, chegaria a ter "uma memória fenomenal, à qual nada escaparia."[58]

Esse material psíquico, que está abaixo do limiar da consciência, compreende também aquelas percepções dos sentidos que, no entanto, não alcançaram a consciência, como, por exemplo, quando a pessoa ouve algo, mas não está consciente do que ouviu; também são inconscientes os movimentos internos do organismo, que ocorrem continuamente sem que a consciência se dê conta deles.

Isso quer dizer que tais conteúdos nunca estiveram na consciência; portanto, não poderiam nunca ter sido reprimidos pela consciência do ego. Esses conteúdos subliminares são chamados por Jung de "as sementes de futuros conteúdos conscientes"; e Jung esclarece que esses conteúdos estão em movimento no inconsciente, sendo, por este, ora agrupados ora reagrupados constituindo-se em fantasias inconscientes.[59]

A teoria junguiana explica, portanto, que no inconsciente há conteúdos reprimidos pela consciência do ego que são de ordem pessoal, ou seja, na existência do indivíduo muitos conteúdos vão sendo enviados pelo ego para o inconsciente. Esses conteúdos poderão, no trabalho terapêutico, ser associados novamente à consciência; por isso, o processo de autoconhecimento é muito importante na vida da pessoa. Mas ocorre que, no processo de autoconhecimento, não há a possibilidade de se esgotar o conteúdo inconsciente, pois não se estanca o que Jung chama de a produtividade do inconsciente.[60]

Jung explica que, quando se chega a um estágio do processo de autoconhecimento, as fantasias inconscientes não são mais resultantes das reminiscências pessoais. Elas são a manifestação de uma camada mais profunda do inconsciente na qual repousam imagens humanas universais e originárias. A essas imagens universais e originais Jung chamou arquétipos.[61]

Há, portanto, no inconsciente duas camadas, as quais Jung denominou inconsciente pessoal e inconsciente impessoal ou suprapessoal, chamado de inconsciente coletivo. Está esclarecido que o inconsciente pessoal é constituído pelas reminiscências das repressões pessoais. O inconsciente coletivo é aquele que não tem nenhuma ligação com o inconsciente pessoal e se caracteriza por ser totalmente universal. Os conteúdos do inconsciente coletivo podem ser encontrados em toda parte, ou seja, em todos os seres humanos reunidos em diferentes povos no mundo.[62]

Essas imagens universais, também chamadas por Jung de imagens primordiais, "são as formas mais antigas e universais da imaginação humana". Trata-se de imagens que são, ao mesmo tempo, sentimento e pensamento, e que têm vida própria no interior profundo do inconsciente.[63]

Uma representação que facilita a compreensão da constituição da psique segundo Jung é a figura do *iceberg*. A ponta do *iceberg* seria a camada da consciência e o corpo imenso submerso do *iceberg* seria o inconsciente, formado por duas camadas, o inconsciente pessoal e o coletivo. A camada submersa da psique chamada inconsciente pessoal é muito maior que a ponta do *iceberg* e é a camada que vem logo abaixo dessa ponta; ela é constituída de recordações pessoais, sentimentos ou comportamentos esquecidos ou que foram reprimidos pela consciência do ego. Mais abaixo, nas profundezas do *iceberg* da psique, encontra-se a camada, comparada a um mar abissal, do inconsciente coletivo, que é imensa e ancestral, constituída de imagens e comportamentos que se repetem ao longo da história da vida humana e da vida em geral.[64]

Como diz Jung, o inconsciente coletivo é essa camada mais profunda da psique que não se origina das experiências pessoais ou aquisições pessoais, mas é uma camada inconsciente inata ao indivíduo.[65] A essa camada mais profunda, essa "totalidade da psique que gera conceitos e símbolos imagéticos autônomos", o inconsciente coletivo, Jung chamou também psique objetiva.[66]

A teoria do inconsciente de Jung é fruto do seu trabalho científico; e seu empreendimento teórico não é uma formulação de dogmas, mas sim a elaboração de uma teoria que se constitui como uma hipótese para explicar o universo da psique por meio da teoria dos arquétipos do inconsciente coletivo, defende Stein.[67]

Robertson corrobora essa compreensão da grandeza do trabalho de Jung afirmando que:

> O conceito de inconsciente coletivo de Jung não é nem uma construção filosófica, nem um dogma religioso; é uma tentativa, conquanto às vezes possa parecer primitiva, de apresentar uma descrição acurada do mundo interior da psique e sua relação com o mundo material externo. Ele descobriu que esse mundo existia investigando cuidadosamente os sonhos de seus pacientes, para depois relacioná-los a temas semelhantes que havia descoberto em contos de fada, na mitologia, na arte e na cultura do mundo inteiro.[68]

No processo de autoconhecimento o indivíduo poderá chegar a acessar os conteúdos do inconsciente seja por meio de ação involuntária ou compulsiva do inconsciente, seja por meio da linguagem simbólica que é um meio pelo qual o inconsciente se manifesta.

A primeira forma de acesso ao inconsciente ou de abordagem dele é quando ele se manifesta no dia a dia do indivíduo em situações corriqueiras em que a mente consciente está concentrada em um conteúdo ou um comportamento, mas o indivíduo age como que "dominado" por um controle de que ele não tem consciência. Um exemplo do cotidiano seria quando a pessoa dirige um veículo sem se dar conta de todo o trajeto percorrido enquanto seus pensamentos fluem por outras ondas de ideias e a pessoa chega ao seu destino corretamente e, naquele momento, ela se dá conta de que "nem viu" o caminho que percorreu. Outra maneira de se entender a ação involuntária do inconsciente é por meio das fantasias, quando o indivíduo está absorto em alguma fantasia que perpassa sua mente; e ainda o inconsciente pode estar em ação quando de forma repentina uma onda emocional toma conta da pessoa, ou de forma inexplicável uma euforia domina o indivíduo, ou sem saber explicar racionalmente uma raiva explode.[69]

Johnson explica que em situações como essas, na verdade, as pessoas é que estão sendo abordadas pela ação do inconsciente e se as pessoas "tivessem parado para pensar, talvez percebessem que estavam sentindo a presença do inconsciente em suas vidas." Sobre esse aspecto, Johnson explica que "de vários modos, nas idas e vindas do dia-a-dia, o inconsciente age sobre e através de nós."[70]

Sendo o inconsciente um mundo no interior do ser humano, habitado por "energias invisíveis, forças, formas de inteligência – até *personalidades* distintas – que não são percebidas mas que vivem dentro"[71] dos seres humanos, ele dispõe de formas de linguagem simbólica para estabelecer relação com a mente consciente, tais como o sonho e a imaginação. Trata-se de "canais de comunicação altamente sensíveis que a psique desenvolveu para que os níveis consciente e inconsciente possam conversar entre si e trabalhar em conjunto." Assim fica claro que o processo de autoconhecimento se refere a um trabalho interior em que o indivíduo se dedica a aprender a linguagem simbólica que aparece nos sonhos ou na imaginação.[72]

Tanto nos sonhos como na imaginação o recurso que o inconsciente utiliza para se comunicar com a mente consciente é o símbolo. Os sonhos são carregados de símbolos assim como a imaginação, que se trata dos momentos de fantasias que perpassam a mente consciente e fazem parecer que o indivíduo está sonhando acordado. As fantasias que irrompem no dia a dia, nesse sentido, são expressões simbólicas do inconsciente, fantasias essas que produzem novas ideias sobre fatos do indivíduo e que são muitas vezes soluções para questões em aberto no dia a dia.[73]

Se o inconsciente promove uma forma de comunicação com a consciência é porque a mente consciente necessita dos conteúdos inconscientes para que o indivíduo tenha uma vida mais completa. Isso significa que o inconsciente reserva conteúdos indispensáveis para uma vida realizada da pessoa. Johnson diz que, se quiserem ter o sentido exato de quem de fato são ou quiserem se tornar seres mais completos, as pessoas necessitam estabelecer a comunicação com o inconsciente.[74]

Jung esclarece que quem progredir na assimilação do conteúdo da personalidade que está inconsciente, ou seja, na assimilação do "si mesmo" inconsciente, estará ampliando o âmbito de sua personalidade. Isso é de suma importância, pois esse "si mesmo" significa as qualidades ou características da própria pessoa que estão inconscientes, mas das quais ela necessita para que possa se tornar cada vez mais uma pessoa plena.[75]

Com outras palavras Johnson esclarece que quando uma energia do inconsciente promove uma invasão na consciência produzindo uma fala ou um comportamento e nesse momento a pessoa pensa que "não fui eu mesmo que fiz tal coisa", significa que essa pessoa se deu conta de que o "eu mesmo" inclui também o seu inconsciente. Johnson explica que "essa parte escondida tem sentimentos fortes e quer expressá-los. Entretanto, a menos que aprendamos a trabalhar *dentro de nós mesmos*, essa parte permanecerá escondida para o consciente."[76]

Por isso, é de suma relevância o processo de autoconhecimento por meio do qual o indivíduo pode aprender a ir ao inconsciente e se tornar receptivo às mensagens que o inconsciente lhe envia. Esse autoconhecimento é que proporcionará à pessoa a possibilidade de conhecer aquelas partes da sua personalidade que ainda lhe são desconhecidas.[77] As partes desconhecidas da personalidade estão reservadas no inconsciente que é "fonte criativa de tudo que evolui para a mente consciente e para a personalidade total de cada indivíduo".[78] Portanto, o processo natural do desenvolvimento da personalidade é que os elementos reservados ou latentes no inconsciente sejam recebidos pela consciência e se desenvolvam no nível da consciência.[79]

Por outro lado, enquanto toda a energia[80] do inconsciente, ou seja, da psique objetiva, continua viva e latente e podendo a qualquer momento provocar o ego, e movimenta-se independentemente do ego, pode acabar sendo percebida por ele. A relevância dessa operação do inconsciente é que, se a mente consciente não for capaz de compreendê-la e acabar considerando-a como manifestação caótica ou expressão de desejos ou de impulsos, o seu significado poderá ser apreendido se o ego se propuser a interpretar o sentido do símbolo. O sentido do símbolo estará nas manifestações das imagens que o inconsciente estiver produzindo e proporcionando à mente consciente, seja nos sonhos, nas visões, nos rituais ou na imaginação.[81]

Whitmont esclarece que as imagens enviadas pela psique objetiva ao indivíduo, por meio dos sonhos, das visões, dos rituais ou da imaginação, exercendo certa pressão sobre o ego, "parecem como que inclinadas a alterar e ampliar o consciente."[82] A atuação de tais imagens quer mostrar que aqueles conteúdos inconscientes estão exigindo ser reconhecidos pela mente consciente e "ser admitidos na vida consciente."[83] É por isso que Jung classifica os conteúdos da psique objetiva como conteúdos subliminares, ou seja, falta a esses conteúdos a qualidade da consciência, e são conteúdos psíquicos que têm valor energético para conseguir chegar a se tornar conscientes.[84]

A dificuldade que se apresenta para o ego é grande, pois a concepção da mente consciente é que ela é a primeira experiência da personalidade, pois é o que o indivíduo conhece. Fica difícil para a mente racional consciente, ou seja, para a experiência subjetiva do ego, aceitar que há uma base interior que funciona como um substrato que origina conteúdos que vão compor a mente consciente e que, portanto, a mente consciente, o ego, não é o fato primário da personalidade. O ego tem dificuldade de aceitar o "outro" objetivo que funciona como um ponto focal do campo de força psíquica.[85]

Mas a ação da psique objetiva não pode ser negligenciada pelo indivíduo pois esse indivíduo necessita dos conteúdos elaborados nas profundezas do inconsciente para viver sua vida. Por isso, o indivíduo teria a liberdade de escolher o caminho indicado pelas forças do inconsciente ou de ser arrastado por elas se as recusar. A ideia que perpassa a teoria junguiana da liberdade humana é a de que o indivíduo para viver sua vida precisa se adaptar ao mundo exterior e, da mesma forma, ao mundo interior, pois o interior profundo do ser humano contém as sementes da personalidade do indivíduo, das quais ele necessita para viver. Há, portanto, uma verdade interior em cada ser humano e há no interior do mesmo ser humano um impulso para que ele se adapte a essa verdade interior e possa se realizar como pessoa humana, ou seja, realizar a sua personalidade. Eis aqui a ideia que fundamenta o que Jung chamou de anseio de individuação.[86]

O mundo interior, ou seja, a vida interior da pessoa é a vida que cada pessoa vive no segredo do seu interior, da sua intimidade pessoal numa relação de companheirismo entre o ego consciente e o "si mesmo" inconsciente. A meta da vida de todo indivíduo é alcançar o equilíbrio entre a mente consciente e o inconsciente. Esse equilíbrio é caracterizado pela troca de energia entre essas duas camadas ou níveis da psique; e essa troca de energia se dá quando há um encontro entre consciente e inconsciente por meio dos sonhos, das visões, dos rituais ou da imaginação. Esse equilíbrio será possível quando houver o encontro das raízes da mente consciente que estão localizadas nas profundezas do inconsciente. Se o indivíduo ou a sociedade separam tais raízes, como a sociedade moderna o fez e isso perdura na sociedade contemporânea, haverá um desastre na formação da personalidade.[87]

Para esta pesquisa em Ciência da Religião é sumamente relevante esta compreensão uma vez que, segundo a psicologia analítica, é nas profundezas do inconsciente que se encontram as raízes da vida religiosa, as raízes da concepção individual de Deus e das entidades divinas. O desastre ocasionado, na personalidade individual ou na personalidade de uma sociedade inteira – como é o caso da sociedade racional –, pela falta de troca da energia entre o consciente e o inconsciente nesse aspecto seria o impedimento da função religiosa, ou seja, da procura de significado e experiência interior que é próprio do ser humano realizar ao longo da vida.[88]

Daí compreender-se a relevância da afirmação de Edinger de que a obra de Jung tornou inevitável "a reconciliação entre ciência e religião".[89] Para exemplificar essa possibilidade, Edinger recorda a paráfrase que Jung faz de uma sentença de Santo Inácio de Loyola[90] ao propor que se leia a sentença despojando-a da sua linguagem religiosa e lendo-a sob a perspectiva psicológica da necessidade do autoconhecimento:

> A consciência foi produzida com a finalidade de reconhecer (laudet) que sua existência provém de uma unidade superior (Deum); de considerar atentamente esta fonte (reverentiam), cujas determinações ela deve executar de modo inteligente e responsável (serviat), proporcionando deste modo um grau ótimo de vida e de responsabilidade de desenvolvimento à psique em sua totalidade (salvet animam suam).[91]

Segundo a psicologia analítica, o indivíduo necessita ter fé, não no sentido de ter uma crença numa determinada religião, mas no sentido[92] de adesão absoluta do espírito à verdade de que o inconsciente é a maior parte da psique e contém as energias que complementam a mente consciente. Assim, a psicologia analítica incentiva o indivíduo a ter fé no inconsciente, nos símbolos dos sonhos, das visões, da imaginação e dos rituais, e viver com os símbolos como verdadeiros companheiros de jornada da vida física para que se possa chegar ao autoconhecimento, pois tais símbolos são verdadeiros companheiros de jornada no mundo interior.[93]

Fica clara a explicação de Withmont sobre a adoção do termo "psique objetiva" por Jung para o inconsciente coletivo. Ao adotar esse termo Jung ampliava o conceito de inconsciente coletivo oferecendo, assim, a concepção de que o inconsciente coletivo, isto é, a psique objetiva, é uma dimensão da psique inconsciente que se caracteriza por ser humana, *a priori*, ou seja, não é acúmulo de materiais reprimidos, mas em si mesma é profundamente humana ao ser a fonte de características da personalidade humana.[94]

É por isso que não é somente a pessoa doente, ou seja, dominada por uma patologia psíquica, que deve buscar conhecer o que a psique objetiva tem a lhe proporcionar, pois para Jung essa necessidade potencial é de toda pessoa adulta, uma necessidade de aprender o que o símbolo proposto pelo inconsciente quer transmitir ao ego. Todos os seres humanos devem fazer essa jornada psicológica, pois é no inconsciente que estão os "poderes" que proporcionarão às pessoas um desenvolvimento da personalidade, ou seja, daquilo que cada pessoa pode chegar a ser.[95]

## 4.4 Arquétipos

Depois da apresentação do inconsciente coletivo e antes de adentrar a conceituação das personalidades interiores dessa psique objetiva, faz-se necessária a apresentação do conceito de arquétipo.[96]

De forma geral Jung diz que os conteúdos do inconsciente coletivo são chamados arquétipos.[97] Opta por esse termo, já utilizado por filósofos e teólogos, por ser um termo que ajuda muito na definição dos conteúdos do inconsciente coletivo, sobre os quais Jung diz tratar-se de "tipos arcaicos – ou melhor – primordiais, isto é, de imagens universais que existiram desde os tempos mais remotos."[98] Por isso, em psicologia analítica, arquétipos se referem somente aos conteúdos psíquicos "que ainda não foram submetidos a qualquer elaboração consciente." Será a consciência individual que proporcionará ao conteúdo inconsciente matizes distintos após o processo de conscientização e de percepção do arquétipo.[99]

Jung diz que a psique humana "contém todas as imagens das quais surgiram os mitos, e que nosso inconsciente é um sujeito atuante e padecente",[100] o que quer dizer que tais imagens são a origem de todas as imagens que são concebidas pela consciência. Sendo a consciência portadora de uma característica individual, as imagens apreendidas e compreendidas terão matizes variados conforme o indivíduo, cuja consciência apreendeu e compreendeu os símbolos que chegaram à consciência provindo dos arquétipos que estão nas profundezas da psique objetiva.

Esse caráter humano da psique inconsciente que contém os arquétipos, ou seja, as imagens arquetípicas, é ressaltado por Jung quando, para mostrar o conceito de inconsciente coletivo, faz uma comparação entre os instintos e os arquétipos e diz que "da mesma maneira como os instintos impelem o homem a adotar uma forma de existência especificamente humana, assim também os arquétipos forçam a percepção e a intuição a assumirem determinados padrões especificamente humanos." Na sequência, Jung conclui que "os instintos e os arquétipos formam conjuntamente o *inconsciente coletivo*."[101] Isso deixa claro que a psique objetiva é caracteristicamente humana.

Jung usa o termo "arquétipo" e depois a expressão "imagem primordial" como dois conceitos com sentido equivalente. Por causa disso desenvolveu-se uma opinião incorreta de que Jung pressupõe que as imagens sejam herdadas. A expressão "imagem primordial" quer referir-se a um conteúdo mais preciso do que o termo "arquétipo" que quer referir-se mais a um elemento estrutural da psique objetiva e só é herdado como elemento estrutural; já a imagem primordial, que é ordenada pelo elemento estrutural na psique objetiva e pode chegar a ser conhecida pela mente consciente, aparece como "variante subjetiva" na vida de cada ser humano.[102]

Jung se refere ao conceito de arquétipo ao explicar a relevância do processo de autoconhecimento. Ele diz que normalmente constata pela experiência que os seres humanos normalmente se conhecem bem pouco, o que faz com que acabe sobrando muito espaço na vida do indivíduo para o inconsciente.[103] O inconsciente precisa atuar para que o indivíduo apreenda as imagens de qualidades psíquicas inconscientes que vão compor a sua personalidade. Para isso, é que o recurso que o inconsciente usa são "representações formadas arquetipicamente", diz Jung.[104]

Downing opta pelo adjetivo "arquetípico" e, consequentemente, por "imagens arquetípicas" em vez do substantivo "arquétipo", e ressalta que uma dimensão do inconsciente, que produz as imagens arquetípicas, se caracteriza por ser uma fonte viva e criativa de energia e direcionamentos para a vida do indivíduo que não se esgotam e que são oportunidades interiores que contribuirão para a transformação da vida do indivíduo. Mas também quando o indivíduo tomar consciência dessas imagens arquetípicas ele terá a oportunidade de se dar conta de que a experiência de conhecer imagens dos conteúdos interiores que são conteúdos arquetípicos, isto é, universais, contribuirá para que compreenda que sua vida compartilha com a história da humanidade. Essa experiência possibilita ao indivíduo "um senso inteiramente novo de ligação com a humanidade inteira, não só através dos relacionamentos externos mas a partir do cerne mesmo do [seu] ser".[105]

É justamente porque, sendo as imagens "arquetípicas" o recurso por meio do qual manifesta-se a psique objetiva, o adjetivo "arquetípicas" indica que tais imagens têm o poder de colocar o indivíduo em contato com os conteúdos que são a fonte do ser de cada indivíduo.[106]

A relevância de preferir o termo "arquetípicas" se explica, para Downing, pelo fato de que Jung se interessa pelas imagens arquetípicas porque ele dá ênfase à forma do pensamento inconsciente e não ao seu conteúdo. Isso significa que o pensamento inconsciente é capaz de produzir imagens e isto ocorre em todos os seres humanos, como uma herança da espécie humana. Tais imagens arquetípicas produzidas pelo inconsciente coletivo não são resquícios dos antepassados longínquos dos seres humanos, mas são comprovação de que interiormente todos os seres humanos contêm um sistema vivo que produz interações entre a psique humana e a realidade exterior. Essa forma do pensamento inconsciente é que interessa particularmente a Jung, pois como o ser humano contemporâneo tem a capacidade de ter em seu interior imagens sendo geradas, também tiveram a mesma capacidade os que produziram as mitologias antigas.[107]

As imagens arquetípicas não são simplesmente imagens oníricas ou mitológicas, mas sim uma maneira do indivíduo na atualidade dar respostas com sua imaginação e não só com a capacidade lógica e racional. Downing enfatiza que se trata "de um jeito de ser no mundo que está aberto a muitas dimensões de significado, a ressonâncias, a ecos, a conexões associativas ou sincrônicas e não apenas às causais." Completa sua ênfase recordando que essa capacidade de produzir imagens arquetípicas no ser humano se trata "de um mundo que é repleto de signos, símbolos, metáforas e imagens, repleto de significados."[108]

Por isso, responder ao mundo e à vida a partir das imagens arquetípicas é uma forma de comprovar que não existe separação entre o mundo interior do indivíduo e o mundo exterior. E, sendo um processo que provém do interior humano, esse ato de responder ao mundo por meio das imagens arquetípicas, ou seja, pela compreensão do símbolo que elas transmitem, constitui, segundo a teoria de Jung, "a função verdadeiramente humanizante".[109]

As imagens arquetípicas são as imagens que chamam a atenção do indivíduo em determinados contextos da vida. Não são imagens que funcionam como resposta a experiências típicas e recorrentes, mas sim, são aquelas que o indivíduo em um certo contexto tem sua atenção voltada para elas, ou seja, as imagens arquetípicas são aquelas que merecem mais reiteradamente a atenção das pessoas. É por esse sentido que Downing defende que as imagens que Jung chamou de arquetípicas ou universais são aquelas que são observadas pela consciência, são aquelas a respeito das quais há uma resposta da consciência. Downing diz também que "o importante não é que as imagens arquetípicas *sejam* um conteúdo a priori, universal ou numinoso, mas que nós as *sintamos* como tais".[110]

Essa compreensão de imagem arquetípica corresponde ao que disse Jung – no seu texto a respeito da estrutura da psique – sobre serem fixadas na alma justamente aquelas fantasias que foram causadas pelos afetos. Ou seja, para Jung uma imagem somente fica gravada por causa do afeto que ela gera e não por causa da condição física que possa ter alguma relação com a imagem.[111]

Um exemplo dessa gravação da imagem por causa do afeto seria a fantasia que o medo de um terremoto causa na pessoa, como se, por exemplo, um grande monstro estivesse desestruturando o solo fazendo-o tremer. Outro exemplo citado por Jung seria a maldição que as pessoas aplicam sobre temporais, expressando o furor da natureza.[112] Ou o exemplo da natureza fisiológica em que o ser humano atribui uma divindade para a sexualidade ou um demônio para as artimanhas da mulher sensual.[113] Ou ainda, o exemplo de que a fome transforma os alimentos em divindades.[114]

Jung vai concluir que todas as fantasias resultantes de situações perigosas, tanto para o corpo físico como para a psique, serão carregadas de afeto e, se elas se repetirem de forma típica, darão origem a arquétipos, já que ele chamou de arquétipos os temas míticos similares de forma geral.[115] Fica claro que, assim como as fantasias somente ficam gravadas pelo afeto que a elas a pessoa atribui, também somente quando para a mente consciente o afeto tiver significado em uma imagem provinda da psique objetiva é que tal imagem será considerada arquetípica. Importa esclarecer que a mente consciente se dá conta do significado de uma imagem porque os afetos tocam os sentimentos, porém, os afetos são sempre produzidos de forma inconsciente, ou seja, não é a mente que produz o afeto, mas a natureza afetiva do ser humano é inconsciente.[116]

Na elaboração do conceito de arquétipo Jung deixou claro que:

> os arquétipos são determinados apenas quanto à forma e não quanto ao conteúdo (...). Uma imagem primordial só pode ser determinada quanto ao seu conteúdo, no caso de tornar-se consciente e portanto preenchida com o material da experiência consciente. (...) O arquétipo é um elemento vazio e formal em si, nada mais sendo do que uma *facultas praeformandi*,[117] uma possibilidade dada *a priori* da forma da sua representação. O que é herdado não são as ideias, mas as formas, as quais sob esse aspecto particular correspondem aos instintos igualmente determinados por sua forma. (...) a princípio ele [o arquétipo] pode receber um nome e possui um núcleo de significado invariável, o qual determina sua aparência, apenas a princípio, mas nunca concretamente. O *modo* pelo qual, por exemplo, o arquétipo da mãe sempre aparece empiricamente, nunca pode ser deduzido só dele mesmo, mas depende de outros fatores.[118]

Para Jung "o inconsciente coletivo é a formidável herança espiritual do desenvolvimento da humanidade que nasce de novo na estrutura cerebral de todo ser humano." Comparando com a consciência, considerada por Jung um fenômeno efêmero, "o inconsciente, pelo contrário, é a fonte de todas as forças instintivas da psique e encerra as formas ou categorias que as regulam, quais sejam precisamente os arquétipos."[119] Essas formas do pensamento inconsciente, de atuar com tais forças e produzir imagens, são o que Downing enfatiza como o que mais interessou a Jung do que os conteúdos. É a potência da psique objetiva que todos os seres humanos herdam por serem humanos.

Com base no que se apresentou sobre as imagens arquetípicas pode-se observar o personagem do Êxodo, Moisés, na cena da sarça ardente em Ex 3. Na cena Moisés se sente atraído pelo fenômeno extraordinário que chama a sua atenção. Ele ouve uma voz que chama o seu nome duas vezes e ele responde à voz. Pode-se dizer que Moisés sente o encontro numinoso, embora ele não fale a respeito disso.

A curiosidade de Moisés, sua atitude de se aproximar para ver o que era aquele fenômeno misterioso, sua resposta ao chamado do seu nome, sua interação com o fenômeno extraordinário, sua obediência à voz do fenômeno para que tirasse as sandálias dos pés, sua atitude de cobrir o rosto, pois a tradição bíblica vai dizer que não se pode ver Deus e continuar vivo (Ex 33,20), todo esse conjunto de posturas de Moisés parece indicar que ele sente que está diante de um conteúdo universal e numinoso, isto é, divino e fascinante, que ultrapassa a experiência exterior e se move dentro de Moisés como algo que o impele a prestar atenção, a se manter num diálogo com o mistério.

Segundo Downing as imagens arquetípicas podem parecer à mente consciente como sendo "básicas, necessárias, fecundas. Elas estão ligadas a alguma coisa original, não no sentido de algo que as causa, mas no sentido de que ajudam a desencadear ou a possibilitar algum processo."[120] Com isso Downing quer esclarecer que a riqueza das imagens arquetípicas está na capacidade de possibilitar ao ser humano um encontro com um sentido, com um significado. Por meio dos símbolos que se podem compreender a partir das imagens arquetípicas a mente consciente pode promover associações, comparar com outras imagens e, então, vivenciar essas imagens arquetípicas como "dinamismos dotados de ressonâncias, complexidade e profundidade".[121]

Embora Downing questione a exatidão da alegação da universalidade literal das imagens arquetípicas, ela concorda que há uma sensação causada pela imagem arquetípica de que o indivíduo esteja "em contato com algo que dá a impressão de ser coletivo, partilhado" e que isso "faz realmente parte da conotação de *arquetípico*".[122]

Se Downing define que as imagens são arquetípicas porque são aquelas que dizem algo ao indivíduo ou têm algum sentido para ele, não está contrariando o que Jung diz, pois, para Jung, primordial é a capacidade de ter as imagens que em algum momento podem dizer algo para o indivíduo que está "no processo do conhecimento de si".[123]

O encontro de Moisés com o Anjo de Deus na sarça ardente se prolongará no capítulo 3 de Êxodo até que o leitor seja informado pela narrativa de que no diálogo Deus dá a Moisés uma incumbência de ir ao Egito libertar os israelitas da escravidão. No decorrer do diálogo Deus se apresenta como o Deus dos pais de Moisés e depois como o Deus dos Patriarcas da tradição do Pentateuco.

Esses detalhes do diálogo parecem mostrar que a experiência que o líder do Êxodo está tendo com o numinoso seja a de uma compreensão de que essa imagem arquetípica com quem Moisés dialoga e a qual o provoca a buscar o sentido de uma missão, trata-se de uma imagem do divino que faz parte da compreensão coletiva de um povo, que é compartilhada pelos pais, portanto, pela família israelita de Moisés, assim como pelos Patriarcas, portanto, pelos israelitas que antecedem a história de Moisés, segundo a narrativa do Pentateuco.

Interessa a esta perspectiva de estudo a crítica de Downing de que pode ocorrer uma visão do universal que seja sacrossanta, que priorize o espiritual em detrimento do corporal e chegue a ignorar "as opressões sociais que podem parecer sancionadas pela imagem universal".[124] A autora faz tal referência recordando que as pessoas podem correr o risco de não ter consciência do tamanho do seu envolvimento com os pressupostos da cultura em que estão inseridas e, com isso, contribuir para questões impostas como resultado de opressões políticas e sociais que não se explicam como imagens universais, isto é, arquetípicas.

Sobre esse aspecto, esta pesquisa concorda com essa leitura de Downing, uma vez que a narrativa do Êxodo possibilita uma leitura que abre o horizonte de que a imagem arquetípica do divino que começa o diálogo com Moisés no pé da montanha de Deus, a partir de uma sarça ardente, jamais indicaria a concordância com imagens de um ser divino que sacralizaria a opressão. Pelo contrário, o Êxodo é uma narrativa de ação de libertação da opressão; é uma demonstração literária de que o faraó do Egito, que representa o divino para os egípcios do Êxodo, não poderá continuar impondo suas decisões opressoras.

É possível concordar com Downing que, no caso do encontro de Moisés com o numinoso, o elemento concreto, corporal,[125] das pessoas concretas, não é relegado a um papel secundário, pois é justamente a imagem de um Deus libertador do sofrimento físico daquelas pessoas, sob os trabalhos forçados na produção de tijolos para as construções de armazéns gigantescos para o rei egípcio, que o encontro numinoso vai despertar em Moisés, o líder do Êxodo.

Downing enfatiza que as imagens arquetípicas têm o papel de oferecer ao indivíduo uma espécie de autorretrato da psique e sendo elas uma diversidade, uma amplidão de imagens, elas revelam o caráter multifacetado, multiforme da psique. "Elas contribuem com energia e direção para a contínua renovação da vida.[126]

Essa característica das imagens arquetípicas pode ser visualizada no personagem Moisés quando a narrativa de Ex 3 mostra que o indivíduo estava já a uma altura da vida que se pode pensar que ele era um homem maduro, estabilizado social, familiar e economicamente.[127] Mas o encontro com o numinoso ofereceu a Moisés o fluxo de energia para empreender uma missão que transformaria a sua vida estável em Madiã em um líder de um povo em um processo de saída do Egito para se livrar da escravidão, assim como tal encontro com a imagem arquetípica do divino ofereceu a Moisés o fluxo de uma nova direção de vida que o instigou a tomar uma decisão afirmativa quanto ao projeto divino.

Na linguagem de Downing, quando Moisés "apreciou" tal imagem arquetípica sua vida foi enriquecida e aprofundada.[128] Segundo Binz, a indicação da idade de Moisés aos oitenta anos como o fechamento de uma geração de sua vida, indica que a sua decisão e a sua ação contribuem para uma transição importante na história bíblica do povo de Israel.[129]

## 4.5 A persona

Entre as figuras arquetípicas está a persona. É um dos quatro arquétipos que têm grande relevância na estrutura da personalidade dos indivíduos: persona, sombra, anima e animus, e o Si-mesmo. Persona é a palavra usada originalmente no teatro da Antiguidade para a máscara com a qual o ator podia compor a personagem que ele representaria na peça. Para a psicologia junguiana o arquétipo com que o indivíduo utiliza uma máscara psicológica para compor uma personagem na convivência social é também a persona. O indivíduo utiliza a persona para se apresentar perante a sociedade e normalmente o faz com o objetivo de se mostrar adequado à determinada situação em sociedade e, assim, obter a aprovação dos demais membros daquela sociedade.[130]

Sendo uma figura arquetípica, a persona se refere às "expressões do impulso arquetípico para uma adaptação à realidade exterior e à coletividade."[131] É uma figura arquetípica de grande relevância porque é necessária para a vida em sociedade, uma vez que a aceitação pela sociedade é uma condição importante na vida de toda pessoa. Ao mesmo tempo, a persona proporciona a oportunidade ao indivíduo de viver sua vida privada com equilíbrio, pois ao voltar do convívio social, poderá se desvencilhar de determinada máscara social e desfrutar de atividades que lhe satisfaçam pessoalmente sem ter de prestar contas de resultados a outras pessoas. Um exemplo seria o artista plástico que trabalha durante o dia num outro tipo de emprego e estando em sua casa dedica horas a fio pintando seus quadros tranquilamente e realizando o seu talento, embora isso não significa que em casa o indivíduo não faça uso da persona, pois também no convívio familiar a pessoa utiliza persona.[132]

No convívio familiar as crianças vão aprendendo que os pais e os familiares mais velhos têm expectativas a respeito delas. Whitmont explica que, quando a criança está tentando comportar-se de modo a agradar os mais velhos, trata-se do "primeiro padrão de formação do ego" e a persona que está sendo constituída é resultante de julgamentos de valor e de códigos de conduta na cultura em que a criança está desenvolvendo-se, os quais estão sendo transmitidos à criança na vida familiar pelos pais e pelos mais velhos. O desenvolvimento da personalidade da criança deverá ocorrer com a diferenciação entre o ego e a persona para que a criança vá desenvolvendo-se psicologicamente de forma adequada.[133]

Esse desenvolvimento deverá levar a pessoa àquela capacidade, por exemplo, de distinguir entre as obrigações do trabalhador na empresa e as suas aptidões pessoais, como no exemplo do artista plástico. Cada pessoa deve aprender ao longo do seu desenvolvimento a ser capaz de corresponder ao que a coletividade espera de si, mas também ser capaz de ser a si própria. Como diz Whitmont, é preciso que a pessoa desenvolva uma persona adequada assim como um ego adequado.[134]

Pode ocorrer, porém, que esse equilíbrio não seja alcançado. Uma pessoa pode acabar desenvolvendo o que Whitmont chama de "pseudoego", ou seja, a personalidade dessa pessoa tem como base para se autoafirmar não o seu ego, mas o papel que desempenha perante a coletividade.[135] É um pseudoego porque o ego se identifica com o papel social e acabam sendo deixados de lado os outros aspectos da personalidade; esse indivíduo vive governado pela persona, em permanente estado de tensão psíquica uma vez que não realça sua própria natureza, mas sim está em cena constante na sua alma "o conflito entre a persona superdesenvolvida e as partes subdesenvolvidas de sua personalidade. Dá-se o nome de inflação à identificação do ego com a persona," definem Hall e Nordby.[136] É o exemplo do professor que trata a todos com quem convive como se fossem seus alunos, inclusive os seus familiares; também o exemplo do juiz que é juiz quando não só nos tribunais, mas em todas as circunstâncias de sua vida.

A inflação da persona leva o indivíduo a se impor aos demais, pois, sendo um papel desempenhado com muita eficácia, acaba projetando nos outros o seu papel e exige que os demais correspondem ao seu papel. A pessoa adulta no processo autoconhecimento precisa "desinflar a persona para permitir que os demais aspectos da natureza individual se afirmem."[137] Isso porque a pessoa sofrerá os efeitos da energia psíquica. Quer dizer, enquanto o Si-mesmo trabalha para que a pessoa alcance a autorrealização emitindo energia psíquica para impulsionar o consciente, no caso de persona inflada, essa energia está indo na contramão do consciente, pois o ego está identificado com a persona. Whitmont diz que, ao mesmo tempo que a persona inflada tem um caráter rígido, tem também um caráter quebradiço, pois as pressões que o Si-mesmo emitem para o consciente afetam o ego que não está tendo condições de se orientar.[138] Daí a necessidade do autoconhecimento e da desinflação da persona.

Na narrativa do Êxodo um exemplo de persona inflada é o caso do faraó do Egito. No primeiro capítulo do Êxodo narra-se a chegada ao poder no Egito de um novo rei que não conhecia José, um dos antepassados dos israelitas que, segundo o livro do Gênesis, fora um personagem muito importante para o Egito. O novo rei anuncia que os israelitas se tinham tornado mais numerosos e mais poderosos do que os egípcios e convida a estes a tomar medidas sábias para impedir o crescimento dos israelitas (Ex 1,8-10). A narrativa intenciona mostrar um rei opressor apresentando-o ironicamente como sábio. Tal ironia se pode perceber também quando as parteiras (Ex 1,19) respondem ao rei que não puderam matar os meninos recém-nascidos, como este lhes ordenara, porque as mulheres hebraicas eram mais cheias de vida do que as mulheres egípcias e não precisavam da ajuda das parteiras.

Esse novo rei dará as diretrizes da opressão a que serão submetidos os israelitas (Ex 1,11), determinará às parteiras que matem os meninos israelitas ao nascerem (Ex 1,16), e uma vez que essa ordem não foi obedecida, ordenará a todo o seu povo que jogue no rio Nilo todo menino que nascer (Ex 1,22).

De acordo com a teologia bíblica o rei do Egito era chamado de Faraó, como nome próprio, porém, tal palavra designava "a Casa grande", o Palácio, a Corte real, e acabou sendo a designação da pessoa do rei.[139] A narrativa do Êxodo não apresenta o nome daquela pessoa que tinha o cargo do rei, apresentando somente o título que designava a grandeza da casa, do palácio, da corte, um título que confundia tal grandeza com a pessoa do rei. E esse rei do Egito que não tinha nome, não se compreendia a si próprio como indivíduo, era o Faraó, isto é, o ego estava totalmente identificado com a persona do governante poderoso, que era a incorporação da Casa grande, do Palácio, da Corte; esse indivíduo não se via como indivíduo, mas como essa grande concentração de poder. O Faraó é um pseudoego.

A narrativa mostra que ele viveu o tempo todo identificado com a persona, sofreu pressões do Si-mesmo que significaram, segundo Edinger, a emersão do conteúdo inconsciente simbolizado no nascimento de um herói, Moisés,[140] cuja vida foi salva apesar da determinação de genocídio contra os meninos hebreus recém-nascidos. O faraó do Egito é um exemplo de uma persona inflada, ou seja, um pseudoego, um indivíduo que se autoafirmou com base na máscara de rei poderoso. A narrativa conta em Ex 2,23 o fim da sua vida mostrando que ele sempre esteve identificado com a persona: "Muito tempo depois morreu o rei do Egito."

Quanto ao personagem Moisés, um exemplo de sua persona é o de que ele se parece com um egípcio, como se pode ler em Ex 2,19 quando ele deu de beber ao rebanho das filhas do sacerdote Ragüel e, ao lhes ser perguntado pelo pai qual o motivo de terem chegado do trabalho mais cedo, elas responderam que fora um egípcio quem as ajudou. Moisés parecia aos olhos das moças um egípcio, o que poderia ser indício das suas vestes egípcias, da língua falada, da sua postura. Então, naquele momento a persona de egípcio estava atuante perante o grupo das moças.

Moisés não era egípcio e tivera de fugir por ter agido contra um egípcio que maltratava seus irmãos hebreus. O ego estava revelando uma máscara enquanto se posicionava perante um grupo social. Sendo que o ego apresenta uma persona com o objetivo de criar aceitação social, naquele momento além da força física de Moisés que o habilitou a expulsar os pastores violentos, também a força da persona de egípcio se impôs.

É diferente a cena do encontro de Moisés com Iahweh no símbolo da sarça ardente em que a voz divina exige de Moisés que retire as sandálias dos pés (Ex 3,5), ou seja, retire aquilo que cobre a pele, para que, assim, faça contato com o sagrado sem a identificação da persona. A voz do divino lhe disse que o chão em que ele estava era "uma terra santa". Encontrar o numinoso requer despojar-se das vestes da persona e estar livre para tocar o chão sagrado da psique coletiva.

É diferente também o gesto de Moisés de cobrir o rosto com um véu (Ex 3,6) após o divino se lhe apresentar. Moisés chega à percepção consciente de que está diante do mistério numinoso; é um momento sublime do desenvolvimento psicológico; cobrir o rosto é um gesto de respeito ao mistério, como se pode interpretar das palavras da narrativa bíblica de que "então, Moisés cobriu o rosto, porque temia olhar para Deus." Não é uma veste para se fazer aceitar pelo divino, mas uma veste para respeitar a profunda imagem que o inconsciente lhe apresenta como o Deus dos pais dele e também de toda a sua ascendência como povo de Israel.

## 4.6 A sombra

Edinger faz um paralelo entre duas figuras arquetípicas dizendo que "a persona é a entidade psíquica que opera entre o ego e o mundo externo. Agora, quando olhamos na outra direção, para dentro, o que encontramos primeiro é a sombra."[141]

Jung diz que dentre os arquétipos, que são imagens do mundo interior, isto é, imagens primordiais que estão no inconsciente coletivo,[142] os que empiricamente melhor se caracterizam são os que influenciam ou perturbam o ego com maior frequência e mais intensamente, e são a sombra, a anima e o animus. A sombra é o arquétipo que mais facilmente se pode acessar empiricamente pelo fato de que se pode aprofundar o conhecimento da sua natureza.[143] Jung afirma que para o processo de autoconhecimento é indispensável "a tomada de consciência da sombra" que se trata "de reconhecer os aspectos obscuros da personalidade, tais como existem na realidade." Ele deixa claro que se trata de um trabalho árduo que se pode prolongar por um amplo espaço de tempo no processo do autoconhecimento.[144]

Jung utiliza o termo "inferioridades" do indivíduo para se referir aos elementos que constituem a sombra, isto é, aos traços obscuros do caráter do indivíduo.[145] O impulso para que a sombra se forme na personalidade é arquetípico, mas os conteúdos que a constituem são resultantes da ação do ego de enviá-los ao inconsciente pessoal. E, por serem elementos que compõem o inconsciente pessoal, são mais facilmente acessados porque a natureza deles é mais facilmente conhecida. Dessa forma, a sombra pode ser integrada pelo indivíduo no processo de autoconhecimento, dependendo da dedicação em compreendê-la e da boa vontade do indivíduo.[146]

No entanto, na sombra há outros traços que são mais resistentes ao controle moral, isto é, não são aceitos pelo ego que está atento ao que a coletividade aprova ou desaprova. Com isso, entra em ação o inconsciente que vai projetar alguns traços que o ego não quer reconhecer. Entra em cena o fator emocional, pois quando o inconsciente projeta algum traço, o ego não o reconhece no indivíduo, mas sim em outra pessoa. Jung diz que é muito difícil para o indivíduo tomar consciência da projeção que está acontecendo.[147]

Johnson diz que a sombra começa a se formar quando em algum momento da vida, enquanto o indivíduo está crescendo e absorvendo as informações da sociedade, começa a entender que as coisas são divididas em boas e más. A partir daí a pessoa passa a ter a vida como que dividida, pois passa a classificar as características pessoais – conforme Johnson, dadas por Deus – em características aceitas pela sociedade e características que devem ser deixadas de lado porque são rejeitadas pela sociedade. Johnson enfatiza que a convivência em sociedade e a constituição da cultura requerem essa divisão em coisas aceitáveis e coisas inaceitáveis, ou seja, a cultura estabelece a classificação em bom e mau. As características da personalidade que são rejeitadas pelo indivíduo não desaparecem, mas "vão se acumulando nos cantos escuros de nossa personalidade", constituindo a sombra e depois de muito tempo escondidas "assumem vida própria – a vida sombria".[148]

Sobre Moisés, o protagonista do Êxodo, no que se refere ao início de sua vida, a narrativa não informa como teria sido a sua infância, apenas relata a respeito do seu nascimento que acontecera de um jeito fora do comum, com características de nascimento de heróis. Isso se conecta à informação de que, tendo já crescido, ele realiza uma façanha da juventude, como diz Vogels, que se caracteriza como atitude própria de herói popular pois se indigna diante da violência com que estava sendo tratado um de seus irmãos e quer acabar com tal situação.[149] Em

Ex 2,11-12 Moisés saiu para ver os seus irmãos hebreus que estavam trabalhando sob a escravidão imposta pelo faraó e, ao ver um egípcio que feria um hebreu, premeditou agir contra o egípcio e olhou para um lado e para o outro a fim de garantir que ninguém o visse cometer uma violência contra um egípcio, atingiu-o, matou-o e escondeu-o na areia.

O relato dos dois capítulos iniciais do livro do Êxodo trata da escravidão de hebreus por egípcios, de trabalhos forçados e decretos de morte de crianças hebreias, ou seja, uma cultura de morte dos hebreus imposta pelo governante do Egito, mas em nenhum momento diz que a sociedade aprovaria o assassinato de um egípcio por um membro da corte egípcia. Ao matar o egípcio, ele o enterra, o que simboliza o ego reprimindo o ato criminoso. A pressa em enterrar o morto parece simbolizar o ego não suportando a atitude criminosa; daí, manda-a para o subterrâneo da psique. Isso leva a pensar que o protagonista do Êxodo estaria enviando para a sombra o crime cometido, isto é, para o inconsciente aquilo que de que ele teme ser vergonhoso perante a sociedade egípcia.

Na sombra, como regra, estão as características comuns e mundanas da personalidade; mas há também as características muito boas, que são os aspectos nobres da sombra. Johnson diz que as pessoas possuem ouro na sombra, mas também as pessoas costumam resistir a esses aspectos nobres. E a resistência se dá porque no "processo de nivelamento que é a cultura" muitas características que são ouro da personalidade não encontram lugar na cultura.[150]

Aquilo que o ego enviou para a sombra que se refere a um aspecto nobre da personalidade, ou seja, ao ouro que está na sombra, é algo, segundo Johnson, que "está relacionado com o nosso destino superior" e que "uma parte importante de nós está adormecida ou sem uso".[151] Nesse sentido pode-se ler na narrativa do Êxodo que o personagem Moisés passou quarenta anos da sua vida cuidando de sua família e trabalhando no pastoreio do rebanho em Madiã e, enquanto isso, no interior de sua personalidade estava guardado o ouro de ser um grande líder, missão para a qual a voz divina o chamou do meio da sarça ardente em um momento da sua vida em que exercia o seu trabalho ao pé da montanha (Ex 3).

Tratando do processo de amadurecimento do indivíduo, Johnson diz que toda pessoa chega "à maturidade com um ego e uma sombra claramente definidos, um sistema de certo e errado, uma gangorra com dois lados".[152] Em seguida, Johnson faz referência ao processo religioso em associação com o tema dessa presença dual do ego e da sombra; ele diz:

> O processo religioso consiste em restaurar a integridade da personalidade. A palavra religião significa re-ligar, juntar novamente, curar as feridas da separação. É absolutamente necessário nos integrarmos ao processo cultural para resgatar a nós mesmos do estado animal; é igualmente necessário concluir a tarefa espiritual de juntar novamente o nosso mundo rachado e alienado. Devemos nos desligar do Jardim do Éden mas também reconstruir a Jerusalém celestial.[153]

Quer dizer que no processo cultural a pessoa acaba dividindo-se entre o certo e o errado e mandando para a sombra muitos aspectos da sua personalidade, mas, segundo Johnson, nesse processo cultural em que são estabelecidas normas para a vida civilizada, o indivíduo precisa "restaurar a integridade da personalidade que foi perdida nos ideais culturais, caso contrário, viveremos num estado de divisão que se torna cada vez mais doloroso no processo de nossa evolução."[154]

Enquanto na primeira metade da vida, a pessoa vai conformando-se ao processo cultural, pois vai moldando a vida aos padrões culturais e disciplinando-se, "a segunda metade da vida é dedicada à restauração da plenitude (sacralização) da vida."[155] Johnson faz uma leitura do processo psíquico como uma oportunidade de ser um processo religioso. Isso significa dizer que a plenitude da vida do indivíduo é como uma sacralização, ou seja, aquilo que acontece na alma da pessoa possibilitando-lhe um encontro com a sua interioridade, um encontro com ela mesma no mais profundo psíquico, seria um acontecimento religioso, uma restauração da integridade, uma sacralização do encontro do "eu" com o "Eu", isto é, do ego com o Si-mesmo. Esse acontecimento psíquico seria uma religação interior, uma experiência religiosa quando o indivíduo se encontra com a profundidade de si mesmo.

Esse processo, que no início era inconsciente, poderá tornar-se consciente na plenitude final, ou seja, o indivíduo vai trazendo à consciência os aspectos esquecidos e isso é um processo difícil, doloroso, mas um sofrimento que vale a pena ser vivido para que a plenitude da vida seja alcançada.[156]

Essa condição dolorosa do processo de trazer à consciência elementos esquecidos é explicada por Jung como um fato que desagrada muito a todos os seres humanos, pois é a descoberta da insuficiência pessoal. Descobrir isso é doloroso, pois enquanto na consciência o indivíduo é como um senhor de si, é um fazedor de todas as coisas da vida, o contato com os conteúdos inconscientes revela ao indivíduo que ele não é senhor de si, mas objeto de um outro fazedor das coisas desconhecidas na alma. No entanto, a possibilidade de crescimento humano já se vislumbra quando o indivíduo começa a formular essa questão, o que, para Jung, "já é meio caminho andado na solução de qualquer problema."[157]

Na narrativa do Êxodo encontra-se a jornada de Moisés que, durante sua juventude e sua vida adulta, matrimonial, de trabalho com o pastoreio, de criação dos filhos e obediência aos parâmetros familiares e religiosos estabelecidos na casa do seu sogro, viveu os anos de formação da sua maturidade psicológica para chegar a ter as condições para integrar a sombra. Moisés fora adotado pela filha do faraó e assumiu a persona de membro da família real egípcia, pois fora criado na corte do faraó. Navarro Puerto diz que "além de ter sido uma criança ameaçada desde seu nascimento e exposta à morte, Moisés é alguém com problemas de identidade por ter sido educado em duas culturas."[158] Na sombra ficou a condição de homem escravizado tal como todo o povo do qual era descendente.

Os símbolos do escondimento da identidade hebraica de Moisés são vários. Quando nasceu, a mãe, vendo que ele era belo e temendo pela sua vida, escondeu-o por três meses (Ex 2,2). Em seguida, a mãe calafetou com betume e pez um cesto de papiro e nele colocou o menino, protegendo-o e escondendo-o das autoridades policiais egípcias e de quaisquer pessoas que o pudessem denunciar; em seguida depositou o cesto nos juncos, à beira do Rio Nilo (Ex 2,3). A filha do faraó, que se banhava no rio, encontrou o cesto e adotou o menino, e escondeu a sua identidade hebraica dando-lhe um nome egípcio (Ex 2,10).[159]

Era necessário chegar à maturidade psicológica, isto é, Moisés tinha de ser capaz de olhar para dentro de si e integrar sua sombra, ou seja, sua identidade hebraica que ficara escondida, para que pudesse iniciar o processo libertador do seu povo e de si mesmo. Aqueles anos em Madiã na companhia do sogro, da esposa e dos filhos, "aqueles anos de reflexão quieta deram-lhe uma profundidade espiritual que seria difícil de adquirir em toda a atividade mundana de um palácio pagão."[160] Após esse longo período de silêncio conduzindo o rebanho de ovelhas no dia a dia (Ex 3,1), Moisés alcançará um amadurecimento psicológico que o habilitará para chegar ao encontro numinoso com Iahweh ao pé da montanha. "Uma vez pronto para sua tarefa divinamente ordenada, Deus falou a Moisés sobre o plano de livramento."[161]

Vê-se que no homem Moisés (Ex 3-4) há resistência ao chamado da voz divina para agir como o escolhido para iniciar o processo libertador. Moisés precisa ser instigado pela voz de Iahweh, a ponto de Iahweh se enfurecer com ele (Ex 4,14) e determinar que ele falará ao faraó por meio do seu irmão Aarão, mas que não poderá resistir à missão à qual está sendo convocado. É a força do Si-mesmo que provoca o ego a se abrir para o processo conscientizador. Em sentido coletivo, olhando a situação de opressão do povo israelita, Edinger afirma que as condições psicológicas expressas na narrativa da escravidão dos israelitas simbolizam "o estado psicológico do indivíduo que está para ser atingida pelo imperativo da individuação."[162] Essa leitura do povo oprimido que, segundo Edinger, pode ser aplicada ao indivíduo,[163] possibilita compreender que "o si-mesmo constelado não suporta escravidão ou constrição."[164]

Johnson usa o símbolo da gangorra para explicar o que se passa com a personalidade no que diz respeito à sombra. A gangorra tem em um lado os conteúdos aceitos e no outro lado os conteúdos reprimidos, mas eles não desaparecem, eles se mantêm na personalidade. E a psique mantém esse equilíbrio da personalidade para que não ocorra um colapso nem uma psicose da personalidade.[165]

Esse símbolo da gangorra da personalidade pode ser interpretado na ação de Moisés quando na montanha, na presença de Iahweh, dialoga com o divino e implora o seu perdão para os israelitas que fizeram um bezerro de ouro (Ex 32,11-12). A atitude dos israelitas de construir um bezerro de ouro,[166] tornar-se-á o "arquétipo do pecado para todo o Antigo Testamento", afirma Andiñach.[167] Além de implorar o perdão, Moisés pede ao divino que abrande o furor de sua ira. Esse é o lado da gangorra da personalidade de Moisés que comporta sua compreensão, amabilidade, compaixão. Mas, o mesmo Moisés, ao descer da montanha, em sete versículos adiante na narrativa, acendeu-se em ira, quebrou as tábuas da lei, queimou o bezerro, triturou-o, reduziu-o a pó, espalhou o pó na água e fez os israelitas a beberem (Ex 32,19-20); eis o outro lado da gangorra da personalidade de Moisés que comporta a ira, a agressão, o autoritarismo.

Johnson nomeia o lado sombrio da psique como "o nosso gêmeo psíquico [que] nos segue como uma imagem no espelho"[168] e também como "o outro" na psique.[169] Esse "outro" na psique, caracterizado como conteúdos indesejados ou negativos, existe tanto quanto a consciência dos elementos da personalidade caracterizados como aceitos ou positivos e "quanto mais sofisticada a nossa personalidade consciente, tanto mais sombra devemos construir do outro lado", diz Johnson.[170] Daí o que Johnson considera um dos maiores insights de Jung: "que o ego e a sombra procedem da mesma origem e equilibram exatamente um ao outro. Fazer luz é fazer sombra; uma não pode existir sem a outra."[171]

Quando, porém, o indivíduo consegue possuir a própria sombra é nesse momento que ele alcança um lugar sagrado, um centro interior. Se o indivíduo conseguir alcançar esse lugar sagrado da psique ele terá chegado à própria santidade e conseguirá ter um propósito na vida. E a santidade pode ser entendida como o "abraçar de todo o coração a nossa própria humanidade, não uma bondade unilateral que não possui nem vitalidade nem vida".[172]

Jung explica que ir à sombra é uma condição para o crescimento pessoal, pois o inconsciente possui simbolicamente a "água viva" e que, no fundo dessa água viva, há um "tesouro". Esse tesouro espiritual precisa ser retirado da interioridade humana e fortalecer a personalidade. Por isso, "tratar com o inconsciente é uma questão vital – uma questão de ser ou não ser espiritual", afirma Jung.[173]

Ser espiritual ou encontrar um tesouro espiritual se referem a uma força que é capaz de determinar o curso da vida da pessoa; essa força é a força do espírito que faz parte dos processos psíquicos que não estão sob o controle da consciência. Para Jung, o espírito é essa força que se caracteriza por ser capaz de determinar o curso da vida de um indivíduo e que é como uma consciência superior à consciência do ego. O ego nem chega a perceber o que a força do espírito é capaz de fazer.[174] Por isso, para Jung, é necessário que o indivíduo seja capaz de dar atenção aos elementos de sua personalidade que o desagradam; dessa forma ele chegará a vislumbrar a água que está no fundo do inconsciente e lá poderá encontrar um tesouro espiritual, isto é, fazer contato com um elemento que é capaz de conduzir a sua vida.

O ego é uma parte muito importante da psique total, porém, o espírito como força superior e condutora da vida é imprescindível. Jung enfatiza que

> ... um espírito que esteja de acordo com nossos mais altos ideais encontra seus limites na própria vida. Por certo, ele é necessário à vida, porque, como sabemos muito bem, a pura vida do eu é sumamente inadequada e insatisfatória. Só uma vida vivida dentro de um determinado espírito é digna de ser vivida. É um fato estranho que uma vida vivida apenas pelo ego em geral é uma vida sombria, não só para a pessoa em si, como para aquelas que a cercam. A plenitude de vida exige muito mais do que apenas um eu; ela tem necessidade de um espírito, isto é, de um complexo independente e superior, porque é manifestamente o único que se acha em condições de dar uma expressão vital a todas aquelas virtualidades psíquicas que estão fora do alcance da consciência do eu.[175]
>
> A vida é um dos critérios da verdade do espírito.[176]
>
> A vida e o espírito são duas forças ou necessidades entre as quais o homem está colocado. É o espírito que confere um sentido

> à vida humana, criando-lhe a possibilidade de se desenvolver ao máximo. Mas a vida é indispensável ao espírito, porque sua verdade não é nada se não pode viver.[177]

Johnson fala que na sombra há uma imensa quantidade de energia que está "encaixotada". Diz também que quando o indivíduo toca a sombra e faz alguma coisa fora do padrão habitual, uma grande quantidade de energia flui.[178] Isso pode ser vislumbrado no que ocorre com Moisés quando, irado, destrói o bezerro de ouro. Os verbos de destruição na narrativa bíblica, tais como queimou, triturou, reduziu, fez beber, indicam uma quantidade de energia muito grande expressa na ira de Moisés.

Outro exemplar da liberação de energia da sombra pode ser encontrado no símbolo da travessia do mar quando a narrativa de Ex 14 conta que os israelitas obtiveram sucesso ao fugir do exército do faraó que os perseguia para os levar de volta para a terra da escravidão. Moisés toca a sua sombra ouvindo a voz interior simbolizada pela voz de Iahweh que lhe dizia para levantar a sua vara de pastor e estender a sua mão sobre o mar (Ex 14,16) para que o mar ficasse dividido e os israelitas pudessem pisar na terra seca pelo meio do mar e pudessem chegar ao outro lado. Em uma noite inteira, símbolo do inconsciente, onde está a sombra, Moisés estendeu a mão sobre o mar e um vento forte soprou sobre o mar abrindo-o em duas partes (Ex 14,20-21).

Uma vez que os opressores entraram atrás dos israelitas pelo chão seco no meio do mar antes do amanhecer, novamente a voz divina orientou Moisés a estender a mão sobre o mar para que as águas voltassem ao normal (Ex 14,26). Moisés assim o fez e quando rompeu a manhã, símbolo da esperança, as águas cobriram o exército dos egípcios e não escapou nenhum deles (Ex 14,27-28). A energia liberada, quando Moisés tocou a sua sombra psicologicamente e estendeu a mão simbolicamente, foi tão poderosa que salvou os israelitas. Moisés tocou a sombra que escondera a sua identidade de homem descendente dos israelitas escravizados quando ouviu uma voz interior, sagrada, dizer-lhe para fechar o mar sobre os opressores do seu povo e dele mesmo. Ao tocar a sombra, suas mãos obtiveram o símbolo da força de mover o mar e aqueles que queriam fazer os israelitas voltar à escravidão foram eliminados.

Na dinâmica psíquica da sombra, para que o equilíbrio psíquico seja estabelecido e o indivíduo possa viver a experiência da santidade é preciso que viva a criatividade consciente e faça um gesto também consciente para compensar o outro lado da alma que é o oposto da criatividade. Pois a sombra está inconsciente e atuante na psique em proporção à criatividade ou à bondade manifestadas na ação do indivíduo. Caso não seja realizado um gesto consciente para compensar a sombra, ela irromperá do inconsciente e se manifestará para que o equilíbrio psíquico seja alcançado, porém, poderá ser "de uma maneira desajeitada e estúpida."[179] Nesse contexto o indivíduo que prestar atenção em sua própria personalidade não deve incorrer na visão de que fala Kress: "Se somente se olhar para o lado luz de alguém vive-se aí o fascínio, e se se cair no oposto olhando somente para o lado sombra, vive-se aí o horror."[180]

A sombra, que está sempre presente, necessita ser reconhecida. Johnson usa a expressão "pagar-se pela sombra" de uma forma inteligente para que haja equilíbrio psicológico na vida do indivíduo ou na vida de toda uma sociedade, pois há a sombra social também. A forma inteligente de se pagar pela sombra é "reconhecer *ritualmente* essa outra dimensão da realidade".[181] Richo corrobora a necessidade do reconhecimento da sombra e diz que:

> O desafio é nos aceitarmos de cima a baixo: admitir e afirmar, em vez de negar e fugir, nossa arrogância, nosso egocentrismo, nosso desejo de forçar os outros e quaisquer outras verdades obscuras que não queremos reconhecer sobre nós mesmos. Tudo isso constitui o nosso lado negativo da sombra que pode se tornar, mais que uma ameaça, uma promessa: podemos encontrar o melhor no pior de nós mesmos; podemos ver como a contrapartida de cada negativo na equação humana é algo positivo. Tudo o que se faz, inclusive o mal, é para o bem, diz Santo Agostinho.[182]

Segundo Johnson, uma primeira possibilidade de se reconhecer ritualmente a sombra é honrá-la, isto é, fazer uma cerimônia, que seja breve, em homenagem à sombra que existe no indivíduo ou reconhecer que há um acúmulo de sombra dentro da pessoa. Se o indivíduo não reconhecer conscientemente que a sombra faz parte da sua personalidade, a sombra "reivindicará o que é de direito, seja de forma inteligente ou estúpida",[183] ou seja, a sombra se manifestará e o indivíduo poderá agir justamente com algum comportamento que ele pretendia esconder. Johnson sugere exemplos de ação para honrar a sombra tais como escrever um conto com elementos terríveis para compensar a beleza de comportamento apresentada diante da sociedade que ocupou o tempo todo da atuação do indivíduo na convivência social. Quando se faz um ritual como esse, o outro lado da gangorra da personalidade é acionado e é como se a sombra se sentisse reconhecida, o que a leva a não irromper do inconsciente.[184]

Na narrativa do Êxodo, depois do símbolo do milagre do mar, Moisés e a coletividade dos israelitas cantam um poema (Ex 15,1), com as mulheres tocando tamborins e formando coros de dança (Ex 15,20), ou seja, homenageiam ritualmente a força, o caráter guerreiro e o terror de Iahweh, como, por exemplo, em Ex 15,2-8:

> Iah é minha força e meu canto, a ele devo a salvação. (...) Iahweh é um guerreiro. (...) Os carros de Faraó e suas tropas, ao mar ele lançou; a elite dos seus cavaleiros, o mar dos Juncos devorou: o abismo os recobriu, e caíram fundo, como pedra. Tua direita, Iahweh, pela força se assinala; tua direita, Iahweh, o inimigo estraçalha. Pela grandeza da tua glória destróis os teus adversários, desencadeias tua ira, que os devora como palha. Ao sopro das tuas narinas as águas se amontoam, as ondas se levantam qual represa, e os abismos se retesam no coração do mar.

Se o indivíduo tiver o que Johnson chama de *insight* e tiver a coragem de possuir a sombra, ele conseguirá consertar muitas situações na realidade que são resultados da sombra. Mas se o indivíduo não tiver tais condições, ele poderá projetar a sombra nas outras pessoas e ela poderá tornar-se o que Johnson chama de "o aspecto mais perigoso da psique moderna".[185] E não somente a sombra pessoal, mas o processo é o mesmo com a sombra coletiva ou sombra cultural que todas as pessoas "carregam" em uma sociedade. Bly diz que numa cidade ou numa comunidade a sombra coletiva se forma "por uma decisão psíquica coletiva" que leva os membros da cidade ou comunidade a recolher ou guardar na sombra certas energias da personalidade.[186]

Uma sociedade em que a sombra não é possuída, ou honrada, projetará a sombra em acontecimentos de magnitudes sociais, nacionais, e até mundiais, como, por exemplo, as guerras pelo mundo afora. Johnson esclarece que para a vivência do indivíduo a sombra não deveria ser projetada, mas, sim, deveria ser incorporada em cada indivíduo porque ela é parte integrante da personalidade do indivíduo; se o indivíduo não honra conscientemente a sombra a personalidade estará incompleta uma vez que projeta as trevas do seu interior para algo fora dele. Isso ocorre porque é mais fácil projetar do que assimilar a sombra.[187]

A sombra, no entanto, também pode caracterizar-se de qualidades que a pessoa rejeita e projeta em outra pessoa ou em alguma situação. Trata-se do ouro dentro da sombra. Isso é algo difícil de se entender, uma vez que é a rejeição de traços nobres da personalidade e o ego acaba não os utilizando e encontra um substituto de sombra para tais traços positivos. O indivíduo contém alguns traços positivos no seu interior, mas não os reconhece e, sim, projeta-os em alguém.

Por outro lado, o indivíduo, que no processo de autoconhecimento conseguir chegar a reconhecer a energia ou conteúdo da sua sombra projetada na outra pessoa, estabelecerá uma conexão com o mundo e será por meio dessa visualização de um conteúdo seu no outro, no mundo externo, que chegará a conhecer algo de si mesmo. Nesse sentido, a projeção é também uma coisa boa.[188]

Johnson exemplifica com a admiração dos heróis, esclarecendo que a pessoa que admira os heróis está projetando conteúdos neles, sendo que poderá chegar a uma idade e realizar algumas qualidades que antes admirava em algum herói, pois muitas vezes a resistência ao reconhecimento de alguma qualidade é em razão da infantilidade do indivíduo, que não quer deixar de ser infantil, que resiste ao desenvolvimento.[189]

Essa resistência do ego em aceitar um traço sublime, vendo-o como uma perturbação da estrutura da personalidade, pode ser comparada, em uma linguagem religiosa, "como se temêssemos que o céu viesse cedo demais!"[190]

Referindo-se à sombra projetada coletivamente, Johnson recorda que para Jung "é necessário uma sociedade sofisticada e disciplinada para participar de uma guerra tão comprida e complicada como a Primeira e a Segunda Guerra Mundial." Jung comparou as sociedades e concluiu que os povos primitivos, por não terem tanta sofisticação tecnológica e social, não tinham acúmulo de sombra tão grande quanto as sociedades contemporâneas dele. A triste conclusão é que "quanto maior a civilização, tanto mais empenhada ela está na sua própria destruição."[191]

Por outro lado, como afirma Bly, a projeção da sombra de uma nação sobre outra pode ser a oportunidade para que os membros da nação, que está projetando, cheguem a conhecer o que seu país ou sua coletividade têm na sombra. Ou seja, se os indivíduos de uma nação quiserem conhecer como coletividade a sua sombra devem observar com atenção o que seu país divulga sobre as falhas do outro. Isso permitirá perceber que muitas das acusações que uma nação faz de outra podem corresponder ao que está na guardado na própria psique coletiva.[192]

A partir da leitura da projeção da sombra coletiva, pode-se adentrar a leitura do contexto do Egito na narrativa dos capítulos iniciais do Livro do Êxodo. A sociedade egípcia, segundo o Êxodo, tornou-se complexa como o centro de um poderio imperial que incluía a presença de escravos para a realização das grandes edificações que eram os símbolos do poder faraônico, tais como as cidades-armazéns de Pitom e Ramsés (Ex 1,11). A sombra da sociedade egípcia estava acumulada e não reconhecida, pois o faraó era o rei que se achava sábio (Ex 1,10) e senhor de uma sociedade que não teria problemas a não ser que os israelitas escravizados passassem a ser um problema aliando-se a algum adversário da sociedade subordinada ao faraó e decidissem combater contra o Egito.

A projeção da sombra coletiva da nação egípcia sobre o povo de Israel escravizado pode ser percebida pelo uso do verbo pelo faraó no coletivo em Ex 1,10: "Vinde, tomemos sábias medidas para impedir que ele cresça; pois do contrário, em caso de guerra, aumentará o número dos nossos adversários e combaterá contra nós, para depois sair do país." Essa constatação da projeção da sombra na narrativa bíblica pode ser corroborada por Johnson quando afirma que "o Velho Testamento traz muitos exemplos de sacrifício para afugentar a sombra (os pecados) de um povo."[193]

Outro exemplar da atuação da sombra na narrativa do Êxodo está em Ex 12 quando a comunidade israelita é orientada pela voz divina para preparar um ritual; ou seja, o Si-mesmo quer que haja uma conscientização da sombra. Nesse episódio, Iahweh orienta Moisés e o seu irmão Aarão a preparar com toda a coletividade de Israel um ritual que poderá aplacar a ira de Iahweh diante da grande sombra egípcia de opressão sobre o povo de Israel. O povo israelita sofre o peso da opressão, mas se não realizar o ritual de imolar um cordeiro por família, assar a carne e untar os marcos e a travessa das portas de suas casas com o sangue do cordeiro imolado (Ex 12,6-7), poderá ser também atingido pela ira de Iahweh que ferirá de morte os primogênitos na terra do Egito (Ex 12,12). É preciso ritualizar com o gesto sangrento para que a sombra dos egípcios opressores seja reconhecida nas casas dos israelitas (Ex 12,13). Esses mostrarão com o gesto praticado o respeito por essa força poderosa sobrenatural que é capaz de aniquilar todos aqueles que desrespeitam suas instruções. A narrativa bíblica diz que todos aqueles que fizerem o ritual serão salvos.

Outro exemplo da sombra coletiva encontra-se em Ex 23,27-28, depois que narrativa mostrou as leis no Código da Aliança, em Ex 20,22-23,19, estabelecendo uma nova sociedade para o povo de Israel, com regulamentos exigentes para as relações internas da sociedade e para o tratamento dos diferentes níveis sociais. Podem ser citados como exemplos da nova legislação o estabelecimento do limite de seis anos para a escravidão de hebreus por hebreus (Ex 21,2); o estabelecimento de indenização no caso de briga entre homens que atingissem uma mulher grávida que acabasse perdendo o bebê (Ex 21,22); a proibição de espalhar notícias falsas (Ex 23,1); o estabelecimento de se trabalhar a terra por seis anos e deixá-la descansar no sétimo ano e permitir que os pobres achassem o que comer e também os animais do campo comessem o que restasse de vegetais (Ex 23,10-11).

Uma sociedade que deve inaugurar um novo modelo de organização baseado numa legislação tão positiva vai revelar sua sombra coletiva projetando conteúdos sombrios sobre os outros povos que encontrar na terra que ocupar. A narrativa põe na boca de Iahweh a afirmação de que, ao entrar na nova terra, ele enviará seu terror à frente do povo que marcha, e confundirá o povo que for encontrado e enviará vespas para expulsar os povos que já habitavam a terra (Ex 23,27-28).

A sombra coletiva fica perceptível quando Iahweh diz que o povo de Israel não poderá fazer nenhuma aliança com os povos que encontrar na terra e que os povos serão expulsos para que não façam os israelitas pecar contra Iahweh, pois se os israelitas se unirem aos outros povos e servirem aos deuses dos outros povos estarão caindo em uma cilada, diz a narrativa (Ex 23,32-33). Aqui se pode observar uma projeção da sombra coletiva de Israel sobre os povos que encontrarão na terra onde entrarão. Pode ser uma percepção da sombra coletiva, pois a própria narrativa em Ex 32,3-4 mostra que os israelitas desobedeceram à norma estabelecida confeccionando uma estátua de um bezerro de ouro e disseram em tom de exclamação que aquele bezerro era o deus que os tinha tirado da escravidão do Egito.

Outro símbolo apresentado por Johnson é o da mandorla, que é um segmento no formato de uma amêndoa resultante da sobreposição de dois círculos e se refere, portanto, ao tema da sobreposição dos opostos no sentido de formar uma unidade. A mandorla é símbolo medieval, do qual pouco se fala na atualidade, mas tem uma significação relevante, qual seja, a sobreposição do céu e da terra, dois opostos.[194]

Essa sobreposição quer indicar, como símbolo psicológico, uma reconciliação entre os opostos. Em relação à sombra, a mandorla oferece uma possibilidade de que os elementos rejeitados da sombra possam ser reconciliados na alma humana sem que sejam considerados como inexistentes, depois de serem desprezados pelo ego consciente, pois mesmo sendo rejeitados nunca deixarão de existir na psique. A sobreposição que caracteriza o símbolo da mandorla proporciona a cura e o encorajamento para o rompimento ou a rachadura que ocorrem na alma por causa dos opostos, sombra e luz, que se movimentam.[195]

A atitude de unir é sempre mandorla, como um diálogo que promove a reconciliação, como um poema que mostra a beleza e a tristeza num cenário único, como a afirmação de algo verdadeiro. A união que a mandorla produz é sempre uma cura.[196] Assim é que se entende quando num desabafo o indivíduo diz que sentiu tirar um peso das costas, ou ainda quando diante de uma demonstração da verdade da vida de uma pessoa em uma situação conflituosa, a pessoa diz que se sentiu de alma lavada. Essa cura é causada pela sobreposição dos opostos que caracterizam a situação do indivíduo. Eis aí a ação da mandorla.

Johnson oferece uma interpretação sobre a sobreposição da sarça e da chama em Ex 3. O autor explica que "a sarça e a queima se sobrepõem; a sarça não é consumida e sabemos que duas ordens da realidade foram sobrepostas".[197] A partir dessa percepção da sobreposição dos dois elementos naturais, acontece o progresso da vivência religiosa, pois no instante em que Moisés visualiza a sobreposição daqueles dois elementos naturais que não poderiam permanecer juntos, porém eles permanecem e se sobrepõem um ao outro, Moisés encontra o numinoso, pois descobre que o divino está próximo a ele.[198]

A mandorla é uma vivência poderosa, porém, breve e após essa vivência o indivíduo volta para o "mundo do confronto ego-sombra".[199] A narrativa bíblica, em que se pode perscrutar o processo psíquico de Moisés, permite compreender que o personagem está vivendo o seu processo psíquico normalmente, ou seja, um ser humano que vivencia o processo, tem o momento de mandorla, a vida continua, retorna ao mundo humano do confronto psíquico ego-sombra.

Por isso, Moisés tem momentos da vida em que o ego sobressai em certas atitudes, como em Ex 2,21 em que Moisés decidiu aceitar o convite de Jetro, o sacerdote de Madiã, para viver em sua casa e aceitar o casamento com Séfora, que lhe foi dada em casamento pelo pai, o sacerdote. Na sequência a narrativa mostra o momento mandorla em que Moisés vê a sarça ardente que não se consome (Ex 3,2) e o ego fica fascinado diante do numinoso e entra em diálogo com o divino; depois há o momento em que a sombra provoca o ego em que Moisés se apresenta (Ex 4,1) como aquele que não terá crédito nem será ouvido pelos israelitas quando lhes falar do projeto libertador. Aqui se pode notar que está escondido na sombra o sentimento de inferioridade de que um descendente de um povo escravizado não será ouvido pelos outros que estão sob a escravidão.

## 4.7 A anima

Como se disse acima, para Jung o inconsciente contém o símbolo de uma água viva no fundo, na qual jaz um tesouro da personalidade. Já foi dito também que esse tesouro se refere à sombra. Jung chama a atenção para a atitude das pessoas que passam pelo processo de autoconhecimento; elas tentam retirar de lá do fundo da água viva do inconsciente aquele tesouro. Essas pessoas não podem perder a consciência, por isso elas se mantêm, simbolicamente, como pescadores que permanecem com os pés firmes na terra e com anzol e rede apanham o que flutua nessa água.[200] Portanto, na água viva do inconsciente há mais a ser encontrado pelo indivíduo que busca o conhecimento do seu mundo interior.

Segundo Jung, quando o indivíduo olha dentro da água do inconsciente, ele vê a sua própria imagem, porém atrás da sua imagem surgem seres vivos aquáticos que são de um tipo especial. O indivíduo poderá apanhar com sua rede simbólica um ser especial como "uma ninfa, um peixe feminino, semi-humano".[201] Se apanhar uma ninfa, o indivíduo ficará fascinado, pois elas são seres fascinantes.[202] Na água do inconsciente pode haver também a sereia, que simboliza um estágio mais instintivo de um ser mágico feminino e é, para Jung, a anima. Uma característica da sereia e de outros seres mágicos femininos é o talento para deixar os rapazes atordoados e, assim, sugar a vida deles. Tais figuras mágicas femininas eram temidas pelo homem primitivo como seres sedutores com seus encantos eróticos.[203]

Na época moderna, segundo Jung, a ação das entidades femininas primitivas se chamou "fantasia erótica", e seu símbolo seria a ninfa ou a bruxa, cuja ação é marcada pela travessura. Essa travessura da ninfa ou da bruxa psíquica seria, por meio de uma autonomia insuportável, o desencadear de estados de terror complicados para a alma do homem. Para exemplificar, Jung diz que a bruxa moderna não parou de fazer suas poções misturando amor e morte, mas o seu veneno mágico é uma coisa mais refinada, capaz de produzir intriga e autoengano.[204]

Esses seres mágicos femininos são chamados de anima pelo fato de que anima significa alma, e a alma, ao longo dos séculos, foi vista como algo movente, tal como uma borboleta que vive movendo-se de uma flor para outra; como algo que, para os gnósticos, seria um nível abaixo do espiritual, ou algo como na doutrina cristã que, se for portador da maldade, terá de queimar no fogo do inferno, ou que, não sendo uma criança ainda batizada, não poderá contemplar Deus. Essa concepção da alma com um tom de incompletude ou de inferioridade ao espiritual foi que aproximou a nomeação das ninfas, sereias ou bruxas, aqueles seres mágicos femininos, com o conceito de anima.[205]

Jung diz que "um ser que tem alma é um ser vivo."[206] Destaca-se, a seguir, o significado de alma para Jung:

> Alma é o que vive no homem, aquilo que vive por si só gera vida; por isso Deus insuflou em Adão um sopro vivo a fim de que ele tivesse vida. Com sua astúcia e seu jogo de ilusões a alma seduz para a vida a inércia da matéria que não quer viver. Ela (a alma) convence-nos de coisas inacreditáveis para que a vida seja vivida. A alma é cheia de ciladas e armadilhas para que o homem tombe, caia por terra, nela se emaranhe e fique preso, para que a vida seja vivida. Assim como Eva, no paraíso, não sossegou até convencer Adão da excelência da maçã proibida. Se não fosse a mobilidade e iridescência da alma, o homem estagnaria em sua maior paixão, a inércia. Um certo tipo de razoabilidade é seu advogado, e um certo tipo de moralidade acrescenta sua bênção. Porém, ter alma é a ousadia da vida, pois a alma é um *daimon*[207] doador de vida (...).[208]

Uma vez apresentados o significado de alma e o sentido da associação dos seres mágicos femininos com a anima, apresenta-se a seguir o que é a anima para a psicologia analítica como figura arquetípica. Jung diz que a anima é um "arquétipo natural que soma satisfatoriamente todas as afirmações do inconsciente, da mente primitiva, da história da linguagem e da religião." A mente consciente não pode fazer a anima porque "ela é sempre o *a priori* de humores, reações, impulsos e de todas as espontaneidades psíquicas."[209]

A anima, segundo a teoria junguiana, tem vida própria e tem a capacidade de fazer o ser humano viver; na psique existe a consciência e por detrás dela existe a anima, que é fundamental para a consciência, pois a consciência emerge da anima e na consciência a anima não pode ser integrada totalmente. Como já foi dito, a psique humana é maior que a consciência, sendo esta somente uma parte da psique. Dessa forma, pode parecer que a anima seja o conjunto da vida anímica inconsciente, mas não o é, pois a anima é um arquétipo, ou seja, uma figura arquetípica entre as muitas da psique.[210]

Whitmont explica que a anima e, da mesma forma, o animus são "os arquétipos daquilo que, em cada sexo, é o *inteiramente outro*."[211] A anima representa o feminino dentro do homem, e o animus representa o masculino dentro da mulher. Essa representação psíquica se localiza na área "mais obscura, estranha, irracional e amedrontadora" da psique.[212] Porém, como explica Stein, para Jung não se trata "do masculino e feminino internos em suas formas supremas e mais desenvolvidas mas, antes, como caricaturas, versões inferiores de masculinidade e feminilidade" e tais versões "se baseiam nas partes não desenvolvidas da personalidade do indivíduo."[213] Agora fica claro porque é tão difícil de ser integrada na consciência. É tão difícil de se chegar a essas figuras arquetípicas, porque sua expressão não pode ser completamente conhecida, mas apenas intuída ou sentida pelo indivíduo. Jung diz que em condições normais, ou seja, no dia a dia do indivíduo que não está fazendo o processo de autoconhecimento, dificilmente, ou nunca, essas figuras arquetípicas podem ser percebidas.[214]

A anima se comporta dentro do homem como uma outra personalidade individual distinta e, no processo de autoconhecimento, o indivíduo precisa aprender que a anima tem suas próprias reações, seus próprios desejos, seus próprios gostos. Sendo assim, o indivíduo precisa saber que dentro de sua psique há uma espécie de parceira de alma que precisa ser tratada com atenção. Essa afirmação teórica é com o objetivo de dizer que o ser humano, à medida que se autoconhece, precisa prestar atenção ao fato de que a anima necessita ter a oportunidade de se lhe expressar e a pessoa precisa se preparar para lidar com ela, ou seja, aprender a conhecer os elementos da vida interior que são característicos dela.

A anima, por seu caráter arquetípico e, portanto, *a priori* à consciência, "representa a imagem arquetípica do feminino em sua forma mais geral como existe no homem individual e nos homens coletivamente."[215] Ela tem também uma característica numinosa, ou seja, essa imagem do feminino é produzida espontaneamente pela psique objetiva, e o que ela representa como imagem numinosa é o feminino eterno. Isso significa que são inumeráveis as imagens de figuras da anima. Whitmont elenca um conjunto muito expressivo das possiblidades de imagens da anima:

> Ela aparece como a deusa da natureza, *Dea Natura*, e a Grande Deusa da Lua e da Terra que é mãe, irmã, amada, destruidora, bela feiticeira, bruxa feia, vida e morte, tudo em uma só pessoa ou em aspectos diferentes de pessoa; portanto, ela surge em inumeráveis imagens de figuras femininas encantadoras, assustadoras, amigáveis, úteis ou perigosas, ou até mesmo em figuras de animais, (...) – principalmente como gato, cobra, cavalo, vaca, pomba, coruja –, que a mitologia atribui a certas divindades femininas. Ela aparece como sedutora, prostituta, ninfa, musa, santa, mártir, donzela aflita, cigana, camponesa, a vizinha do lado, ou como a Rainha do Paraíso, a Santa Virgem, para mencionar apenas alguns exemplos.[216]

Esses exemplos mostram que a natureza feminina tem muitas facetas por meio das quais é vivenciada pelo homem. É um grande conjunto de vitalidade, ou seja, a anima representa os impulsos relacionados à vida como vida, no sentido de que se trata da vida dos instintos, da vida da carne, da vida da emotividade, da vida do planeta, vida que é sempre direcionada para as outras pessoas ou para as coisas. A anima tem um trato, isto é, sempre se relaciona com outras pessoas, é uma figura arquetípica que tem o impulso para o envolvimento, que tem a conexão instintiva com outras pessoas. Whitmont diz que enquanto o elemento masculino é a individualidade separada, a conexão, enquanto fenômeno psíquico, e inconsciente, é vivenciada e personificada como uma entidade feminina.[217]

A anima tem esse caráter psíquico relacional e também um caráter emocional. Podem-se enumerar como exemplos desse caráter emocional da anima os anseios inconscientes do homem, os estados de espírito, as aspirações emocionais, as ansiedades, os medos, as inflações e as depressões, a capacidade de se emocionar e de se relacionar com as outras pessoas. Toda essa operatividade da anima é no nível inconsciente e se localiza num ambiente psíquico que é como um mundo inferior na alma do homem, ser masculino.

A vida exige, no entanto, que a pessoa chegue ao ponto de perceber o que se passa consigo no nível das suas emoções, pois o indivíduo não está isolado, mas na relação com outras pessoas. É preciso atingir um amadurecimento psicológico a ponto de ser capaz de confrontar o que está acontecendo no seu mundo psíquico emocional. Isso começará a acontecer quando o indivíduo conseguir, conscientemente, interferir e modificar as reações emocionais que ele vivencia no relacionamento com as pessoas ou com as coisas.

Whitmont explica que a anima atua nas situações que necessitam de respostas emocionais e instintivas,[218] e tais respostas não vêm do nível da consciência, mas sim do mundo inferior da psique masculina. Se o cavalheiro não for capaz de ler suas reações emocionais e, portanto, não souber canalizar conscientemente a resposta emocional, a anima fará a parte dela, atuando como se fosse um ataque ao homem, e a resposta à situação emocional brotará do inconsciente. Essa ação é totalmente independentemente do que pensa o rapaz sobre aquele acontecimento emocional. A anima é como uma força instintiva.

Quando o homem não for capaz de olhar para o seu interior e dialogar com os seus sentimentos no nível da profundidade emocional, ele dará explicações racionais que não ajudarão na relação que sofreu uma interferência emocional. Whitmont diz que um homem que não sabe "canalizar seus sentimentos de forma consciente, torna-se vítima de um estado de espírito – a resposta inadaptada de sua função inferior."[219]

É importante dizer que a anima se realiza na vida de cada pessoa a partir do desenvolvimento do bebê. Em termos de psicologia analítica, a feminilidade arquetípica vai afetar um menino pequenino, pois já há na psique objetiva da criança a figura arquetípica da anima. A psique objetiva está atuando, fazendo associações entre o núcleo arquetípico da figura, ou seja, *a priori*, da imagem do feminino, e o resultado das experiências pessoais do menino com uma figura feminina, que é a mãe ou outra mulher que cuide dele como uma mãe.[220] Essa mãe ou essa cuidadora, cuja imagem feminina for associada na psique dessa criança com a figura feminina arquetípica, provocará a formação do padrão de anima que essa criança vai ter em nível pessoal em sua vida. Esse padrão de anima formado na primeira e mais marcante experiência da criança com o feminino funcionará em toda a vida dessa pessoa.[221]

Dessa forma, essa pessoa se relacionará com as mulheres e vivenciará suas emoções – em termos de psicologia analítica – sempre vivenciando a experiência com o feminino eterno, arquetípico, a partir dessa mediação da sua experiência pessoal de anima. Em termos arquetípicos, a formação dos complexos em torno do núcleo da anima, nas profundezas da psique objetiva, vai dirigir as reações do homem às situações emocionais e suas reações às mulheres, assim como tais complexos formados ao redor da anima vão modelar o que esse homem vai esperar inconscientemente do comportamento das mulheres.[222]

Conforme for encarnado nesse homem o arquétipo do feminino eterno será sua reação de atração ou de repulsa às mulheres com as quais ele conviver. Não é o ego que atrai ou repulsa, mas o inconsciente. A atração anda acompanhada de outra reação, que é o medo. Na relação com as mulheres, ou seja, no confronto psíquico com o mundo do absolutamente outro, o outro sexo, podem estar presentes essas duas reações: atração e medo. Ao mesmo tempo que o homem tem medo do desconhecido, sente-se atraído pelo desconhecido. Essa dupla dinâmica psíquica norteia os relacionamentos do homem com as mulheres. Whitmont diz que os dois símbolos do feminino eterno, a sereia adorável e a bruxa terrível, são inseparáveis.[223]

Essa leitura contribui para que se compreenda que o homem se relaciona com o outro sexo norteado pela figura arquetípica da anima que desde a mais tenra infância vai constituindo-se e estabelecendo um padrão de comportamento psíquico. O homem que tiver um relacionamento negativo com aquela que foi a portadora original da imagem da anima, e, a partir desse relacionamento, constituiu-se o padrão interno na psique desse homem do feminino eterno, como por exemplo, o relacionamento com uma mãe dominadora ou rejeitadora, terá presentes o medo e a repulsa nas relações que estabelecer com as mulheres. Por outro lado, se o homem tiver uma experiência com uma mãe que estabeleça um bom relacionamento, as reações de medo e repulsa serão menores.

Normalmente as mulheres, com as quais esse homem se relacionar, que refletirem semelhanças com o padrão de comportamento da mãe dominadora, serão temidas ou rejeitadas. Esse homem será atraído muito provavelmente pelas mulheres que refletem o comportamento oposto ao de sua mãe. Mas, essa atração do homem pela mulher oposta à sua mãe acontece na superfície, isto é, por mulheres que, na superfície, são opostas à sua mãe, pois é próprio da ação da anima atrair o que é semelhante à sua formação original. Portanto, a anima levará o homem a sentir atraído por mulheres que correspondam a ela. Porém, o feminino eterno não se restringe às associações produzidas pela psique na convivência com a mãe do menino.[224] A anima é, portanto, uma força imensa na alma do homem.

Além disso, cada ser humano é único e tem sua individualidade e, portanto, além das associações que a figura arquetípica produz, a partir da convivência com a mãe, há características e predisposições ou potencialidades individuais. O que se pode observar nas famílias, nas quais há dois ou mais irmãos e cada um tem suas próprias características e comportamentos, mesmo tendo convivido com os mesmos pais.[225]

Outro elemento que se deve destacar é a projeção da anima, que é o elemento psíquico responsável por amar ou odiar uma mulher. O processo de projeção é inconsciente e ocorre quando um homem encontra em uma mulher a imagem da sua própria alma, ou seja, o inconsciente projeta seu padrão de anima na mulher que está diante do homem. Quando essa projeção acontece o ego não pode fazer nada, pois há um encantamento que a figura arquetípica da anima proporciona arrebatando o homem. Mas, a psicologia analítica enfatiza a necessidade de cada pessoa chegar a ultrapassar as projeções e alcançar a pessoa real que está no relacionamento.[226]

Pode-se dizer que uma pessoa "cega de paixão" é aquela que está vivenciando a projeção. Apaixona-se pela projeção da própria anima na outra pessoa. Whitmont diz que um relacionamento assim será um pseudorrelacionamento, pois é caracterizado pela relação de uma ilusão com outra ilusão e não de uma pessoa com outra pessoa.[227]

O ideal é que cada homem chegue a confrontar sua anima e tente estabelecer um relacionamento vivo e crescente com ela, pois a consciência, que se mantém sob o jugo da anima e das projeções inconscientes, não chega a conhecer a realidade da pessoa com quem o homem se relaciona. Para conseguir essa tarefa, ideal, mas necessária, o homem precisa se conscientizar de como é a natureza das expectativas autônomas dessa figura arquetípica chamada anima e de como são os padrões de resposta. Esse conhecimento proporcionará ao homem a oportunidade de confrontar a sua anima e de estabelecer um relacionamento com ela como uma entidade autônoma, isto é, que não depende da ação do ego. Whitmont fala que o homem precisa tratar a anima como uma segunda pessoa interior que tem autonomia. Esse conhecimento levará o ego a ser capaz de reconhecer os anseios dessa segunda pessoa interior, um "Tu" interior, reconhecer os seus anseios e suas necessidades, começar a aprender como canalizar os impulsos da anima, observando em que seus impulsos possam ser compatíveis com a realidade exterior, isto é, com a convivência concreta com as mulheres.[228]

Em tempos recentes, os autores junguianos têm feito reflexões sobre a distinção entre anima e animus. Jung explica que "a anima corresponde ao Eros materno, o animus corresponde ao Logos paterno", e que nesse sentido, no homem o Logos é uma função mais desenvolvida do que o Eros, e na mulher, o Eros é a expressão da natureza real feminina, mas o Logos não é muito desenvolvido.[229]

Essa distinção de anima e animus a partir do sexo oposto, portanto, uma visão de contrassexualidade, tem sido refletida pelos estudiosos e entre eles Hilmann, que faz uma extensão da psicologia de Jung e propõe, segundo Rosenberg e Barcellos, que "a anima também pertence à interioridade das mulheres, e não somente àquilo que toca seus relacionamentos com os homens. Anima refere-se, numa só palavra, à interioridade."[230]

Downing recorda que Hilmann propõe que seja ultrapassada a visão de contrassexualidade da teoria junguiana e seja adotada, no lugar dessa visão, a compreensão da anima como "estrutura arquetípica da consciência", que não se restringe apenas à psique do homem, mas está presente também na psique da mulher. Dessa forma, a anima se caracteriza não como aquela parte da personalidade que seria a mulher interior, mas como guia da alma, sendo aquela parte da personalidade que orienta cada ser humano a se posicionar no mundo não a partir das competências racionais do ego-consciente, mas a partir da imaginação.[231] Daí a visão da anima como interioridade em todos os seres humanos.

Lendo a narrativa do Êxodo, vislumbra-se uma possibilidade de localizar indícios na história do personagem Moisés e sua relação com a anima.

Moisés se casou com uma das sete filhas do sacerdote Ragüel. A narrativa não entra em detalhes sobre a escolha de Séfora entre as sete irmãs, apenas diz que o pai deu a filha em casamento a Moisés (Ex 2,21). Pode-se inferir que Séfora seja a personificação da anima na história de Moisés, uma vez que o casamento com ela permite ver elementos psicológicos da relação do homem com a anima.

Moisés, como todo ser humano, tinha na vida interior um padrão de anima constituído a partir do convívio com a sua mãe, Jocabed,[232] a qual o gerou, considerou-o um belo bebê e escondeu-o por três meses para salvar sua vida diante do decreto genocida do faraó egípcio (Ex 2,2). Essa mãe amorosa, não aceitando entregar o seu filho para os egípcios, aos quais estava determinado que os meninos fossem jogados no rio, impermeabilizou um cesto de papiro com betume e pez (Ex 2,3) no qual colocou o seu filho de apenas três meses de vida e, inversamente à ordem opressora do faraó de jogar os meninos no rio, ela depôs o cesto com a criança nos juncos, à beira do rio.

Jocabed se relaciona com o seu filho com amor, proteção e zelo. Pediu à irmã do menino para acompanhá-lo de longe e ver o que aconteceria com o menino dentro do cesto que era levado lentamente pelas águas, cuja correnteza era enfraquecida pela presença dos juncos nas margens. Gestos de expressão de amor, de proteção e zelo de uma mãe que contribui para que o complexo do feminino, que se formará dentro da alma do menino, faça a associação com a mãe amorosa, o feminino cuidadoso e salvador. Esse padrão de anima que se forma na psique do menino Moisés marcará a sua vida e a sua missão como protagonista da narrativa do Êxodo.

Auxiliada pela irmã do menino (Ex 2,4) – outra encarnação do feminino eterno presente na história de Moisés –, a mãe terá a oportunidade de permanecer com o filho resgatado do cesto na água do rio pela filha do faraó (Ex 2,5). Essa moça, portanto, mais um exemplar da encarnação do feminino eterno, primeiramente salvará o menino da água do rio, estabelecendo essa sintonia com Moisés. Depois permitirá que a mãe do menino o crie, como um serviço prestado a ela, que faz parte da corte palaciana. A mãe criou o filho, garantindo-lhe a vida, dando-lhe amor, proteção e zelo, e quando o menino cresceu, a mãe o entregou à filha do faraó (Ex 2,10).

A relação que o menino estabeleceu com o feminino eterno por meio da convivência com três mulheres que o protegeram e que salvaram a sua vida, proporcionou as associações psíquicas do feminino externo (a convivência com as mulheres) amoroso e salvador com o arquétipo da anima na psique de Moisés.

Esse padrão de anima de Moisés marcará o encontro com a mulher que será a sua esposa, Séfora. A narrativa de Ex 2,7 conta que Moisés adulto, que migrara para Madiã, após sofrer a ameaça de morte da parte do faraó, salvou as sete moças da covardia e violência de uns pastores que as haviam expulsado quando tiraram água do poço para o rebanho do pai delas. Moisés salvou as mulheres. Essa foi a ação com que estabeleceu o primeiro relacionamento com aquela que seria sua esposa, uma das sete irmãs. É de se notar que o encontro que estabelece o relacionamento de Moisés com Séfora foi marcado pelos atos de salvar as moças e livrá-las da violência dos pastores; os mesmos atos com que as mulheres marcaram sua vida logo após o seu nascimento: elas o salvaram e o livraram da violência do faraó.

Muitos anos depois, segundo a narrativa do Êxodo, Moisés recebeu de uma voz divina uma missão (Ex 3,10), que seria liderar um processo de libertação dos israelitas escravizados no Egito. Após o processo de diálogo com o divino e a aceitação da missão, Moisés pediu ao sogro que o deixasse partir de Madiã com sua família para voltar para os seus irmãos no Egito (Ex 4,18). Recebeu a bênção do sogro, chamado Jetro nesse trecho do relato, e partiu com sua família para o Egito. A sequência da narrativa está em Ex 4,24-26, um relato em que se pode ler um processo psíquico da anima.

Para se fazer a leitura da dinâmica da anima neste trecho da narrativa, faz-se necessário mencionar outro símbolo da anima apresentado por Jung, a melusina. Trata-se de uma "figura nua, representada nos escudos, metade mulher e metade serpente, de cabelos desgrenhados, que se banha ou mira na água."[233]

Como foi dito, a ninfa e a sereia, que são seres femininos mágicos, são símbolos da anima. Segundo Jung, a melusina é também um ser dessa mesma categoria com a diferença de que, enquanto as ninfas e as sereias habitam as águas, as melusinas habitam o sangue humano. A melusina é um ser descendente da baleia. Essa origem contribui para a compreensão da sua importância como símbolo psíquico, pois, segundo a tradição bíblica, o profeta Jonas ficou três dias no ventre de uma baleia (Jn 2), onde, segundo Jung, ele "contemplou os grandes mistérios". Isso quer dizer que a melusina se origina do ventre dos mistérios, lugar psíquico que Jung chama de inconsciente.[234]

Outro elemento que caracteriza a melusina é a ausência de genitais. Tal como Adão e Eva, que segundo a tradição bíblica (Gn 2,15-25), estavam no paraíso, estavam nus e "não se envergonhavam", o que, segundo Jung, é o símbolo de que "ainda não tinham genitais". Essa ausência de genitais caracteriza Adão e Eva, assim como a melusina, como seres paradisíacos. Essa característica foi perdida, no entanto, por Adão e Eva, que foram expulsos do paraíso, depois de darem ouvidos à serpente, e uma das consequências desse ato foi descobrirem que estavam nus e cobrirem-se com folhas de figueira (Gn 3,7.23). Para Jung, "Adão e Eva perderam a cabeça por causa da serpente (equivocaram-se), e por isso tornaram-se 'monstruosos', isto é, obtiveram genitais em consequência do engano da serpente."[235]

Diferentemente de Adão e Eva, a melusina se manteve como ser paradisíaco e aquático, vivendo no sangue humano. Jung explica que "o sangue vivo é um símbolo primitivo da alma" e, sendo a melusina uma moradora mágica desse símbolo da alma, pode ser interpretada como "uma manifestação psíquica". Ou seja, a presença da melusina é "uma visão que aparece na mente", visão de um ser feminino mágico que indica que a anima se faz presente.[236]

A narrativa de Ex 4,24-26 conta que no caminho que Moisés, sua esposa e seus filhos fizeram de Madiã para o Egito, ocorreu um fato horripilante, no qual Iahweh foi ao encontro de Moisés e procurava fazê-lo morrer. A imagem de Deus é um dos símbolos do Si-mesmo, o centro organizador da psique total. O ego é a personalidade psíquica consciente capaz de tomar as decisões, no caso, Moisés, que decidiu atender à missão estabelecida pelo divino.

Moisés corria perigo de morte diante da ira de Iahweh, segundo Binz, devido a não ter sido circuncidado quando menino, dadas as condições da sua infância sob a ameaça de ser jogado no rio. A mãe de Moisés o protegeu da morte, mas não pôde circuncidá-lo, mesmo depois, quando o criou a serviço da filha do faraó, não poderia fazê-lo, pois a circuncisão não era costume dos egípcios. Dadas as impossibilidades de ser circuncidado, Moisés cresceu e não tinha a marca dos homens hebreus, contrariando o que estabelecia a determinação divina (Ex 12,43.47) de que, para participar do ritual da páscoa e comer da carne do cordeiro assado, todos os varões hebreus tinham de ser circuncidados. Isso significa que, na tradição do Êxodo, para ser considerado membro do povo que Iahweh chamou de seu filho primogênito (Ex 4,23) e participar do projeto de Iahweh para esse povo, era obrigatória a circuncisão.

O relato da ameaça de morte no caminho para o Egito mostra que há uma ira da parte de Deus. Binz diz que "Deus ameaçou a vida de Moisés porque ele não poderia ser o líder do povo de Deus sem que esta grave omissão fosse remediada."[237] Do ponto de vista psicológico, já se disse que Moisés precisava fazer a integração da sombra em que estava escondida sua identidade de hebreu descendente de um povo escravizado. Esse processo de integração das imagens internas da psique é gradual. Moisés agora recebe uma pressão do Si-mesmo. O ego precisa reconhecer essa identidade e integrá-la. É necessário fazer um ritual para reconhecer a sombra.

Na vida interior da psique as figuras arquetípicas estão em contínuo relacionamento entre si. Elas estão em contato e se comunicam na psique objetiva. A anima é uma força de vida e a sombra é como um represamento de energias da alma que, se forem integradas, quando reconhecidas pelo ego, se tornam possibilidades de fortalecimento da personalidade do indivíduo. Nesse sentido de uma ação do inconsciente em que sombra e anima têm potencialidades a serem alcançadas por Moisés para que seja capaz de realizar aquilo que o divino espera dele, pode-se ler o símbolo da melusina como uma visão da anima personificada em Séfora naquele acontecimento, no caminho para o Egito, na vida de Moisés.

Jung diz que "a anima pertence àqueles 'fenômenos limítrofes' que se manifestam em situações psíquicas especiais."[238] É o que está passando na alma de Moisés que decidiu atender ao chamado do divino, mas o ego precisa integrar a sombra. Jung diz também que situações psíquicas especiais, como a que Moisés está passando "sempre se caracterizam por um colapso mais ou menos súbito de uma forma ou estado de vida, que parecia anteriormente ser a condição ou base indispensável de todo um transcurso de vida individual."[239]

A vida de Moisés está passando por uma séria mudança, depois de viver muitos anos no silêncio do deserto pastoreando o rebanho e vivendo uma mesmice da rotina, em que se baseava a sua vida. A partir de agora ele será um líder de uma coletividade. Sua estrutura psíquica está alterada. Moisés precisa alcançar aquilo que é o destino de todo ser humano: a liberdade, pois ele será o líder do processo de libertação para que o povo hebreu chegue à terra da liberdade. O ego decidiu pela missão, mas é preciso integrar energias que estão no inconsciente.

Aqui pode-se ver a melusina que salva o ego, tal como na lenda recordada por Jung em que Raymond e seu pai adotivo Emmerich, o

Conde de Poitiers, foram caçar e perderam-se na floresta ao perseguir um javali. Quando Raymond viu que o pai, à noite sentado diante de uma fogueira, seria atacado pelo javali fujão, atirou uma flecha para acertar o animal, mas a flecha ricocheteou e acabou atingindo o seu pai adotivo e o matou. Raymond desesperado foge cavalgando sem rumo e chega a uma fonte onde há três belas mulheres. Uma delas é a melusina que salva Raymond da vergonha e do desterro dando-lhe conselhos inteligentes.[240]

O que Jung afirma sobre a ação da melusina como imagem da anima é o que se pode afirmar sobre a melusina na visão que Moisés teve de uma mulher, a sua esposa, que o salva. Diante do perigo do fim da vida de Moisés por causa da ira de Iahweh, Séfora pegou uma pedra e cortou o prepúcio do seu filho e feriu os pés de Moisés e com o sangue presente no prepúcio, nos pés de Moisés e nas mãos dela, ela pronunciou: "Tu és para mim esposo de sangue". (Ex 4,25). Os símbolos evocam a visão ou aparecimento da melusina, aquela figura feminina mágica que habita no sangue humano. Eis os símbolos: o desespero, o sangue, o ferimento, a presença da mulher sábia que diz o que é certo no momento crucial. O ritual de Séfora acalmou a ira de Iahweh. Moisés assumiu a identidade de hebreu na sua carne, não mais escondida na sombra: o ritual reconheceu a vida sombria que precisava vir à consciência. Foi por isso que Moisés foi salvo. Jung diz que, em momentos como esse, "aparece a anima anunciadora do destino, arquétipo da alma objetiva do inconsciente coletivo."[241]

## 4.8 O Si-mesmo e o processo de individuação

Jung explica que, ao lidar com a psicologia do inconsciente, ele elaborou um novo conceito, o do Si-mesmo (*Selbst*, palavra alemã que se refere ao eu), porém, Jung esclarece que ao elaborar o conceito do Si-mesmo ele não está se referindo à grandeza do eu (isto é, do ego), mas a uma grandeza que é mais abrangente na psique e que inclui o eu.[242] Por isso, o termo Si-mesmo, na psicologia de Jung, se refere à totalidade da psique e não somente à grandeza do ego.

Para que sejam compreendidos os conceitos junguianos de Si-mesmo e de individuação, é preciso que se entendam as duas ações que ocorrem na personalidade, conforme explica Whitmont. Uma é a ação do inconsciente coletivo, ou seja, da psique objetiva, que envia expressões ou imagens para a mente consciente; a outra é a ação da mente consciente de interpretar simbolicamente tais expressões. Essas duas ações levam a compreender que o funcionamento da psique objetiva não é totalmente de forma autônoma como se o inconsciente fizesse tudo sozinho, mas sim que essa relação entre as duas ações (envio de expressões por um e interpretação das expressões por outro) é um relacionamento interativo que se estabelece entre os dois níveis da psique total do indivíduo. A mente consciente, ao interpretar os símbolos do inconsciente, trabalha com a sua característica intrínseca que é a de criar conceitos sobre o que interpreta. Esse relacionamento é, portanto, de complementação ou compensação, cujo objetivo é contrabalançar deficiências que estão marcando a vida consciente.[243]

Esse relacionamento de complementação ou compensação ocorre para que a totalidade ou a inteireza seja conquistada ou definida. Essa é a meta de toda a ação inconsciente de complementação da mente consciente. A essa totalidade ou inteireza Jung chamou de Si-mesmo, e não de eu (= ego), para que não seja confundida a totalidade com o eu; portanto, o Si-mesmo é a totalidade da personalidade que inclui inconsciente e mente consciente.

Dessa forma, o termo Si-mesmo, que significa "eu mesmo", substitui o termo "eu" para que seja distinta a compreensão da totalidade – à qual a personalidade deve chegar para se autorrealizar – da personalidade arquetípica do eu, isto é, do ego. Também é necessário dizer que o Si-mesmo é a totalidade da psique que tem como característica ser uma personalidade superordenada que abrange e direciona todo o funcionamento da psique objetiva assim como da mente consciente.[244]

Para Jung, o Si-Mesmo é um impulsionador da vida, um impulsionador para a vida, porque nele está subentendido o instinto de vida. Esse instinto já vem dentro do ser humano, e é chamado de *daimon* pessoal, conceito que se pode entender como uma divindade, um poder divino. Para Jung, o fato de chamá-lo assim indica a situação psicológica desse instinto de vida. E, ao se tentar definir mais rigorosamente o ponto em que o *daimon* domina um indivíduo, utilizando-se do conceito de arquétipo, não se interfere em nada na sua característica de fonte da vida.[245]

A obra mais recente de Stein oferece uma atualização da compreensão conceitual do processo de individuação que favorece esta pesquisa. Stein deixa claro que, de acordo com a psicologia analítica, a meta da personalidade de todo ser humano é a individuação, ou seja, todo ser humano nasce para se individuar, alcançar a individuação. Desde o momento em que a pessoa nasce começa o processo de individuação que ocorre ao longo de toda a vida da pessoa.

A individuação é, portanto, um processo de desenvolvimento psicológico e significa que "ao longo da vida, uma pessoa se torna o que potencialmente se é desde o início. Em outras palavras, a individuação é a realização do potencial do eu que começa a existir no útero materno e termina com a morte."[246]

A individuação é um processo que dura toda a vida porque cada pessoa nasce com um Si-mesmo, segundo Stein, não desenvolvido, que precisa se tornar uma personalidade individual única e, para isso, será necessário o tempo de toda a vida da pessoa.[247] A meta desse processo de toda uma vida é que o Si-mesmo potencial se desenvolva e seja moldado em um Si-mesmo individual e distintivo como uma identidade única. O tempo e as experiências da vida contribuirão para que se desenvolva essa personalidade individual completa e única.[248]

O Si-mesmo, que vem na psique de cada ser humano ao nascer, é um potencial que precisará do tempo e das experiências para se tornar uma personalidade completa e manifesta. Dessa forma, a meta da individuação em todos os seres humanos é que o Si-mesmo, que é um potencial na personalidade de todos os seres humanos, desenvolva-se a partir da combinação dos arquétipos na personalidade, ou seja, das figuras arquetípicas que se vão manifestando ao longo da jornada da vida, e chegue a uma realidade psíquica singular em cada indivíduo humano que vive num determinado tempo e num determinado lugar.[249]

E uma característica própria do Si-mesmo é a capacidade de transcendência, ou seja, de abranger todos os aspectos da personalidade, tanto os aspectos conscientes quanto os inconscientes.[250] Daí é que se entende que o Si-mesmo é o centro organizador da psique total de cada indivíduo.

Como já foi dito, a individuação é um processo de toda a vida da pessoa, porém, a individuação completa, o desenvolvimento completo do Si-mesmo, não é alcançável ao longo da vida de um ser humano. A meta é chegar à realização total do Si-mesmo, mas, como explica Stein, a consciência do ser humano não tem o tamanho suficiente para abranger a integração de todos os aspectos do Si-mesmo. Assim, cada ser humano vai-se desenvolvendo, individuando-se, mas, haverá alguns aspectos que estão em potencial no Si-mesmo e não chegarão à consciência, isto é, permanecerão inconscientes.[251]

A individuação é uma meta da personalidade de todos os seres humanos, isso quer dizer que "todos os seres humanos possuem dentro de si esse impulso para realizar o processo de individuação."[252] As pessoas atingem níveis diferentes de individuação, dependendo do empenho em buscar o autoconhecimento e das condições de vida, tais como a existência ou ausência de traumas, de recursos, de obstáculos culturais; dependem também da dedicação de cada pessoa a esse processo de autoconhecer-se, pois para isso são necessárias coragem e muita energia. Se alguém se deixar levar pelo medo, pela preguiça ou pela falta de motivação de aprender mais de si e de sua vida interior, o processo de individuação pode ser limitado ou bloqueado.[253]

Para Jung a vida de uma pessoa é dividida em dois estágios ou fases principais, que são a primeira metade da vida e a segunda metade da vida. Na primeira metade da vida há duas etapas: a infância, na qual a figura que predomina na vida da criança é a mãe, com a qual a criança estabelece relacionamento, e a vida adulta-jovem, que é a etapa em que a criança se desliga da mãe e vai, simbolicamente, em direção ao pai, aquele que ajuda a estabelecer o relacionamento com o mundo externo ao mundo da mãe. Nessas fases a pessoa já está passando pelo processo de individuação. Na infância o princípio que orienta a individuação é o princípio materno e na vida adulta-jovem o princípio que orienta a individuação é o princípio paterno.[254]

Na segunda metade da vida a pessoa entra na fase da vida amadurecida e já não é a mãe nem o pai quem orienta a individuação, mas o que orienta a pessoa é um *locus* de controle interno simbolizado pelo indivíduo. É, portanto, na segunda metade da vida que a pessoa começa a dialogar consigo mesma e a buscar as motivações para suas decisões a partir de si mesma. Isso quer dizer que o indivíduo está sendo seu próprio *locus* de controle, por isso, é um controle interno. A pessoa passa a perguntar se alguma coisa faz sentido para si, não mais para o pai, como na vida adulta-jovem, nem mais para a mãe, como na fase da infância. O Si-mesmo passa ser a figura de autoridade interna que orienta a individuação.[255]

Na segunda metade da vida a individuação requer que cada pessoa encontre o significado individual, por isso, o senso de controle é interno, buscando as escolhas para a vida a partir do que elas significam para si mesma. Isso, porém, não é fácil nem simples, uma vez que ao procurar o sentido das decisões em si, a pessoa poderá não agradar as autoridades externas, como os pais ou superiores nas circunstâncias da vida, como o trabalho. Por isso, a individuação requer sacrifícios e mudanças. O Si-mesmo, que é o centro organizador da psique, é esse centro dentro de si que será buscado pela pessoa ao tomar suas decisões.[256]

É preciso alcançar uma transcendência psicológica, quer dizer, é preciso transcender a consciência do ego. Essa transcendência é necessária, pois a consciência do ego está marcada por um limite e esse limite tem de ser ultrapassado para se alcançarem alguns aspectos que o ego reprimiu ou que o ego nunca conheceu e estão na psique objetiva.[257]

O trabalho da psicologia analítica é fundamental para que o indivíduo dê esses passos na direção da transcendência da consciência do ego. Esse trabalho é o recurso aos sonhos, aos rituais, às visões e à imaginação, como já foi dito, e é também a atitude de confrontar os aspectos sombrios da alma. À medida que esse trabalho consigo mesmo vai sendo encorajado e realizado, a pessoa começa a conquistar a façanha de mudar o foco do mundo exterior para o mundo interno e autodirigido. Essa pessoa está caminhando para uma vida adulta mais madura.[258]

Esta apresentação da individuação pode parecer fazer entender que o processo de individuação dependa da iniciativa do ego, mas não é disso que se trata. O processo que depende da iniciativa do ego é a decisão de fazer uma autodescoberta, um processo de autoconhecimento que se apoia nos recursos acima apresentados.

A individuação é um processo de desenvolvimento psicológico que vai acontecer espontaneamente na psique de cada indivíduo. É a psique total que assume cada fase da individuação. E o centro organizador da psique total é quem direciona a individuação. Esse centro organizador é transcendente, ou seja, "não é definido pelo domínio psíquico nem está contido nele mas situa-se, pelo contrário, além dele e, num importante sentido, define-o."[259] O ego, em sua subjetividade, pode auxiliar com a decisão de acolher e reconhecer os símbolos que, aos poucos, vão emergindo da psique objetiva. A vida humana se encarrega de apresentar a cada pessoa as oportunidades de passar pelo processo de individuação.

A leitura de DeBus sobre o Si-mesmo, que é baseada na teoria de Jung, apresenta a individuação e a ação do Si-mesmo de maneira que fica clara a espontaneidade da psique total. Downing diz que o texto de DeBus é um "relato sensível da individuação", que se refere à individuação como um processo em que estão envolvidas todas as partes do Si-mesmo, de modo que na personalidade do indivíduo se alcance um certo nível de totalidade e integração.[260]

Para DeBus, individuação significa cada pessoa chegar a um acordo com a sua própria natureza. Como foi dito, há no interior de cada ser humano aspectos desconhecidos, e a individuação é o desafio que o centro da psique, isto é, o Si-mesmo, promove ao ego levando-o a inteirar-se da existência das áreas desconhecidas, retirando-o da área de conforto dos hábitos conhecidos e das coisas familiares. Se o Si-mesmo, que é um fator transpessoal, não interferir na vida pessoal, o indivíduo corre o perigo de ter uma vida estagnada. A sensação, que o indivíduo consegue identificar quando sua vida pessoal é desafiada pelo Si-mesmo, é de desconforto e de perda.[261]

Aqui tem início aquilo de que toda personalidade necessita, ou seja, um alargamento da personalidade, que é exigido por essa ação do Si-mesmo na vida pessoal do indivíduo. DeBus diz que a vida de uma pessoa, que começa a ter tais provocações do Si-mesmo, passa a ser governada não apenas pelo ego consciente, mas pelo centro de organização psíquica que se compõe das realidades transpessoal e inconsciente. Uma vez que a individuação é um processo, esse domínio, que o Si-mesmo passa a exercer na psique do indivíduo, vai modificando-se à medida que a individuação vai avançando.[262]

Devido à confusão que pode surgir por causa das palavras individuação e individualismo, Ulanov cita a seguinte afirmação de Jung para confirmar que o processo de individuação não é individualismo.

> O Si-mesmo não é como uma multidão... sendo nós mesmos, somos também como muitos. É impossível se individualizar sem estar com outros seres humanos... Ser um indivíduo é sempre um elo em uma corrente... quão pouco se pode existir... sem responsabilidades e obrigações e a relação de outras pessoas consigo mesmo... O Si-mesmo... planta-nos na estranheza – de outras pessoas e do transcendente.[263]

A diferença fica bem definida pela contribuição conceitual de Edinger que diz que, enquanto o individualismo é o engrandecimento do ego, e o indivíduo se torna egocentrado, a individuação é o processo pelo qual o ego descobre o Si-mesmo, e o indivíduo se torna centrado no Si-mesmo.[264]

O Si-mesmo pode ser representado pelo símbolo da mandala e, por consequência, toda imagem de um círculo que tenha um centro e um elemento adicional como um quadrado ou uma cruz ou o tema da quaternidade. O Si-mesmo pode ser descrito ou representado também pela imagem de uma fonte central da energia da vida. Esses não são os únicos temas ou imagens aplicados ao Si-mesmo. Edinger enumera alguns temas e imagens que também fazem referência a ele, tais como "a unidade, a totalidade, a união dos opostos, o ponto gerador central, o centro do mundo, o eixo do universo, o ponto criativo onde Deus e o homem se encontram, o ponto em que as energias transpessoais fluem para a vida pessoal, a eternidade."[265]

Jung utiliza uma imagem para completar seu raciocínio de que o conceito do Si-mesmo, como um ponto central da psique, é uma construção intelectual com que se pretende exprimir aquilo que é incognoscível da psique objetiva e, por isso, ultrapassa os limites da capacidade intelectual de compreender. A imagem que Jung apresenta é a de que "o si-mesmo também pode ser chamado 'o Deus em nós'".[266]

DeBus apresenta também uma imagem do Si-mesmo, após dizer que a obra de Jung, quando trata do tema da experiência de Deus em temas bíblicos e em temas místicos, dá a tais temas o mesmo tratamento que é dado a fatos psicológicos e "considera que a imagem psicológica de Deus na psique ocidental está ampliando-se para incluir qualidades escuras e femininas."[267]

Em seguida, DeBus afirma que, na concepção de Jung, aquilo que o Si-mesmo é dentro da psique humana "corresponde à imagem de Deus que incluir os lados suprimidos e reprimidos da civilização ocidental, numa união de opostos reconciliados, uma totalidade que vai mais além de um Deus bom ou de uma Trindade masculina."[268]

## 4.9 Moisés e a individuação

A individuação de Moisés é um tema abordado por Edinger na leitura que faz do acontecimento narrado no livro do Êxodo, que se inicia com a apresentação de um rei implantando a opressão. Essa apresentação é uma descrição do estado psicológico em que o imperativo da individuação está se manifestando e quer atingir o indivíduo.

O faraó que apresenta o projeto de opressão e o coloca em prática sobre os israelitas revela o ego que "está centrado no princípio de poder e controle obstinado" enquanto os israelitas "significam o 'outro', um ponto de vista novo e diferente que emerge do inconsciente e que requer atenção."[269]

A repressão do faraó simboliza psicologicamente a repressão "contra o conteúdo inconsciente que emerge" e resulta na reação do inconsciente fazendo emergir o herói que terá a missão de libertar o povo oprimido.[270] Essa leitura contribui para que se afirme que a narrativa do Êxodo contém um exemplar do processo de individuação. Moisés, o herói que nasce contrariando todas as forças que tentam causar sua morte, é um personagem da narrativa bíblica em quem, a partir da psicologia analítica, se pode verificar o processo da individuação.

Jung, ao tratar do tema da perda dos símbolos religiosos na sociedade racional, chega ao tema do espírito que se torna pesado e se transforma em água.[271] Acontece que o indivíduo continua tendo no seu interior o apelo do espírito que se sente o pai da alma; e "o caminho da alma que procura o pai perdido (...) leva à água, ao espelho escuro que repousa em seu fundo." Jung enfatiza que isto não se trata de uma metáfora, mas sim de "um símbolo vivo da psique escura."[272]

Mas, Jung lembra também que a água tem o poder simbólico do milagre vivificador,[273] tal como na tradição bíblica (Jo 5,2-4) um Anjo do Senhor se lavava na piscina de Bethzata (Betesda) e o primeiro enfermo que entrasse na piscina logo após a água ser agitada pelo Anjo ficaria curado. A água tocada pelo Anjo do Senhor remete ao que Jung chama de "indício de uma presença invisível de um *nume*[274] cuja vida não se deve nem à expectativa humana nem à maquinação da vontade."[275]

Jung explica que "a água é o símbolo mais comum do inconsciente. (...) Psicologicamente a água significa o espírito que se tornou inconsciente. (...) A descida às profundezas sempre parece preceder a subida." Ou seja, para que o indivíduo possa "alcançar alturas luminosas", ele "depara primeiro com a necessidade de mergulhar numa profundeza escura, que se revela como condição indispensável para uma ascensão maior."[276] Jung recorda que se o indivíduo quiser evitar o perigo das profundezas não alcançará o bem que se pode conquistar numa façanha corajosa.

Essa leitura de Jung pode ser aplicada à atitude de Moisés, depois de fugir do Egito por causa da ameaça de morte do faraó e retirar-se para a terra de Madiã e de sentar-se junto a um poço (Ex 2,15). O poço é o reservatório de água. Moisés se assentou junto ao poço. Ele fugiu do "pai" egípcio que o ameaçou de morte. O espírito de Moisés se tornou pesado, o medo o tirou de seu convívio familiar e o tirou do seu eixo psicológico. A alma de Moisés precisa procurar o "pai", isto é, o espírito que se afundou no medo, no desespero, na fuga, na solidão.

Então, a psique se encarrega de colocar no caminho da fuga de Moisés um poço para que junto dele Moisés se sente.

Não era função do homem na cultura israelita antiga entrar em contato com a água do poço, pois quem fazia esse trabalho eram as mulheres. Mas Moisés precisa fazer o contato com a água escura do poço. A psique objetiva interfere no ego e Moisés decide tocar a água para dar de beber ao rebanho. Ele olha para a água.

A narrativa se encarrega de contar essa história em Ex 2,16-17. Enquanto Moisés estava sentado junto ao poço chegaram sete mulheres que eram irmãs, filhas de um sacerdote de Madiã chamado Ragüel. Elas eram pastoras do rebanho do seu pai e depois que tiraram a água do poço, foram expulsas por uns pastores. Aqui entra Moisés, que até então estava sentado junto ao poço, presenciando o trabalho das mulheres. Moisés estava tendo a "visão" psicológica da figura da anima uma vez que o feminino estava diante dos seus olhos: as sete mulheres tirando água do poço. A anima de Moisés sendo projetada naquele feminino externo. Como já foi dito, Moisés precisava fazer contato com a sua interioridade.

Diante da agressão dos pastores, Moisés se levantou e defendeu as moças e deu de beber ao rebanho. Moisés faz o contato com a água escura do poço. Era preciso que Moisés olhasse para o inconsciente. Jung diz que a água tem o efeito curativo e que, para encontrar as alturas luminosas da alma, o indivíduo precisa mergulhar na profundeza escura da psique.

Esse encontro psíquico de Moisés oferece-lhe uma altura luminosa nesse momento da narrativa com o casamento com uma das pastoras filhas do sacerdote. Moisés entra para uma família de tradição sacerdotal. Ele que nascera também de uma família sacerdotal segundo Ex 2,1, pois seus pais eram da família de Levi, família sacerdotal. Era preciso que o espírito reencontrasse sua origem. A vida de Moisés se estabiliza com o casamento, a formação de uma família com esposa e filho (Ex 2,21-22), e com o trabalho de pastorear o rebanho do seu sogro (Ex 3,1).

Moisés deu ao filho o nome de Gersam, atitude que simboliza uma integração da sombra de Moisés, na qual, como foi dito, estava escondida a sua identidade de filho de hebreus escravizados. O nome do filho é o símbolo do passado de Moisés. Moisés retira do inconsciente essa identidade, pois Gersam em hebraico significa: "Sou um imigrante em terra estrangeira" (Ex 2,22). Moisés se refere à sua origem, pois "a terra estrangeira a que se referiu Moisés ao dar o nome ao filho não é onde ele está 'aqui' agora, vivendo com sua família, mas é 'lá', a terra de onde ele viera, o Egito. Moisés sentia-se imigrante onde nasceu e cresceu, sentia-se deslocado."[277]

Moisés começa o processo de integrar seu passado, que fora escondido na sombra, e começa a viver com a sua esposa Séfora, símbolo da liberdade do encontro interior, do voo que alça para procurar os sonhos, a autorrealização pessoal, pois afinal, Séfora quer dizer "passarinha", segundo Vogels.[278] Eis o símbolo da anima em forma de ave pequena do sexo feminino que alça voo, companheira de vida de Moisés e impulsionadora a buscar novos caminhos, novos projetos, novo sentido para a vida.

Moisés passou a fazer a experiência da vivência religiosa na família sacerdotal de Ragüel para que estivesse em condições de fazer o encontro com a altura luminosa, que o aguardava em Ex 3, quando ele teria o encontro numinoso com o Anjo de Iahweh que o chamaria de uma sarça que ardia em fogo, mas não se consumia.

Para que Moisés pudesse ser chamado pelo Deus Iahweh para uma missão que mudaria a sua história pessoal e a história bíblica do povo de Israel, era preciso que ele entrasse em contato com o mais profundo de si. Esse é um processo de autoconhecimento. E esse processo começa simbolicamente quando ele faz o contato com a água profunda do poço a caminho de Madiã. Jung tem as palavras para o sentido psicológico desse processo que se inicia com o olhar para a água:

> Verdadeiramente, aquele que olha o espelho da água vê em primeiro lugar sua própria imagem. Quem caminha em direção a si mesmo corre o risco do encontro consigo mesmo. O espelho não lisonjeia, mostrando fielmente o que quer que nele se olhe; ou seja, aquela face que nunca mostramos ao mundo, porque a encobrimos com a *persona*, a máscara do ator. Mas o espelho está por detrás da máscara e mostra a face verdadeira.[279]

Chegar a ver a face verdadeira é fazer o processo de ir ao encontro com o Si-mesmo: "o processo pelo qual o ego toma consciência do Si-mesmo e se relaciona com este."[280]

O encontro que Moisés tem com o Anjo de Iahweh presente na sarça ardente (Ex 3) simboliza o encontro do ego com o Si-mesmo. Corroborando a leitura da imagem arquetípica do Anjo de Iahweh, diz Edinger que os Anjos são representações de dinamismos arquetípicos.[281] Jung diz que os Anjos são "os intermediários personificados de conteúdos inconscientes que querem ter direito à palavra."[282] Nas palavras de DeBus, é o Si-mesmo movendo-se da periferia da vida psicológica em direção ao seu centro,[283] pois o Si-mesmo quer provocar o ego para a descoberta de um tesouro na psique de Moisés. E o tesouro é um projeto divino que Moisés é capaz de realizar. As forças internas da alma de Moisés agora o provocam a ouvir o chamado divino, isto é, o chamado do Si-mesmo numinoso.

Edinger diz que, quando o indivíduo faz a experiência do Si-mesmo, o ego está conhecendo o outro interno, tal como a criança vai aprendendo que há um mundo ao seu redor e outras pessoas e coisas com as quais ela vai aprender a se relacionar.[284] Moisés está tendo a oportunidade de aprender a se relacionar com o Si-mesmo e tal experiência é fascinante. Dá para se entender o fascínio que Moisés sente. Ele se sente atraído pelo fascínio do Si-mesmo.

Pode-se entender o efeito fascinante, em Moisés, da imagem arquetípica do Si-mesmo na visão de um Anjo de Iahweh que lhe fala de uma sarça que queima no fogo, mas não consome. Diz Jung que, quando um arquétipo aparece seja em um sonho, seja na fantasia ou na vida, como acontece na cena de Moisés diante da sarça ardente, o arquétipo "traz consigo uma 'influência' específica ou uma força que lhe confere um efeito *numinoso* e fascinante ou que impele à ação."[285]

O Si-mesmo é o arquétipo principal da psique total, é o centro dela. O arquétipo é a imagem primordial – enfatizado por Downing como a imagem arquetípica. Jung afirma que as religiões mais primitivas são fundadas na imagem primordial que está na camada mais profunda do inconsciente. Ali se encontram muitas imagens primordiais, ou seja, imagens universais. As religiões primitivas são fundadas numa imagem primordial de uma força universal mágica que corresponde à ideia de alma, de espírito, de deus, de saúde, de respeito, de poder, de energia e, daí, a primeira versão desse conceito de energia possibilitou a existência do conceito de deus entre os primitivos.

Para Jung essa ideia foi-se desenvolvendo com o passar do tempo e ela está presente no relato do Êxodo, especialmente no símbolo da sarça ardente na qual resplandece uma força mágica, e Moisés tem a oportunidade de estar na presença dessa força mágica divina.[286]

O texto bíblico diz que Moisés, o ego, decidiu dar uma volta e ver "este fenômeno estranho" (Ex 3,3). Moisés é tocado pelo mistério do fenômeno estranho de uma sarça arder e não se queimar. Ele dá uma volta, e Iahweh o vê fazer esse gesto e, então, faz-lhe o chamado pelo nome (Ex 3,4). Quer dizer que Moisés sai dos seus afazeres do pastoreio do rebanho para prestar atenção ao fenômeno da sarça. Ele sairá dessa prática de pastor do rebanho e entrará numa nova dinâmica, pois esse encontro com o Si-mesmo o levará a mudar a sua vida, a se empenhar em um novo projeto. Girard diz que o fogo divino da sarça ardente tem um "papel fecundante" na vida de Moisés, isto é, ali acontece a "geração do chamado e de seu povo para uma vida totalmente nova."[287]

Trata-se de um encontro numinoso daqueles em que o ego é modificado pela força do Si-mesmo, o ego fica rendido pelo fascínio do Si-mesmo. De pastor do rebanho, Moisés se tornará o líder do processo de libertação de um povo, pastor de um povo escravizado que precisa sair da terra da escravidão. Só alguém transformado pela força poderosa do Si-mesmo tomará uma decisão que alterará toda a sua vida exterior e sua vida psíquica. Agora, o ego entrou em sintonia com o Si-mesmo.

A narrativa bíblica (Ex 3,7-12) anuncia o projeto de Iahweh de libertar o povo de Israel da opressão egípcia e a convocação a Moisés para "ir" pôr em prática esse projeto; verbo de ação, de movimento. O ego precisa decidir o que a experiência fascinante lhe está propondo. É uma convocação a um grande projeto. É preciso ter forças para assumi-lo. A um primeiro sinal de recusa de Moisés, Iahweh garante-lhe que estará junto dele no projeto. Isso simboliza que o ego foi transformado pelo encontro com o Si-mesmo, que é maior do que o ego e o envolve, oferecendo-lhe as forças reservadas na psique objetiva.

Um símbolo relevante da narrativa é o nome de Iahweh apresentado a Moisés. A primeira resposta do divino a Moisés foi: "Eu sou aquele que é. Disse mais: 'Assim dirás aos israelitas: 'EU SOU me enviou até vós.'" E depois ele disse: "Iahweh, o Deus de vossos pais, o Deus de Abraão, o Deus de Isaac e o Deus de Jacó me enviou até vós. É o meu nome para sempre (...)." (Ex 3,14-15). Orofino diz que "a Moisés, Deus se revela como YHWH, o Deus libertador. Este nome quer dar como garantia a Moisés a presença certa da Divindade no processo libertador."[288] Do tetragrama YHWH vocalizado originou-se a grafia Iahweh.

Observe-se que o nome Iahweh é colocado em relação com o verbo ser nas duas respostas que o divino oferece a Moisés: "Eu sou aquele que é" e "EU SOU". Na primeira resposta encontra-se "toda a natureza de Deus", diz Vogels.[289] A apresentação de Iahweh usando o verbo ser duas vezes na mesma afirmação e, depois, enfatizando o verbo ser na resposta mais breve indicaria, segundo Vogels, que a realidade do ser de Deus está sendo enfatizada, ou seja, é um Deus que existe verdadeiramente e que, sendo assim, acompanhará o seu escolhido na missão. Indicaria também uma segunda interpretação: ao mesmo tempo que enfatiza o ser de Deus a apresentação parece não querer revelar o seu nome. Vogels diz que "o verdadeiro significado do nome se situa entre estas duas posições extremas. Deus se revela, mas ao mesmo tempo guarda seu mistério."[290] Para Ska, a linguagem é enigmática, porém, estabelece uma certeza: "Deus liga seu nome à libertação do povo de Israel e, portanto, ao sucesso da missão de Moisés."[291]

Como afirmou Edinger, esse encontro numinoso de Moisés com Iahweh é uma teofania, na qual a apresentação do nome divino – que revela que Iahweh é e que Iahweh existe –, em termos psicológicos, trata-se da revelação da característica mais importante do Si-mesmo, ou seja, que ele existe. O Si-mesmo é real.[292] Aqui não se trata do "quê" Deus é, mas do "como" Moisés faz a experiência do divino. Como diz Whitmont, o "quê" Deus é refere-se ao "incognoscível", enquanto o "como" Moisés faz a experiência "é psicológico como toda e qualquer experiência humana."[293]

Edinger conceitua a consciência como "o estar ciente" e afirma que a "consciência é ciente de si mesma"; isso significa que o ego consegue se perceber a si mesmo como objeto, quando alguém diz "Eu sou".[294] Edinger associa esse significado de consciência ao nome de Iahweh em Ex 3,14, supondo que haja "uma ligação entre a psicologia da consciência e a imagem simbólica de Iahweh."[295] E sugere que, a partir dessa conscientização de que "Eu sou", uma revolução ocorre na percepção do ego, que passa a conceber a si em relação com os outros e com o mundo interior.

Essa nova percepção do ego é de fundamental importância para o processo de autoconhecimento, pois o ego, que tem essa nova luz de se perceber a si, é capaz de reconhecer o que vem do mundo interior e da convivência com o mundo externo.

No caso de Moisés há uma voz divina, simbolizada na voz de Iahweh, dizendo-lhe que vá aos israelitas escravizados e diga-lhes que "'Eu sou' me enviou até vós." (Ex 3,14). É a voz do Si-mesmo auxiliando o ego a entrar em contato com um aspecto da psique objetiva que é um tesouro que jaz na água do inconsciente. Esse tesouro é que tem de vir à tona. O ego tem de se tornar consciente de sua própria capacidade de ir aos irmãos e convocá-los ao projeto libertador. É dessa voz que Whitmont fala, quando se refere a uma voz do além, uma voz divina, que se dirige com autoridade ao ego, e que pode ser como a voz do Si-mesmo.[296]

Outro símbolo que merece ser destacado é o gesto de Moisés de cobrir o rosto quando se aproximou do Anjo de Iahweh na sarça ardente (Ex 3,4-6). Moisés ainda não ficara sabendo que seria encarregado de uma missão, mas ouviu Deus chamar o seu nome e respondeu-lhe. Ouviu também que não podia aproximar-se e que teria de tirar as sandálias dos pés porque a terra em que pisava era santa. Deus se apresentou como o Deus dos pais de Moisés e o Deus dos antepassados. Após tudo isso, "Moisés cobriu o rosto, porque temia olhar para Deus."

Ver Deus é, portanto, "uma experiência assustadora, da qual o homem tem de se proteger."[297] A narrativa bíblica diz que essa experiência terminaria em morte (Ex 19,21). Moisés é um homem vivido, na altura dos seus oitenta anos de idade, e convive com um sacerdote; então, ele sabe que é preciso proteger-se.

Cobrir o rosto diante da presença numinosa é sinal de respeito e de que o ego está ciente de que se relaciona com o Si-mesmo e de que o Si-mesmo é maior que ele. Jung diz que as imagens das religiões atraem, convencem, fascinam e subjugam e "são criadas a partir da matéria originária da revelação e representam a sempre primeira experiência da divindade. Por isso proporcionam ao homem o pressentimento do divino, protegendo-o ao mesmo tempo da experiência direta do divino."[298] É dessa proteção que Moisés está se utilizando ao cobrir o rosto diante do mistério, pois como diz a narrativa do Êxodo, o homem não pode ver Deus e continuar vivo; parafraseando em sentido psicológico, o homem não pode ver o numinoso e sobreviver a tal experiência direta. Por isso, Moisés cobre o rosto. O ato do ego é um gesto de autoproteção.

A narrativa do Êxodo insiste no chamado divino a Moisés, apresentando-o em Ex 3,7-15 e apresentando-o novamente em Ex 6,2-7 e em Ex 6,28-7,6. Essa ênfase no chamado do líder, que vai convocar o povo para sair da terra escravidão, mostra que o projeto do Êxodo tem como tema principal a libertação e, consequentemente, a conquista da liberdade. Esse tema norteia os rumos da narrativa exodal.

Ska explica que a narrativa do Êxodo mostra a proposta de uma mudança de paradigma. Os israelitas e, portanto, Moisés, junto com eles, deverão passar da servidão ao serviço, ou seja, "a passagem de uma situação penosa, a da escravidão, a uma situação mais confortável, a do serviço." Esse paradigma registra "o essencial do que acontece no livro do Êxodo: o povo de Israel passa da servidão no Egito para o serviço de seu Deus, o Senhor, no deserto."[299] O Senhor é Iahweh e a liberdade será para o serviço livre diante de Iahweh. "A liberdade de Israel é uma liberdade 'para'. Uma das mensagens do livro, inclusive, é que Israel não será livre senão sendo fiel a esse Deus que lhe deu a liberdade."[300]

Moisés, o ego, apresentou algumas recusas ao chamado. Porém, o Si-mesmo insiste porque realizar a missão já é uma das potencialidades da psique de Moisés. Por isso, a insistência na narrativa do chamado. Moisés tem constelado um complexo, o de inferioridade, que se pode observar nas suas recusas ao chamado. Em Ex 3,11 ele pergunta a Iahweh: "Quem sou eu para ir a Faraó e fazer sair do Egito os israelitas?" Em Ex 4,1: "Mas eis que não acreditarão em mim, nem ouvirão a minha voz (...)". Em Ex 4,10 Moisés argumenta que não é homem de falar, pois tem a boca pesada e a língua pesada.

No processo de individuação o ego vai reconhecendo aspectos que estão na psique objetiva. Ao reconhecer seu complexo de inferioridade e verbalizá-lo, o ego é fortalecido pela ação do Si-mesmo atuante, que oferece ao ego a capacidade de atuar com sabedoria a partir do complexo reconhecido. Na sombra há tesouros. E um desses tesouros é a transformação da inferioridade em potencialidade interna, simbolizada na narrativa do Êxodo como a transformação de Moisés em Ex 4,16: Iahweh fará de Moisés um deus para o seu irmão, Aarão, que sabia falar. E em Ex 7,1 Moisés foi feito um deus para o faraó.

Psicologicamente essa transformação simbólica de Moisés significa que o ego, ao se abrir para a força poderosa do inconsciente e aprender a escutar a voz divina, a voz do além, do Si-mesmo, receberá engrandecimentos psicológicos que farão da consciência uma parte da psique com um desenvolvimento individuado em progresso contínuo. No caso de Moisés, o Si-mesmo tornará esse indivíduo com um patamar de deus do rei do Egito. Römer diz que ser chamado de deus de Aarão e de deus do faraó são dois títulos que designam Moisés como "deus dos reis" e que essa façanha "frisa o retrato real de Moisés, já que o rei é o representante da divindade principal cultuada em seu país."[301]

Em termos psicológicos, Moisés, que tem na alma um complexo de inferioridade, ao integrar as imagens desse complexo, adquire uma superioridade psicológica como a de um deus cultuado por um rei. Essa designação divina é que capacitará Moisés a conduzir os israelitas durante as pragas do Egito, que avassalarão os opressores egípcios (Ex 7 a 11), assim como na travessia do Mar dos Juncos[302] (Ex 14), para que pudessem adentrar o caminho do deserto rumo à terra da liberdade. No caminho do deserto, que durou quarenta anos (Ex 16,35), os acontecimentos extraordinários para salvar os israelitas das penúrias do caminho serão, também, realizados graças à capacitação psicológica concedida pelo Si-mesmo ao ego de Moisés.

No projeto de libertação fica registrada uma marca de dois verbos opostos que imprimem o objetivo libertador: Iahweh "desceu" para libertar o povo e a libertação será quando o povo "subir" da terra da escravidão para a terra que mana leite e mel (Ex 3,8). Esse contraste dos verbos revela a postura psíquica que se deve atingir, ou seja, o Si-mesmo, tal como Iahweh, já desceu, já é o centro da psique total; agora quem precisa descer às profundezas da alma é o ego, no caso Moisés; por isso, Iahweh lhe diz para ir até onde Iahweh já desceu. É preciso que o ego faça a descida de se aperceber da sua condição de esfacelamento por causa opressão e se aperceber da ação numinosa que tem o poder de restaurar a liberdade do ego oprimido. Por outro lado, é preciso que o ego vitimado suba em direção à terra que mana leite e mel, quer dizer, que seja restaurado a um nível superior e seja nutrido com as forças que o Si-mesmo lhe proporciona, para poder ser livre.

A missão é dada ao líder, mas o convite à regeneração psíquica é para toda a coletividade. Moisés, a serviço do Si-mesmo, poderá empreender a façanha de ser um líder que contribui para que um povo também tenha a chance de se individuar. Essa atitude de Iahweh descer para fazer subir o povo pode ser entendida como dois arquétipos. Um é o arquétipo do "poder que chega dos céus à Terra", que pode ser representado pelos símbolos de "poder de consciência ou juiz interior, integridade moral da personalidade, vontade da vida", ou pelo símbolo de "a mão de Deus".[303]

O outro arquétipo é o da intervenção,[304] pois o Si-mesmo intervém para salvar o ego. Esse mesmo arquétipo estará presente em outros relatos, como em Ex 15,25 em que Iahweh providenciará água doce num lugar chamado Mara, isto é, de água amarga; também, como em Ex 16,4 em que Iahweh mandará chover pão do céu para matar a fome do povo; ainda, como em Ex 17,6, por meio da providência de água que jorra da rocha para matar a sede do povo no deserto.

Moisés parte para o Egito e leva consigo sua esposa e seus filhos (Ex 4,20). O ego está em um processo de individuação que é contínua ao longo da vida. Ou seja, já se realizou a transcendência das imagens do complexo de inferioridade; realizou-se a transcendência da sombra da identidade de filhos de um povo escravizado; Moisés recebeu a força psíquica da anima no encontro sangrento com a imagem da melusina; a coletividade fez o ritual para reconhecer a sombra do terror de Iahweh passando sangue nos batentes das portas; Moisés e os israelitas partiram do Egito e fizeram o processo psíquico arquetípico da libertação por meio do símbolo do milagre do mar, em que sombras foram integradas e forças poderosas da psique objetiva conduziram Moisés e a coletividade por ele liderada.

Em Ex 12,3, após a narrativa das dez pragas do Egito e às vésperas da saída dos israelitas do Egito, Moisés é encarregado por Iahweh de falar, agora, a "toda a comunidade de Israel" e apresentar o estabelecimento da Páscoa como celebração perpétua da saída do Egito. Há uma novidade narrativa: o texto se refere aos israelitas com a palavra comunidade. É a primeira vez que essa palavra aparece no Livro do Êxodo, e o termo hebraico traz a conotação de "Israel como comunidade político-religiosa."[305] Hamilton explica que toda vez que o texto diz que Moisés vai falar a toda a comunidade de Israel, "pode-se ter certeza de que aquilo que virá a seguir é de extrema importância."[306]

As mudanças na personalidade de Moisés são perceptíveis. Ele tentou recusar o chamado de Iahweh alegando, entre outras coisas, que não era homem de falar. Alguns capítulos depois, ele fala a toda a comunidade assuntos de extrema importância. Moisés se torna um líder da comunidade político-religiosa de Israel. Psicologicamente é requerida dele uma persona bem estruturada. Moisés assumiu uma nova persona, a do líder que conduz um povo. A persona do líder proporciona a Moisés a aceitação social, embora, em muitos momentos, a comunidade faça murmurações contra ele e contra Iahweh, como em Ex 15,24 quando "o povo murmurou contra Moisés" por causa da falta de água. Mas, a persona do líder estava estabelecida. O ego precisa ser reconhecido pela sociedade.

Ao mesmo tempo que se destaca a persona do líder da comunidade de Israel, há o indivíduo Moisés com suas emoções e sentimentos. Alomía propõe a leitura dos pormenores da celebração da primeira Páscoa, que é narrada em Ex 12, mostrando como teriam sido os rumores e as aflições dos israelitas naquela tarde em que Moisés convocara todos os anciãos e lhes orientara a imolar um animal do rebanho para celebrar a Páscoa em cada família hebraica. Alomía supõe que as pessoas de Israel estivessem com grande expectativa e imensa tensão, pois tinham de marcar com o sangue as portas das suas casas para que ao passar o Exterminador, a serviço de Iahweh, não ferisse os primogênitos dos hebreus.[307] Naquela mesma noite os israelitas sairiam da terra da escravidão no Egito. Olhando não para a persona do líder, mas para o indivíduo Moisés, que tem sentimentos, Alomía se pergunta:

> Que sentimentos contraditórios Moisés teria naquela noite de Páscoa? Que lembranças dos dias passados nos palácios dos Tutmósis lhe viriam à mente? Agora ele deixaria o Egito novamente e desta vez para sempre, mas não como um perseguido político à procura de asilo em um país, mas como o líder indiscutível da nação da aliança, que ele ajudou a libertar, e guiando o seu povo libertado em direção à terra prometida. Embora no início da empresa proposta tenha hesitado em aceitá-la, depois de assumi-la nunca desistiu, nem duvidou por um só momento que o grande "Eu sou quem sou" estava sempre com ele.[308]

A anima, força da interioridade que conduz para a vida, oferece companhia ao ego no processo de individuação. Após a travessia do Mar dos Juncos (Ex 14), os israelitas fazem um grande ritual para louvar os aspectos sombrios de Iahweh que destruiu o faraó, os seus carros, cavalos e cavaleiros, e o povo de Israel pôde passar para o deserto e adentrar o caminho rumo à terra prometida.[309] É o "canto de vitória" de Ex 15. Como as figuras arquetípicas estão em um relacionamento dentro da psique, enquanto a sombra era honrada pelo ritual dos israelitas, a anima era personificada no feminino externo que tocava tamborins, dançava e cantava (Ex 15,20).

A personificação da anima está em Maria (ou Miriam),[310] a irmã de Moisés, chamada agora de profetisa. Ela foi uma das três mulheres que salvaram o bebê Moisés da morte após o seu nascimento. Embora a narrativa receba a crítica feminista contemporânea de que "a tradição recebida desvia-se das mulheres que começaram a história," e embora as mulheres tenham sido suprimidas pelos "contadores de histórias patriarcais (...)";[311] a anima se manifesta e, dessa forma, "fragmentos da história enterrada vêm à tona na conclusão da narrativa do Êxodo."[312]

Trible chama de conclusão da narrativa do Êxodo o poema cantado em Ex 15 após a passagem pelo Mar dos Juncos. E os fragmentos que desenterram a história são os versículos que narram a celebração conduzida pelas mulheres em Ex 15,20-21. Agora Maria é uma profetisa do povo de Israel que lidera as mulheres com vivacidade, alegria, música, dança. "A voz melodiosa das mulheres ressoava como fonte de anúncio e presságio de um novo tempo."[313] Maria convida a toda a comunidade: "Cantai a Iahweh, pois de glória se vestiu; ele jogou ao mar cavalo e cavaleiro!" Moisés e os israelitas cantaram (Ex 15,1): "Cantarei a Iahweh, porque se vestiu de glória; ele lançou ao mar o cavalo e o cavaleiro." Pode-se perceber psicologicamente a projeção da anima quando Moisés ouve nos lábios da sua irmã o mesmo refrão que ele cantara em primeira pessoa, "cantarei"; porém, a força da anima é a força da interioridade geradora de vida, e a alma das mulheres sai em forma de uníssono em segunda pessoa do plural: vós, comunidade dos filhos de Israel, "cantai".

O povo começou a caminhar pelo deserto rumo à terra da liberdade. O caminho foi difícil e demorou o tempo simbólico de quarenta anos, como foi dito. Para simbolizar as dificuldades e ação do líder para ajudar o seu povo na solução dos problemas, toma-se aqui o relato de Ex 15,22-27 da chegada do povo a Mara, depois de três dias caminhando pelo deserto sem ter encontrado água. Parecia ter sido encontrada uma solução para a necessidade de água, porém, a água de Mara era amarga. O povo murmurou contra o líder, que clamou a Iahweh. E Iahweh mostrou a Moisés um pedaço de madeira. Moisés decidiu lançar a madeira na água, e a água se tornou doce.

Orofino diz que a madeira quer significar: sair do mundo real e entrar no mundo simbólico. A madeira simboliza as tábuas da lei. Essa primeira sede indica que o povo deve confiar na presença de Deus, pois Deus dá a água para realizar a caminhada.[314]

Sobre essa murmuração em busca da satisfação da necessidade, vê-se a manifestação da limitação humana que força as pessoas a permanecer dentro do limite da sua estrutura psicológica. Porém, Whitmont explica que a psicologia analítica ensina que há uma realidade objetiva para aquilo que as pessoas vivenciam subjetivamente no simbolismo psicológico, e isso "pode revelar o significado mais profundo da vida" e colocar os indivíduos "cara a cara com as fontes criativas da nossa existência."[315]

Na narrativa o divino indica um elemento simbólico (a madeira) para chegar a aliviar o sofrimento da coletividade, porém, é possível transcendê-lo, pois há uma semelhança com aquilo que vai acontecer no futuro, que será a entrega da lei, em duas tábuas de pedra (Ex 34,1), que deverá reger os destinos de um povo livre.

Moisés, o ego, começou um processo de diálogo interior com as forças inconscientes; ou seja, ele teve uma visão, depois de clamar a Iahweh, na qual Iahweh lhe mostrava um pedaço de madeira. Ao sinal do sagrado interior, o ego, lendo o sinal e sendo capaz de compreender o seu significado, toma a decisão a partir do sinal, sem nenhuma palavra de Iahweh, e lança a madeira na água. A água amarga é transformada em água doce. Assim que essa transformação acontece, a narrativa anuncia (Ex 15,26) que Moisés,[316] o líder, disse aos israelitas que, se ouvirem a voz de Iahweh, fizerem o que é reto perante ele, ouvirem seus mandamentos e guardarem suas leis, não sofrerão nenhuma enfermidade, pois Iahweh é "aquele que te restaura".

Orofino diz que restaurar, na Bíblia, é restaurar o ser humano em todos os limites do humano. É preciso aprender a trabalhar o limite, a superar o medo, pois o medo é o que pode fazer as pessoas se perderem. Ele diz, ainda, que medíocre é aquele que, por medo, não atua. É preciso trabalhar os medos para vencê-los.[317]

Em termos junguianos, o ego está relacionando-se com o Si-mesmo poderoso, e a consciência recebeu a graça benfazeja de ser restaurada, ampliada, e agora é capaz de formular essa experiência psicológica em termos conceituais e comunicá-los à coletividade. Isso mostra a continuidade do processo de individuação de Moisés, o líder de um povo em busca da liberdade.

Os israelitas continuam percorrendo o caminho e chegam ao deserto de Sin em Ex 16,1. A coletividade, a caminho, liderada por Moisés. Mas, para que a coletividade também faça um processo de individuação, como o está fazendo o seu líder, as dificuldades são muitas. O deserto é o lugar da escassez de água e de alimento. Novamente os israelitas murmuram contra o seu líder e Aarão, o irmão dele, e dizem: "Antes fôssemos mortos pela mão de Iahweh na terra do Egito, quando estávamos sentados junto à panela de carne e comíamos pão com fartura!" (Ex 16,3). A murmuração foi do povo contra Moisés, e a voz de Deus se dirige a Moisés, o líder que recebeu o chamado para a missão libertadora. Iahweh diz a Moisés o que fará para intervir a favor de todo o povo. Como foi dito, eis aqui o símbolo do arquétipo da intervenção divina. Em 16,4 Iahweh diz que fará chover pão do céu (chamado maná em Ex 16,31), e que dele o povo deverá colher a porção necessária para cada dia; dessa forma, Iahweh estará pondo o povo à prova para ver se anda na sua lei, pois, como dissera em Ex 15,26, se andar na lei de Iahweh, o povo conhecerá a restauração.

Orofino diz que em Ex 16,3 a liberdade exige fidelidade a um projeto, mas o povo manifesta a mediocridade ao dizer que preferia ser escravo de barriga cheia. Em 16,4 está a grande prova do maná: é o povo recolher o que precisa (o sustento), pois quem não entra na lógica da partilha é porque ainda está no Egito, não consegue fazer o caminho.[318] Fernandes e Grenzer afirmam que a narrativa, ao dizer que "toda a comunidade dos israelitas chegou ao deserto de Sin" (Ex 16,1), está realçando a ideia "de que o projeto da conquista da liberdade quer envolver a *todos*. Ninguém deve ficar parado, mas cada um deve assumir sua responsabilidade, *pondo-se em marcha*."[319]

Psicologicamente nota-se que o amadurecimento do povo está emperrado, pois não consegue ler na alma o que o divino pode-lhes proporcionar. Isso pode ser observado a partir da frase dos israelitas de que "Antes fôssemos mortos pela mão de Iahweh na terra do Egito" (Ex 16,3). É preciso que o Si-mesmo intervenha para que a coletividade presencie a imagem da "mão de Deus" que socorre. Esse mesmo povo tinha cantado um louvor à mão direita de Deus (Ex 15,6) que se mostra pela força ao estraçalhar o opressor que o perseguia. O ego está exaurido pela caminhada, pela sede e pela fome. Edinger diz que "a experiência do aspecto de suporte da psique arquetípica tem mais probabilidade de ocorrer quando o ego exauriu seus recursos próprios e está consciente de que, por si mesmo, é essencialmente incapaz."[320]

Por outro lado, Moisés está adquirindo uma consciência mais ampla das imagens dos símbolos da alma. Nesse relato (Ex 16,12-13) do maná que caía do céu pela manhã, e outro alimento também caía do céu, pela tarde, que era a carne proveniente das codornizes que voavam e cobriam todo o acampamento dos israelitas, Moisés, o ego, orienta a coletividade a adentrar o mundo psíquico por meio do símbolo. Em Ex 16,32-33 Moisés repassa ao povo uma ordenação de Iahweh, de que a comunidade teria de guardar uma medida de maná, chamada de gomor, que seria um vaso com o maná, para mostrar às gerações futuras para que vissem o pão com que Iahweh alimentou o povo no deserto. Moisés disse ao seu irmão para colocar um gomor cheio de maná no vaso e colocá-lo diante de Iahweh.

Moisés já alcançou a sensibilidade do mundo simbólico e respeita a grandeza do divino que, com suas forças poderosas, nutre a vida do ego. O Si-mesmo divino merece toda reverência, por isso, diante dele é posto um símbolo que funcionará como recordação da sua graça, que alimenta a consciência com forças reservadas no mundo interior. Porém, para isso foi preciso olhar para a água do poço, reconhecer o feminino em Séfora, tirar as sandálias dos pés, sair de Madiã e manchar-se com o sangue da circuncisão do filho, enfrentar o faraó, liderar o povo na fuga da escravidão, passar pelos perigos do mar, entrar na aridez do deserto, sentindo-se amparado pela intervenção divina, e tendo a consciência ampliada pelo Deus que restaura.

O processo psíquico da individuação é contínuo, pois a vida é generosa com os seres humanos. Enquanto se vive, individua-se. Viver é uma dádiva divina, individuar-se é graça do Si-Mesmo, que não deixa nunca de trabalhar para que as imagens arquetípicas cheguem à consciência e o ego possa reconhecê-las. É esse processo de amadurecimento da personalidade que se pode ver na pessoa de Moisés. Ex 18 traz novamente a presença de Séfora e mostra que a personalidade do líder do Êxodo tem alcançado um desenvolvimento porque vai individuando imagens arquetípicas que jaziam guardadas no reservatório do mundo interior inconsciente.

DeBus defende que, no processo de influência do Si-mesmo no modo do indivíduo se relacionar com outra pessoa, na qual houve a projeção da anima, o indivíduo, à medida que se vai individuando, pode abandonar ou modificar as projeções, em nome do amadurecimento. Esse processo vai acontecendo enquanto a consciência vai sendo ampliada, ao mesmo tempo em que aquelas imagens que foram projetadas pela anima na outra pessoa não podem ser mantidas, pois elas "não se ajustam ao ser humano real" e, aquela "fase da 'lua-de-mel' – nos relacionamentos românticos ou até mesmo nas amizades – termina."[321]

Em seguida, DeBus diz que no processo de individuação a consciência vai sendo encaminhada na direção do Si-mesmo, e uma maturidade vai sendo buscada, ao mesmo tempo em que a visão de mundo e a maneira como são encaradas as relações também vão sofrendo alterações. O Si-mesmo tem a força de alterar o modo como o indivíduo se posiciona diante das relações com as coisas e com as pessoas; e essa força do Si-mesmo tem a tendência de fazer cada indivíduo chegar a se "harmonizar com a natureza do cosmo nas proporções corretas". Essa força do Si-mesmo pretende levar o indivíduo a alcançar a "verdade essencialmente paradoxal da reconciliação dos opostos."[322]

A ação do Si-mesmo, por trás dos anseios de relacionamento com outras pessoas, acontece e se explica pelo fato de que uma característica da potencialidade do Si-mesmo é o casamento interior.

Moisés, de acordo com a narrativa (Ex 18,2) enviara Séfora, junto com os dois filhos do casal, à casa de Jetro, o pai dela; passado o tempo, Jetro levou Séfora e os filhos (Ex 18,5) ao encontro de Moisés no deserto. Esse relato leva a entender que Moisés já não convivia mais com a esposa e os filhos, após tomar a missão da libertação como seu projeto de vida. A anima já o tinha fortalecido, como foi dito. No processo que vai fazendo ao longo da sua jornada de ir conhecendo a voz divina e obedecendo a essa voz, Moisés não abandonou a esposa, pois não se diz isso na narrativa, mas o ego chegou à consciência da projeção que o inconsciente fizera na mulher real, e tal projeção já não se ajustava mais.

Pode-se dizer que o desenrolar da sua jornada de herói do povo de Israel e da sua personalidade, agora, já pode tomar forma a partir da sua individualidade que aos poucos está fortalecendo-se. Moisés precisou da força do feminino em muitas situações da vida, pois sua vida foi salva, muitas vezes, graças ao feminino eterno. Agora, o indivíduo Moisés está vivendo o casamento interior, de que fala DeBus, ou seja, a conquista de uma autonomia exigiu de Moisés o reconhecimento da voz interior que o chama a se individuar. Moisés continua sendo o esposo de Séfora, a passarinha que o ajudou a levantar um voo, que (em Ex 3) parecia impossível a esse líder, como se lê nas objeções iniciais que ele colocara a Iahweh. Porém, ao ser relatado pela narrativa do Êxodo que Moisés enviou a esposa e os filhos à casa do seu sogro e assumiu sua missão, pode-se ver que esse homem começou a conquistar uma autonomia pessoal.

A esposa vem ao encontro do marido, o que significa que se mantém a relação do casal, mas a personalidade de Moisés está amadurecendo a ponto de ser capaz de alçar o voo individualmente, ou seja, Moisés começa a ter uma força interior que o faz capaz de dar passos na direção da realização de um projeto divino, e está ligado à Séfora real, que na sociedade patriarcal cumpre sua persona de mãe e mulher do lar, enquanto Moisés cumpre sua persona de líder da comunidade de Israel. À medida que vai acolhendo as demandas da voz divina interior que direciona seu agir, Moisés vai dando passos cada vez mais largos em direção à terra da liberdade, liderando um povo, na busca do sonho da terra onde corre leite e mel.

A narrativa em Ex 18, 13-27 conta que, no dia seguinte ao da chegada de Jetro, Moisés passou desde a manhã até o pôr do sol sentado fazendo julgamento de questões que o povo levava até ele. Vendo isso, Jetro o questionou sobre a maneira de agir com o povo, que ficava em pé esperando por muito tempo para ser atendido, e o advertiu da possibilidade de desfalecerem ele e o povo por causa do peso dessa tarefa, a qual Moisés não poderá realizar sozinho. Jetro aconselhou Moisés a organizar o povo, ensinando-lhe os estatutos e as leis de Deus, e escolhendo do meio do povo homens capazes e tementes a Deus que poderiam ser chefes de grupos menores e realizar os julgamentos das questões apresentadas pelo povo, e as grandes questões seriam levadas a Moisés. Moisés seguiu o conselho de Jetro.

Esse relato mostra que mais uma etapa da individuação está acontecendo na psique de Moisés e na psique coletiva da comunidade de Israel. Jetro é sacerdote, liderança ligada ao divino; representa o Si-mesmo, a sabedoria da psique objetiva, que provoca a coletividade a se individuar. Veja-se que o processo é contínuo, pois ninguém aprende tudo de uma vez; o aprendizado é ao longo da vida. Moisés aprendera muitas novas lições de vida, mas, mesmo tendo já ultrapassado os seus oitenta anos de idade, pensava que estava agindo corretamente com aquela maneira de realizar os julgamentos do povo. Foi preciso ouvir a voz da sabedoria do Si-mesmo, o divino sacerdote, que sabe quando é preciso buscar na psique inconsciente uma nova mensagem para a vida. Se Moisés não ouvir os conselhos da sábia voz interior, pode perecer por causa do que está fazendo de forma incorreta ou exagerada.

Moisés pensava e chegou até a argumentar com Jetro que estava agindo corretamente, mas precisou escutar o divino sacerdote da alma dizer-lhe que aquilo, que ele pensava que estava certo, poderia resultar em desfalecimento de si e do povo, ou seja, perderiam as forças, acabariam doentes. Whitmont diz que "o padrão de desenvolvimento da vida nem sempre parece importar-se com aquilo que consideramos bom ou certo." E conclui que "muitas vezes, o que se exige de nós é a renúncia",[323] como no caso de Moisés, que talvez estivesse apegado ao fascínio da sua liderança e do seu papel de juiz do povo. Foi preciso renunciar a ser o único juiz e abrir-se à possibilidade nova de encarar o exercício da partilha da sua liderança.

O Deus libertador escolheu Moisés para ser o líder, mas não para ser o único juiz do povo, nem para morrer de tanto trabalhar pelo povo. Moisés é chamado para ser um líder, mas antes de tudo, para ser um indivíduo com uma personalidade individuada, isto é, realizada. Ao consentir o que voz divina lhe ofereceu como conselho, a vida de Moisés e a vida da comunidade foram transformadas a partir da repartição da responsabilidade, que caracteriza que o líder sabe confiar nos membros da sua comunidade, e a coletividade sentiu o alívio.

A comunidade fez a experiência da partilha das funções e os líderes juízes aprenderam a compartilhar o poder e a julgar as necessidades dos grupos; essa experiência foi como que um estágio para ter a experiência da teofania de Deus em Ex 20, após a qual serão dadas as leis por Iahweh a todo o povo de Israel, por meio de Moisés. Essas leis serão as diretrizes de uma sociedade nova para o povo em busca da terra para todos, com o alimento e a dignidade para todos. Iahweh chamará de aliança a nova relação com o povo.

A vida continua, o caminho continua a ser feito pelo deserto; e a comunidade, conduzida por Moisés, chega ao deserto do Sinai e monta o acampamento diante da montanha do Sinai (Ex 19,1-2).

O chamado à individuação coletiva é simbolizado na vontade que Iahweh manifesta: "Agora, se ouvirdes a minha voz e guardardes a minha aliança, sereis para mim uma propriedade peculiar entre todos os povos, porque toda a terra é minha. Vós sereis para mim um reino de sacerdotes, uma nação santa." (Ex 19,5-6).

A comunidade dos israelitas é vocacionada à transformação da sua percepção de si mesma; deixar de se ver a si própria como uma coletividade escravizada que se tornara propriedade do faraó no Egito, que lhe tirava a liberdade e a alegria da vida, e passar a se ver a si própria como uma nação santa, um reino de homens e mulheres espiritualizados ao nível sacerdotal, a uma profundidade das suas almas comparável ao divino sacerdote, tornando-se a partir de então a ser propriedade peculiar de Deus na terra prometida. Eis a proposta do Si-mesmo para a individuação de toda a coletividade dos israelitas. Mas, a exigência da voz divina é guardar a aliança com Deus. Eis a resposta do ego: "Tudo o que Iahweh disse, nós o faremos." (Ex 19,8).

A individuação requer o contato com o mundo do símbolo. Ao indivíduo Moisés, que é ao mesmo tempo o líder da comunidade, (Ex 19, 9-15) Iahweh diz que, ao terceiro dia, a ele virá na escuridão de uma nuvem, de onde falará com Moisés e o povo o escutará. Ao povo é exigido um ato de santificação por meio da lavagem das vestes. Somente Moisés poderá subir a montanha, pois ao povo isso fica proibido por Iahweh. Ao estilo patriarcal da redação, é feita ao povo a proibição de terem relações sexuais com suas mulheres.

Quando Deus vem na escuridão da nuvem fica claro que essa voz, que falará a Moisés e deverá ser ouvida pela comunidade, é a voz das profundezas da psique objetiva, da escuridão, da "matriz do inconsciente",[324] onde há uma água viva que precisa ser olhada e, neste caso, o som sublime do movimento interno dessa água no fundo do inconsciente precisa ser ouvido. Para que se possa ouvir a voz do poço fundo da alma de onde Deus fala, é preciso santificar-se, e o ritual solicitado é lavar as vestes, ou seja, reconhecer que a persona pode ser purificada e nunca ser tomada como um deus, para não ocorrer a inflação da persona, em que o ego com ela se identifica. O ego precisa decidir purificar a persona, quer dizer, tornar-se ciente de que ela é útil, mas não pode poluir, não pode dominar a vida do ego.

São Gregório de Nissa diz que a duas exigências de lavar as vestes e abster-se das relações sexuais durante o número de três dias significam que era necessário que estivessem "purificados de toda disposição passional e corporal, se aproximassem da montanha livres de paixões para serem iniciados,"[325] na estruturação da nova sociedade que Iahweh estabeleceria a partir daquele momento.

A teofania acontece (Ex 19,16-25) no terceiro dia, e desde cedo quando amanheceu, a natureza cósmica e terrestre emprestou seus talentos para que Iahweh se manifestasse perante o povo, pois Iahweh queria manifestar-se para, em seguida, entregar as leis a Moisés, que as apresentaria à comunidade. Diante dos trovões, dos relâmpagos, da nuvem espessa que pairou sobre a montanha e do clamor muito forte de trombeta, o povo, mesmo à distância no acampamento, presenciou a tudo e tremeu de medo. Mas, o líder Moisés conduziu o povo ao pé da montanha, e Iahweh desceu sobre a montanha no fogo, da qual subiu uma fumaça que parecia sair de uma fornalha, e o povo via a montanha tremer. Iahweh chamou Moisés e este subiu a montanha.

A cena é ensurdecedora, pois o som da trombeta aumentava gradativamente. Moisés falava com Iahweh que lhe respondia no trovão. Quando desceu da montanha, Moisés disse ao povo as leis recebidas de Iahweh para reger a nova sociedade.

Moisés, o ego, está diante de um fenômeno divino que acontece aos indivíduos que dão abertura à profundidade da psique objetiva, pois o Si-mesmo propicia a tais indivíduos experiências de engrandecimento da personalidade, tal como o símbolo de que só Moisés podia subir a montanha, e falar a Iahweh, e ouvi-lo responder, enquanto o povo podia somente ouvir. São Gregório de Nissa oferece uma interpretação de que "a própria claridade do dia desapareceu, tornando invisível a montanha, envolta em uma nuvem negra. Um fogo que brilhava a partir da escuridão propiciava um quadro assustador a todos os presentes (...)".[326] Essa percepção elucida a cena do divino que descera no fogo quando já havia no cimo da montanha uma nuvem espessa. Para Moisés, que tivera a primeira experiência do numinoso com a luz do fogo na sarça ardente, agora a experiência numinosa se aprimora com o espetáculo a que a comunidade também foi convocada a assistir; espetáculo tal que "não só produzia espanto na alma através dos olhos, mas também infundia terror através dos ouvidos."[327]

A nuvem negra, símbolo do inconsciente, agora tem a presença poderosa de Deus no fogo; daí a interpretação de São Gregório de Nissa de que o fogo partia da escuridão. Um acontecimento numinoso para ajudar Moisés e a comunidade a se inteirarem de que quem rege a psique total com suas leis da profundidade da psique objetiva é o Si-mesmo numinoso. O símbolo da luz partindo da nuvem escura quer dizer que a personalidade não deve ser dominada pela escuridão do inconsciente,[328] mas deve entrar nela conscientemente e suportar o seu envolvimento para ter a revelação gradual dos tesouros que a escuridão oculta.[329] Então, poderá acessar a luz.

Mas também o espetáculo com ruídos intensos tem significação psicológica que é verbalizada nas palavras do Santo: "Tratava-se de um ruído articulado: o ar, pelo poder divino, articulava a palavra sem órgãos vocais. Esta palavra não era pronunciada sem substância, mas promulgava mandatos divinos."[330] Isso significa que a comunicação do Si-mesmo com o ego é sempre por meio do símbolo. O ego, como Moisés, precisa conscientizar-se dos símbolos que uma visão tão terrificante como essa proporciona à mente consciente. O Si-mesmo confia que o ego poderá reconhecer os sons sem órgãos vocais que são enunciados pelos símbolos internos da alma, por isso, convida Moisés para ser o líder, subir a montanha e receber as leis para a comunidade de Israel, que são apresentadas ao povo em Ex 20.

O povo pediu a Moisés que lhe falasse o que Deus lhe havia transmitido; Moisés falou ao povo, e este ficou longe. Em seguida, Moisés chegou perto da nuvem escura, na qual estava Iahweh (Ex 20,19-21). A interpretação de São Gregório de Nissa é uma declaração psicológica: "Moisés, livre da covardia do povo como de uma carga, fica só consigo mesmo. É então que enfrenta as trevas e penetra dentro das realidades invisíveis, desaparecendo da vista dos que olhavam."[331]

É importante lembrar, no entanto, que o medo da comunidade e sua atitude de respeito a toda essa manifestação de Iahweh simbolizam que, na aventura psicológica, "o respeito temeroso e o medo são reações comuns ao confronto com aquilo que é transpessoal."[332] E a situação de ansiedade que abala a comunidade poderá ser aliviada se a comunidade se der conta de que precisa avançar no processo de individuação coletiva, pois sentir-se-á aliviada "quando a vontade de um princípio direcionador superordenado é reconhecida e conscientemente confrontada".[333] Atitude que já se pode notar na consciência mais ampliada de Moisés.

Após a apresentação do corpo legislativo, conhecido como o Código da Aliança (Ex 20,22-23,19), a narrativa conta que Moisés apresentou tal Código ao povo que se comprometeu a observar todas as palavras de Iahweh, e que Moisés escreveu todas as palavras, construiu um altar e realizou um ritual com sangue de novilhos sacrificados (Ex 24,3-5). Nesse ritual, Moisés leu as palavras do livro da Aliança e aspergiu o sangue sobre o povo, afirmando que aquele sangue simbolizava a aliança feita por Iahweh com a comunidade por meio das palavras da lei (Ex 24,7-8). Dois símbolos da vida foram conectados: o sangue, no qual corre a vida, jorrou sobre a lei, que promove a vida.

Um ego que toma consciência da grandeza do Si-mesmo divino recebe uma graça benfazeja da profundidade da psique, que, no caso de Moisés e de um grupo de anciãos da comunidade, foi a oportunidade de ter a visão do Deus de Israel e suas vidas serem preservadas, não tocadas pela mão de Deus que os poderia destruir. "Eles viram o Deus de Israel. Debaixo de seus pés havia como um pavimento de safira, tão pura como o próprio céu" (Ex 24,9-11).

Pode-se entender que cada um dos indivíduos (do grupo dos anciãos e o indivíduo Moisés) fez a experiência que é personalizada, segundo Whitmont.[334] Ver o Deus de Israel, que ameaçara de morte aqueles que pensassem em subir a montanha anteriormente, exceto Moisés, e agora nenhum deles ser tocado de morte, significa psicologicamente um progresso na individuação.

Pode-se pensar na hipótese da necessidade do Si-mesmo "ser conhecido pelo ego em sua totalidade – em seu antagonismo",[335] ou seja, em sua força aniquiladora e em sua força de vida. Cada um deles está transcendendo essa poderosa imagem do inconsciente, uma visão do pavimento de safira debaixo dos pés de Deus associado à pureza do céu, pois diz a narrativa que, após a visão, fizeram um banquete no qual comeram e beberam (Ex 24,11). Do nível transcendental, transpessoal, cada um voltou ao nível consciente. Essa pode ser uma experiência do "mistério insondável da graça e a redenção[336], para sempre além da nossa compreensão humana e, ainda assim, capaz de penetrar milagrosamente em nossas limitadas vidas humanas."[337] O banquete na presença do divino é "a substância da vida", a força do crescimento.[338]

A narrativa do Êxodo (Ex 24,12-15) volta a dizer que Iahweh ordenou a Moisés que subisse a montanha. Nota-se que as teofanias no Monte Horeb e no monte Sinai mostram que Moisés está sendo sempre atraído pelo Si-mesmo. Iahweh chama Moisés agora para receber as tábuas de pedra, que eram a lei e o mandamento, escritos, dessa vez, não por Moisés, mas pelo próprio Iahweh. Novamente a nuvem cobriu a montanha e o símbolo que aparece pela primeira vez é a glória de Iahweh que pousou sobre o monte Sinai que ficou encoberto pela nuvem por seis dias. No sétimo dia Iahweh, em sua glória no meio da nuvem, chamou Moisés. O povo podia ver de longe como que um espetáculo luminoso do fogo consumidor no topo da montanha. Moisés, mais uma vez, atende ao chamado do divino, passa pelo meio da nuvem e sobe a montanha e lá permanece quarenta dias e quarenta noites (Ex 24,15-18).

O povo podia ver de longe, mas só Moisés podia entrar na nuvem. Era preciso que a coletividade aprendesse, com o exemplo do processo de individuação do líder, a chegar a reconhecer o chamado do Si-mesmo por meio do símbolo sagrado.

A narrativa diz que a percepção dos israelitas da glória de Deus era "como que" de um fogo consumidor. Eles ainda não transcenderam interiormente a imagem do símbolo. Mas, Moisés já podia passar pela nuvem, experienciar a presença do divino na montanha e ficar em sua companhia. Para Edinger, o sentido dos quarenta anos no deserto e dos quarenta dias na montanha "corresponde ao prolongado intercâmbio com o inconsciente – o caos ou *prima materia* (matéria primordial) – que é o requerido quando se segue um irrevogável compromisso de individuação."[339] A coletividade precisa fazer um processo de individuação, pois, como diz Edinger, "os quarenta anos de peregrinação no deserto significam uma *nekya* ou jornada noturna da existência constrangida do ego no Egito para a vida transpessoal da Terra Prometida."[340]

Moisés recebe, durante os quarenta dias na montanha, a orientações de Iahweh para a construção do santuário que será a morada de Iahweh no meio do povo (Ex 25,8). O santuário é um símbolo do aspecto centralizador do Si-mesmo, local sagrado de onde "vêm a força e a proteção".[341] A narrativa dirá em Ex 31,18 que Iahweh terminou de passar todas as instruções a Moisés. O ego se conscientizou de uma exigência do Si-mesmo. Agora o ego pode descer da montanha, ou seja, a consciência está fortalecida porque reconheceu um símbolo do inconsciente escuro que foi apresentado pela luz da glória do Si-mesmo. O símbolo do fortalecimento da consciência é que o ego sabe o que Deus quer, ou seja, agora está ciente do que é exigido pela força soberana da psique coletiva, isto é, tudo o que está nas leis para uma sociedade nova com terra, comida, direitos e liberdade para todos.

Os israelitas se cansaram de esperar por Moisés, que estava na montanha; construíram um bezerro de ouro e o chamaram de Iahweh (Ex 32,1-5). Para a narrativa bíblica, tal atitude equivaleu a uma afronta a Iahweh, pois significou colocar outro deus feito de metal no lugar de Iahweh que proibira a fabricação de imagens. Essa afronta contradisse a promessa do povo (Ex 24,3) de observar todas as palavras de Iahweh.

Já foi dito que a figura da sombra está na reação de Moisés para com o povo que dançava na frente do bezerro de ouro. Pode-se ler a atitude dos israelitas, sentindo-se abandonados pelo líder, como apropriação de um símbolo das culturas vizinhas, nas quais "o touro e/ou o bezerro simbolizam, religiosamente, a força e a fertilidade."[342] Seria a utilização de um símbolo forte, mas que a narrativa insiste não corresponder ao

Deus do Êxodo, embora seja apresentado como um deus, inclusive, pelo irmão de Moisés, como o próprio Iahweh. Uma possibilidade psicológica, de que fala Edinger, seria que o bezerro divino, filhote muito jovem da vaca, corresponderia ao "aspecto da psique jovial e nova, a função não desenvolvida (...) que está mais próximo do inconsciente." Tal figura seria como "a precursora do *Self*."[343]

A comunidade precisa ainda avançar na individuação coletiva; por isso, a insistência de Moisés, o ego, em implorar o perdão para a comunidade, que é-lhe dado (Ex 33,17), pois o ego reconhece a superioridade do Si-mesmo. Em troca, o Si-mesmo responde-lhe que ele encontrou graça aos olhos de Deus, e Deus o conhece pelo nome, isto é, o Si-mesmo conhece a identidade egoica. O relacionamento ego-Si-mesmo está fluindo para se desenvolver em Moisés uma personalidade mais madura. Diz Edinger que "a integridade e a estabilidade do ego dependem, em todos os estágios do desenvolvimento, de uma viva conexão como o Si-mesmo."[344] Pois, é por ela que a personalidade consciente se comunica com a psique arquetípica.[345]

Depois do perdão divino concedido à comunidade, Moisés faz um pedido a Iahweh: "Rogo-te que me mostres a tua glória." (Ex 33,18). Iahweh responde que fará passar diante de Moisés a beleza de Iahweh e diante dele pronunciará o nome de Iahweh. Diz também que terá piedade e compaixão de quem Iahweh quiser. Mas, Moisés não poderá ver a face de Iahweh, pois o ser humano não pode ver a Deus e continuar vivo. Para atender o pedido de Moisés, Iahweh disse que há um lugar perto dele, sendo assim, Moisés deve posicionar-se sobre a rocha. Quando passar, Iahweh colocará Moisés na fenda da rocha e o cobrirá com a palma da mão. Assim que Iahweh passar, Moisés poderá ver as suas costas (Ex 33,19-23).

A comunicação entre o ego de Moisés e o Si-mesmo está em harmonia. O povo quase pôs a perder o projeto de libertação rumo à terra prometida por causa do bezerro de ouro. Mas, está restabelecido o eixo ego-Si-mesmo. Antes desse pedido de Moisés, a narrativa informa que "Iahweh, então, falava com Moisés face a face, como um homem fala com seu amigo." (Ex 33,11). Agora, para que Moisés, o ego, saiba que não é o ego quem está no controle da psique total, mas, sim, o Si-mesmo – embora Moisés se sinta agraciado com o diálogo íntimo com o divino na alma –, será necessário que a mão do Si-mesmo seja estendida para proteger o ego do poder que o estraçalharia se visse a Deus.

O ego pode fazer a experiência da presença do Si-mesmo, mas é preciso estar na fenda da rocha e ser coberto pela mão divina, ou seja, é preciso que o ego vá até a escuridão da psique objetiva, ciente de que o Si-mesmo é quem o resguarda. Como diz Whitmont, a psique objetiva insiste em estabelecer um relacionamento com o ego consciente, porém, ela mesma coloca obstáculos para esse relacionamento.[346] Se o ego for até a fenda da rocha, isto é, à escuridão debaixo da terra, que significaria a escuridão da morte,[347] ciente de que depende do Si-mesmo para mover com as mãos numinosas a entrada da fenda, ele verá a luz da vida. Mas, com a humildade de que só pode ver o Si-mesmo pelas costas. O ego segue, mas não supera o Si-mesmo.[348]

Para que a consciência de Moisés se amplie e se torne mais amadurecida com a graça que terá com essa experiência com Deus, ele terá de mostrar mais uma vez sua obediência ao poder do inconsciente lavrando duas tábuas de pedra para Deus nelas escrever (Ex 34,1). Essa parceria significa que Moisés, como legislador, é figura do verdadeiro Legislador,[349] ou seja, O Si-mesmo estabelece os desígnios, e o ego trabalha para que os desígnios divinos sejam implantados e cumpridos. Com as tábuas na mão, Moisés, dentro da fenda da rocha, depois que Deus passou, viu as costas de Iahweh. Como prometera, ao passar, Iahweh proclamou seu próprio nome (Ex 34,6).

O ego tem a oportunidade de ver a grandeza do Si-mesmo. Moisés vivera muitas aventuras até chegar a esse momento de presenciar a glória de Iahweh. Por isso, "Moisés caiu de joelhos por terra e adorou" (Ex 34,8). O ego aprendeu a admirar o Si-mesmo, mas não se confundiu com ele. "As imagens e os atributos do Si-mesmo são agora experimentados como coisas distintas do ego e, situados acima dele."[350] Moisés implorou a Iahweh que continuasse com o povo, do qual Iahweh se afastara desde a fabricação do bezerro de ouro. A individuação das imagens arquetípicas pelo ego de Moisés faz dele um líder cada vez mais humano, que se vê irmanado com os israelitas e se faz cúmplice deles, pedindo a Iahweh que perdoe "as nossas faltas e os nossos pecados" e que Iahweh "nos" tome por sua herança (Ex 34,9).

O legislador estava pronto para apresentar à comunidade as novas tábuas da lei, por isso desceu da montanha. Um fenômeno altera a aparência de Moisés. Por ter falado com Deus, a pele do seu rosto resplandecia. Poderia ser o reflexo do rastro do brilho da glória de Iahweh que Moisés viu pelas costas, ou poderia ser a realização da promessa de Iahweh a Moisés (Ex 34,10) de que faria "coisa temível" com ele.[351] Os irmãos israelitas estavam com medo de se aproximar dele, mas atenderam o seu chamado e ele lhes transmitiu a lei. Depois colocou um véu sobre seu rosto e só o retirava quando entrava diante de Iahweh para falar com ele (Ex 34,29-35).

Na primeira experiência numinosa, o ego reverenciou o Si-mesmo na sarça ardente e cobriu o rosto. Ao longo da trajetória de sua vida, Moisés vem conseguindo transcender muitas imagens arquetípicas e individuá-las na consciência, tornando-se ciente dos símbolos sagrados do Si-mesmo. A sua individuação transformou a persona do líder, pois ele já não é o mesmo líder de antes, agora ele tem uma marca da transcendência, notada pela comunidade. Ele cobre o rosto com o véu na presença dos irmãos, mas é o ego transformado pelo amadurecimento psicológico, que se pode ver no brilho resplandecente no seu rosto, que se apresenta perante o Si-mesmo.

Moisés desceu da montanha do Sinai e transmitiu a lei que estava nas tábuas e, partir daí, ele entrava na tenda que ele armou (Ex 33,7) fora do acampamento e que recebeu o nome de Tenda da Reunião. Um jovem chamado Josué era o guardião da Tenda (Ex 33,11). Moisés comunicou a toda a comunidade que Iahweh determinou que fosse construído e erigido o santuário para Iahweh e os israelitas fizeram tudo conforme Iahweh ordenara a Moisés. Quando Moisés viu toda a obra concluída, abençoou os israelitas (Ex 35-39), o que pode significar que eles "devem receber gratidão, louvor e bênção".[352]

Eis a última façanha do Êxodo: Moisés é quem deve levantar o santuário no primeiro dia do primeiro mês, ou seja, tem início uma nova era a serviço de Iahweh,[353] passou a era da escravidão, e "a hora da libertação passou a ser a zero hora na contagem dos anos futuros para os israelitas".[354] O símbolo mais poderoso é a arca com as tábuas da lei – o Testemunho – que vai ocupar o lugar na Habitação, ou Tabernáculo. Ela é o símbolo da presença de Iahweh que revelou e escreveu sua lei para a vida nova do povo de Israel.

A nuvem cobriu a Tenda e a glória de Iahweh preencheu totalmente a Habitação, onde estava a arca, símbolo da sua presença (Ex 40,34-38). O caminho rumo à terra da liberdade continua, por isso, o Santuário é móvel e é levantado toda vez que a nuvem se levanta, sinal da retomada da marcha. A presença de Deus é contínua junto ao povo, de dia na nuvem, de noite no fogo; Iahweh está junto com o povo em todas as etapas da caminhada. O Livro do Êxodo termina e a última informação sobre Moisés é que ele não pôde entrar na Tenda da Reunião, porque estava plena da glória de Iahweh. Moisés é, portanto, o ser humano que se individua ao longo da sua jornada, seu ego está ciente de que não é Deus, que não ocupa o lugar de Deus, mas seu lugar é junto da humanidade, isto é, do povo, liderando-o no caminho, que, como toda individuação, é contínuo ao longo de toda a vida.

NOTAS

1 Ulanov, A. B. Jung e Religião: o Si-Mesmo Opositor. In: Young-Eisendrath, P.; Dawson, T. (orgs.). Manual de Cambridge para estudos junguianos, p. 273.

2 Ulanov, A. B. Jung e Religião: o Si-Mesmo Opositor, p. 273.

3 Ulanov utiliza o advérbio "agora" escrevendo nos últimos anos do século XX; Stein e Arzt já na segunda década do século XXI – em 2018; sendo a edição brasileira em 2022 – especificam na "Introdução" da obra *O Livro Vermelho de Jung para o nosso tempo: em busca da alma sob condições pós-modernas, vol. 2*, que Jung escreveu no tempo denominado modernidade, e que Jung chama de "espírito do tempo" ao "espírito da modernidade – racional, científico, positivista, irreligioso." Os autores especificam também que o "espírito do tempo" no século XXI é "o espírito da pós-modernidade – desordeiro, confuso devido a uma aceleração insuportável em todas as áreas da vida, tecnológico, interconectado. (...) Nosso 'espírito do tempo' atual é ainda mais sedutor, convincente e onipresente na psique contemporânea do que o 'espírito do tempo' na era da modernidade de Jung." Ou seja, a psique, conforme afirma Ulanov, tem sido o meio para se conectar com o interior humano e a psicologia analítica pode continuar a ter um protagonismo científico na realização dessa conexão, como o afirmara Jung e como vai afirmar Edinger sobre o empirismo da psicologia profunda, tal como se vê nos parágrafos seguintes desta pesquisa. Ver Stein M.; Arzt, T. Introdução. *In*: Stein, M.; Arzt, T. O Livro Vermelho de Jung para o nosso tempo: em busca da alma sob condições pós-modernas: vol. 2, p. 8.

4 Ulanov, A. B. Jung e Religião: o Si-Mesmo Opositor, p. 274.

5 Edinger, E. F. Ciência da alma: uma perspectiva junguiana, p. 11.

6 Edinger, E. F. Ciência da alma, p. 13.

7 Jung, C. G. A natureza da psique. O.C. Vol. 8/2, par. 313-314 (p. 93-94).

8 Jung, C. G. A natureza da psique. O.C. Vol. 8/2, par. 315 (p. 94).

9 Jung, C. G. A natureza da psique. O.C. Vol. 8/2, par. 340 (p. 103). A explicação entre colchetes é nossa, com base no texto de Jung exposto no mesmo parágrafo.

10 Downing, C. Figuras arquetípicas do mundo interior. *In*: Downing, C. (org.). Espelhos do Self: as imagens arquetípicas que moldam a sua vida, p. 19.

11 Downing, C. Figuras arquetípicas do mundo interior, p. 21.

12 Jung, C. G. A natureza da psique. O.C. Vol. 8/2, par. 322 (p. 96).
13 Hall, C. S.; Nordby, V. J. Introdução à psicologia junguiana, p. 42.
14 Jung, C.G. Aion. O.C. Vol. IX/2, par. 5 (p. 3).
15 Hall, C. S.; Nordby, V. J. Introdução à psicologia junguiana, p. 51.
16 Hall, C. S.; Nordby, V. J. Introdução à psicologia junguiana, p. 52.
17 Hall, C. S.; Nordby, V. J. Introdução à psicologia junguiana, p. 52. O itálico é dos autores. Os autores esclarecem que "*primordial* significa 'primeiro' ou 'original'; por conseguinte, uma imagem primordial diz respeito ao desenvolvimento mais primitivo da psique".
18 Downing, C. Figuras arquetípicas do mundo interior, p. 21.
19 Downing, C. Figuras arquetípicas do mundo interior, p. 21.
20 Hall, C. S.; Nordby, V. J. Introdução à psicologia junguiana, p. 71.
21 Downing, C. Figuras arquetípicas do mundo interior, p. 21.
22 Downing, C. Figuras arquetípicas do mundo interior, p. 21-22.
23 Downing, C. Figuras arquetípicas do mundo interior, p. 22.
24 Stein, M. Jung: o mapa da alma: uma introdução, p. 21.
25 Jung, C.G. Aion. O.C. Vol. IX/2, par. 10 (p. 4).
26 Downing, C. Figuras arquetípicas do mundo interior, p. 24.
27 Downing, C. Figuras arquetípicas do mundo interior, p. 24.
28 Hall, C. S.; Nordby, V. J. Introdução à psicologia junguiana, p. 143.
29 Edinger, E. F. Ciência da alma, p. 22.
30 Hall, C. S.; Nordby, V. J. Introdução à psicologia junguiana, p. 44.
31 Jung, C.G. Aion. O.C. Vol. IX/2, par. 1 (p. 1).
32 Stein, M. Jung, p. 25.
33 Stein, M. Jung, p. 26.
34 Stein, M. Jung, p. 27.
35 Hall, C. S.; Nordby, V. J. Introdução à psicologia junguiana, p. 43.
36 Hall, C. S.; Nordby, V. J. Introdução à psicologia junguiana, p. 44.
37 Jung, C.g. Aion. O.C. Vol. IX/2, par. 7 (p. 3).
38 Jung, C.G. Aion. O.C. Vol. IX/2, par. 8 (p. 3).
39 Sharp, D. Tipos de personalidade: o modelo tipológico de Carl G. Jung, p. 15.
40 Hall, C. S.; Nordby, V. J. Introdução à psicologia junguiana, p. 43.
41 Sharp, D. Tipos de personalidade, p. 17.
42 Hall, C. S.; Nordby, V. J. Introdução à psicologia junguiana, p. 43.
43 Stein, M. Jung, p. 36.

44 Hall, C. S.; Nordby, V. J. Introdução à psicologia junguiana, p. 45-46.
45 Jung, C.G. Aion. O.C. Vol. IX/2, par. 9 (p. 4).
46 Stein, M. Jung, p. 33.
47 Jung, C.G. Aion. O.C. Vol. IX/2, par. 11 (p. 4). O itálico é do autor.
48 Stein, M. Jung, p. 21.
49 Stein, M. Jung, p. 24-25.
50 Hall, C. S.; Nordby, V. J. Introdução à psicologia junguiana, p. 45-46.
51 Stein, M. Jung, p. 38-41.
52 Jung, C.G. Aion. O.C. Vol. IX/2, par. 7 (p. 3).
53 Stein, M. Jung, p. 24.
54 Jung, C.G. O eu e o inconsciente. O.C. Vol. 7/2, Apêndice, p. 133.
55 Stein, M. Jung, p. 64-65.
56 Jung, C.G. O eu e o inconsciente. O.C. Vol. 7/2, Apêndice, p. 133-134.
57 Jung, C.G. O eu e o inconsciente. O.C. Vol. 7/2, Apêndice, p. 134. O itálico é do autor.
58 Jung, C.G. O eu e o inconsciente. O.C. Vol. 7/2, Apêndice, p. 134.
59 Jung, C.G. O eu e o inconsciente. O.C. Vol. 7/2, Apêndice, p. 134.
60 Jung, C.G. O eu e o inconsciente. O.C. Vol. 7/2, Apêndice, p. 135.
61 Jung, C.G. Psicologia do inconsciente. O.C. Vol. 7/1, par. 102 (p. 77).
62 Jung, C.G. Psicologia do inconsciente. O.C. Vol. 7/1, par. 103 (p. 77).
63 Jung, C.G. Psicologia do inconsciente. O.C. Vol. 7/1, par. 104 (p. 78).
64 Robertson, R. Guia prático de psicologia junguiana: um curso básico sobre os fundamentos da psicologia profunda, p. 34.
65 Jung, C. G. Os arquétipos e o inconsciente coletivo. O.C. Vol. 9/1, par. 3 (p. 12).
66 Whitmont, E. C. A busca do símbolo, p. 38.
67 Stein, M. Jung, p. 196, nota 14.
68 Robertson, R. Guia prático de psicologia junguiana, p. 22.
69 Johnson, R. A. A chave do reino interior: sonhos, fantasia e imaginação ativa, p. 10.
70 Johnson, R. A. A chave do reino interior, p. 10. A grafia "dia-a-dia" segue a edição da obra anterior ao Acordo Ortográfico da Língua Portuguesa de 2009.
71 Johnson, R. A. A chave do reino interior, p. 11. O itálico é do autor.
72 Johnson, R. A. A chave do reino interior, p. 12.

73 Johnson, R. A. A chave do reino interior, p. 13.
74 Johnson, R. A. A chave do reino interior, p. 13.
75 Jung, C.G. O eu e o inconsciente. O.C. Vol. 7/2, Apêndice, p. 137.
76 Johnson, R. A. A chave do reino interior, p. 11. O itálico é do autor.
77 Johnson, R. A. A chave do reino interior, p. 12.
78 Johnson, R. A. A chave do reino interior, p. 14.
79 Johnson, R. A. A chave do reino interior, p. 16.
80 Como já foi dito, para Jung, a energia psíquica é a libido, ou seja, a energia com a qual acontece todo o trabalho da personalidade, energia que é entendida como apetite e não se restringe à definição freudiana de libido como energia sexual. Assim, para Jung a libido é toda expressão da energia psíquica. Whitmont oferece uma comparação com um conceito da física moderna chamando as diversas manifestações da energia psíquica de "atividades 'de um campo de força'". Assim como num campo elétrico que é invisível, a limalha de ferro organizada num padrão específico torna visível o efeito do campo de força, na psique objetiva que é um estrato energético abrangente, ocorre a produção de energia psíquica organizada em imagens, emoções e impulsos que se tornarão padrões de configurações e poderão ser percebidos pelo indivíduo que estiver em busca do autoconhecimento ou por outro indivíduo atento às manifestações da pessoa. Conforme Whitmont, E. C. A busca do símbolo, p. 39.
81 Whitmont, E. C. A busca do símbolo, p. 39.
82 Whitmont, E. C. A busca do símbolo, p. 44.
83 Whitmont, E. C. A busca do símbolo, p. 44.
84 Jung, C.G. A natureza da psique. O.C. Vol. 8/2, par. 270 (p. 76).
85 Whitmont, E. C. A busca do símbolo, p. 45.
86 Whitmont, E. C. A busca do símbolo, p. 45.
87 Johnson, R. A. A chave do reino interior, p. 18.
88 Johnson, R. A. A chave do reino interior, p. 19.
89 Edinger, E. F. Ego e arquétipo, p. 15.
90 Jung parafraseia a primeira sentença do "Princípio e Fundamento dos Exercícios Espirituais" que abre a seção da "Primeira Semana" dos exercícios espirituais de Santo Inácio e que diz: "O homem é criado para louvar, prestar reverência e servir a Deus, Nosso Senhor, e, assim, salvar a sua alma". Loyola, S. I. Exercícios espirituais, p. 23. Elencam-se a seguir os

vocábulos latinos destacados por Jung na sua paráfrase: *laudet* (louvar), *Deum* (a Deus), *reverentiam* (reverência), *serviat* (servir) e *salvet animam suam* (salvar a sua alma).

91 Jung, C.G. Aion. O.C. Vol. IX/2, par. 253 (p. 156).

92 Conforme o verbete "Fé" *In:* Dicionário Priberam da língua portuguesa [em linha], 2023.

93 Johnson, R. A. A chave do reino interior, p. 26.

94 Whitmont, E. C. A busca do símbolo, p. 38.

95 Whitmont, E. C. A busca do símbolo, p. 46-47.

96 "A palavra arquétipo significa um modelo original que conforma outras coisas do mesmo tipo. Como sinônimo, temos *protótipo*." Hall, C. S.; Nordby, V. J. Introdução à psicologia junguiana, p. 55. Itálico dos autores.

97 Jung, C. G. Os arquétipos e o inconsciente coletivo. O.C. Vol. 9/1, par. 4 (p. 12).

98 Jung, C. G. Os arquétipos e o inconsciente coletivo. O.C. Vol. 9/1, par. 5 (p. 12-13).

99 Jung, C. G. Os arquétipos e o inconsciente coletivo. O.C. Vol. 9/1, par. 6 (p. 13-14).

100 Jung, C. G. Os arquétipos e o inconsciente coletivo. O.C. Vol. 9/1, par. 8 (p. 15).

101 Jung, C.G. A natureza da psique. O.C. Vol. 8/2, par. 270 (p. 76-77). O itálico é do autor.

102 Conforme Jung, C.G. A natureza da psique. O.C. Vol. 8/2, p. 77, nota 8 dos editores.

103 Jung, C. G. Os arquétipos e o inconsciente coletivo. O.C. Vol. 9/1, par. 44 (p. 29-30).

104 Jung, C. G. Os arquétipos e o inconsciente coletivo. O.C. Vol. 9/1, par. 45 (p. 30).

105 Downing, C. Prólogo. *In*: Downing, C. (org.). Espelhos do Self, p. 9. O pronome "seu" entre colchetes está sendo utilizado como substituto do pronome "meu" utilizado originalmente pela autora, de modo a favorecer o raciocínio da sentença nesta pesquisa.

106 Downing, C. Prólogo, p. 9.

107 Downing, C. Prólogo, p. 10.

108 Downing, C. Prólogo, p. 11.

109 Downing, C. Prólogo, p. 11.
110 Downing, C. Prólogo, p. 12. O itálico é da autora.
111 Jung, C.G. A natureza da psique. O.C. Vol. 8/2, par. 331 (p. 99-100).
112 Jung, C.G. A natureza da psique. O.C. Vol. 8/2, par. 331 (p. 99-100).
113 Jung, C.G. A natureza da psique. O.C. Vol. 8/2, par. 332 (p. 100).
114 Jung, C.G. A natureza da psique. O.C. Vol. 8/2, par. 333 (p. 100).
115 Jung, C.G. A natureza da psique. O.C. Vol. 8/2, par. 334 (p. 100).
116 Jung, C.G. A natureza da psique. O.C. Vol. 8/2, par. 642 (p. 291).
117 *Facultas praeformandi* significa possibilidade de formar antecipadamente. Conforme o verbete "facultas" *In:* Dicionário de latim-português, p. 274, e conforme o verbete "praeformo" *In*: Dicionário de latim-português, p. 524. O *Dicionário Priberam da língua portuguesa* traz o verbete "preformar" (com a grafia em uso em Portugal sem o hífen, diferente da grafia no Brasil com o uso do hífen) que significa: "criar antecipadamente em seus elementos essenciais". Conforme o verbete "preformar" *In:* Dicionário Priberam da língua portuguesa [em linha], 2023.
118 Jung, C. G. Os arquétipos e o inconsciente coletivo. O.C. Vol. 9/1, par. 155 (p. 86-87). O itálico é do autor.
119 Jung, C.G. A natureza da psique. O.C. Vol. 8/2, par. 342 (p. 103).
120 Downing, C. Prólogo, p. 12.
121 Downing, C. Prólogo, p. 12.
122 Downing, C. Prólogo, p. 13. O itálico é da autora.
123 Jung, C.G. Psicologia do inconsciente. O.C. Vol. 7/1, par. 97 (p. 75).
124 Downing, C. Prólogo, p. 13.
125 Downing, C. Prólogo, p. 13.
126 Downing, C. Prólogo, p. 14.
127 Segundo a tradição bíblica, tal como se lê em At 7,23-29, Moisés estava com quarenta anos quando saiu para visitar seus irmãos israelitas oprimidos pela escravidão egípcia. Pensando na tradição de Israel que costuma dividir a vida de Moisés em três gerações de quarenta anos cada uma, ele teria fugido do Egito para Madiã aos quarenta anos de idade, e teria chegado aos oitenta anos quando conduziu a libertação dos israelitas da escravidão do Egito, conforme Ex 7,7 e a terceira geração de Moisés termina aos cento e vinte anos de idade depois que passou junto com o povo de Israel por quarenta anos no deserto e morreu na terra de Moab de onde podia ver a

terra prometida, mas não chegou a ela. Ver Binz, S. J. El Dios de la libertad y de la vida, p. 35.

128 Downing, C. Prólogo, p. 15.

129 Binz, S. J. El Dios de la libertad y de la vida, p. 35.

130 Hall, C. S.; Nordby, V. J. Introdução à psicologia junguiana, p. 59.

131 Whitmont, E. C. A busca do símbolo, p. 140.

132 Hall, C. S.; Nordby, V. J. Introdução à psicologia junguiana, p. 60.

133 Whitmont, E. C. A busca do símbolo, p. 140.

134 Whitmont, E. C. A busca do símbolo, p. 140.

135 Whitmont, E. C. A busca do símbolo, p. 140.

136 Hall, C. S.; Nordby, V. J. Introdução à psicologia junguiana, p. 61.

137 Hall, C. S.; Nordby, V. J. Introdução à psicologia junguiana, p. 62.

138 Whitmont, E. C. A busca do símbolo, p. 140-141.

139 Conforme Bíblia de Jerusalém, p. 103, nota d.

140 Edinger, E. F. Bíblia e Psique, p. 83.

141 Edinger, E. F. Ciência da alma, p. 23.

142 Robertson, R. Guia prático de psicologia junguiana, p. 64.

143 Jung, C.G. Aion. O.C. Vol. IX/2, par. 13 (p. 6).

144 Jung, C.G. Aion. O.C. Vol. IX/2, par. 14 (p. 6).

145 Jung, C.G. Aion. O.C. Vol. IX/2, par. 15 (p. 6).

146 Jung, C.G. Aion. O.C. Vol. IX/2, par. 16 (p. 7).

147 Jung, C.G. Aion. O.C. Vol. IX/2, par. 16 (p. 7).

148 Johnson, R. A. Magia interior: como dominar o lado sombrio da psique, p. 18.

149 Vogels, W. Moisés e suas múltiplas facetas, p. 75.

150 Johnson, R. A. Magia interior, p. 20.

151 Johnson, R. A. Magia interior, p. 20.

152 Johnson, R. A. Magia interior, p. 20-21.

153 Johnson, R. A. Magia interior, p. 21.

154 Johnson, R. A. Magia interior, p. 21.

155 Johnson, R. A. Magia interior, p. 21.

156 Johnson, R. A. Magia interior, p. 21.

157 Jung, C. G. Os arquétipos e o inconsciente coletivo. O.C. Vol. 9/1, par. 49 (p. 31).

158 Navarro Puerto, M. Êxodo, p. 56.

159 Como já foi dito, o nome Moisés é egípcio e significa "nascido de" ou "filho de". Era costume egípcio unir "Moisés" como raiz combinada com o nome de algum deus egípcio, por exemplo, Tutmosés, que significa "o deus Tot nasceu". Conforme Binz, S. J. El Dios de la libertad y de la vida, p. 16. Conforme também Bíblia de Jerusalém, p. 104, nota d.

160 Brown, R. Entendendo o Antigo Testamento: esboço, mensagem e aplicação livro por livro, p. 18.

161 Brown, R. Entendendo o Antigo Testamento, p. 19.

162 Edinger, E. F. Bíblia e Psique, p. 83.

163 Edinger, E. F. Bíblia e Psique, p. 82.

164 Edinger, E. F. Bíblia e Psique, p. 85.

165 Johnson, R. A. Magia interior, p. 22.

166 Andiñach chama de ídolo o bezerro de ouro, mas esta palavra tem sido objeto da reflexão proposta por Dietrich, que explica que no contexto do Êxodo não cabe a palavra ídolo. O que se proíbe em Ex 20,4 é a confecção de "imagem esculpida" e em Ex 20,5 é proibida a adoração dos outros deuses. Dietrich recorda que o Deus, que se apresenta em Ex 3, vê o sofrimento e ouve os gemidos dos hebreus escravizados e age para libertá-los; e dessa forma a questão da idolatria transcende a questão das imagens, ou seja, "idolatria é todo culto a Deus – com imagens ou sem imagens – que não nos faz ver as injustiças e ouvir os gritos dos injustiçados, e que não nos leva a solidarizarmo-nos com eles, a pormo-nos em seu lugar, em seu meio e a lutar com os oprimidos pela superação da opressão, das injustiças e das desigualdades. É esse também provavelmente o sentido e o espírito das primeiras lutas proféticas contra determinadas imagens." Dietrich, L. J. Quando as imagens viraram ídolos. *In*: Estudos Bíblicos, out./dez. 2014, p. 350.

167 Andiñach, P. R. Introdução Hermenêutica ao Antigo Testamento, p. 102.

168 Johnson, R. A. Magia interior, p. 25.

169 Johnson, R. A. Magia interior, p. 26.

170 Johnson, R. A. Magia interior, p. 26.

171 Johnson, R. A. Magia interior, p. 26-27.

172 Johnson, R. A. Magia interior, p. 27.

173 Jung, C. G. Os arquétipos e o inconsciente coletivo. O.C. Vol. 9/1, par. 51 (p. 32).

174 Jung, C.G. A natureza da psique. O.C. Vol. 8/2, par. 642 (p. 291).
175 Jung, C.G. A natureza da psique. O.C. Vol. 8/2, par. 645 (p. 293).
176 Jung, C.G. A natureza da psique. O.C. Vol. 8/2, par. 647 (p. 294).
177 Jung, C.G. A natureza da psique. O.C. Vol. 8/2, par. 648 (p. 294).
178 Johnson, R. A. Magia interior, p. 46.
179 Johnson, R. A. Magia interior, p. 28.
180 Kress, R. Live com Renato Kress e Adilson Ramachandra sobre o livro O Jarro de Pandora da autora Natalie Haynes. 26 jun. 2023.
181 Johnson, R. A. Magia interior, p. 29. O itálico é do autor.
182 Richo, D. La danza de la sombra: libera el poder e la creatividad de tu lado oscuro, p. 11. Tradução nossa.
183 Johnson, R. A. Magia interior, p. 30.
184 Johnson, R. A. Magia interior, p. 30.
185 Johnson, R. A. Magia interior, p. 33.
186 m, R. A comprida sacola que arrastamos atrás de nós. *In*: ZWEIG, C., Abrams, J. (orgs.). Ao encontro da sombra: o potencial oculto do lado escuro da natureza humana, p. 35. Os verbos recolher e guardar se referem à explicação de Bly a respeito de como se forma a sombra, isto é, pela ação do indivíduo de guardar energias em uma sacola psíquica que ele carrega ao longo da vida.
187 Johnson, R. A. Magia interior, p. 36.
188 Bly, R. A comprida sacola que arrastamos atrás de nós, p. 34.
189 Johnson, R. A. Magia interior, p. 43.
190 Johnson, R. A. Magia interior, p. 44.
191 Johnson, R. A. Magia interior, p. 35.
192 Bly, R. A comprida sacola que arrastamos atrás de nós, p. 35.
193 Johnson, R. A. Magia interior, p. 37.
194 Johnson, R. A. Magia interior, p. 82.
195 Johnson, R. A. Magia interior, p. 83.
196 Johnson, R. A. Magia interior, p. 86-87.
197 Johnson, R. A. Magia interior, p. 88.
198 Johnson, R. A. Magia interior, p. 88.
199 Johnson, R. A. Magia interior, p. 94.
200 Jung, C. G. Os arquétipos e o inconsciente coletivo. O.C. Vol. 9/1, par. 51 (p. 32-33).

201 Ninfa era a "divindade feminina na mitologia que habitava bosques, fontes, rios etc." Academia Brasileira De Letras. Dicionário escolar da língua portuguesa, p. 903.

202 Jung, C. G. Os arquétipos e o inconsciente coletivo. O.C. Vol. 9/1, par. 52 (p. 33).

203 Jung, C. G. Os arquétipos e o inconsciente coletivo. O.C. Vol. 9/1, par. 53 (p. 33-34).

204 Jung, C. G. Os arquétipos e o inconsciente coletivo. O.C. Vol. 9/1, par. 54 (p. 34).

205 Jung, C. G. Os arquétipos e o inconsciente coletivo. O.C. Vol. 9/1, par. 55 (p. 34-35).

206 Jung, C. G. Os arquétipos e o inconsciente coletivo. O.C. Vol. 9/1, par. 56 (p. 35).

207 Do latim *daemon* que significa gênio. Conforme Dicionário essencial de latim-português e português-latim, p. 91. Hillman, ao tratar do tema do chamado a todo indivíduo, ou seja, da vocação de cada um para se viver a vida, apresenta um sentido de *daimon*. Ele diz que "a alma de cada um de nós recebe um *daimon* único, antes de nascer, que escolhe uma imagem ou um padrão a ser vivido na terra. Esse companheiro de alma, o *daimon*, nos guia aqui. Na chegada, porém, esquecemos tudo o que aconteceu e achamos que chegamos vazios a este mundo. O *daimon* lembra do que está em sua imagem e pertence a seu padrão, e portanto o seu *daimon* é o portador de seu destino." Hillman, J. O código do ser: uma busca do caráter e da vocação pessoal, p. 18. Hillman elucida também que "há séculos procuramos o termo certo para esse 'chamado'. Os romanos chamavam isso de *genius*, os gregos, de *daimon*, os cristãos, de anjo da guarda." Hillman, J. O código do ser, p. 19.

208 Jung, C. G. Os arquétipos e o inconsciente coletivo. O.C. Vol. 9/1, par. 56 (p. 35).

209 Jung, C. G. Os arquétipos e o inconsciente coletivo. O.C. Vol. 9/1, par. 57 (p. 36).

210 Jung, C. G. Os arquétipos e o inconsciente coletivo. O.C. Vol. 9/1, par. 57-58 (p. 36).

211 Whitmont, E. C. A busca do símbolo, p. 165. O itálico é do autor.

212 Whitmont, E. C. A busca do símbolo, p. 165.

213 Stein, M. Jung, p. 126.

214 Jung, C.G. Aion. O.C. Vol. IX/2, par. 19 (p. 8).

215 Whitmont, E. C. A busca do símbolo, p. 168.

216 Whitmont, E. C. A busca do símbolo, p. 168.

217 Whitmont, E. C. A busca do símbolo, p. 168.

218 Whitmont, E. C. A busca do símbolo, p. 169.

219 Whitmont, E. C. A busca do símbolo, p. 169.

220 Esse fenômeno psíquico é, segundo a psicologia analítica, a formação dos complexos, que são aglomerados ou constelações de conteúdos do inconsciente pessoal, daí, a internalização da experiência do menino com a mãe física. Esses conteúdos do inconsciente pessoal se aglomeram formando uma constelação em torno de um núcleo, cujas raízes estão na psique objetiva. Esse núcleo existe *a priori* na psique objetiva, é uma imagem primordial, isto é, original, e, ao receber em torno de si aqueles conteúdos que ali se foram aglomerando ou constelando, constitui-se um arquétipo, ou seja, uma imagem arquetípica, como, por exemplo, o núcleo primordial do feminino eterno recebe as associações do inconsciente pessoal da experiência do bebê, e constela-se a imagem arquetípica da anima na psique desse bebê. Conforme Hall, C. S.; Nordby, V. J. Introdução à psicologia junguiana, p. 47-58.

221 Whitmont, E. C. A busca do símbolo, p. 170.

222 Whitmont, E. C. A busca do símbolo, p. 170.

223 Whitmont, E. C. A busca do símbolo, p. 171.

224 Whitmont, E. C. A busca do símbolo, p. 171.

225 Whitmont, E. C. A busca do símbolo, p. 172.

226 Whitmont, E. C. A busca do símbolo, p. 173.

227 Whitmont, E. C. A busca do símbolo, p. 173.

228 Whitmont, E. C. A busca do símbolo, p. 175.

229 Jung, C.G. Aion. O.C. Vol. ix/2, par. 29 (p. 12).

230 Rosenberg, L., Barcellos, G. Anima: imagens do humor e do desejo. *In*: Hillman, J. Anima: a psicologia arquetípica do lado feminino da alma no homem e sua interioridade na mulher, p. 9.

231 Downing, C. Figuras arquetípicas do mundo interior, p. 26.

232 Conforme Ex 6,20 os pais de Moisés são Amram e Jocabed.

233 Dicionário da língua portuguesa: dicionários editora, p. 1044.

234 Jung, C. G. Estudos alquímicos. O.C. Vol. 13. *E-book*, par. 180.

235 Jung, C. G. Estudos alquímicos. O.C. Vol. 13. *E-book*, par. 180.

236 Jung, C. G. Estudos alquímicos. O.C. Vol. 13. *E-book*, par. 180.

237 Binz, S. J. El Dios de la libertad y de la vida, p. 28. Tradução nossa.

238 Jung, C. G. Estudos alquímicos. O.C. Vol. 13. *E-book*, par. 216.

239 Jung, C. G. Estudos alquímicos. O.C. Vol. 13. *E-book*, par. 216.

240 Jung, C. G. Estudos alquímicos. O.C. Vol. 13. *E-book*, par. 217.

241 Jung, C. G. Estudos alquímicos. O.C. Vol. 13. *E-book*, par. 218.

242 Jung, C.G. Aion. O.C. Vol. IX/2, par. 1 (p. 1).

243 Whitmont, E. C. A busca do símbolo, p. 39.

244 Whitmont, E. C. A busca do símbolo, p. 39.

245 Jung. C. G. Memórias, sonhos, reflexões, p. 343.

246 Stein, M. Os quatro pilares da psicanálise junguiana: individuação, relacionamento analítico, sonhos, imaginação ativa: uma introdução concisa, p. 13.

247 Stein, M. Os quatro pilares da psicanálise junguiana, p. 13.

248 Stein, M. Os quatro pilares da psicanálise junguiana, p. 14.

249 Stein, M. Os quatro pilares da psicanálise junguiana, p. 14.

250 Stein, M. Os quatro pilares da psicanálise junguiana. P. 15.

251 Stein, M. Os quatro pilares da psicanálise junguiana, p. 15.

252 Stein, M. Os quatro pilares da psicanálise junguiana, p. 16.

253 Stein, M. Os quatro pilares da psicanálise junguiana, p. 16.

254 Stein, M. Os quatro pilares da psicanálise junguiana, p. 18-34.

255 Stein, M. Os quatro pilares da psicanálise junguiana, p. 18-19.

256 Stein, M. Os quatro pilares da psicanálise junguiana, p. 35.

257 Stein, M. Os quatro pilares da psicanálise junguiana, p. 36.

258 Stein, M. Os quatro pilares da psicanálise junguiana, p. 37.

259 Stein, M. Jung, p. 137.

260 Downing, C. Figuras arquetípicas do mundo interior, p. 28.

261 Debus, D. O Self é um alvo móvel: o arquétipo da individuação. *In*: Downing, C. (org.). Espelhos do Self, p. 66.

262 Debus, D. O Self é um alvo móvel: o arquétipo da individuação, p. 66.

263 Jung, C.G. Nietzsche's, "Zarathustra", p. 102, *apud* Ulanov, A. B. Jung e Religião: o Si-Mesmo Opositor, p. 280.

264 Edinger, E. F. Ciência da alma, p. 31-32.

265 Edinger, E. F. Ego e arquétipo, p. 20.

266 Jung, C.G. O eu e o inconsciente. O.C. Vol. 7/2, par. 399 (p. 129). Temos utilizado a grafia Si-mesmo com maiúscula; nesta citação, no entanto, seguimos a grafia com minúscula conforme o autor.

267 Debus, D. O Self é um alvo móvel: o arquétipo da individuação, p. 68.

268 Debus, D. O Self é um alvo móvel: o arquétipo da individuação, p. 68.

269 Edinger, E. F. Bíblia e Psique, p. 83.

270 Edinger, E. F. Bíblia e Psique, p. 83.

271 Jung, C. G. Os arquétipos e o inconsciente coletivo. O.C. Vol. 9/1, par. 32 (p. 25).

272 Jung, C. G. Os arquétipos e o inconsciente coletivo. O.C. Vol. 9/1, par. 33 (p. 25).

273 Jung, C. G. Os arquétipos e o inconsciente coletivo. O.C. Vol. 9/1, par. 35 (p. 25).

274 Do latim *numen*, que significa: "vontade (dos deuses); poder, majestade, grandeza; divindade, deus." Conforme Dicionário latim-português, p. 276.

275 Jung, C. G. Os arquétipos e o inconsciente coletivo. O.C. Vol. 9/1, par. 35 (p. 25).

276 Jung, C. G. Os arquétipos e o inconsciente coletivo. O.C. Vol. 9/1, par. 40 (p. 27).

277 Silva, R. A. A. A migração e a acolhida de Moisés em Madiã, p. 193.

278 Vogels, W. Moisés e suas múltiplas facetas, p. 84.

279 Jung, C. G. Os arquétipos e o inconsciente coletivo. O.C. Vol. 9/1, par. 43 (p. 29).

280 Edinger, E. F. Ciência da alma, p. 31.

281 Edinger, E. F. A criação da consciência: o mito de Jung para o homem moderno, p. 29.

282 Jung, C. G. Les racines de la conscience: études sur l'archétype, p. 166 *apud* Girard, M. Os símbolos na Bíblia: ensaio de teologia bíblica enraizada na experiência humana universal, p. 739.

283 Debus, D. O Self é um alvo móvel: o arquétipo da individuação, p. 67.

284 Edinger, E. F. Ciência da alma, p. 31.

285 Jung, C.G. Psicologia do inconsciente. O.C. Vol. 7/1, par. 109 (p. 81).

286 Jung, C.G. Psicologia do inconsciente. O.C. Vol. 7/1, par. 108 (p. 79-80).

287 Girard, M. Os símbolos na Bíblia, p. 120.

288 Orofino, F. As releituras do Êxodo dentro da Bíblia: o processo histórico que originou o livro do Êxodo. *In*: Neuenfeldt, E. G., Orofino, F., Bohn Gass, I., Weiler, L. Êxodo, p. 10.

289 Vogels, W. Moisés e suas múltiplas facetas, p. 99.

290 Vogels, W. Moisés e suas múltiplas facetas, p. 99-100.

291 Ska, J. L. O Livro do Êxodo, p. 59.

292 Edinger, E. F. Bíblia e Psique, p. 87.

293 Whitmont, E. C. A busca do símbolo, p. 79.

294 Edinger, E. F. Ciência da alma, p. 19.

295 Edinger, E. F. Ciência da alma, p. 19.

296 Whitmont, E. C. A busca do símbolo, p. 173.

297 Vogels, W. Moisés e suas múltiplas facetas, p. 93.

298 Jung, C. G. Os arquétipos e o inconsciente coletivo. O.C. Vol. 9/1, par. 11 (p. 16-17).

299 Ska, J. L. O Livro do Êxodo, p. 7.

300 Ska, J. L. O Livro do Êxodo, p. 8.

301 Römer, T. Os papéis de Moisés no Pentateuco. *In*: Carneiro M. S.; Ottermann, M.; Figueiredo, T. J. A. (orgs.). Pentateuco, p.93.

302 Nome do mar na narrativa do Êxodo que, na tradição teológica, é conhecido como mar Vermelho.

303 Whitmont, E. C. A busca do símbolo, p. 79.

304 Whitmont, E. C. A busca do símbolo, p. 79.

305 Schökel, L. A. Dicionário bíblico hebraico-português, p. 480.

306 Hamilton, V. P. Comentário de Êxodo, p. 276.

307 Alomía, M. El año agradable de Jehová: simbolismo y realidad de las fiestas del antiguo Israel, p. 56.

308 Alomía, M. El año agradable de Jehová, p. 56. Tradução nossa.

309 Para Edinger, A passagem do mar é uma operação da *solutio*, e "aquele que passou pela *solutio* do Mar Vermelho é o alvo da *opus*, o Si-mesmo", ou em outras palavras, diz Edinger, "o Mar Vermelho é a totalidade da psique, o agente da *solutio* que o ego deve encontrar e pelo qual deve passar em sua jornada para a individuação." Edinger, E. F. Anatomia da psique, p. 90. Segundo Edinger, a *solutio*, é um dos procedimentos da alquimia em que um sólido é transformado em líquido, no sentido psicológico de transformação daquilo que, na personalidade, está sólido, cristalizado, e

precisa ser dissolvido para que se alcance a individuação. Edinger, E. F. Anatomia da psique, p. 67. E a *opus* é "um trabalho sagrado que requer uma atitude religiosa." Edinger, E. F. Anatomia da psique, p. 25.

310 A Bíblia de Jerusalém traz o nome Maria, porém, tradicionalmente ela é chamada de Miriam.

311 Trible, P. Tirando Maria das sombras. *In*: Brenner, A. (org.). De Êxodo a Deuteronômio a partir de uma leitura de gênero, p. 188.

312 Trible, P. Tirando Maria das sombras, p. 189.

313 Rossi, L. A. S. Êxodo, p. 55.

314 Orofino, F. 1º Congresso Bíblico De Aparecida: "Êxodo: revestir-se da palavra de Deus". 08 a 11 nov. 2022. Informação verbal.

315 Whitmont, E. C. A busca do símbolo, p. 76.

316 Fernandes e Grenzer explicam que "o sujeito do verbo *disse*, no início de v. 26, (...) é *Moisés* quem, em v. 26b-e, *diz* algo sobre *Deus*, dirigindo-se ao *povo*." Fernandes, L. A., Grenzer, M. Êxodo 15,22-18,27, p. 19. O itálico é dos autores.

317 Orofino, F. 1º Congresso Bíblico De Aparecida: "Êxodo: revestir-se da palavra de Deus". 08 a 11 nov. 2022. Informação verbal.

318 Orofino, F. 1º Congresso Bíblico De Aparecida: "Êxodo: revestir-se da palavra de Deus". 08 a 11 nov. 2022. Informação verbal.

319 Fernandes, L. A., Grenzer, M. Êxodo 15,22-18,27, p. 33. O itálico é dos autores.

320 Edinger, E. F. Ego e arquétipo, p. 68.

321 Debus, D. O Self é um alvo móvel: o arquétipo da individuação, p. 67.

322 Debus, D. O Self é um alvo móvel: o arquétipo da individuação, p. 67.

323 Whitmont, E. C. A busca do símbolo, p. 81.

324 Girard, M. Os símbolos na Bíblia, p. 241.

325 Nissa, S. G. Vida de Moisés, p. 30.

326 Nissa, S. G. Vida de Moisés, p. 30.

327 Nissa, S. G. Vida de Moisés, p. 32.

328 Girard, M. Os símbolos na Bíblia, p. 360.

329 Aras. O Livro dos símbolos, p. 102.

330 Nissa, S. G. Vida de Moisés, p. 32.

331 Nissa, S. G. Vida de Moisés, p. 33.

332 Whitmont, E. C. A busca do símbolo, p. 83.

333 Whitmont, E. C. A busca do símbolo, p. 83.

334 Whitmont, E. C. A busca do símbolo, p. 85.

335 Edinger, E. F. O encontro com o Self: um comentário junguiano sobre as "Ilustrações do Livro de Jó" de William Blake, p. 26.

336 Von Franz explica que, nos contos de fadas, redenção se refere "especificamente a uma condição na qual alguém foi amaldiçoado ou enfeitiçado e é redimido por meio de certos acontecimentos ou eventos da história." Von Franz, M.L. O significado psicológico dos motivos de redenção nos contos de fadas, p. 9.

337 Whitmont, E. C. A busca do símbolo, p. 85-86.

338 Whitmont, E. C. A busca do símbolo, p. 201.

339 Edinger, E. F. Bíblia e Psique, p. 93.

340 Edinger, E. F. Bíblia e Psique, p. 93.

341 Whitmont, E. C. A busca do símbolo, p. 200.

342 Grenzer, M. Êxodo. A Bíblia: Pentateuco, p. 197, nota 32,1-6.

343 Edinger, E. F. O encontro com o Self, p. 57. A palavra hebraica traduzida por bezerro é "rês jovem" ou "touro jovem". Conforme Bräumer, H. Êxodo, p. 451.

344 Edinger, E. F. Ego e arquétipo, p. 55. Edinger exemplifica a afinidade entre o ego e o Si-mesmo com a narrativa bíblica de Gn 1,26, "segundo a qual o homem (ego) foi criado à imagem e à semelhança de Deus (Si-mesmo)." Exemplifica também recordando que o nome de Deus, "Eu sou", é a mesma fórmula pela qual o ego tem ciência de si, quando diz: "Eu sou". Edinger, E. F. Ego e arquétipo, p. 56.

345 Edinger, E. F. Ego e arquétipo, p. 56.

346 Whitmont, E. C. A busca do símbolo, p. 44.

347 Ou, "morada junto do Pai", conforme NISSA, S. G. Vida de Moisés, p. 144.

348 São Gregório de Nissa diz que Moisés aprende a lição de que "a Divindade, pela própria natureza, é inabarcável, pois não está circunscrita por nenhum limite." Nissa, S. G. Vida de Moisés, p. 139.

349 Nissa, S. G. Vida de Moisés, p. 132.

350 Edinger, E. F. Ego e arquétipo, p. 122.

351 Bräumer, H. Êxodo, p. 481.

352 Bräumer, H. Êxodo, p. 496.

353 Bräumer, H. Êxodo, p. 497.

354 Bräumer, H. Êxodo, p. 498.

# CONSIDERAÇÕES FINAIS

Esta pesquisa mostrou que Carl Gustav Jung não é um místico por fazer inúmeras referências aos temas religiosos, não só do cristianismo, mas também de muitas outras religiões, inclusive das mais antigas tradições. Jung é, sim, um estudioso comprometido com a ciência, e sua teoria, ou seja, a psicologia analítica, é uma leitura da estrutura da psique, a partir da qual podem-se encontrar inúmeras possibilidades de paralelos com os símbolos religiosos. Jung faz a leitura dos símbolos psicológicos que estão inseridos nos símbolos das religiões e apresenta paralelos que mostram a semelhança entre os significados dos símbolos religiosos e os significados dos elementos da estrutura da psique humana.

Estudar o personagem Moisés a partir da psicologia analítica possibilita o conhecimento da psique humana de um importante expoente da tradição bíblica, um personagem considerado o maior profeta dessa tradição religiosa. Esse conhecimento se dá compreendendo-se o personagem como ser humano e tendo-se a perspectiva de que todo ser humano vive seu desenvolvimento psicológico. Os elementos religiosos podem ser compreendidos pela psicologia analítica, pois são elementos que se assemelham aos elementos que estão na psique de todos os seres humanos.

Fica claro que é possível um diálogo intelectual entre a psicologia analítica e a religião. Fortalece-se, assim, o diálogo entre Psicologia e Religião, que pode muito contribuir para o progresso do conhecimento científico da religião, uma vez que a elaboração conceitual de Jung é científica, isto é, baseada em dados da sua observação de casos de pacientes, da observação de grupos primitivos e, inclusive, da sua própria autoanálise psicológica. Jung deixa claro que os dados que levanta e analisa não são a partir da crença religiosa, mas a partir da observação científica dos elementos que se assemelham nos símbolos da religião e na estrutura da psique.

Esta pesquisa permitiu observar, também, que o diálogo entre a ciência e a religião não é de uma ciência apenas, ou de uma ciência da religião apenas, mas de uma ciência que se embrenha num diálogo com a poesia da alma, pois o percurso desta pesquisa ocorreu ao longo da análise de uma obra literária de gênero narrativo em que se puderam constatar sinais de uma personalidade ali registrada. O registro literário de uma personalidade é como o registro de uma poesia da alma humana nas páginas daquele livro sagrado. A psicologia, como ciência da alma, dialogou com a poesia da alma encontrada nas páginas do Êxodo. Tem razão Maraldi quando diz que uma psicologia sem filosofia, sem poesia, seria uma psicologia muito pobre.[1]

A pesquisa bibliográfica verificou e confirmou a hipótese de que Moisés seria um herói de acordo com a perspectiva da psicologia analítica. Moisés pôde ser compreendido como um herói mitológico que empreende uma jornada mitológica, segundo as categorias da obra de Campbell, *O herói de mil faces*.

A pesquisa confirmou que Moisés, que é considerado pela teologia como herói popular, tem também uma jornada do herói em uma aventura mitológica que perpassa os três estágios, conforme Campbell, que são a separação, a iniciação e o retorno. O que Campbell chama de "a milenar aventura da alma"[2] pôde ser constatado na aventura do protagonista do livro do Êxodo. E Moisés é um herói que retorna da façanha heroica, no alto da montanha, para junto da coletividade após receber as leis divinas para o povo de Israel. Ele estava contribuindo, com sua aventura heroica, para a constituição de uma sociedade nova para um povo que saíra da escravidão e caminhava, pelo deserto, rumo à terra da liberdade. O desenvolvimento da psique do herói ajudou o desenvolvimento psicológico do grupo que ele liderava. A partir da jornada do herói Moisés, os israelitas terão o embasamento legislativo para a organização da vida social quando entrarem na terra prometida.

A pesquisa verificou e confirmou também a hipótese de que se poderiam detectar na personalidade de Moisés os elementos que caracterizam o processo de individuação, conforme a psicologia analítica.

Um elemento presente na narrativa do Êxodo é o querer do Deus Iahweh ser conhecido. A dinâmica literária aponta a pergunta do faraó do Egito sobre quem seria Iahweh, para que o faraó lhe obedecesse, deixando os israelitas partirem (Ex 5,2), assim como aponta também para a afirmação de Iahweh de que os egípcios saberiam que ele é Iahweh e conheceriam o seu poder (Ex 7,5). O mesmo Iahweh dissera que conhecia as angústias do povo escravizado no Egito (Ex 3,7). A insistência no "conhecer" mostra que psicologicamente há uma provocação do divino, que já conhece e que quer ser, então, conhecido. Essa é a meta do Si-mesmo, que na psique quer que seu poder seja conhecido. E essa meta foi alcançada pelo Si-mesmo na narrativa do Êxodo. Iahweh se deu conhecer. O Si-mesmo provocou o ego. Moisés abriu-se às provocações do Si-mesmo, cuja força poderosa se tornou conhecida e modificou a personalidade de um indivíduo chamado Moisés, que era o líder de uma comunidade de israelitas que precisava também individuar-se. O paralelo psicológico ficou perceptível: assim como Iahweh do Êxodo é Deus soberano e conduz a história (Ex 7,5), o Si-mesmo é a psique total que, ao ser confrontada pelo ego, é sempre soberana sobre ele e conduz o ego ao processo de conscientização das forças internas da psique humana.

Como se pôde verificar, a narrativa do Êxodo oferece elementos da personalidade do seu protagonista, tanto da sua individualidade quanto da relação com o seu povo, que puderam ser interpretados como símbolos arquetípicos a partir da conceituação da psicologia analítica.

Whitmont explica que quando a pessoa mantém contato com os significados universais, com as poderosas expressões arquetípicas que são próprias da natureza humana e não resultados da criação do ego, impulsos novos se apresentam e afetam a vida.[3] Essa é uma característica da vida de Moisés no Êxodo. Desde o seu nascimento com características de herói e durante toda a jornada da sua vida, pode-se ver o surgimento de novos impulsos da psique inconsciente levando o personagem às façanhas e mudanças em sua vida. Um homem marcado pela capacidade de escutar a voz da alma, a voz do além, a voz de Deus, a voz do Si-mesmo, e deixar-se conduzir pelos desígnios psíquicos mais profundos e transformadores.

Pôde-se compreender a razão de ser Moisés universalmente considerado o maior profeta da tradição bíblica. Se é universal, é arquetípico, e se é arquetípico, é, segundo a psicologia analítica, movido pela energia psíquica empreendida pelo Si-mesmo na psique humana. Por isso, Moisés foi, segundo o Êxodo, o líder mais importante a quem o poder divino concedeu as honras de receber as leis divinas e as transmitir ao povo do Êxodo.

Moisés se relaciona com a vida, com o grupo dos hebreus, e consigo mesmo a partir da visão que a anima lhe oferece. A anima, que é a figura arquetípica contrassexual, é a interioridade criativa e proporciona à personalidade a força da imaginação. Ficou clara uma visão de que a personalidade de Moisés é conduzida pela interioridade que é imaginativa. Moisés se deixa conduzir por sua capacidade imaginativa em sentido psicológico de se deixar conduzir não somente pelas decisões racionais do ego, mas também pela riqueza proporcionada pela imaginação que provém da interioridade da alma.

Essa é uma contribuição que a leitura psicológica do personagem bíblico proporciona ao mundo atual em que a racionalidade é considerada a coisa mais importante quanto aos ditames das normas e do conhecimento, enquanto os seres humanos, hoje em dia, estão carentes do conhecimento da alma humana. Poder interpretar alguns elementos da personalidade de Moisés e o modo como ele se deixou conduzir pela alma, isto é, pela anima, aquela força que impulsiona para a vida porque quer vida, torna-se um ensinamento para as gerações atuais que precisam aprender a valorizar o interior humano como fonte de vida, de sabedoria e de desenvolvimento do próprio ser humano.

Como foi visto, segundo a psicologia analítica o desenvolvimento psicológico é o processo de individuação. Esse processo ocorre com o que Jung chamou de ações compensatórias entre o inconsciente e a consciência do ego.[4] Ou seja, o ego se desenvolve fora do âmbito da psique inconsciente, pois há força instintiva que o conduz a adaptar-se ao mundo externo da psique, isto é, ao meio ambiente. Quando o ego chega a se tornar unilateral e muito autoconfiante, o inconsciente entra em ação para compensar essa unilateralidade, para que haja equilíbrio psíquico na personalidade do indivíduo. O Si-mesmo é a força poderosa que ativa as imagens reservadas na psique objetiva e provoca o ego para que as reconheça. Esse padrão das compensações do processo de individuação, que acontecem, segundo Stein, na sequência dos sonhos, no caso de Moisés pôde ser visto, nesta pesquisa, como a sequência do relacionamento marcado pela intimidade entre Moisés e Iahweh. A relação de intimidade de Moisés com Iahweh vai aos poucos mostrando o ego respeitando as indicações do Si-mesmo; o ego é quem decide, mas age sempre orientado pela voz interior.

E pôde ser visto também que a liderança de Moisés também vai se individuando como projeto do Si-mesmo. Ou seja, o líder Moisés, escolhido no início do relato do Êxodo por Iahweh, tem um processo psicológico marcado por transformações em sua individualidade e em sua condução da coletividade. Moisés, o ego, individuou muitas imagens proporcionadas pelo ser Divino, o Si-mesmo, e, a partir disso, alcançou um desenvolvimento de sua personalidade e de sua liderança. O relato mostra que a coletividade também podia aprender a ouvir o chamado da voz interior, confiava no seu líder e se prontificava a obedecer ao Deus Iahweh, isto é, a agir conforme as indicações das imagens arquetípicas que se apresentavam ao ego de Moisés. E este alcançava um nível de desenvolvimento que o habilitava a orientar uma coletividade no caminhar em busca da terra da liberdade e que o ajudava a conduzir essa coletividade no reconhecimento da glória divina; esse desenvolvimento de Moisés fazia dele um líder que caminhava junto com seus irmãos israelitas, não acima, nem à frente, mas junto deles, e ajudava a coletividade a respeitar a voz do Si-mesmo.

Esse desenvolvimento da personalidade de Moisés mostra que ele não atingiu o que Jung chama de "semelhança a Deus", referindo-se aos "traços fundamentais da psicologia neurótica do poder",[5] pois, como diz Jung, "ser semelhante a Deus é ser semelhante a um espírito superior ao espírito humano."[6] Como se pôde verificar, em nenhum momento Moisés se esqueceu de que era tão humano quanto os seus irmãos israelitas liderados por ele, tal como se pôde ver quando ele não se distinguiu deles ao pedir o perdão a Deus, dizendo "nossos" pecados e "nossas" faltas (Ex 34,9).

Jung diz também que "assim como o indivíduo não é apenas um ser singular e separado, mas também um *ser social*, do mesmo modo o espírito humano não é algo de isolado e totalmente individual, mas um fenômeno coletivo."[7] Com isso, Jung explica que, do mesmo modo que certas funções sociais se opõem a interesses individuais, o espírito humano também tem funções coletivas que se opõem a conteúdos individuais. Compreende-se, assim, que há a psique coletiva. Jung diz que, quando da assimilação do inconsciente, ao ser incluída a psique coletiva no inventário das funções psíquicas pessoais, haverá a dissolução da personalidade em seus pares antagônicos, como por exemplo, nos casos de neuroses, serão evidentes a mania de grandeza e o sentimento de inferioridade.[8] Para Jung, "na psique coletiva se abrigam todas as virtudes específicas e todos os vícios da humanidade e todas as outras coisas."[9] No desenvolvimento pessoal, a razão descobrirá que tais opostos são irreconciliáveis. Para Jung, para que haja o desenvolvimento da personalidade, deverá ocorrer a repressão da psique coletiva, pois a personalidade corre um perigo na psique coletiva, que é o de ser achatada na função coletiva.[10]

Uma possibilidade de desenvolvimento pessoal que Jung aponta é, entre os primitivos, por meio do prestígio mágico, segundo o qual, a coletividade, estabelecendo como que um compromisso coletivo, seleciona alguém para ser por ela prestigiado. Jung explica o funcionamento psíquico dessa ação coletiva e também pessoal de um líder prestigiado da seguinte maneira:

> Quando a sociedade, como conjunto, necessita de uma figura que atue magicamente, serve-se da *vontade de poder* do possível portador do símbolo e da *vontade de submissão* dos demais, como veículo, possibilitando assim a criação do prestígio pessoal.[11]

Jung explica que esse processo será mantido enquanto houver influências sobre a coletividade que requeiram a manutenção do prestígio mágico do líder. Porém, pode ser que, ao atingir o auge do prestígio, o processo comece a caminhar para ser finalizado. Se isso ocorrer, a personalidade do líder prestigiado pela coletividade, que é muito importante para a vida da comunidade,[12] pode correr sério risco. O risco é aquela personalidade, que tinha sido diferenciada e protegida pelo prestígio mágico, acabar sendo rebaixada por causa de uma dissolução na psique coletiva. Se aquela personalidade, que antes fora prestigiada, agora se tornar dissolvida na coletividade, ela sofrerá o que Jung chama de "perda da alma", "porque uma realização pessoal importante foi negligenciada, ou então o indivíduo sucumbiu à regressão."[13]

No caso de Moisés, o processo psicológico como líder tem uma característica peculiar, ou seja, a coletividade passou por momentos de murmuração contra o líder ou praticou atos que contrariaram as instruções, mas, como coletividade manteve a personalidade de Moisés como personalidade com prestígio mágico no sentido psicológico que Jung explica. Ao mesmo tempo, pôde-se ver, na pesquisa, que Moisés, sendo líder, com tal reconhecimento psicológico da parte da coletividade dos israelitas, fez um processo pessoal de desenvolvimento psicológico, individuando as imagens que o Si-mesmo lhe apresentava, ao longo do processo.

Nesse processo, Moisés era distinguido pelo Si-mesmo em muitos momentos, tais como quando passou quarenta dias na presença de Iahweh na montanha; quando conversava com Iahweh e lhe pedia para ver a glória divina; ou quando entrava na Tenda que recebia a nuvem de Iahweh. Ao mesmo tempo que Moisés tinha encontros psíquicos individuais com o Si-mesmo, ele compartilhava o fruto de suas experiências de desenvolvimento psicológico com a comunidade dos israelitas. O relato do Êxodo não mostra a perda do prestígio de Moisés perante a coletividade, pelo contrário, insistirá até o final do livro que Moisés fez tudo como Deus lhe havia ordenado e que a comunidade realizou tudo o que recebera de Deus por meio de Moisés (Ex 39,43).

O prestígio atribuído a Moisés pela comunidade, que desde o início do livro era uma escolha do divino, é coroado com a ênfase, no relato, de que ele era um cumpridor da sua missão de liderança do povo de Israel, terminando os trabalhos da construção do santuário para o Deus Iahweh (Ex 40,33). Também é enfatizado o fato de que o indivíduo Moisés não se igualou a Deus nem se sobrepôs à comunidade numa confusão psicológica de mania de grandeza, assim como não foi subordinado pelo par antagônico do complexo de inferioridade, pois esse complexo foi individuado ao longo da sua jornada psicológica.

Outro perigo apresentado por Jung é de que, se houver uma confusão entre a psique coletiva e a psicologia individual, a pessoa pode tentar "impor aos outros as exigências do seu inconsciente, uma vez que esse tipo de identificação acarreta um sentimento de validez geral ('semelhança a Deus')."[14] Isso seria como um desprezo pela individualidade dos demais levando à supressão do ser individual na comunidade. Jung diz que nos grupos sociais a individualidade acaba sendo suprimida, mas que, em grupos sociais mais restritos é possível proteger melhor a individualidade, pois seus membros têm maior liberdade e, com isso, têm maior moralidade, pois, diz Jung, "sem liberdade não pode haver moralidade".[15]

Nesse sentido, a jornada psicológica de Moisés mostrou que, sendo o líder de uma comunidade, ele sempre dialogou com a comunidade, apresentando-lhe o projeto libertador de Iahweh, incentivando os israelitas a conhecerem o poder do Deus que os chamava a saírem da terra da escravidão, e sempre apresentando ao povo a promulgação das leis que Iahweh lhe entregava na montanha. Como se pôde ver, um exemplar da sombra de Moisés foi quando obrigou os israelitas a beberem a água com o pó do bezerro de ouro triturado, mas o oposto também teve lugar equilibrando a mandorla psicológica, quando insistiu com Iahweh que perdoasse ao povo, pois temia que a ausência de Deus junto ao povo implicasse em fracasso do projeto libertador e da chegada à terra da liberdade.

Se a liberdade é a condição para que os indivíduos em um grupo social sejam singulares, Moisés é o indivíduo que lidera uma coletividade rumo à liberdade. Moisés, cujo processo de individuação contribuiu para que uma coletividade – que vivera sob a opressão esmagadora das individualidades sob a escravidão no Egito – fizesse o caminho da individuação coletiva e se tornasse, como foi verificado na pesquisa, uma nova coletividade, uma nação santa, uma nação de sacerdotes. Isso queria dizer uma coletividade de homens e mulheres individuados e livres, numa nova sociedade, com justiça, simbolizada pela nova legislação, e com pão e trabalho para todos, simbolizados pela terra que mana leite e mel.

E, ainda sobre a liberdade, esta pesquisa enfatiza que o processo de individuação é sempre um processo de liberdade, pois, para Jung o Si-mesmo é a soma total do ser potencial de cada indivíduo. Jung apresentou o Si-mesmo como contraste ao pequeno "eu" do indivíduo, quer dizer, àquela autoimagem consciente que cada pessoa tem como senso de identidade pessoal. O Si-mesmo age na psique individual como se ele gerasse uma vontade evolutiva própria e um padrão de intenções de realização próprio de modo que cada indivíduo alcance tal vontade e tal padrão, os quais nem sempre estão de acordo com a personalidade do ego consciente.[16]

O Si-mesmo proporciona tanto o que se pode chamar moralmente de instintos mais baixos quanto o que se pode chamar de inspirações espirituais. É o Si-mesmo que gera o impulso de individuação em cada ser humano, a ânsia de cada indivíduo se tornar o que é conforme o potencial da psique, mas é também o Si-mesmo quem gera a consciência individual legítima em cada ser, a qual, "em seu significado psicológico, é semelhante à *vox Dei*, 'a voz de Deus'".[17]

O Si-mesmo, como centro da psique total, funciona como uma entidade transpessoal e se caracteriza como um destino que exige, na personalidade de cada um, ser concretizado da melhor forma possível no que diz respeito às possibilidades e às limitações impostas pelo ambiente familiar, social e cultural em que cada indivíduo se encontra. Portanto, psicologicamente falando, não há nenhuma impossibilidade ou castração da liberdade do indivíduo no processo psicológico da individuação, pois este não se trata de um determinismo ou fatalismo, mas sim da realização de um destino que significa um padrão pré-pessoal, que é, porém, individual, de uma totalidade intencional que existe em todos os seres humanos. E o Si-mesmo sozinho não pode concretizar a potencialidade de cada indivíduo, pois necessita da ação do ego consciente que tem a capacidade de reconhecer cada conteúdo que o Si-mesmo lhe apresenta e de tomar a decisão de integrá-lo, portanto, à consciência individual. Como afirma Whitmont, o destino é um desdobramento do arquétipo principal da psique total, o Si-mesmo, no tempo e no espaço.[18]

Alvarenga diz que as pessoas que se desviam do caminho de humanização – em termos arquetípicos –, recebem alertas que são chamados de castigos dos deuses. Dessa forma, "a presença do castigo representa a perda de liberdade para encontrar-se simbolicamente com o *Self*."[19] Essa definição talvez poderia ser aplicada a Moisés não no livro do Êxodo, mas no livro do Deuteronômio, quando ele não pôde entrar na terra prometida (Dt 34,4), mas morreu e foi sepultado por Iahweh "no vale, na terra de Moab, defronte a Bet-Fegor; e até hoje ninguém sabe onde é a sua sepultura." (Dt 34,6). Como se pôde ver nesta pesquisa, esse seria um castigo que o herói teria recebido dos deuses.

É oportuno considerar, no entanto, outra interpretação sobre o tema da não entrada de Moisés na terra prometida no livro do Deuteronômio.

De acordo com Dt 34,6 Moisés morreu e foi sepultado por Iahweh e ninguém sabe onde está o túmulo dele. Para Lima Netto, "Moisés, o maior herói bíblico, não completou sua jornada de individuação. Javé não lhe permitiu entrar na Terra Prometida." O autor afirma que "o processo de individuação é uma jornada em que a meta está sempre à frente. A Terra Prometida, sendo a meta, nunca será atingida".[20]

Recorde-se, no entanto, que o processo de individuação acontece durante toda a vida.[21] Ocorre que, na tradição bíblica, na parte cristã da Escritura, em Mt 17,1-9, Moisés é citado, junto com Elias, pela narrativa que afirma que o Cristo se transfigurou em uma alta montanha e, nesse momento numinoso, apareceram-lhe Moisés e Elias. Elias foi um dos profetas do Antigo Testamento, Moisés o líder do Pentateuco.

Se o texto sagrado afirma que, posteriormente, na história dos judeus, Moisés apareceu ao Cristo, num momento numinoso, significa que há um símbolo da sua entrada na atmosfera cósmica do divino, apresentada como uma entrada definitiva na glória divina.[22] Pode-se interpretar, assim, que Moisés tenha atingido um nível de transformação espiritual no processo de individuação que lhe permitiu adentrar a atmosfera do divino.

Segundo o Evangelho de Mateus, Moisés apareceu, conversou com o Cristo em cima da montanha, e depois desapareceu. Esse símbolo pode indicar que Moisés – que em Dt 34,6 fora acolhido pelo divino em sua morte, o que é mostrado na narrativa como sendo sepultado pelo próprio Deus que não deixou nenhum vestígio da sua sepultura – adentrou a esfera divina como resultado de um processo de conhecimento do mais profundo de sua alma. Ou seja, como resultado de um processo de autorrealização que só pode ser expresso simbolicamente como aquele que está com Deus na imensidão do infinito e que pode, ao mesmo tempo, dialogar com aquele que, segundo o Novo Testamento, veio ao mundo em nome de Deus, para resgatar e redimir a humanidade.

Somente um Moisés, com um alto nível de desenvolvimento da sua humanidade plenificada com a sua interioridade, poderia ter um encontro como esse que transcenderia o tempo humano e as condições físicas e históricas humanas; ou seja, o símbolo de alto nível de amadurecimento e transcendência, porque alcançou a esfera cósmica do Si-mesmo, isto é, aquela totalidade em forma espiral, representada na narrativa como o aparecimento em outra circunstância da história do povo de Israel.

Esta pesquisa chega a um termo, mas não terminam as possibilidades de se continuar estudando o tema, pois Jung oferece uma possibilidade muito grande de leitura da psique humana, e, especificamente, para o cientista da religião, de leitura do que acontece psiquicamente com o ser humano enquanto se relaciona com os símbolos religiosos. Esta é uma pesquisa que poderá ser expandida por outros pesquisadores, pois está aberto e é amplo o leque de oportunidades de diálogo entre a leitura de um livro bíblico e a psicologia analítica.

NOTAS

1 Maraldi, E. O. Numina: núcleo de estudos psicológicos da religião. 18 set. 2023. Informação verbal.

2 Campbell, J. O herói de mil faces, p. 246.

3 Whitmont, E. C. A busca do símbolo, p. 74.

4 Stein, M. Jung, p. 157.

5 Jung, C.G. O eu e o inconsciente. O.C. Vol. 7/2, Apêndice, p. 139.

6 Jung, C.G. O eu e o inconsciente. O.C. Vol. 7/2, Apêndice, p. 140.

7 Jung, C.G. O eu e o inconsciente. O.C. Vol. 7/2, Apêndice, p. 140. O itálico é do autor.

8 Jung, C.G. O eu e o inconsciente. O.C. Vol. 7/2, Apêndice, p. 143.

9 Jung, C.G. O eu e o inconsciente. O.C. Vol. 7/2, Apêndice, p. 143.

10 Jung, C.G. O eu e o inconsciente. O.C. Vol. 7/2, Apêndice, p. 144. Ver também nota 6 na p. 144.

11 Jung, C.G. O eu e o inconsciente. O.C. Vol. 7/2, Apêndice, p. 144. O itálico é do autor.

12 Jung, C.G. O eu e o inconsciente. O.C. Vol. 7/2, Apêndice, p. 145.

13 Jung, C.G. O eu e o inconsciente. O.C. Vol. 7/2, Apêndice, p. 145.

14 Jung, C.G. O eu e o inconsciente. O.C. Vol. 7/2, Apêndice, p. 146.

15 Jung, C.G. O eu e o inconsciente. O.C. Vol. 7/2, Apêndice, p. 147.

16 Whitmont, E. C. Retorno da deusa, p. 227.

17 Whitmont, E. C. Retorno da deusa, p. 227.

18 Whitmont, E. C. Retorno da deusa, p. 227.

19 Alvarenga, M. Z. Apresentação. *In:* Alvarenga, M. Z. et al. Os deuses castigam?: mitologia e psicopatologia simbólica, p. 26

20 Lima Netto, R. Os segredos da Bíblia, p. 200.

21 Johnson, R. A. A chave do reino interior, p. 26.

22 Conforme Bíblia de Jerusalém, p. 1.735, nota a.

# REFERÊNCIAS


Academia Brasileira De Letras.

*Dicionário escolar da língua portuguesa.* 2. ed. São Paulo: Companhia Editora Nacional, 2008.

Agostinho, S.

*A Trindade.* Tradução do original latino e introdução Agustino Belmonte; revisão e notas complementares Nair de Assis Oliveira. São Paulo: Paulus, 1994. (Coleção Patrística).

Alomía, M.

*El año agradable de Jehová:* simbolismo y realidad de las fiestas del antiguo Israel. Lima-Perú: Universidad Peruana Unión – Ediciones Theologika, 2009.

Alvarenga, M. Z. de.

*Apresentação. In:* Alvarenga, Maria Zelia de, *et al. Os deuses castigam?:* mitologia e psicopatologia simbólica. São Paulo: Ananda Gráfica e Editora, 2015, p. 23-31.

*et al. Os deuses castigam?:* mitologia e psicopatologia simbólica. São Paulo: Ananda Gráfica e Editora, 2015.

Amatuzzi, M. M.

(org.). *Psicologia e espiritualidade.* 2. ed. São Paulo: Paulus, 2008.

Andiñach, P. R.

*Introdução hermenêutica ao Antigo Testamento.* Tradução Mônica Malschitzky. São Leopoldo: Sinodal/EST, 2010.

*O livro do Êxodo:* um comentário exegético-teológico. Tradução Nelson Kilpp. São Leopoldo: Sinodal/Est, 2015.

Antigo Testamento Poliglota: hebraico, grego, português, inglês. São Paulo: Vida Nova-Sociedade Bíblica do Brasil, 2003.

Aras: Archive For Research In Archetypal Symbolism.

*O Livro dos símbolos:* reflexões sobre imagens arquetípicas. Ami Ronnberg (chefe de redacção); Kathleen Martin (editor). Köln: Taschen, 2012.

Balancin, E. M., Storniolo, I.

*Como ler o livro do Êxodo:* o caminho para a liberdade. São Paulo: Paulus, 2004. (Série Como ler a Bíblia).

Barbas.

*In: Dicionário Priberam da língua portuguesa, 2008-2021.* Disponível em: https://dicionario.priberam.org/barbas. Acesso em: 12 set. 2022.

Baumann, G.

*Entender as imagens divinas da violência no Antigo Testamento*. Tradução Milton Camargo Mota. São Paulo: Loyola, 2011.

Biblia latinoamericana.

Ramón Ricciardi, Bernardo Hurault, 1972, y Sociedad Bíblica Católica Internacional, Madrid, *apud* BINZ, Stephen J., 1995.

Bíblia. Português.

*Bíblia de Jerusalém*. Nova ed. rev. ampl. São Paulo: Paulus, 2002. 2206 p.

Binz, S. J.

*El Dios de la libertad y de la vida:* un comentario sobre el libro del Éxodo. Traducción Colette Joly Dees. Collegeville, Minnesota: The Liturgical Press, 1995.

Blenkinsopp, J.

*Deuteronômio. In:* BROWN, Raymond E.; FITZMYER, Joseph A. MURPHY, Roland E. (Editores). *Novo Comentário Bíblico São Jerônimo:* Antigo Testamento. Tradução Celso Eronides Fernandes. Santo André/SP: Academia Cristã, São Paulo: Paulus, 2007, p. 223-252.

Bly, R.

*A comprida sacola que arrastamos atrás de nós. In:* ZWIEG, Connieg, ABRAMS, Jeremiah (orgs.). *Ao encontro da sombra*: o potencial oculto do lado escuro da natureza humana. Tradução Merle Scoss. Cultrix: São Paulo, 1994, p. 30-36.

Bohn Gass, I.

*Êxodo de Israel. In:* Neuenfeldt, E. G., Orofino, F., Bohn Gass, I., Weiler, Lucia. *Êxodo*: um caminho em busca de liberdade. São Leopoldo: CEBI, 2012, p. 17-27. (Série A Palavra na Vida N. 294).

Borba, F. S.

(org.). *Dicionário UNESP do português contemporâneo.* São Paulo:

Unesp, 2004.

Bräumer, H.

*Êxodo*: Comentário Esperança. Tradução: Doris Körber. Curitiba: Editora Evangélica Esperança, 2020.

Brenner, A

(org.). *De Êxodo a Deuteronômio a partir de uma leitura de gênero.* Tradução Rosângela Molento Ferreira. São Paulo: Paulinas, 2000. (Coleção A Bíblia: uma leitura de gênero).

Brown, R.

*Entendendo o Antigo Testamento:* esboço, mensagem e aplicação livro por livro. Tradução Hope Gordon Silva. São Paulo: Shedd Publicações, 2004.

Campbell, J.

*As transformações do mito através do tempo.* Tradução Heloysa de Lima Dantas. 2. ed. São Paulo: Cultrix, 2015.

*O herói de mil faces.* Tradução Adail Ubirajara Sobral. São Paulo: Pensamento, 2007.

Carvalho, T. S.

*A origem do Reino de Deus*: a narrativa do Êxodo como base para a mensagem de Jesus no Evangelho de Mateus. São Leopoldo: Sinodal, 2021.

Centro: Informática e Bíblia Abadia de Maredsous.

*Dicionário enciclopédico da Bíblia.* Tradução Ary E. Pintarelli, Orlando A. Bernardi. Santo André-SP: Academia Cristã, São Paulo: Loyola-Paulus-Paulinas, 2013.

Ceresko, A. R.

*Introdução ao Antigo Testamento numa perspectiva libertadora.* Tradução José Raimundo Vidigal. São Paulo: Paulus, 1996. (Coleção Bíblia e sociologia).

Couto, A.

*Pentateuco*: Caminho da Vida Agraciada. Lisboa: Universidade Católica Editora, 2003.

Croatto, J. S.

*As linguagens da experiência religiosa:* uma introdução à fenomenologia da religião. 2. ed. Tradução Carlos Maria Vásquez Gutiérrez. São

Paulo: Paulinas, 2004.

*Êxodo*: uma hermenêutica da liberdade. Tradução J. Américo de Assis Coutinho. São Paulo: Paulinas, 1981. (Coleção Libertação e Teologia).

*Hermenêutica bíblica:* para uma teoria da leitura como produção de significado. Tradução de Haroldo Reimer. São Leopoldo: Sinodal, São Paulo: Paulinas, 1986.

*História da Salvação:* a experiência religiosa do Povo de Deus. Tradução Bélchior Cornélio da Silva. 2. ed. rev. e atualizada. Caxias do Sul-RS: Paulinas, 1968.

D'albuquerque, A.

Tenório. *Dicionário espanhol português*. Belo Horizonte; Rio de Janeiro: Livraria Garnier, 2001. (Coleção Dicionários Garnier, Vol. 3).

Delouya, D.

*Entre Moisés e Freud*: tratados de origens e de desilusão do destino. São Paulo: Via Lettera Editora e Livraria, 2000.

Dicionário da língua portuguesa: dicionários editora. Ed. rev. e atualizada. Porto: Porto Editora, 2008.

Dicionário de latim-português: dicionários editora. 2. ed. Porto: Porto Editora, 2001. (712 p.). Disponível em: https://archive.org/details/porto-editora-dicionario-latim-portugues-2a-ed. Acesso em: 14 out. 2023.

Dicionário essencial de latim-português e português-latim. Porto: Porto Editora, 2001.

Dicionário latim-português: termos e expressões. Supervisão editorial Jair Lot Vieira. São Paulo: Edipro, 2016.

Dietrich, L. J.; Kaefer, J. A.

*A formação do povo de Israel. In:* NAKANOSE, Shigeyuki; DIETRICH, Luiz José (orgs.) *Uma história de Israel:* leitura crítica da Bíblia e arqueologia. São Paulo: Paulus, 2022, p. 35-64. (Nova Coleção Bíblica).

Dietrich, L. J.

*Quando as imagens viraram ídolos. In*: *Estudos Bíblicos*: Idolatria: a questão é ter ou não ter imagens? Petrópolis: Vozes, vol. 31, n. 124, p. 341-354, out./dez. 2014.

Dillard, R. B., Longman III, T.

*Introdução ao Antigo Testamento*. Tradução Sueli da Silva Saraiva. São Paulo: Vida Nova, 2006.

Di Perna, M. R.

*Série*: Comemoração especial dos cem anos do rádio no Brasil. [Entrevista cedida a] Marilu Cabañas. *Jornal Brasil Atual*, São Paulo, 1h06min00s a 1h25min54s. 07 set. 2022. Disponível em: Jornal Brasil Atual - 07/09/2022 - YouTube. Acesso em: 07 set. 2022.

Donner, H.

*História de Israel e dos povos vizinhos:* Volume 1: Dos primórdios até a formação do Estado. 7. ed. Tradução Claudio Molz, Hans A. Trein. São Leopoldo: Sinodal/EST, 2015.

*História de Israel e dos povos vizinhos:* Volume 2: Da época da divisão do reino até Alexandre Magno. 4. ed. Tradução Claudio Molz, Hans A. Trein. São Leopoldo: Sinodal/EST, 2006.

Downing, C.

(org.). *Espelhos do Self:* as imagens arquetípicas que moldam a sua vida. Tradução Maria Silvia Mourão Netto. São Paulo: Cultrix, 1998.

Dozeman, T. B.; Schmid, K.; Schwartz, B. J.

*The Pentateuch:* International Perspectives on current research. Tübingen: Mohr Siebeck, p. 85-108, 2011, *apud* Monteiro, S. (2015).

Drobner, H. R.

*Manual de Patrología.* Traducción Víctor Abelardo Martínez de Lapera. 2. ed. revisada e actualizada. Barcelona: Herder, 2001.

Edinger, E. F.

*A criação da consciência:* o mito de Jung para o homem moderno. Tradução Dra. Vera Ribeiro. São Paulo: Cultrix, 1996. (Coleção Estudos de psicologia junguiana por analistas junguianos).

*Anatomia da psique:* o simbolismo alquímico na psicoterapia. Tradução Adail Ubirajara Sobral, Maria Stela Gonçalves. 1990, reimpressão. São Paulo: Cultrix, 2006.

*Bíblia e Psique:* simbolismo da individuação no Antigo Testamento. Tradução Ivo Storniolo. São Paulo: Paulinas, 1990. (Coleção Amor e Psique).

*Ciência da alma:* uma perspectiva junguiana. Tradução Gustavo Gerheim. São Paulo: Paulus, 2004. (Coleção Amor e Psique).

*Ego e arquétipo:* uma síntese fascinante dos conceitos psicológicos fundamentais de Jung. Tradução Adail Ubirajara Sobral. 2. ed. São Paulo:

Editora Pensamento Cultrix, 2020.

*O encontro com o Self:* um comentário junguiano sobre as "Ilustrações do Livro de Jó" de William Blake. Tradução Alípio Correia de Franca Neto. São Paulo: Cultrix, 1991.

Estévez López, E.

*La figura de Moisés en el Éxodo. In*: Gómez, J. L. B. (coord.). *Reseña Bíblica:* El Libro del Éxodo. Estella (Navarra): Editorial Verbo Divino; Associación Bíblica Española. N. 82, verano 2014, p. 15-26.

Fé. *In:* Dicionário Priberam Da Língua Portuguesa, 2023. Disponível em: https://dicionario.priberam.org/f%C3%A9 . Acesso em: 28 ago. 2023.

Fernandes, L. A., Grenzer, M.

*Êxodo 15,22-18,27.* São Paulo: Paulinas, 2011. (Coleção comentário bíblico Paulinas).

França, R.

*O deus Moisés o profeta Arão* (Ex 4,10-17). *In*: *Reflexus*: Revista de Teologia e Ciências das Religiões. Vitória-ES: Faculdade Unida de Vitória. Ano XII, n. 19, 2018/1, p. 279-298.

Freud, S.

*Moisés e o monoteísmo.* Tradução Isabel de Almeida e Sousa. Lisboa: Relógio d'Água, 1990

*Obras psicológicas completas de Sigmund Freud:* edição *standard* brasileira. Volume XXIII. Moisés e o monoteísmo. Esboço de psicanálise e outros trabalhos. Com os comentários e notas de James Strachey, em colaboração com Anna Freud, assistidos por Alix Strachey e Alan Tyson. Tradução do alemão e do inglês sob a direção geral de Jayme Salomão. Rio de Janeiro: Imago, 1996. (Edições originais alemãs: 1939, 241 págs.; 1950 págs. 101-246).

Frigerio, T.

*Introdução geral ao estudo da Bíblia.* 2. ed. São Leopoldo: CEBI, 2011. (Coleção Curso Popular de Bíblia, Vol. 1.).

Galvagno, G.

Êxodo. *In*: Galvagno, G., Giuntoli, F. *Pentateuco*. Tradução Frei Ary E. Pintarelli. Petrópolis: Vozes, 2020. (Coleção Introdução aos Estudos Bíblicos), p. 56-80.

Galvagno, G., Giuntoli, F.

*Pentateuco*. Tradução Frei Ary E. Pintarelli. Petrópolis: Vozes, 2020. (Coleção Introdução aos Estudos Bíblicos).

García López, F.

*El Moisés histórico y el Moisés de la fe. In*: *Salmanticensis*. Universidad Pontificia de Salamanca, España. Volumen 36, n.º 1, 1989, p. 5-21. Disponível em: https://summa.upsa.es/details.vm?q=id:0000007361. Acesso em: 13 jun. 2022.

*O Pentateuco:* Introdução à leitura dos cinco primeiros livros da Bíblia. Tradução Alceu Luiz Orso. São Paulo: Editora Ave-Maria, 2004. (Coleção Introdução ao estudo da Bíblia).

Girard, M.

*Os símbolos na Bíblia:* ensaio de teologia bíblica enraizada na experiência humana universal. Tradução Benôni Lemos. São Paulo: Paulus, 1997.

Giuntoli, F.

*Denominação e delimitação. In:* Galvagno, G., Giuntoli, F. *Pentateuco*. Tradução Frei Ary E. Pintarelli. Petrópolis: Vozes, 2020. (Coleção Introdução aos Estudos Bíblicos), p. 17-24.

Goldingay, J.

*Pentateuco para todos:* Êxodo e Levítico. Tradução José Fernando Cristófalo. Rio de Janeiro: Thomas Nelson Brasil, 2021.

Gorgulho, G.; Anderson, A. F.

*A mulher na Memória do Êxodo. In*: Schwantes, M, *et al*. *Estudos Bíblicos:* A memória popular do Êxodo. Petrópolis: Vozes, n. 16, 1988, p. 38-51.

Grenzer, M.

*Êxodo. In: A Bíblia:* Pentateuco. Tradução do hebraico, introdução e notas de Elizangela Chaves Dias (Gn e Lv), Fabrízio Zandonadi Catenassi (Nm introdução e notas), Leonardo Agostini Fernandes (Dt), Matthias Grenzer (Ex), Vicente Artuso (Nm tradução). São Paulo: Paulinas, 2021, p. 127-215.

*O grito dos oprimidos* (Êxodo 2,23-25). *In*: *Revista de Teologia e Ciências da Religião*. Recife: Universidade Católica de Pernambuco, v. 4, n. 1, dez. 2014, p. 319-334.

*O projeto do Êxodo*. 2 ed. ampl. São Paulo: Paulinas, 2007. (Coleção

Bíblia e história).

*Por que o "êxodo" seria um projeto nacional?* Destinatário: Reginaldo de Abreu Araujo da Silva. São Paulo, 03 mar. 2023. 1 mensagem eletrônica.

Hahn, S., Mitch, C.

*O livro do Êxodo:* Cadernos de estudo bíblico. Tradução Alessandra Lass. Campinas: CEDET, 2016.

Hall, C. S., Nordby, V. J.

*Introdução à psicologia junguiana.* Tradução Heloysa de Lima Dantas. 2. ed. São Paulo: Pensamento Cultrix, 2021. (Coleção Biblioteca Cultrix de psicologia junguiana).

Hamilton, V. P.

*Comentário de Êxodo.* Tradução: João Artur dos Santos. São Paulo: Cultura Cristã, 2017. (Coleção Comentários do Antigo Testamento).

Harrington, W. J.

*Chave para a Bíblia:* a revelação, a promessa, a realização. Tradução Josué Xavier, Alexandre Macintyre. São Paulus: Paulus, 1985.

Hillman, J..

*Anima*: a psicologia arquetípica do lado feminino da alma no homem e sua interioridade na mulher. Tradução Lúcia Rosenberg, Gustavo Barcellos. 2. ed. São Paulo: Editora Pensamento Cultrix, 2020. (Coleção Biblioteca junguiana de psicologia feminina).

*O código do ser:* uma busca do caráter e da vocação pessoal. Tradução Adalgisa Campos da Silva. Rio de Janeiro: Objetiva, 2001.

Houaiss, A., Villar, M. de S..

*Dicionário Houaiss da língua portuguesa.* Elaborado pelo Instituto Antônio Houaiss de Lexicografia e Banco de Dados da Língua Portuguesa S/C Ltda. 1.ed., Rio de Janeiro: Objetiva, 2009.

Jaffe, L. W.

*Libertando o coração:* espiritualidade e psicologia junguiana. Tradução Heloysa de Lima Dantas. São Paulo: Cultrix, 1992.

Johnson, R. A.

*A chave do reino interior:* sonhos, fantasia e imaginação ativa. Tradução Dilma Gelli. São Paulo: Mercuryo, 1989.

*Magia interior:* como dominar o lado sombrio da psique. Tradução

Júlia Bárány. São Paulo: Mercuryo, 1996.

Jung, Carl Gustav.

*Aion*: Estudos sobre o simbolismo do si-mesmo. Obras Completas Vol. IX/2. Tradução Pe. Dom Mateus Ramalho Rocha O.S.B. 6. ed. Petrópolis: Vozes, 2000.

*A natureza da psique*. Obra Completa Vol. 8/2. Tradução Mateus Ramalho Rocha. 10. ed. Petrópolis: Vozes, 2013.

*A vida simbólica*. Obra Completa Vol. 18/2. Tradução Edgar Orth. Revisão técnica de Jette Bonaventure. 4. ed. Petrópolis: Vozes, 2012.

*Escritos diversos*. Obra Completa Vol. 11/6. Tradução Mateus Ramalho Rocha, Lúcia Orth. 2. ed. Petrópolis: Vozes, 2011.

*Estudos alquímicos*. Obra Completa Vol. 13. Tradução de Dora Mariana R. Ferreira da Silva, Maria Luiza Appy. Petrópolis: Vozes, 2016. *E-book* (679 p.) ISBN: 978-85-326-5838-8. Disponível em: https://www.kobo.com/br/pt/ebook/estudos-alquimicos-vol-13-1 Acesso em: 11 out. 2023.

*Memórias, sonhos, reflexões*. Tradução Dora Ferreira da Silva. Organização e edição Aniela Jaffé. 33. ed. Rio de Janeiro: Nova Fronteira, 2019.

*Nietzsche's, "Zarathustra"*. 2 Vols. Princeton: Princeton University Press, 1988, *apud* ULANOV, Ann Belford, 2002.

*Les racines de la conscience:* études sur l'archétype. Paris: Buchet-Chastel, 1971, *apud* GIRARD, Marc, 1997.

*O eu e o inconsciente*. Obra Completa Vol. 7/2. Tradução Dora Ferreira da Silva. 27. ed. Petrópolis: Vozes, 2015.

*Os arquétipos e o inconsciente coletivo*. Obra Completa Vol. 9/1. Tradução Maria Luíza Appy, Dora Mariana R. F. da Silva. 11. ed. Petrópolis: Vozes, 2014.

*Psicologia do inconsciente*. Obra Completa Vol. 7/1. Tradução Maria Luíza Appy. 24. ed. Petrópolis: Vozes, 2014.

*Psicologia e alquimia*. Obras Completas Vol. XII. Tradução Maria Luíza Appy, Margaret Makray, Dora Mariana R. F. da Silva. 4. ed. Petrópolis: Vozes, 1991.

*Psicologia e religião*. Obras Completas Vol. XI/1. Tradução Pe. Dom Mateus Ramalho Rocha, OSB. 6. ed. Petrópolis: Vozes, 1999.

*Psicologia e religião oriental.* Obras Completas Vol. XI/5. Tradução Pe. Dom Mateus Ramalho Rocha, OSB. 5. ed. Petrópolis: Vozes, 1986.

*Resposta a Jó.* Obra Completa Vol. 11/4. Tradução Pe. Dom Mateus Ramalho Rocha, OSB. 10. ed. Petrópolis: Vozes, 2012.

*Símbolos da transformação.* Obra Completa Vol. 5. Tradução Eva Stern. 7. ed. Petrópolis: Vozes, 2011.

*The visions seminars.* Vol.1. Spring Publications, Zurich, 1976 *apud* EDINGER, Edward F. (1990).

Kress, R.

*Live com Renato Kress e Adilson Ramachandra sobre o livro O Jarro de Pandora da autora Natalie Haynes.* 26 jun. 2023. Disponível em: https://www.instagram.com/grupoeditorialpensamento/live/18053717923433653 Acesso em: 26 jun. 2023.

Lima Netto, R.

*Os segredos da Bíblia:* a mensagem psicológica do Velho Testamento. Rio de Janeiro: Best*Seller*, 2008.

Lopes, M.

*Deus liberta escravos e faz nascer um povo novo:* Êxodo 15-18. São Leopoldo: CEBI, 2011.

Loyola, S. I. de.

*Exercícios espirituais.* Tradução Vera Amatti, Ana Maria Menezes. São Paulo: Maquinaria Sankto Editora e Distribuidora Ltda, 2022.

Macchi, J.-D.

*Êxodo. In:* Römer, T.; Macchi, J.-D.; Nihan, C. (Orgs). *Antigo Testamento:* história, escritura e teologia. Tradução Gilmar Saint Clair Ribeiro. São Paulo: Loyola, 2010, p. 215-230.

Maraldi, E. de O.

*NUMINA*: núcleo de estudos psicológicos da religião. Programa de Estudos Pós-graduados em Ciência da Religião. Pontifícia Universidade Católica de São Paulo. Palestra com Prof. Dr. Thiago Antônio Avellar de Aquino: O sentido da vida e a espiritualidade na obra de Viktor Frankl. 18 set. 2023. Informação verbal.

Miller, D. L.

(Editor).*Jung and the interpretation of the Bible.* Continuum: New York, 1995.

Monteiro, S.

*O Pentateuco no século xxi*: retrospecto e perspectivas. *In*: *Vox Scripturae:* Revista Teológica Internacional. São Bento do Sul/SC, vol. xxiii, n. 2, jul-dez 2015, p. 13-38.

Müller, L.

*O herói:* a verdadeira jornada do herói e o caminho da individuação. Tradução Erlon José Paschoal. 2. ed. São Paulo: Cultrix, 2017. (Coleção Biblioteca psicologia e mito).

Murph, R. E.

Introdução ao Pentateuco. *In:* Brown, Raymond E.; Fitzmyer, Joseph A. Murphy, Roland E. (Editores). *Novo Comentário Bíblico São Jerônimo:* Antigo Testamento. Tradução Celso Eronides Fernandes. Santo André: Academia Cristã, São Paulo: Paulus, 2007, p. 49-57.

Navarro Puerto, M.

*Êxodo*. *In:* García López, F. (org). *O Pentateuco*. Tradução José Afonso Beraldin da Silva. 3. ed. São Paulo: Paulinas, 2009. (Coleção Resenha bíblica), p. 41-57.

Neuenfeldt, E. G., Orofino, F., Bohn Gass, I., Weiler, L.

*Êxodo*: um caminho em busca de liberdade. São Leopoldo: CEBI, 2012. (Série A Palavra na Vida N. 294).

Neumann, E.

*História das origens da consciência:* uma jornada arquetípica, mítica e psicológica sobre o desenvolvimento da personalidade humana. Tradução Margit Martinic e outros. 2. ed. São Paulo: Cultrix, 2022.

Nissa, S. G. de.

*Vida de Moisés*. Campinas/SP: Livre, 2018. (Coleção Clássicos da Espiritualidade Católica).

Oliveira, J. H. B.

*Psicologia da religião*. Coimbra: Almedina, 2000.

Orofino, F.

*As releituras do Êxodo dentro da Bíblia:* o processo histórico que originou o livro do Êxodo. *In*: Neuenfeldt, E. G., Orofino, F., Bohn Gass, I., Weiler, L. *Êxodo*: um caminho em busca de liberdade. São Leopoldo: CEBI, 2012, p. 7-16. (Série A Palavra na Vida N. 294).

1º Congresso Bíblico de Aparecida: *"Êxodo: revestir-se da palavra de*

*Deus"*. Academia Marial do Santuário de Aparecida, Instituto São Paulo de Estudos Superiores. Aparecida/SP, 08 a 11 nov. 2022. Informação verbal.

Otto, E.

*A Lei de Moisés.* Tradução Monika Ottermann. São Paulo: Loyola, 2011.

Otto, R.

*O Sagrado.* Tradução João Gama. Lisboa: Edições 70, 2005.

Paiva, G. J.

*Psicologia da religião, psicologia da espiritualidade:* oscilações conceituais de uma (?) disciplina. *In*: Amatuzzi, Mauro Martins. (org.). *Psicologia e espiritualidade.* 2. ed. São Paulo: Paulus, 2008.

Palomo, V.

*Prefácio. In*: Alvarenga, M. Z. de, *et al. Os deuses castigam?:* mitologia e psicopatologia simbólica. São Paulo: Ananda Gráfica e Editora, 2015, p. 13-21.

Perez, L. C. A.

*Impessoalização da linguagem. In:* portugues.com.br. c2023. Disponível em: https://www.portugues.com.br/redacao/impessoalizacao-linguagem.html . Acesso em 28 nov. 2023.

*Perícope. In:* Dicionário Priberam da língua portuguesa, 2008-2021. Disponível em: https://dicionario.priberam.org/perícope. Acesso em: 05 set. 2022.

Pieri, P. F.

*Dicionário junguiano.* 2. ed. Tradução Ivo Storniolo. Petrópolis: Vozes, São Paulo: Paulus, 2022.

Pixley, G. V.

*Êxodo.* Tradução J. Rezende Costa. São Paulo: Paulinas, 1987. (Coleção Grande Comentário Bíblico).

Portela, B.

*O conceito religião no pensamento de Carl Gustav Jung. In*: Psicologia MSN.com. 08 mar. 2014. Disponível em: https://www.psicologiamsn.com/2014/03/o-conceito-religiao-pensamento-de-carl-gustav-jung.html. Acesso em: 27 abr. 2023.

Preformar. *In:* Dicionário Priberam da língua portuguesa, 2023. Disponível em: https://dicionario.priberam.org/preformar. Acesso em: 12 set. 2023.

Pury, A. de.

*O cânon do Antigo Testamento. In:* Römer, T.; Macchi, J.-D.; Nihan, C. (Orgs). *Antigo Testamento:* história, escritura e teologia. Tradução Gilmar Saint Clair Ribeiro. São Paulo: Loyola, 2010, p. 23-50.

Richo, D..

*La danza de la sombra*: libera el poder e la creatividad de tu lado oscuro. Traducción Montserrat Navaro Vilar. Barcelona: Editorial Eleftheria, 2011.

Robertson, R.

*Guia prático de psicologia junguiana:* um curso básico sobre os fundamentos da psicologia profunda. Tradução Maria Silvia Mourão Netto. 2. ed. São Paulo: Editora Pensamento Cultrix, 2021 (Biblioteca Cultrix de psicologia junguiana).

Rollins, W. G.

*Introduction:* Psychology, hermeneutics, and the Bible. *In*: Miller, D. L. (Editor). *Jung and the interpretation of the Bible*. Continuum: New York, 1995, p. 9-39.

Römer, T.

*Os papéis de Moisés no Pentateuco.* Tradução Monika Ottermann. *In:* Carneiro, M. da S.; Ottermann, M.; Figueiredo, T. J. A. de (orgs.). *Pentateuco*: da formação à recepção: contribuições do VII Congresso ABIB – UMESP. São Paulo: Paulinas; Rio de Janeiro: ABIB, 2016, p. 89-107.

Rosenberg, L., Barcellos, G.

*Anima*: imagens do humor e do desejo. *In*: Hillman, J. *Anima*: a psicologia arquetípica do lado feminino da alma no homem e sua interioridade na mulher. Tradução Lúcia Rosenberg, Gustavo Barcellos. 2. ed. São Paulo: Editora Pensamento Cultrix, 2020, p. 9-10. (Coleção Biblioteca junguiana de psicologia feminina).

Rossi, L. A. S.

*Êxodo*: um projeto de liberdade nascido no coração de Deus. São Paulo: Paulus, 2022. (Coleção O mundo da Bíblia).

Rowley, H. H.

*A fé em Israel.* Tradução Alexandre Macintyre. São Paulo: Editora

Teológica, 2003.
Samuels, A.; Shorter, B.; Plaut, F.
*Dicionário crítico de análise junguiana.* Tradução Pedro Ratis e Silva. Rio de Janeiro: Imago, 1988. (Série Analytica).
Sanford, J. A.
*O homem que lutou com Deus:* luz a partir do Antigo Testamento sobre a Psicologia da Individuação. Tradução Gentil Avelino Titton. Petrópolis: Vozes, 2020. (Coleção Reflexões Junguianas).
Schlaepfer, C. F.; Orofino, F. R.; Mazzarolo, I.
*A Bíblia:* Elementos historiográficos e literários. 7. ed. Petrópolis: Vozes, 2019. (Coleção Iniciação à Teologia).
Schmidt, W. H.
*Introdução ao Antigo Testamento.* 5. ed. Tradução Annemarie Höhn. São Leopoldo: Sinodal/EST, 2013.
Schökel, L. A.
*A Bíblia do Peregrino.* Tradução do texto bíblico Ivo Storniolo e José Bortolini. Tradução de introduções, notas, cronologia e vocabulário José Raimundo Vidigal. São Paulo: Paulus, 2017.
*Dicionário bíblico hebraico-português.* Tradução Ivo Storniolo, José Bortolini. São Paulo: Paulus, 1997. (Coleção dicionários).
Sharp, D.
*Tipos de personalidade*: o modelo tipológico de Carl G. Jung. Tradução Yara Camillo. 2. ed. São Paulo: Editora Pensamento Cultrix, 2021. (Biblioteca Cultrix de psicologia junguiana).
Silva, R. de A. A. da.
*Alguns apontamentos sobre a economia dos hebreus a partir do Código da Aliança* (Ex 20,22-23,33). *In: Simpósio Paulista de Estudos Bíblicos:* Bíblia e economia [recurso eletrônico]: Anais / orgs. Boris Agustín Nef Ulloa, Gilvan Leite de Araujo, Matthias Grenzer. São Paulo: PUCSP, 2022, p. 104-111. Disponível em: http://pergamum.pucsp.br:8080/pergamumweb/vinculos/000000/0000009f.pdf Acesso em: 14 out. 2022.
*A migração e a acolhida de Moisés em Madiã. In:* Skoda, A., Parisi, P., Coutinho, S. R., Sanchez, W. L. *Acolher, proteger, promover, integrar:* desafios da migração às religiões na América Latina. São Paulo: Editora Recriar, 2022, p. 185-196.

*Êxodo 3,1-15:* o encontro de Moisés com Iahweh, uma leitura na perspectiva da psicologia analítica. *In: Simpósio Paulista de Estudos Bíblicos:* Antropologia Bíblica [recurso eletrônico]: Anais / orgs. Boris Agustín Nef Ulloa, Gilvan Leite de Araujo, Matthias Grenzer. São Paulo: PUCSP, 2021, p. 103-109. Disponível em: http://pergamum.pucsp.br:8080/pergamumweb/vinculos/000000/00000084.pdf Acesso em: 13 jul. 2021.

*Êxodo 7 a 11 e 14:* as pragas do Egito e a passagem pelo Mar Vermelho: a natureza pune os opressores e se alia aos escravizados na busca pela libertação. *In*: III *Congresso Lusófono de Ciência das Religiões. Religião, ecologia e natureza:* Atas. Lisboa: Edições Universitárias Lusófonas, 2022, p. 110-133. Disponível em: https://www.academia.edu/80293459/Religi%C3%A3o_Ecologia_e_Natureza_Atas_do_III_Congresso_Lus%C3%B3fono_de_Ci%C3%AAncia_das_Religi%C3%B5es .Acesso em: 30 maio 2022.

*Uma leitura ecológica das leis de Israel no Código da Aliança:* Ex 20,22-23,33. *In*: *Estudos Bíblicos.* São Paulo, v. 38, n. 145, p. 79-89, 2023. DOI: 10.54260/eb.v38i145.959. Disponível em: https://revista.abib.org.br/EB/article/view/959 . Acesso em: 31 mar. 2023.

Silva, V. da.

*Deus ouve o clamor do povo:* Teologia do êxodo. São Paulo: Paulinas, 2004. (Coleção Bíblia em comunidade. Série teologias bíblicas n. 1).

*Leituras do Êxodo na América Latina. In:* Reimer, H.; Silva, V. da. (Orgs.). *Libertação – Liberdade:* Novos olhares: contribuições ao II Congresso Brasileiro de Pesquisa Bíblica. São Leopoldo: Oikos; Goiânia: ABIB; Editora da UCG, 2008, p. 13-26.

*Releituras do segundo êxodo, a volta do exílio babilônico. In:* Carneiro, M. Da S.; Ottermann, M.; Figueiredo, T. J. A. de (orgs.). *Pentateuco*: da formação à recepção: contribuições do VII Congresso ABIB – UMESP. São Paulo: Paulinas; Rio de Janeiro: ABIB, 2016.

Ska, J.-L.

*A Palavra de Deus nas narrativas dos homens.* Tradução Alda da Anunciação Machado. São Paulo: Loyola, 2005.

*Introdução à leitura do Pentateuco:* chaves para a interpretação dos cinco primeiros livros da Bíblia. Tradução Aldo Vannucchi. São Paulo:

Loyola, 2003. (Coleção Bíblica Loyola n. 37).

*O canteiro do Pentateuco*: problemas de composição e de interpretação, aspectos literários e teológicos. Tradução Jaime A. Clasen, Paulo F. Valério. São Paulo: Paulinas, 2016. (Coleção Bíblia e história. Série maior).

*O Livro do Êxodo*. Tradução Brenno Brod. São Paulo: Loyola, 2022. (Coleção ABC da Bíblia).

STEIN M.; ARZT, T.

Introdução. *In*: STEIN, M..; ARZT, T. (orgs). *O Livro Vermelho de Jung para o nosso tempo:* em busca da alma sob condições pós-modernas: vol. 2. Tradução Markus A. Hediger. Petrópolis: Vozes, 2022, p. 7-13.

Stein, M..

*Jung*: o mapa da alma: uma introdução. Tradução Álvaro Cabral. 5. ed. São Paulo: Cultrix, 2006.

*Os quatro pilares da psicanálise junguiana:* individuação, relacionamento analítico, sonhos, imaginação ativa: uma introdução concisa. Tradução Hugo Iglesias Torres de Moraes. São Paulo: Cultrix, 2023.

*The Bible as dream:* a jungian interpretation. Asheville: Chiron Publications, 2018.

Storniolo, I..

*Prólogo à edição brasileira. In:* Edinger, E. F. *Bíblia e Psique:* simbolismo da individuação no Antigo Testamento. Tradução Ivo Storniolo. São Paulo: Paulinas, 1990, p. 9-27. (Coleção Amor e Psique).

Teixeira, F.

*O potencial libertador da espiritualidade e da experiência religiosa. In*: Amatuzzi, M. M. (org.). *Psicologia e espiritualidade*. 2. ed. São Paulo: Paulus, 2008, p. 13-30.

Transmudar. *In:* Dicionário Priberam da língua portuguesa, 2008-2021. Disponível em: https://dicionario.priberam.org/Transmudar . Acesso em: 14 mar. 2023.

Trible, P.

*Tirando Maria das sombras. In*: Brenner, A. (org.). *De Êxodo a Deuteronômio a partir de uma leitura de gênero*. Tradução Rosângela Molento Ferreira. São Paulo: Paulinas, 2000. (Coleção A Bíblia: uma leitura de gênero), p. 185-207.

Uchôa, M.

Olá, pessoal, eu sou Marcelo Uchôa, advogado e professor de Direito de Fortaleza-CE. Tá dando na mídia que eu vou assumir uma posição na Comissão de Anistia e, de fato, vou. Fortaleza, CE, 03 fev. 2023. Instagram: Marcelo Uchôa: @marcelouchoa_. Disponível em: https://www.instagram.com/reel/CoM-YNmDFw8/?utm_source=ig_web_copy_link. Acesso em: 04 fev. 2023.

Ulanov, A. B.

*Jung e Religião: o Si-Mesmo Opositor. In:* Young-Eisendrath, P., Dawson, T. (orgs). *Manual de Cambridge para Estudos Junguianos.* Tradução Daniel Bueno. Consultoria, supervisão e revisão técnica Denise Gimenez Ramos. Porto Alegre: Artmed, 2002, p. 273-287.

Van Seters, J.

*Em busca da história:* historiografia no Mundo Antigo e as origens da História Bíblica. Tradução Simone Maria de Lopes Mello. São Paulo: Editora da Universidade de São Paulo, 2008.

Vogels, W.

*Moisés e suas múltiplas facetas:* Do Êxodo ao Deuteronômio. Tradução Euclides Martins Balancin. São Paulo: Paulinas, 2003. (Coleção Bíblia e história).

Von Franz, M.-L.

*O significado psicológico dos motivos de redenção nos contos de fadas:* um estudo arquetípico sobre conflitos e problemas de relacionamentos. Tradução Álvaro Cabral. 2. ed. São Paulo: Cultrix, 2021. (Coleção Biblioteca Cultrix de psicologia junguiana).

Whitmont, Edward C.

*A busca do símbolo:* conceitos básicos de psicologia analítica. Tradução Eliane Fittipaldi Pereira, Kátia Maria Orberg. 7. ed. São Paulo: Cultrix, 2006.

*Retorno da deusa.* Tradução Maria Sílvia Mourão Netto. 2. ed. São Paulo: Summus, 1991.

Zwieg, C., Abrams, J.

(orgs.). *Ao encontro da sombra:* o potencial oculto do lado escuro da natureza humana. Tradução Merle Scoss. Cultrix: São Paulo, 1994.